干部成长方法论

晓山 ◎ 著

人民日报出版社
北京

图书在版编目（CIP）数据

干部成长方法论 / 晓山著 . -- 北京：人民日报出版社，2024. 11. -- ISBN 978-7-5115-8536-3

I . D262.3

中国国家版本馆 CIP 数据核字第 2024A3Q757 号

书　　名：干部成长方法论
　　　　　GANBU CHENGZHANG FANGFALUN
作　　者：晓　山

出 版 人：刘华新
特约策划：欧阳辉
责任编辑：曹　腾　杨　校
版式设计：九章文化
出版发行：人民日报出版社
社　　址：北京金台西路 2 号
邮政编码：100733
发行热线：（010）65369509　65369527　65369846　65369512
邮购热线：（010）65369530　65363527
编辑热线：（010）65369523
网　　址：www.peopledailypress.com
经　　销：新华书店
印　　刷：大厂回族自治县彩虹印刷有限公司
法律顾问：北京科宇律师事务所　（010）83622312

开　　本：710mm×1000mm　1/16
字　　数：380 千字
印　　张：26.5
版次印次：2025 年 2 月第 1 版　2025 年 11 月第 3 次印刷
书　　号：ISBN 978-7-5115-8536-3
定　　价：69.00 元

如有印装质量问题，请与本社调换，电话（010）65369463

上篇　干部成长规律与路径

第一节 ｜ 切实把握习近平新时代中国特色社会主义思想的世界观和

方法论……003

第二节 ｜ 走好从政每一步……010

第三节 ｜ 干部的做人之道……024

第四节 ｜ 领导干部为人方略二十条……032

第五节 ｜ 领导干部为事方略二十条……044

第六节 ｜ 领导干部为政方略二十条……057

第七节 ｜ 领导干部必须着力解决的四个问题……068

第八节 ｜ 新时代党员干部根本之道……079

第九节 ｜ 当干部，这些基本原则要坚守……096

第十节 ｜ 理当熟知的十一个方面的领导工作……107

第十一节 ｜ 树牢十种理念……134

第十二节 ｜ 坚持六种导向……145

第十三节 ｜ 一定要有志气骨气底气……155

第十四节 ｜ 担当精神须臾不可少……160

第十五节 ｜ 应当具备的思想方法……175

第十六节 ｜ 在工作中需要掌握的三十六种方法……198

第十七节 ｜ 年轻干部特别需要遵循的三项基本原则…………222

下篇　好干部是不断修炼出来的

第一节 ｜ 努力做一名可堪大用能担重任的好干部…………241

第二节 ｜ 怎样做一名新时代的党员干部…………256

第三节 ｜ 领导干部之修炼…………278

第四节 ｜ 自我修炼十六法…………310

第五节 ｜ 当干部永远不能丧失自我革命精神…………317

第六节 ｜ 新时代的好干部是怎样造就的…………324

第七节 ｜ 干部积蓄正能量的十二条法则…………342

第八节 ｜ 应有的领导智慧…………349

第九节 ｜ 慧眼识才"三要"…………356

第十节 ｜ 领导成事要有备、有方…………360

第十一节 ｜ 领导者自身理当和谐发展…………364

第十二节 ｜ 如何实现可持续发展…………369

第十三节 ｜ 领导干部必须卓有成效地开展工作…………374

第十四节 ｜ 领导干部成就事业应规避的十种情形…………384

第十五节 ｜ 领导干部需要坚守的十七个"不"…………391

第十六节 ｜ 领导方法负面清单二十项…………405

后　　记…………419

上篇
干部成长规律与路径

第一节｜切实把握习近平新时代中国特色社会主义思想的世界观和方法论

党的二十大报告强调，必须坚持人民至上、必须坚持自信自立、必须坚持守正创新、必须坚持问题导向、必须坚持系统观念、必须坚持胸怀天下。这"六个必须坚持"就是习近平新时代中国特色社会主义思想的世界观和方法论的集中反映，是逻辑缜密的理论体系。世界观是指人们对世界的基本看法和观点。方法论是指人们用什么样的方式、方法来观察事物和处理问题。概括地说，世界观主要说明世界"是什么"的问题，方法论主要说明"怎么办"的问题。马克思主义是中国共产党人的世界观和方法论，习近平新时代中国特色社会主义思想是中国化时代化的马克思主义，是新时代中国共产党人必须坚持的科学的世界观和方法论。习近平总书记指出，"全党要把握好新时代中国特色社会主义思想的世界观和方法论，坚持好、运用好贯穿其中的立场观点方法"。领导干部要担当好新时代使命任务，就必须把握好习近平新时代中国特色社会主义思想的世界观和方法论。

一、习近平新时代中国特色社会主义思想是中国化时代化的马克思主义

党的十八大以来，以习近平同志为主要代表的中国共产党人在"两个结合"中深化认识"三大规律"、准确把握"三个之变"、科学回答"四个之问"，创立了习近平新时代中国特色社会主义思想，实现了马克思主义中国化时代化新的飞跃，开辟了马克思主义中国化时代化新境界，为坚持和发展新时代

中国特色社会主义提供了科学世界观和方法论，指引新时代党和国家事业取得历史性成就、发生历史性变革。这一科学世界观和方法论具体体现在"十个明确""十四个坚持""十三个方面成就"中。

（一）"十个明确"从战略层面阐明了新时代中国特色社会主义"是什么"的问题，是指引我们的科学世界观。"十个明确"从思想上、理论上系统阐释了新时代中国特色社会主义的本质特征、制度优势、指导思想、根本立场、主要矛盾、总体布局、战略布局、目标任务、发展理念、方式路径、根本保障等重大理论问题，描绘了新时代中国特色社会主义的清晰轮廓，全面回答了新时代中国共产党在新征程上举什么旗、走什么路、以什么样的精神状态、朝着什么样的目标继续前进的根本问题，对新时代中国特色社会主义到底"是什么"给出了答案。这"十个明确"，是习近平总书记在坚持马克思主义与发展马克思主义相结合、深刻历史观察与深邃历史思考相结合、实践总结与理论创新相结合过程中，形成的原创性、历史性理论硕果。从认知层面上讲，"十个明确"是坚持和发展新时代中国特色社会主义的总体思维和根本认知，是我们必须遵循的科学世界观。

（二）"十四个坚持"从策略层面明确了新时代中国特色社会主义"怎么办"的问题，是指引我们的科学方法论。"十四个坚持"是我们党推进中国特色社会主义伟大事业的总体方略和各项建设、各个领域的具体方略，主要从行动纲领层面，对"十个明确"进行战略部署，对推进新时代中国特色社会主义事业进行政策指导。总体方略，从坚持党对一切工作的领导、以人民为中心、全面深化改革等三个方面，明确了新时代坚持和发展中国特色社会主义的根本保证、根本立场、根本动力问题；具体方略对经济、政治、法治、文化等各方面建设作出总体部署，总体方略和具体方略之间相互支撑、有机统一，共同组成了新时代中国特色社会主义事业的路线图、任务书。从行动意义上讲，"十四个坚持"是坚持和发展新时代中国特色社会主义的行动指南和具体路径，是我们必须遵循的科学方法论。

（三）"十三个方面成就"从实践层面检验了新时代中国特色社会主义"好不好"，是科学世界观和方法论的实践成果。实践与认识的辩证运动，是一个实践—认识—再实践—再认识的循环往复过程。"十三个方面成就"，在党史、新中国史、改革开放史、社会主义发展史、中华民族发展史上具有里程碑意义。"十三个方面成就"，既是习近平新时代中国特色社会主义思想"十个明确"和"十四个坚持"指导实践的巨大成果，也是对习近平新时代中国特色社会主义思想"十个明确"和"十四个坚持"的实践检验。"十三个方面成就"的总结概括，与"十个明确""十四个坚持"一同从认识上、行动上、实践上形成了完整的发展链条，三者之间相互贯通、相互支撑、相辅相成，一体构成了习近平新时代中国特色社会主义思想的严密科学体系，是新时代中国共产党人推动高质量发展、推进中国式现代化进程、实现中华民族伟大复兴必须遵循的科学世界观和方法论。

二、习近平新时代中国特色社会主义思想是新时代中国共产党的科学世界观和方法论

习近平新时代中国特色社会主义思想作为当代中国马克思主义、二十一世纪马克思主义，是新时代中国共产党科学世界观和科学方法论的有机统一，其科学世界观和方法论集中体现在六个方面。

（一）坚持人民至上。我们党是马克思主义政党，人民性是我们党的根本属性。我们党自诞生之日起，就始终坚持人民至上的执政理念和价值追求。一百多年来，我们党的一切奋斗、牺牲和创造的根本出发点和落脚点，都是为了让老百姓过上好日子。坚持人民至上，是习近平新时代中国特色社会主义思想首要的世界观和方法论，是中国共产党的立身之本、执政之基，也是前进路上解决各类问题的一把关键钥匙。"人民至上"是贯穿习近平新时代中国特色社会主义思想始终的鲜明主线，是对马克思主义人民观、群众观的极大丰富和发展，必将继续指引中国共产党人团结带领人民为实现第二个百年奋斗目标和中华民族伟大复兴接续奋斗。

（二）坚持自信自立。一百多年来，中国共产党在马克思主义指导下独立自主探索中国道路，谱写了马克思主义中国化时代化新篇章，开辟了中国特色社会主义伟大道路，彰显了我们党独立自主、自力更生、坚定自信

的精神品格。党的十八大以来，以习近平同志为核心的党中央始终坚定中国特色社会主义道路自信、理论自信、制度自信、文化自信不动摇，直面具有许多新的历史特点的伟大斗争，以巨大的政治勇气和政治智慧抓改革、御风险，以顽强的斗争精神和斗争意志迎挑战、应变局，以强大的历史主动精神和历史创造精神育新机、开新局，带领全党全国人民坚定不移走稳自己的路，创造了世所罕见、史所罕见的经济发展奇迹和社会长期稳定奇迹。特别是创造性提出"以中国式现代化全面推进中华民族伟大复兴"，正是来源于自信自立的世界观和方法论。

（三）坚持守正创新。守正创新是马克思主义实事求是、与时俱进理论精髓和灵魂的体现，是一切理论、一切事业永葆活力、永续发展的根本秘诀。百年征战恰是风华正茂，踔厉奋进贵在守正创新。一百多年来，一代又一代中国共产党人始终坚持守正创新，始终坚守理论之正、思想之正、价值之正、道义之正，坚持走符合规律、符合实际、创新不止的新路。党的十八大以来，我们坚持马克思主义基本原理不动摇，坚持党的全面领导不动摇，坚持中国特色社会主义不动摇，以科学的态度对待科学、以真理的精神追求真理，大力推进理论创新、实践创新、制度创新、文化创新以及其他各方面创新，形成一系列开创性成果，充分彰显了实事求是、与时俱进的鲜明理论品质。

（四）坚持问题导向。一百多年来，问题导向始终贯穿于党的革命、建设、改革全部实践。我们党之所以能够始终走在时代前列、引领国家发展、带领人民进步，一个重要原因就在于善于准确把握社会发展进步的历史课题、主要矛盾、现实问题，始终勇于正视问题、探究矛盾、破解难题。党的十八大以来，以习近平同志为核心的党中央始终坚持问题导向，聚焦实践遇到的新问题、改革发展稳定存在的深层次问题、人民群众的急难愁盼问题、国际变局中的重大问题、党的建设面临的突出问题，把解决实际问题作为打开工作局面的突破口，攻克了许多长期没有解决的难题，办成了许多事关长远的大事要事，在分析问题、解决问题中不断回答中国之问、世界之问、人民之问、时代之问，推动党和国家事业取得举世瞩目的重大成就。

（五）坚持系统观念。系统观念是唯物辩证法的重要内容。从新民主主义革命时期提出"三大纲领",到社会主义建设时期的《论十大关系》,再到改革开放初期"一个中心、两个基本点"基本路线的制定,以及新时代"五位一体"总体布局、"四个全面"战略布局的构建,都充分体现了系统思维、系统观念。党的十八大以来,以习近平同志为核心的党中央熟练运用马克思主义哲学的系统观念,把其作为基础性的思想和工作方法,统筹"两个大局",系统部署"两步走"战略安排,系统谋划"五位一体"总体布局、"四个全面"战略布局,系统提出中国式现代化道路,确保党和国家各项事业有条不紊、破浪前行。

(六)坚持胸怀天下。从成立之日起,中国共产党就把党和人民的事业看作人类进步事业的重要组成部分,以马克思主义的坚定信仰信念、深邃的历史视野和远大目光、宽广胸怀,从国际大局和国内大局相互联系的高度审视中国和世界的发展,在世界发展潮流中谋划和推动中国革命、建设、改革事业,始终牢牢掌握历史主动,深刻改变了世界发展的趋势和格局。党的十八大以来,以习近平同志为核心的党中央深刻洞察人类命运前途和世界发展大势,敏锐把握中国与世界关系的历史性变化,始终致力于追求全人类共同利益,实现各国人民共同福祉,建设更加美好的世界,弘扬和平、发展、公平、正义、民主、自由的全人类共同价值,鲜明提出了"构建人类命运共同体",创造性地回答了"世界怎么了、我们怎么办"这一重大问题,为人类发展指明了方向。

三、领导干部必须坚持好运用好贯穿习近平新时代中国特色社会主义思想中的世界观和方法论

新时代领导干部必须在学懂弄通做实习近平新时代中国特色社会主义思想上下功夫,把学习理论、领悟理论、运用理论贯通起来,努力掌握蕴含其中的马克思主义立场观点方法、道理学理哲理,在学思践悟中提高理论水平、提升思想认知、增强能力本领、升华境界格局。

(一)必须坚持人民至上,始终站稳立场、为民服务。共产党人是人民的公仆,来自人民、为了人民。坚持人民至上,就是要尊重人民群众的

历史主体地位，立党为公、执政为民，全心全意为人民服务。要热爱人民，感情真挚对群众，满怀深情为人民，时刻把群众的安危冷暖挂在心上，永远把人民对美好生活的向往作为奋斗目标。要为民服务，始终把人民放在心中最高位置、认真践行党的群众路线，同人民干在一起、想在一起，扎实做好事关群众切身利益的各项工作。要为民用权，正确对待群众、正确对待组织、正确对待自己，坚持一切权力属于人民，一切权力服务于人民，切实解决好为谁掌权用权的问题，不辱使命、不负重托。

（二）必须坚持自信自立，始终坚信真理、勇于斗争。人无精神不立，国无精神不强，党无精神不兴。坚持自信自立，就是要传承红色基因，赓续红色血脉，坚定理想信念，敢于担当和斗争。要筑牢信仰之基，真学真懂真信真用党的创新理论，自觉接受马克思主义哲学智慧的滋养，弄清楚中国共产党为什么"能"、马克思主义为什么"行"、中国特色社会主义为什么"好"等基本道理，坚守共产党人的精神家园。要强化信念，始终保持对理想信念的激情、执着和坚定，把对党忠诚、为党分忧、为党尽责、为民造福内化于心、外化于行。要坚定信心，坚定道路自信、理论自信、制度自信、文化自信，增强斗争精神、提高斗争本领，永远为真理而斗争，永远为理想而奋斗。

（三）必须坚持守正创新，始终实事求是、与时俱进。坚持守正创新，就是要看清大局大势、紧跟时代步伐、准确预测未来，坚守正道，勇于创新。要守社会主义之"正"、创中国特色之"新"，坚持马克思主义基本原理、坚持党的全面领导、坚持中国特色社会主义不动摇，始终坚持正确前进方向，决不走封闭僵化的老路，决不走改旗易帜的邪路，始终在思想上政治上行动上同党中央保持高度一致。要守客观规律之"正"、创事业发展之"新"，严格按照客观规律办事，善于从实际出发去掌握事物发展总体情势，认清历史趋势、洞察当前形势、了解民意态势，牢牢把握工作主动权，使工作真正符合人民群众期待，把事业不断推向前进。

（四）必须坚持问题导向，始终直面矛盾、攻坚克难。坚持问题导向，就是要树立强烈的问题意识，把问题作为工作的突破口，瞄着问题去、追着问题走、扭住问题做。要敢于正视问题，保持高度负责的态度和敢于斗争、善于斗争的精神，增强刀刃向内的勇气，遇到问题，绝不能绕着走、"当鸵鸟"、"踢皮球"。要善于分析问题，坚持具体问题具体分析，加强调查研究，透过现象看本质，去粗取精、去伪存真、由表及里，找到解题答案。要积极解决问题，有什么问题就解决什么问题，什么问题突出就重点解决什么问题，决不能敷衍了事、上交矛盾，决不能将小事拖大、大事拖炸。

（五）必须坚持系统观念，始终统筹全局、协调各方。世界上不存在孤立的事物，联系是客观的、普遍的。坚持系统观念，就是要学会坚持发展地而不是静止地、全面地而不是片面地、联系地而不是孤立地认识和处理问题。要强化全局观念，坚持从大局看问题，把准全局和局部的关系，自觉把工作放到大局中去思考、定位、谋划，决不能以局部利益损害大局利益。要注重统筹兼顾，加强对工作通盘筹谋，善于抓住牵动全局的主要工作着力推进，在重点突破中推动工作协调发展，同时善于十个指头弹钢琴，注重兼顾各方，提高工作的整体性、全面性、协同性。要坚持发展的眼光，全面掌握工作动态，敏于知变，积极应变，增强工作的预见性、主动性、创造性，决不能一成不变、封闭僵化。

（六）必须坚持胸怀天下，始终心系民族、放眼世界。大道之行，天下为公。中国共产党人既要为中国人民谋幸福、为中华民族谋复兴，也要为人类谋进步、为世界谋大同。坚持胸怀天下，就是要增强推动世界和平发展、促进人类共同进步的坚定信念。要树立天下为公的格局境界，自觉把"小我"融入党和人民事业的"大我"，先天下之忧而忧，后天下之乐而乐，永远做人民公仆、时代先锋、民族脊梁。要培养天下一家的宏大眼光，拥有全球化的视野和海纳百川的宽阔胸襟，善于立足中国看世界、站位全球看中国，善于深刻洞察人类发展进步潮流，善于吸收借鉴一切优秀文明成果，为推进新时代中国特色社会主义伟大事业服务。

第二节 | 走好从政每一步

第一步：尽快适应，开好头、起好步，严肃认真地走好入门之路

习近平总书记曾勉励青年，要扣好人生第一粒扣子。第一粒扣子没扣好，后面的扣子都会扣错。干部成长也是这样，走好第一步至关重要。如果一开始就走偏走歪、走得不端正，以后的路就会走斜走错。人们常说"孺子可教"，说的就是这个人是可以教育培养的。如果"胚子"没有搞好，一开始就心术不正、投机取巧，那是不会有好结果的。当干部首先一定是好人，但好人不一定能当好干部。人生道路有很多，从政只是其中一条，有其特定的能力素质和基本要求，需要付出艰辛的努力才能行稳致远。组工干部是管干部的干部、管党员的党员，只有不断增强信心、积累经验，老实做人、本分做事，才能尽快适应环境、适应工作、适应部门、适应文化、适应别人。如果无法达到上述要求，不仅自己疲于应付，也会影响工作的推进和事业的发展，最好早作其他打算，不能盲目地选择一条并不适合自己的道路。所以，新入职的同志，一开始就要想清楚进入自己单位为什么？到了单位干什么？在单位和别人比什么？不能浑浑噩噩混日子。

（一）坚定信念，把好人生正确方向。人是要有点精神的。有信仰的人，是心有所依的，怀着一种美丽的、高尚的信念活着，是真正幸福的；而没有信仰的人，缺乏判断是非、善恶、美丑的标准和能力，内心永远无法得到充盈和富足。如果把人生比作一只小船，人生征途就是茫茫大海，而信仰就是大海行船的"指南针"。共产党人是无神论者，要时刻保持科学和理性精神，永做富有理智、头脑清醒的马克思主义者，不迷信、不盲从。心中有信仰，脚下有力量。习近平总书记指出："我们共产党人的根本，就是对马克思主义的信仰，对社会主义和共产主义的信念，对党和人民的忠诚。"回顾我们党的历史，从井冈号角到长征战歌，从遵义曙光到延安油灯，从西柏坡到天安门，如果没有崇高信仰的巨大激励和鞭策，是不可能从胜利走向胜利的。习近平总书记青年时期先后写了8份入团申请书、10份入党申请书，即便是在个人处境极为艰难的条件下，也没有对党产生过怀疑和动摇，为我们树立了坚守信仰不动摇的楷模。党员干部有了坚定的理想信念，站位自然就高了，眼界就宽了，心胸就开阔了，就能坚持正确的政治方向，在胜利和顺境时不骄不躁，在挫折和逆境时不消沉不动摇，经得起各种风险和困难考验，把理想信念时时处处体现为行动的力量，用理想之光照亮奋斗之路，用信仰之力开创美好未来。补足精神之钙，筑牢信仰之基。理想信念犹如精神之"钙"。党员干部如果精神上"缺钙"，就会得"软骨病"，就会在风雨面前东摇西摆，最终"褪色""变质"。周永康、薄熙来等腐败分子，就是因为丧失了对马克思主义的信仰信念，导致政治上动摇、经济上贪婪、生活上堕落，给党和人民的事业造成了巨大损失，也让自己坠入了深渊。党员干部要始终坚持用党的创新理论武装头脑，坚守政治信仰，筑牢理想信念，自觉加强政治训练、政治历练，炼就共产党人的"钢筋铁骨"，铸牢坚守信仰的"铜墙铁壁"，深刻领悟"两个确立"的决定性意义，坚决做到"两个维护"，自觉在思想上政治上行动上同以习近平同志为核心的党中央保持高度一致，坚决维护党中央权威和集中统一领导。

（二）加强学习，夯实履职尽责基础。"学者非必为仕，而仕者必为学。"干部是干出来的，也是学出来的。但学历永远不等于能力。有人说，在农耕时代，一个人读几年书，就可以用一辈子；在工业经济时代，一个人读十几年书，才够用一辈子；到了信息时代，知识更新就更快了，一个人必须学习一辈子，才有可能跟上时代前进的脚步。当今时代，知识爆炸、信息"裂变"，是一个加速时代、跨界时代、迭代时代，如果我们不提高自身的学习能力，就解决不了本领恐慌的问题。只有把学习作为自己的刚性需求、人生爱好和生活方式，坚持在学中干、在干中学，才能真正干在实处、走在前列。学习是为了做更好的自己。学习力是一种最基本的能力,也是核心竞争力。每个人的先天智商和能力其实都差不多,学习能力的强弱是人与人之间后天拉开距离的重要因素。好学习者不寂寞,爱读书者不易老。要以学习提高自己的修养修为,与古今中外的先贤大德跨越时空对话交流,改造自己的主观世界,提升自己的格局境界和道德品行。要以学习促进自己的身心健康,吸取中华传统文化中的精华,以文化人、修身养性,"文明其精神,野蛮其体魄"。要树立终身学习的理念,把学习内化为一种自觉追求、一种内在需要、一种时代责任、一种兴趣爱好,活到老、学到老,做到以学润德、以学增智、以学创业,实现自我净化、自我完善、自我革新、自我提高。学习是为了更好地工作。事有所成,则必学有所成。学习的根本目的是增强工作本领,提高解决实际问题的能力。学而不用,只是个书橱、书柜、书虫而已。要坚持干什么学什么、缺什么补什么,向书本学、向实践学、向领导学、向同事学、向群众学,带着问题学,结合工作学。首先要掌握应知应会的基础知识和基本技能,常识比知识更重要。要养成边学习边研究的习惯,坚持学而思、学而信、学而用、学而行,在学习研究中探求工作的本质和规律,用推动工作的成效检验学习成效。只有勤奋学习、刻苦钻研,依靠学习练就过硬本领,才能避免陷入少知而迷、不知而盲、无知而乱的困境。

（三）摆正心态,正确对待进退得失。境由心生,境随心变,相同的处境,不同的心态,会有不同的结局。一位哲人说过:"你的心态就是你真正的主人。"好的心态是积极状态的催化剂,是事业成功的垫脚石,可以使人乐观豁达、积极进取。反之,心态不好,总是一味地抱怨、不满,患得患失,就会放大工作生活的困难,终将只会故步自封、平庸无为。既要平常心,又要英雄气。领导干部要淡泊名利,保持良好心态。人生在世,金钱、名利、地位,生不带来、死不带去,知足才会常乐。要善于克服人性的弱点,正确认识权力、地位、政绩,摒弃官本位主义和特权思想,坚决避免自我膨胀,时刻牢记"自己也是百姓",保持一颗平常心。同时,也要有点革命英雄气,敢作敢为、激情满怀、奋勇当先,把"平常心"和"英雄气"完美融合。

得之坦然，失之淡然。人皆有进取之心，但是想得过多，刻意了就会扭曲，就会频出一些不好的动作，这是万万不可取的。常言道，谋事在人，成事在天。只要自己脚踏实地、踏踏实实去做了，即使期望落空了，也问心无愧。要把视野放远些、胸襟放宽些、境界放高些，正确看待个人荣辱得失和进退去留，不计较一时成败、一职高低，不沽名钓誉、不互相攀比。凡事从最坏处打算，尽最大的努力，争取最好的结果，以知足感来看待眼前的一切。

（四）培养良习，好习惯受用一生。英国哲学家弗朗西斯·培根说："习惯真是一种顽强而巨大的力量，它可以主宰人生。"习惯的力量是巨大的，好习惯能成为人生的助推器，成就一个人；坏习惯会成为致命的绊脚石，毁掉一个人。研究发现，21天可初步形成一个行为习惯，3个月就可以固化下来。良好的习惯一旦养成，将会成为一生受用的宝贵财富。领导干部养成良好的习惯，不仅利于个人成长，更会直接影响同事和下属，甚至会影响到一个单位、一个地方的发展。俗话说："好习百日修，恶习一日染。"好习惯的养成需要很长时日，坏习惯却很容易形成。特别是刚入职工作的干部，大都还很年轻，还有很长的路要走，更加要注重从入职的第一天起就开好第一笔，从细处着眼、从点滴做起，持之以恒付诸行动、不断总结提升，努力培养好习惯，坚决抵制坏习惯。好习惯成就优秀人生。播下一个行动，收获一种习惯；播下一种习惯，收获一种性格；播下一种性格，收获一种命运。优秀属于把一切优秀品质习惯化的人，只有养成一个个好习惯，才能成就优秀人生。当干部要注重培养诚实守信的习惯，说真话、道实情，言必信、行必果，不当"三拍"干部；注重培养严谨的习惯，始终以严肃严格严谨的态度对待工作，"文经我手无差错、事交我办请放心"，不搞大而化之；注重培养执行落实的习惯，今日事今日毕，事不过夜、案无积卷，不养成"拖延症"；注重培养俭朴简约的习惯，带头发扬勤俭节约、艰苦奋斗的优良传统，善于把复杂问题简单化，不浪费、不折腾。还要养成不怕吃亏甘于付出的习惯、理解他人和与人为善的习惯、沟通协作的习惯等。

（五）注重形象，当干部就得有干部的样子。形象是一个人的衣着相貌、言行举止、精神气质、道德情操等外在的集中反映，是由一点一滴人格的力量、真理的力量、思想的力量凝聚起来的。从善如登，从恶如崩，形象搞坏容易重塑难。党员干部的个人形象不仅代表个人，在某种程度上就是一个部门、一个地方党风、政风的集中反映。在群众眼里，党员干部的形象就是一种导向、一种引领、一种范本。因此，党员干部必须树立"形象意识"，当好"形象大使"。要"样子"不要"架子"。2007年3月习近平同志在一篇文章中指出："'样子'与'架子'，表面上看有点相似，内在的含义则有天壤之别。'样子'是好的形象，是群众欢迎的形象，不是外表，而是指干部的德才和实绩。'架子'则是徒有其表，而且是群众不欢迎的形象。"当下，有些党员干部每天沉醉于"权力空间"，不管走到哪里都要与众不同，摆出"官老爷"派头，看似威风八面，却破坏了干群关系，败坏了党在人民群众中的形象。当干部，无论身处哪个岗位，都要始终心系百姓、心怀党的事业，做出干部该有的样子，决不能把工夫花在形式上，将心思用在摆谱上。好形象不是"装"出来的。自己的历史是自己写就的，形象怎样不是自己说了算，要靠组织、社会、群众来认定。干部树立好形象的基础，是把基本素养和综合素质锤炼扎实。"干"字当头就是干部应有的形象。要严以修身、严以用权、严以律己，谋事要实、创业要实、做人要实，对工作充满热情，克服"等、靠、要"的惯性思维和"怕、僵、满、木、私、浮"的懈怠情绪，把精力放在"正道"上、放在"正事"上，以党的事业为重，把工作作为第一责任，拿出一股子勇于担当、奋发有为的劲头来，脚踏实地、埋头苦干，撸起袖子加油干。那种只想当官不想担责，只想出彩不想出力，只想捂着乌纱帽为己当官、不想拎着乌纱帽为民干事，搞形式主义、官僚主义的"面子工程"和领导作派是换不来好形象的。

第二步：不忘初心、奋发有为，扎实稳健地走好干事创业之路

中国共产党人的初心和使命，就是为中国人民谋幸福，为中华民族谋复兴。这个初心和使命是激励党员干部不断前进的根本动力。人从出生到少年、青年、中年，这是新陈代谢、是自然规律，谁也不可抗拒的。干部成长也一样，职级和职务的变动，是一个逐步历练的过程。守成者没有前途，

奋进者才有未来，幸福是奋斗出来的。干部干部，就是要干字当头。不干就半点马克思主义都没有，不干就不适合当干部。随着年龄的增长、经历的丰富和事业的发展，不少人将会逐步走上领导岗位，成为事业的骨干，这个时候就更要以实干为荣、以实干为责、以实干为能，在新时代新征程中乘风破浪、锐意进取、一往无前、干事创业，做出实实在在的政绩，奋力谱写出新时代的合格答卷。

（一）不忧不惧不惑，内心强大最重要。"知穷之有命，知通之有时，临大难而不惧者，为圣人之勇也。"在孔子看来，一个人战无不胜取决于拥有一颗强大的内心。智者不惑、仁者不忧、勇者不惧。强大者最温和，虚弱者最残忍。强大的内心不是能够战胜世上的一切，而是敢于面对所遇到的一切困难和问题，是要有坦然接受挫折失败的勇气、宠辱不惊的心态和不畏困难愈挫愈勇的胆识。走上领导岗位的干部，要面对更复杂的环境，解决各式各样的问题，更需要修炼一颗强大的内心，让强大的内心力量生根发芽，长成参天大树，做到不惑于心、不困于情、不乱于行，在实现个人理想抱负的人生道路上创造不俗的业绩。心若安好，一往无前。没有过不去的事，只有过不去的心。心理学研究认为，宇宙就是一个场，我们人的心灵也是一个场，你内心的磁场强大，就能吸引强大的东西，凝聚外界正能量。现实生活中，那些担当重任的人，总是能在关键时刻力挽狂澜；那些志存高远的人，总是能熬过漫长的磨难，取得最后的胜利；那些干大事的人，总是能在极其复杂的情况下做出最正确的选择；那些干劲十足的人，总是能表现出比别人更加旺盛的精力。这些人之所以出色，就是因为拥有一颗强大的内心。只有内心强大的人，才敢于直面前路的坎坷，纵使困难遍布，也能披荆斩棘，所向披靡。要立足当下、活在当下，做好当下的事、处好当下的人、把握好当下的时间，学会等待和积累，保持定力，应对各种风险挑战。淡泊明志，宁静致远。经历过狂风暴雨，体验过高山低谷，见识过人生百态，才能磨砺强大的内心。不要一遇到事情就烦躁，一点委屈也受不了。既要有理性，又要有激情，冷静理智地处理问题，保持一种谦虚、从容、淡然的心态，不卑不亢、从容不迫；正确对待职务权力和个人得失，看淡名利,志存高远。逆境时,保持"岁寒然后知松柏之后凋"的韧劲,积极面对、妥善处理困难挫折,不断提升抗压能力,懂得自我调压;以"明知山有虎,偏向虎山行"的魄力,知难而进,迎难而上,在挫折的磨砺中,千锤百炼,烁锻成钢。顺境时,要静得下心学习,沉得下心干事,不断清洗思想上心灵上的灰尘。尤其是身处高位时,更要自警自省,抵住诱惑,不迷惘、不迷茫、不迷失、不迷途。

(二)心正一切正,公道正派是最大的德。公道正派是领导干部的政治品质、思想作风和人格力量的体现,是干部的立身之本、为人之道、处事之基。坚持公道正派这个为人做事的价值理念和根本原则,首先需要的就是内心纯正,做到襟怀坦荡,没有私心杂念。只有以公为道、持正为派,时刻用"正"的要求来规范自己,才能切实用好权、履好职,永葆党员干部应有的先进、纯洁的本色。政从正来。治事理政,贵在公道正派。我们党是工人阶级和人民利益的忠实代表,党的这种性质决定党的干部必须姓"公"。要巩固党的长期执政地位,永葆党的先进性和纯洁性,干部就必须时刻将党和人民群众的利益放在高于一切的位置,认真践行全心全意为人民服务的根本宗旨,恪守公道正派的价值观念,立党为公、执政为民,光明正大、堂堂正正。领导干部的权力是公权力,是公器,千万不能以权谋私。政者正也。领导干部是党的执政骨干,必须更加自觉地加强党性锻炼,把正心作为正言、正身、正行的基础,带头修心、正心,不断提高党性修养,时刻保持公心,分清是非对错,不为诱惑所动、不为私欲所蒙,始终保持一心为公、公私分明的政治品格。要以正带人、以正服人、以正育人、以正资政,带头大公无私、公私分明、先公后私、公而忘私,敢于主持公道、伸张正义,严格按党的政策办事、按组织原则办事、按规章制度办事,保持责任感、使命感、庄严感,做到忠诚干净担当,决不能拿原则换人情,决不能用权力搞交易。

(三)平台不等于本事,要优秀不要优越。优秀的干部不是从天上掉下来的。通常来说,一个人要干事创业,有能力没有平台不行,有平台没有能力也不行。党员干部的成长,靠自己努力,更靠组织培养。正是组织给予了平台，我们才得以施展才华、干事创业，实践锻炼、自我提升。但平台不等于本事，关键还在于自身硬。我们必须时刻保持清醒头脑，感恩组织、珍惜机会、用好平台，在履职尽责、干事创业中练就本领、展示优秀、呈现卓越。不能错把平台当本事。很多时候，一个人离开了平台，可能将一无是处、一事无成。作为党员干部，必须时刻保持追求自我优秀的动力，抵制自我优越感，经常检视反省自己，增强自我净化、自我完善、自我革新、自我提高的能力，切实做到不好高骛远、不骄傲自大、不自我膨胀，踏实干事，守好本分。要把岗位职务当责任。领导岗位不是休息场所，领导职位不是一种待遇，不能把岗位当享受，也不能把职位当炫耀，岗位就是责任，职位就是做事。在其位、谋其政、履其职、尽本分、担其责、成其事，这是对领导干部的基本要求，也是天经地义的道理。领导干部的职位越高，责任就越大，要求也越高，本事也要越大。面对岗位，要爱岗敬业、只争朝夕，做到在位一分钟、奋斗六十秒，在履职尽责中体现价值、找到乐趣。面对职位，要心存敬畏，唯恐能力不够、履职不好，始终以党和人民的事业为重，始终谦虚谨慎、戒骄戒躁，做到有才能不张狂、有本事不摆谱、有成绩不张扬、有贡献不宣扬。

（四）行百里者半九十，自始至终不懈怠。"行百里者半于九十。"从政之路如同跑马拉松，非意志坚定者不能完成。一个人在领导岗位上经过一二十年甚至更长时间磨炼后，一般都会日趋成熟，正值干事创业"黄金期"，如果在这个时候放松自我鞭策，就很容易精神懈怠，或守着眼前"一亩三分地"自娱自乐，或自视"没有功劳也有苦劳"坐等升迁，或产生"人到中年万事休"的念头，懒得干了，全然将当初的雄心壮志抛至脑后。"逆水行舟用力撑，一篙松劲退千寻。"进入新时代新征程，"精神懈怠"的危险离我们并不远，只有坚持到底，才能一以贯之。"初心"易得，"始终"难守。习近平总书记告诫全党："一切向前走，都不能忘记走过的路，走得再远、走到再光辉的未来，也不能忘记走过的过去，不能忘记为什么出发。"从政之路上，要有一个好的开头并不难，能坚持一段时间也不算难，难的是一路风雨兼程、一直矢志不渝。每个领导干部在前进道路上都会遇到"娄山关""腊子口",也都会遇到这样那样的干扰和诱惑,只有不忘来时的路,紧绷脑子里的那根"弦",始终保持脚步不停歇,以"一锤接着一锤敲"的坚韧毅力和"不破楼兰终不还"的昂扬斗志,数十年如一日沉潜实干,才能事有所成。正所谓"日日行,不怕千万里;常常做,不怕千万事"。风华正茂日,正当奋进时。山有脊梁而巍峨,人有精神方挺立。任弼时同志长期抱病工作,竭诚奉献,他说"能坚持走一百步,就不该走九十九步",被称为"党的骆驼、中国人民的骆驼"。而现在一些领导干部开始时总是热血沸腾、抱负满腔,可随着时间推移,慢慢地就丧失了动力、没有了毅力、磨灭了斗志,最后事业碌碌无为、不知所终。"历史只会眷顾坚定者、奋进者、搏击者,而不会等待犹豫者、懈怠者、畏难者。"新时代,领导干部更要以顽强拼搏为人生信条,立志追求卓越,时刻带着一股子韧劲和闯劲,大胆走别人没有走过的路,大胆做前人没有做过的事,对工作保持"等不起、坐不住、慢不得、放不下"的态度,以永不懈怠的精神状态和一往无前的奋斗姿态,当好新时代的奋进者。

(五)当官避事平生耻,担当是干部的本分。曾国藩《治心经》中有这样一句话:"以苟活为羞,以避事为耻。"说的就是为官从政理当担当作为、务实苦干,对偷奸耍滑、怕事躲事感到羞愧难当、无地自容。一份责任要有一份担当,遇到问题不能回避,要肯干事、能干事、干成事,在解决问题中推动工作。担当是领导干部的本分,如若不想担当、不敢担当、不善担当,就是丢了本分、失了本职,无疑是最大的耻辱。不做"怕事佬",要做担当者。担当大小,体现着干部的胸怀、勇气、格调,有多大担当才能干多大事业。身处领导岗位,肩负"造福一方"的重任,必须要有大担当、真担当。如果"避事"而不积极干事,"躲事"而不认真处事,该说的话不说、该干的事不干、该负的责不负,就会给党和人民的事业造成严重损失。不担当,实质就是对党不忠诚,就不配当干部。领导干部即使已经走过千山万水,仍然需要不断跋山涉水,越是任务艰巨,越要以更加强烈的担当精神,努力锤炼宽肩膀和真本领,勇挑最重的担子、敢啃最硬的骨头、善接最烫的山芋,想干愿干积极干、能干会干善于干,以攻坚克难的勇气,引领担当作为的风气，努力干出一番经得起实践、人民和历史检验的业绩来。不做"官油子"，要做老实人。"宁为世人笑其拙，勿为君子病其巧。"有的领导干部经常自作聪明、处处讨巧，把心思和精力放在如何博人眼球上，今天喊个口号、明天换个思路、后天搞个宣传，表面上风光无限，实际上不仅没有什么实际成效，反而招致大家的厌恶。自作聪明者终究聪明反被聪明误。领导干部必须遇事不推诿、不退避、不忽悠，主动认领、主动承担责任，讲求一就是一、二就是二，把做事的原则内化为做人的准则，自觉做老实人而不是"两面人"。当然，老实不等于务实，如果没有求真务实的态度和真抓实干的能力，老实就会变成无能，发挥不了什么作用。要以肯干提升境界、以敢干展示气魄、以实干赢得尊重，靠真本事立身，靠干实事吃饭，做到既老实又务实。

（六）不畏其难不厌其烦，心甘情愿奉献自己。事业任重道远，责任重于泰山。身处领导岗位，是组织的信任、人民的重托，是要吃苦受累、干实事的。任劳更任怨，是领导干部成熟的重要标志。干事创业过程中，不会一直风平浪静，不会始终一马平川，即便出发点是好的，也未必总能获得点赞，有时领导干部的"辛苦指数"换来的不是群众的"幸福指数"而是"埋怨指数"，特别是在触及复杂利益、处理困难问题时，可能还会引发不解、怨气，甚至批评。"牢骚太盛防肠断，风物长宜放眼量。"如果不能正确面对这种落差，怨天尤人不断，抱怨声声不息，就会陷入恶性循环中不能自拔。任劳本应当，任怨显修养。领导领导，既要"领"又要"导"。相比普通干部，领导干部肩上的担子更重、责任更大、压力更多，对其党性修养、能力素质、意志品质等方面都提出了更高的要求。"任劳"是职责所在，在其位就得谋其政；"任怨"是气度体现，要有容忍之心，能以德报怨。领导干部要以"任劳任怨"之心来对待工作和群众，不怕吃苦，更不怕埋怨；要以对党和国家事业高度负责的态度，耐得住"艰苦"、受得住"委屈"、经得起"误会"；要以"心底无私天地宽"的坚毅，不计个人荣辱，在"任劳任怨"中不断历练提升。以奉献为荣，以奉献为乐。《礼记》写道："君子贵人而贱己，先人而后己。"这句话在新时代的解释就是"奉献"。鲁迅先生说："我们自古以来，就有埋头苦干的人，有拼命硬干的人，有为民请命的人,有舍身求法的人……这就是中国的脊梁。"共产党人便是当今中国的脊梁。甘于奉献是共产党人与生俱来的政治品质和个人修养。我们党的性质、宗旨和使命决定了党员干部要坚持党和人民的利益高于一切,把无私奉献当作自己的永恒追求。热爱人民、忠诚于党的孔繁森,"干革命要干到脚直眼闭"的杨善洲,都是无私奉献、甘愿牺牲的真实写照。当干部,就是要甘于、乐于为党献身、为民奉献,自觉做到有功劳时不伸手、有苦劳时不计较、有疲劳时不抱怨。组工干部,更要有甘为人梯、甘做"嫁衣"的奉献精神,心甘情愿为他人当好"绿叶",乐于"成人之美"。

（七）严守纪律底线,干成事还要不出事。领导干部要严守纪律底线,干成事还要不出事。当干部首先要对自己负责,才有资格谈为党尽责。新时代当有新气象新作为,领导干部胡干乱干蛮干已"无用武之地",必须坚持纪律底线,始终把纪律规矩挺在前面,不断增强自身免疫力,增强拒腐防"病"的本领,千万不能因为常在河边走就"湿鞋"。自己不打倒自己,谁也打不倒你。领导干部随着职务的提升,"被利用""被围猎""被投资"的风险随之增加,自律能力受到了严峻考验。要防微杜渐,守住"诱惑关",做到"勿以善小而不为,勿以恶小而为之",不侥幸、不任性、不贰过,自觉远离和抵制各种诱惑,保持拒腐蚀、永不沾的政治本色。要洁身自好,守住"自律关",慎权慎独慎微,把为民谋利作为行使职权的出发点和归宿,习惯"吾日三省吾身",经常扪心自问,自检自省、自我约束,保持清醒头脑。要从善如流,守住"监督关",自觉接受监督、乐于接受监督,让权力在阳光下运行,始终做到不放纵、不越轨、不逾矩。同时,还要监督好自己的家人,树立良好的家风。纪律规矩是带电的"高压线"。习近平总书记强调,把党的纪律和规矩挺在前面,用纪律和规矩管住大多数,做到有规在先、抓早抓小,使全体党员、干部严格执行党规党纪,模范遵守国家法律法规。领导干部要始终把纪律和规矩当作戒尺置于心间,始终把纪律和规矩挺在前面,通过强化政治纪律和组织纪律,带动廉洁纪律、群众纪律、工作纪律和生活纪律全面严起来。

第三步：保重身体、保住晚节，坦荡淡然地走好退休之路

人事有代谢，往来成古今。任何工作都有时限，一个人年纪到了，就应该退下岗位，这是党的干部政策，也是自然规律。但领导干部工作了大半辈子，退休代表的不仅仅是从繁忙的岗位上退下来，随之带来的更是一系列的转变，从职场到家庭、从单位人到社会人、从领导干部到普通百姓，能否正确看待这些转变，是必须过好的关。

（一）慎终如始，谨防公职人员特别是领导干部在临近退休年龄之际，利用手中的权力大肆贪腐、"狠捞一把"。当下，在临近退休的领导干部当中，有的认为"有权不用，过期作废"，便想在从位子上退下来之前，为自己留条后路，为子女留点财富；有的居功自傲，自以为对党和人民贡献很大，对比自己的所得，内心失落，心态失衡，于是产生了赶快补偿的错误心理；有的心存侥幸，打"时间差"，同他人达成"约定"，"退休前办事，退休后收钱"，妄图给自己的贪腐行为披上"隐身衣"，等等。一日得失看黄昏，一生成败看晚节。干部退休前后，考虑生活保障渐多，利益诉求渐多，而自我约束相对减弱，这也是政治免疫力相对较弱的一个阶段。总觉得脱离了组织，没人监管，思想上、作风上便松懈了下来。如何抵御各种腐朽思想的侵蚀，保住晚节，永葆共产党人的纯洁性，这对领导干部来说是一个严峻的考验。一个守不住晚节的领导干部，最终的结局必定是令自己和家人感到无比难过和无地自容，也让世人感到惋惜和不屑，更愧对党和人民。一时的自律容易，一世的自律很难。防止侥幸，保住晚节，必须加强自律，做到慎独慎微。要自觉遵守党规党纪和法律法规，操行自守，不欺暗室，做到人前人后一个样、退前退后一个样，坚持从小节、小事严起，严防诱惑之"微"，严杜蜕变之"渐"，见微知著，及时改正小缺点、小错误，警惕小侥幸导致大错误。

（二）身心健康，安享晚年生活。退休后离开了长期工作的岗位，告别了熟悉的工作环境，社会角色发生了改变，社会关系网络也发生了变化。退休还意味着将会失去某些权力，更重要的是失掉了原来所担当的那个角

色的情感，改变了几十年的行为模式，导致一些退休干部失落感、自卑感、空虚感和孤独感等负面情感随之而来，如果百无聊赖，不及时自我调整，就会有害于身心健康。不可太念往，生活自有真情在。在位时身上的光环、荣耀、成绩，很多得益于组织给予的工作平台，离开了这个平台，或许会让我们有机会去认识真正的自己，并接纳这个真实的自己。如果因此生气、愤怒、咒骂那些当初你一手培养的骨干有问题，那么恰恰不正常的就是你自己。不妨换个角度看看，这个时候还有谁愿意欣赏你的能力、赞叹你的工作、乐于同你交往，才知道什么是虚假、什么是真实、什么是弥足珍贵的人间真情。不可太放松，生活充实最重要。大家都知道弹簧，越往下压弹得越高，如果没有压力它就失去了弹的动力。人也是一样，工作时连轴转疲于奔命，退休后突然闲下来，太放松了，身体和精神都会出现很大的变化，产生不适，甚至郁郁寡欢、离群索居。生命是永远需要激活的，适度的紧张才可以长寿。积极主动转换角色，始终对生活充满热情，可以让思维和行动保持在平均水准。要继续学习新的知识，培养兴趣爱好。比如，参加老年大学、订阅自己喜欢的报刊、结交良师益友，参加书法、摄影等活动，让自己过得充实一些、丰富一些。多陪伴家人，享受天伦之乐，用和谐的亲情驱走空虚感。同时，也要开展适合的体育运动，提升生命的活力。

（三）离岗不离党，退休不褪色。老干部是党和国家的宝贵财富，是党执政兴国的重要资源，是推进新时代中国特色社会主义伟大事业的重要力量。部分老干部虽然退休了，但有多年积累的丰富工作经验，在条件允许的情况下可以发挥余热、老有所为，继续奉献社会，为党的事业和社会发展贡献自己的力量。发挥余晖余热，为党和人民事业增添正能量。要怀着对党和人民事业无比深厚的感情，不忘初心，继续发扬艰苦朴素、密切联系群众的作风，牢固树立党员的先锋形象。做好传帮带，积极关心下一代工作，向青少年讲历史、讲传统，传思想、传精神，帮助青少年扣好人生"第一粒纽扣"。发挥自身优势，讲好中国故事、弘扬中国精神、传播中国声音。保持政治本色，永葆党员身份不退休不褪色。入了党的门，一辈子都是党的人。要牢记自己的第一身份是党员，第一职责是为党工作。坚守政治纪律和政治规矩，不利于团结的话不说，不利于团结的事不做，不传谣不信谣，特别是在事关大是大非的原则立场问题上，敢于抵制歪风邪气，敢于坚决斗争，做到在党言党、在党爱党、在党忧党、在党为党，永葆共产党人的政治本色，始终坚守共产党人的精神家园。

第三节 | 干部的做人之道

"政者，正也。"做官先做人，为政先修德。古往今来，做官与做人向来都是紧密联系在一起的，做任何事情的要求，无不以"做人"为本。从儒家文化一直强调的"修身、齐家、治国、平天下""自天子以至庶人，壹是皆以修身为本"，到习近平总书记提出的"明大德、守公德、严私德"，无不在讲做人的重要，而且都把修身做人放在了第一位。身处领导岗位的干部如何立身做人，其言行举止反映的不仅是个人形象、个人修养和综合素质问题，还关乎党风、政风和民风，关乎为政用权、事业发展。领导干部如果忘记做人之本，抛弃从政之基，不仅会毁了自己，更会贻害党和人民的事业。做什么样的人、当什么样的干部？是每一名领导干部需要时刻思考并躬身践行的重要课题。

有德才有得，有诚才有成。"德"是做人的本色，"诚"是做事的本分。"德"和"诚"是人们立身处世的根本。有道德的人才会有所得到，诚实诚信的人才会有所成就。一个人只有持续加强道德修养，厚于德，诚于信，不断锤炼品德修为，才能在人生的道路上真正收获满满。品德是为人之本。人无德不立。习近平总书记说："一个民族、一个人能不能把握自己，很大程度上取决于道德价值。"止于至善，是中华民族始终不变的人格追求。有德之人往往志向远大、心胸开阔、待人诚恳、敢于担当、善于包容，有强烈的责任感、使命感，在顺境中能够居安思危、戒骄戒躁；在逆境中能够沉着冷静、坦然面对，不随波逐流，不知难而退。这样的人生，当然会有更多的获得。正如《中庸》所言："故大德必得其位，必得其禄，必得其名，必得其寿。"诚信是立业之基。讲诚信是中华民族的传统美德。两千多年前，孔子就主张"言必信，行必果"。传统文化中的"一言既出，驷马难追""小信成则大信立"等名言警句都表达了对诚信的重视。为人处世，齐家治国，当多一些真诚、少一点套路，自觉将诚实守信作为一种品格、一种责任，一诺千金。以品德为根，以诚信为基，人生的大树才能枝繁叶茂、事业的大厦才能坚如磐石。

拥有人格力量，才能赢得人心。人格表现为一个人能力、气质、性格、需要、动机、兴趣、理想、价值观等方面的整体修养。习近平总书记指出："人格是一个人精神修养的集中体现""共产党人拥有人格力量，才能赢得民心"。德为人格之根本，才为人格之条件。道德品质是构成人格的根本所在，而才能才干也是完整人格的必备条件。德才兼备，才能堪当大用，提升人生境界。"德者，本也。"在古人看来，为人处世、治国安邦都以德为先，只有这个"本"巩固了，才会得到社会的认可，才能一步一步朝着理想的目标前进，实现自己的人生理想和抱负。光明磊落、坦荡无私，是共产党人的光辉品格，也是干部应该锤炼的品质修养。领导干部要重品行、正操守、养心性，自觉做到明大德、守公德、严私德，坚守精神追求，见贤思齐，见不贤而内省，处理好公和私、义和利、是和非、正和邪、苦和乐的关系。德才兼备，方堪大任。古人讲："德薄而位尊，知小而谋大，力小而任重，鲜不及矣。"作为党员干部，就是要做到德才兼备，既政治过硬，又本领高强。要在政治品德、职业道德、社会公德、家庭美德等方面都过硬，特别是政治品德要过得硬，始终牢记初心使命，践行党的宗旨，立志做大事，不要立志做大官，保持平和心态，看淡个人进退得失，心无旁骛努力工作，为党和人民做事。同时要努力学习各方面知识，不断提高知识化、专业化水平，经风雨、见世面，真刀真枪锤炼能力，不断提高履职尽责的素质和能力。

得意不可忘形，失意不可失志。习近平总书记指出："干工作不实，对自己要求就会得过且过，稍有成绩，就不知天高地厚，得意忘形。"每个人都有喜怒哀乐的情绪，要控制和管理好自己的情绪，成功的时候不能得意忘形，失意不顺心的时候不能灰心丧气，得过且过。得意忘形往往是危险的发端。唯物辩证法告诉我们，过犹不及，物极必反，好事过了头，走到极端就会变成坏事。遇上喜事可以适当欢庆一下，但千万不要乐得无顾忌无限度。人在得意的时候往往会放松对外界的警惕，自命不凡，头脑发热，容易做出一些违背常理、违反要求的事情，结果乐极生悲，好事变坏事。人得意之时，一般是功成名就之后。对你羡慕嫉妒者有之，夸你捧你的也不少，被"糖衣炮弹"攻击亦有可能，倘若自己脑子发热发昏，就很容易被人"捧杀"甚至被"围猎"，从得意之巅坠入痛苦深渊。失意时要乐观豁达。人要学会走路，也得学会摔跤，而且只有经过摔跤他才能学会走路。人生都有这样那样的缺憾，工作不会一直一帆风顺，爱情不会总是花前月下，家庭也不会没有磕磕绊绊。缺憾有时就是磨炼，需要坦然处之、迎难而上。人生路上，得意时要看淡，给自己留一条退路；失意时要看开，给自己觅一条出路。安然于得失、淡然于成败，人生之路才能无忧无惧、无怨无悔。

做人唯有大涵养，才能大成功。涵养是指道德修养，控制情绪的功夫。习近平总书记指出："要涵养廉洁自律的道德修为，心有所畏、言有所戒、行有所止，不断锤炼意志力、坚忍力、自制力，做一个一心为公、一身正气、一尘不染的人。"培养好性格，涵养大格局，这样才能不断进步，取得成功。涵养自控力。人生中任何时期都可能会遇到各种意想不到的新情况、新问题。烦恼、愤怒、慌张、害怕、胆怯、责怪等情绪化的举动不仅没有用，有时还会激化矛盾，让困难和问题复杂化。必须增强自控意识，控制好情绪，沉稳大气、坦荡从容，想办法一一破解。涵养好性格。为人处世时，不先入为主，不以己度人，不随意对他人做论断；沟通交流时，懂得出言有尺、说话有德、嬉闹有度；发表见解时，谨记换位思考，不让人难堪；与人合作时，能宽以待人、严于律己、以身作则。不管身处什么样的位置，都能保持一颗谦逊之心，不盲目抬高自己，不肆意贬低别人。涵养好修为。君子爱财，取之有道。人的欲望就像无底洞，"得寸"还想"进尺"，"得陇"还会"望蜀"。贪婪的种子一旦生根发芽，就会驱使人在欲壑难填的泥潭中愈陷愈深、无法自拔，走向堕落和自我毁灭。我们要守得住清贫，耐得住寂寞，稳得住心神，禁得起诱惑，管得住小节，不为外界的引诱所惑，才能避免"一失足成千古恨，再回首已百年身"，经得起人民的评判和历史的检验。

不自重者致辱，不自畏者招祸。自重就是尊重自己，注重自己的言行举止，珍惜自己的名誉，自己不要玷污自己，更不要践踏自己。自畏是有所敬畏，行有所止，知底线、明红线，不怕夜半敲门、不惧警笛声声。要自重自畏，不能随意放飞自我，做出出格之事，否则只能自取其辱，招来祸端。怀德自重方能持正行远。"怀德自重"是习近平总书记对广大领导干部的谆谆嘱托。人可一生不仕，不可一日无德。怀德是自重的必要前提，德乃立身之本，是衡量做人为官的首要标准。自重自尊自爱，是每个人一生的修炼，它不会随着年龄职务的增长而自然提升。要加强个人修养，时刻自重自省自警自励，时刻战战兢兢、如履薄冰，积极培养高尚情趣，慎独慎微，行得端、走得正，清清白白为官，干干净净做人。人有所畏，业有所成。自畏其实是一种精神境界，是一种忧患意识，是一种自我警示。心存敬畏是道德初心，也是从政良心。自畏者人常敬之，约束自己、严格自律的人，都会受到敬重。要自觉约束自己，明白职务是责任不是待遇，权力是公器不能私用，不搞特权，不以权谋私。要时刻牢记党纪国法，不以"小事无碍"放纵自己，不以"下不为例"原谅自己，不以"无人知晓"麻痹自己，自觉约束言行、依规行使职权，始终做到经济上清白、工作上清廉、生活上清正。

做人赢在格局，输在计较。格局是一个人的人格、品格、胸襟、胆识等因素的内在综合。格局大小反映人的所思所想、所行所止的站位高低、眼界宽窄、情怀大小。格局隐藏于内心，融入精神，虽然看不见，却决定着一个人能走多远的路，能干多大的事。格局大者，方可大有作为。有句话说得好：心有多宽，舞台就有多大；格局有多大，心就能有多宽。格局是一种眼界，更是一种大情怀。一个人有多大的格局，就有多大的胸襟。有什么样的眼界和胸襟，就能看到什么样的风景。格局大，表现为境界高远，视野宏阔，胸怀宽广，荣辱不惊，从容淡定，见解深刻。欲成大器，先有格局。那些有大格局的人，工作能抓住要害，把握规律，务实担当，查实情、出实招、办实事、求实效，这样的人往往都能成就一番事业。计较越多，失去越多。"计较是偷走幸福的小偷。"因为在这世上总会有人拥有的比你多，一味地用自己的短处去对比别人的长处，得到的只有源源不断的痛苦。

计较更让人被蒙蔽了双眼，总对别人心生羡慕，却对自己的幸福视若无睹，这样的人往往心胸狭窄、性格偏激、爱占便宜，为人尖酸刻薄，遇事心浮气躁情绪化，与人交往易起争执。长此以往，就会把自己的人生之路走得越来越窄。

自信不自满，昂扬不张扬。自信是一种人生态度，相信自己，才能勇往直前。自满是一种骄傲，满足现状，导致自己原地踏步。昂扬是一种精神风貌，是我们锐意进取的动力源泉。张扬是一种自我表现，个性张扬容易招人嫉妒。党员干部永远都是人民的勤务员，要懂得收敛自己的个性，克服骄傲自满的心态，定位好自己的角色，才能更好地为人民服务。做人要自信，心态不自满。乐观自信的人不会轻易被困难挫折打倒，他们善于从困难之中看到希望，从挫折之中点燃光亮。做人一定要自信，相信自己能克服困难，战胜挫折，不断取得成功。不能因稍微取得一点成绩就骄傲自满，故步自封，甚至贪图享乐。斗志要昂扬，性格不张扬。是树就要生长，是人就要成长。党员干部有一分热就要发一分光，不辜负人民的信任和党的培养。要激发昂扬向上的斗志，弘扬跨越发展、争创一流、比学赶超、奋发有为的精神，攻坚克难，努力把自己该做的工作做得比别人出色。同时，要学会低调做人，不自夸、不显摆、不自大，避免惹来不必要的麻烦。无论做人做事，都要谦虚谨慎、戒骄戒躁、守好本分，切忌夜郎自大、张扬猖狂。

自由的前提是自制。自由的字面含义是不觉得拘束，没有受到任何限制。但世界上有绝对的自由吗？正如歌德所说："一个人只要宣称自己是自由的，就会同时感到他是受限制的。如果你敢于宣称自己是受限制的，你就会感到自己是自由的。"自由并非来自"做自己高兴做的事"或者采取一种不顾一切的态度来行事，如果任凭感情支配自己的行动，那就会使自己成为感情的奴隶。每个人能获得的"自由度"是建立在有多少"自制力"的基础之上的。自制就是有意识地控制自己，控制不良的思想、欲望、感情、言语、行为，具体表现为对不良欲望的克制、对不良情绪的控制、对不良习性的克服、对不良行为的抵制等，一个人只有善于自我控制才能调整好与他人、与环境的平衡关系，更好地适应社会、适应生活。修炼好自制力才能通向自由。现实中,每个人都会面对各种诱惑和干扰,自制力强者,往往懂得知行禁止,凡事扛得住、顶得住,想得到、做得到;而自制力弱者,要么被外界诱惑所干扰,要么被内在欲望所吞噬,放纵自我、任性而为、一无所成。修炼好自制力,才能管住欲望、抵住诱惑,拥有通向自由的能力,全心全意干好事创好业,实现自己的理想和抱负,达到自己向往的自由。

习惯是人生的最大指导。"播下一个行动,收获一种习惯;播下一种习惯,收获一种性格;播下一种性格,收获一种命运。"习惯伴随人的一生,也影响人的一生。习惯的力量无时不在、无处不在,就像一只无形的巨手,推着人们不由自主行动。"积千累万,不如养个好习惯。"这是叶圣陶先生的一句名言。习惯有好习惯和坏习惯之分,好习惯往往要求人高度自律,而坏习惯最容易放纵自己;好习惯会引导人向好的方向前进,而坏习惯则会诱惑人向坏的方向发展,甚至会毁掉一个人的一生。一个人只有养成好习惯,才能做习惯的主人而非仆人,也才能真正主宰好自己的人生。习惯成就未来,良好的习惯不仅有益于自己,也有益于他人,更有益于社会。久久为功养成好习惯。好习惯的养成并非一日之功,必须终身努力,不断修炼,逐步养成。养成优秀习惯需要用好"三样法宝":决心、坚持、勇气。即要有彻底改变现状的决心,找准自身弱点,瞄准目标,痛下决心改正;要有死扛到底的坚持,按照习惯养成"21天法则",从小习惯开始,持之以恒,刻意养成;要有勇往直前的勇气,严格自律,风雨无阻,战胜困难,逐渐形成良好的行为方式和习惯,才能遇到最好的自己。

钢铁般的意志比智慧和博学更重要。意志是人自觉地确定目的,并根据目的调节支配自身的行动,克服困难,去实现预定目标的心理倾向。习近平总书记指出:"只要坚持,梦想总是可以实现的。"做任何事情,只要坚持,不懈奋斗,就没有攻克不了的难关;如果半途而废、虎头蛇尾,即使再聪明再博学的人,也终将一事无成。成功贵在坚持,败在放弃。古人讲:"古之立大事者,不惟有超世之才,亦必有坚忍不拔之志。"只有拥有坚定的意志,才能克服困难,不抛弃不放弃,直至取得胜利。毛泽东主席称赞朱德是"度量大如海,意志坚如钢"。1927年10月,南昌起义部队在广东潮汕地区遭到重大失利，2万余人的部队只剩下800多人，部队面临顷刻瓦解、一哄而散之势，这时朱德在江西的天心圩挺身而出，凝聚部队上井冈山，与毛泽东会师，之后南征北战，最终取得了革命的成功，朱德坚定的信仰和钢铁般的意志为中国革命作出了重大贡献。加强自我磨炼，注重实践锻炼，唯有意志坚如钢，才有脚下路绵长。新时代新使命，前进的道路上仍有许多"雪山草地"需要跨越。要勇挑最重的担子，敢啃最硬的骨头，善接最烫手的山芋，在实践中把意志变成斗志、把经历变成经验、把阅历变成能力，形成积极坚定的世界观、人生观和信仰信念，才能在人生的道路上行稳致远。

知行合一，愿景方能成风景。"知"是基础，是出发点；"行"是关键，是实际成效。知而不行，无异于坐而论道、纸上谈兵；行而不知，则如没头的苍蝇到处乱撞。只有知行合一，才能走向成功。真知才能真行。俗话说："站得高，看得远。"做任何事情前，都要统揽全局、多谋善断，预先判断事物的发展方向，才能获得成功。反之，缺乏规划统筹，仓促应付，敷衍塞责，必然导致失败。习近平总书记强调，"全党要提高战略思维能力，不断增强工作的原则性、系统性、预见性、创造性"。行事之前必须强化对事物的预测、对工作的谋划、对形势的意见，见微知著，科学用力，真正做到谋定而后动。只有这样，才能对事情的进程和趋势了然于心，胸有成竹，从容应对。真行才是真知。古人云："千里之行，始于足下。"无论有多么远大的理想，不去行动，就无从实现。行动虽然不一定就能成功，但不行动连成功的机会都没有。想成事、成大事就要有实干为要的行动力。说了不等于做了，做了不等于成了。习近平总书记强调："一分部署，九分落实。"实干是最醒目的引领，落实是最有力的托举。一打纲领，不如一个行动。如果只说不做，再好的思路也是海市蜃楼、镜花水月。任何时候都要积极行动，争当实干家、争做行动派。

胜敌人需一时，胜自己需一生。"胜敌易，胜己难。"战胜自己比战胜敌人还要困难，因为敌人只是一时的，而要战胜自己的缺点并坚持下去，则需要一生的时间。人生就是一个不断战胜自我的过程。生活中有这样一些人，他们为现状而焦虑，又没有毅力和决心去改变自己。他们本想在有限的生命里体验更多的生活，却将太多时间花在网络游戏等感性刺激中无法自拔。他们或许也有一颗上进的心，却活得敷衍潦草。他们一边痛恨自己的拖延和懒散，却又一边纵容自己满足于当下的安逸。他们就是被自我打败的人，虽然时常憎恨自己的不争气，但就是改变不了自己。人这一辈子，就是战胜自己的过程。战胜了，就把握住了自己的命运；失败了，就只能被现实所左右。自律是战胜自己的最好武器。不少人曾经历过无数个失败的自律计划。比如，打算坚持早起，但第二天实在起不来，所以就放弃了。比如，打算坚持读书，也许刚读了几页，但还是忍不住看手机，于是就放弃了。人与人之间最大的差距就在于自律，任何让人变好的行为，都不会让自己太舒服、太好过、太轻松。对不自律的人而言，轻松是暂时的，痛苦却是长久的。对自律的人来说，过程是痛苦的，结果却是令人满意的。成功的路上并不拥挤，无论你是大步流星，还是步步为营，只要用自律与坚持去浇灌，终会守得花开。

第四节 | 领导干部为人方略二十条

一、自私和不耐烦是行事做人的致命伤。这句话告诉我们行事做人要稳重，不能只考虑自己，不顾及他人。做人处事，切忌自私自利，心浮气躁，要学会互惠互利，耐心诚心，如此方能赢得好人缘，赢得最后的成功。多私者必不义。苏洵说："为一身谋则愚"。自私的人，狭隘冷漠，只顾自己；目中无人，妄自尊大，甚至会为满足一己私欲铤而走险，给自己招来更大的麻烦。若一个人为人处事自私自利，轻则遭人厌恶，重则众叛亲离。"予人玫瑰，手留余香"。为人处事，要常思私欲之害，常怀利他之心，学会给予、学会分享、学会付出，在无私和利他中播种大爱、收获快乐。耐烦之人必成大器。耐得住烦扰是一种内在的修行，也是为人处事的重要修养。做事耐烦方能达成目标，很多人做事之所以半途而废、不能成功，很大程度上是毁于"不耐烦"，做事心浮气躁、急功近利，缺乏耐心。"耐得千事烦，收得一心清"，耐烦的人，不惧干扰，不怕烦难，锲而不舍，坚韧不拔，这样的人才能取得成功。做人耐烦方能赢得尊重，很多人对他人，特别是亲近的人容易缺乏耐心，习惯于把坏脾气和"不耐烦"留给身边人，最终伤人伤己；而耐烦的人，往往待人宽厚，处事有度，不急不躁，面对不顺之事有雅量，能够以乐观豁达之心与人相处，从而赢得他人的认可和尊重。

二、刚愎自用者必垮台。刚愎自用的人往往听不进别人的意见建议，自负自傲、武断行事、一意孤行，个人主义和主观主义表现明显，经常高估自己的能力，目中无人、唯我独尊。任何人只有克服了刚愎自用，才能做出业绩、成就辉煌。客观认识和评价自我。不爱听真话是人性的弱点，认知水平越低的人越固执。党员干部切不可因一点点本事和成绩而沾沾自喜、自我陶醉。要学会正确认识自己的长处和短处，切实做到"知不足"，把自己看低一些，把位置摆得正一些，多想一想自己工作中的失误，多比一比与他人的差距，凡事让三分，才能找准人生的坐标扬帆起航。好马也吃"回头草"。人生既是一个成长修炼的过程，也是一个纠偏正向的过程。不能只看前方，还要经常回头看看过往，听听逆耳忠言，虚怀若谷、从谏如流，不断反思工作得失、校准人生航向。学会常吃"回头草"，有助于加深对问题的理解，强化对分寸的把握，不断弥补修正，进而持续提高、全面进步。决策前思虑周全，决策后大刀阔斧。人常说三思而后行。作决策一定要慎重，否则决策失误，轻则偏离航向，重则整船倾覆。作决策之前一定要深入实际多调查研究，多方听取意见，集体拍板决定最优方案；决策后要做到总揽不包揽，敢于放权，鼓励支持下属抓落实，在职责范围内创造性地开展工作。

三、言行一致才能建立起信誉。"信"指诚实守信，"誉"指名誉、声誉。一个人只有做到言行一致，待人真诚，说话办事讲信用，才会得到人们的信任和尊重。讲信誉、重承诺的人一直被大家认可。秦末汉初楚国人季布一生特别讲信用，只要答应办的事情就一定要办到，从没有失信于人。他以侠义闻名，重守诺言，因此人们常说："得黄金百斤，不如得季布一诺。"后来人们就将"一诺千金"用来比喻一个人极有信誉。季布"一诺千金"的故事至今传唱不休，是人们对于言行一致有信誉的人高度信任和肯定。言行一致才有信誉。《中国共产党章程》中明确规定，党员干部必须"对党忠诚老实，言行一致"。现实中，有的党员干部说一套做一套，无视群众需求，只顾个人得失；有的热衷于阿谀奉承、弄虚作假，当"两面人"、搞"两面派"；还有的党员干部只"表态"不"表率"，只闻其声、不见其行，严重损害了党的形象。我们一定要言必信、行必果，绝不搞当面一套、背后一套。要诚信立言，有一说一，有二说二；不因喜而轻诺，不口惠而实不至，不开空头支票；不论什么时候、什么事情，都心口如一、真真实实。对自己说出的话、承诺的事，必须敢于负责、敢于担当、说到做到，用实际行动兑现自己的承诺，做一个诚实守信的人，有效带动社会诚信建设，自己也才能行稳致远。

四、不要坐井观天,要坐天观井。坐井观天的意思是坐在井里看天,用来比喻眼界小、见识少。坐天观井就是要从大局出发考虑问题,而不能像盲人摸象一样从局部判断整体。当干部要多走多看多思,从全局把握方向。走出办公室这口"井"。井底里的青蛙没有走出过那口井,就像有的人从没有走出过自己的工作和生活环境,还目光狭隘地自以为是。李强总理指出:"坐在办公室碰到的都是问题,深入基层看到的全是办法。高手在民间。我们要推动各级干部多到一线去,问需于民,问计于民,向人民群众学习,真正帮助基层解决实际问题。"党员干部要用好调查研究这个传家宝,践行好习近平总书记倡导的"深、实、细、准、效"五字诀,深入基层调查研究。要察实情、出实招、办实事,走好群众路线,解决好群众最关心最直接的现实问题。要大处着眼小处着手。习近平总书记强调,要坚持从大局出发考虑问题,向前展望、超前思维、提前谋局。只有掌握了局势,才能把各项具体的工作放到大局大势中去思考、去谋划、去推动,走一步看三步,抓得住重点关键,才不会见子打子、因小失大。还要善于把复杂的问题科学地分解成多个可以解决的小问题,有步骤有条理地把每一个小问题解决好。当一个个单一的问题都被解决时,困难复杂的问题也就迎刃而解了。

五、活到老,学到老,修身到老。习近平总书记指出:"一物不知,深以为耻,便求知若渴。"知识不是与生俱来的恩赐,而是日复一日、年复一年的勤学苦读和实践积累,是一个人勤学敏思、奋发向上的智慧结晶。我们要把学习作为永不止步的人生修行,通过学习增长知识、增加才干、增添本领。人生有终点,学习无止境。2009年,习近平同志指出:"读书是一个长期的需要付出辛劳的过程,不能心浮气躁、浅尝辄止,而应当先易后难、由浅入深、循序渐进、水滴石穿。"党员干部要树立"时时学、一世学"的理念,把读书作为一种修养、一种习惯、一种内在需求,铸造终身学习的意志,培养永不知足的精神。要孜孜不倦、潜心修学,在学习知识的过程中磨炼自己的意志,培养自己吃苦耐劳、甘于奉献、勤学好问的精神。培养永不知足的精神。海伦·凯勒曾经说过:"当一个人感到有高飞的冲动时,他再也不能满足于在地上爬。"对于学习的不知足正需要这种展翅高飞的感觉。不满足现有的知识,是追求进步的表现,是对学海无涯的深刻领悟。没有决心和毅力,求知往往会半途而废、前功尽弃。非学无以广才,非志无以成学。党员干部要拥有持续恒久的求知欲和上进心,对知识不满足、求知若渴,不断探索新的知识和领域,努力达到"欲穷千里目,更上一层楼"的精神境界。

六、人生只有必然,没有偶然。必然是事物的本质联系所规定的、确定不移的发展趋势。偶然是事物发展过程中由非本质联系引起的不确定的现象。沈从文在《边城》中写道:"凡事都有偶然的凑巧,结果却又如宿命的必然。"它告诉我们,"种瓜得瓜,种豆得豆",人生没有偶然的成功,只有必然的结果。人生没有偶然,凡事都有意义。人生,每一步路都不白走,每一场际遇都有意义,所有经历都是一种成长。生命中会遇到一些人、一些事、去到一些地方,有过一段经历,这些构成了完整的人生。有些人和事助推我们进步获益,而有些虽然带来伤害,却让人知道自省和成长。要正确对待人生的起起落落,多反思自己,不纠结过去成败得失,不逃避今日风风雨雨,不畏惧明天艰难困苦,顺其自然,乐观前行。只有坚持和努力才能获得成功。每一个看似自然而然的成功背后,都有别人看不到的坚持和努力;每一次丧失机遇的沉痛教训,都与努力或坚持不够有关。有时候,努力并不能收到立竿见影的效果,这是因为努力与成功之间往往会有一个漫长过程。这就需要在努力中等待,在等待中寻找时机。很多时候,不是因为看到了希望才去努力,而是因为坚持努力才会看到更多的希望。成功终将属于坚持者、奋斗者。一个人越努力,越幸运;越坚持,越优秀。

七、内心的强大,永远胜过外表的浮华。外表的浮华指的是表面上华丽或阔气。一个内心强大的人,有坚定信念,有丰富的人生阅历以及广阔的视野。他不是靠外表的浮华,而是以内在的气质吸引人、凝聚人、成就自己。外表的浮华不能真正被认可。现实中有的人非常注重外在的条件,比如,在相亲上,有的女士对男士的标准就是"票子、房子、车子、位子",有的男士对女士的标准就是"年轻、漂亮"。他们忽略了心态、性格、作风、才华等内在的关键,结果上当受骗、闪婚闪离的事不断出现。外表浮华的人也许会凭一时之外在形象惹得些许目光，但经不起时间的考验。有的人在接触后，才会暴露出其修养不够，性格偏激，甚至道德沦丧。这样的人不仅不能获得应有的尊重，还会成为被唾弃的对象。内心的强大才能行稳致远。内心强大并不是自以为是、孤芳自赏、固执己见，而是以良好的性格、心态、习惯做支撑。内心强大的人在性格上表现为谦虚平和、沉稳大气、诚实守信、客观理性、持之以恒、谨慎严守、不吝赞美等；在心态上表现为自立自强、乐观自信、宽容豁达、积极主动、感恩有情、知足平衡、敢于担当等；在习惯上表现为爱学习思考、运动锻炼、干净整洁、早起早睡、有条有理等。当养成这些好性格、好心态、好习惯，才能以强大的内心赢得美好未来。

八、了解过去、活在当下，为将来做好准备。这句话告诉我们，要想获得未来成功，就要认真总结过去，提高本领，不断改进；就要好好把握现在每时每刻，努力工作学习，为明天打下坚实基础。总结经验，坚定前行。习近平总书记指出："我们党一步步走过来，很重要的一条就是不断总结经验、提高本领，不断提高应对风险、迎接挑战、化险为夷的能力水平。"古人云："度之往事，验之来事，参之平素，可则决之。"经常回首反思，做好总结，收益会良多。毛泽东同志说过："我是靠总结经验吃饭的。"善于总结经验是中国共产党的优良传统，也是促进个人进步、推动事业发展的重要法宝。能力本领是干出来的，也是总结出来的，小总结小收获、大总结大收获、不总结无收获。党员干部只有勤于总结、善于反思，才能与时俱进、勇往直前。把握当下，赢得未来。人不能控制过去，也不能控制将来，能控制的只有此时此刻的心情、语言和行为。当下的事情最重要，当下的时间最宝贵，当下的人员最值得珍惜。过去和未来都不现实，只有当下是现实的，党员干部的关注点、着手处只能是当下。要把自身关注的焦点、思考的问题的切入点、干事情的着力点，凝神聚焦到当下所进行的各项学习工作中去，把有限的宝贵的时间放在有意义有价值的事情上去。站在过去的肩膀上，始终坚守追求和目标，真正做好当下，才能更好地赢得未来。

九、一个永不放弃的人是无法战胜的。在人生的征程中，没有什么是一帆风顺的，面对艰辛和挫折，需要培养积极向上的心态，相信自己的力量,永不服输,永不放弃,即使失败也要再次站起来,克服困难,坚强迎战,直到成功。增强定力,咬定青山不放松。荀子曰:"骐骥一跃,不能十步;驽马十驾,功在不舍。锲而舍之,朽木不折;锲而不舍,金石可镂。"坚持到底,才能成功。古今中外以坚持不懈获得成功的例子比比皆是:唐玄奘只身到天竺求取佛法,17年历尽千辛万苦,终成一代高僧。拿破仑总结自己常胜的秘诀是从不放弃、决不放弃、永不放弃。屠呦呦从1969年承担抗疟中药研发的任务,到1999年世界卫生组织将青蒿素列入"基本药品"名单进行世界范围的推广,屠呦呦花了整整30年时间。中国载人航天历时11年,终于2003年首次载人航天成功。你若笃定,社会便不再浮躁。人们常常抱怨社会发展太快、外在的诱惑太多,让人无所适从、不知所措。事实上,真正让人六神无主的恰恰是自己的想法太多、行动太少,沉迷于诱惑与功利,总想着走捷径、找外挂,频繁地变换"车道",缺少了坚持和韧劲。保持内心笃定,才能稳得住心神,不再彷徨,找到前行的正确方向,矢志不渝向前走。每个人都需要清楚地认识自己的人生定位,坚定人生目标,即使遇上艰难险阻也不抛弃、不放弃,终将会迎来属于自己的成功时刻。

十、平凡不平庸,做最好的自己。平凡是平常和普通。平庸是碌碌无为。我们都是大千世界里的平凡劳动者。但是,平凡不等于平庸,平凡是努力之后的坦然,平庸是随意之后的必然。平凡是对自己处境的客观评价,平庸是自我放弃混日子的表现。要坦然接受自己的平凡,心态平和、脚踏实地;不能甘于自己平庸,珍惜好生命中的每一天,认真学习,努力工作,真诚待人,让每一天都过得充实出彩。不甘平庸,在平凡中铸就伟大。人生漫长的旅途中,要拥有一颗平常之心。要适应在淡泊中生活,耐得住清贫,守得住寂寞,把心思放在工作和学习上,在平凡的生活中努力活出不平凡的自己,在平凡的工作中做出不平凡的贡献。要一步一个脚印,从点滴小事开始,慢慢改变自己,让自己更加优秀。通过努力,将眸有星辰,心有群山,韶华无负,前途可期。不负韶华,做最好的自己。生活要靠自己去争取和奋斗。当我们拒绝平庸,就告别了颓废,远离了懒惰,抵制了放任。要珍惜自己的工作岗位,用心把工作干得精益求精。要求知若渴,通过不断学习提升自己。虽隐于人海，看似平凡，但日复一日的努力，一步步离梦想就会更近。通过拼搏奋斗，涓滴之力可汇成磅礴伟力，平凡铸就伟大，英雄来自人民，每个奋斗的你我都了不起。

十一、承担重任首先需要自信。自信是人发自内心的自我肯定与相信，是一种积极、有效地表达自我价值、自我尊重、自我理解的意识特征和心理状态，是激励人勇敢前行的正能量。毛泽东同志说："自信人生二百年，会当水击三千里。"展现了强大自信带来的无比豪迈。党员干部承担重任，无论什么时候、无论面对什么样的境遇，都要有这样的自信。自信者才能勇挑重担。萧伯纳说："有信心的人，可以化渺小为伟大，化平庸为神奇。"成功的道路绝不会一帆风顺，缺乏自信就会瞻前顾后、畏缩不前，患得患失、不敢决断，这样一定会导致失败。一个人的成就，绝不会超出他的自信所能达到的高度。信心贵如金。党员干部只有具备强大的自信，才能直面矛盾、抢抓机遇，承担重任。实力成就自信。保持自信是党员干部战胜工作困难、力排干扰、果断决策、打开局面、树立威信的重要心理优势。实力强才能有自信。必须增强"本领恐慌"意识，不断地学习积累，熟练掌握新理论、新政策、新知识、新业务，不断提高完善自我，增强干事创业的本领，增强底气和自信。要加强实践锻炼，不断摸爬滚打、丰富阅历，使自己遇事不慌、处变不惊、笃定自信，练就过硬的实力。要注重积累，从点滴做起、从小事做起，通过一个个小成功，不断给自己增添新的自信。

十二、只有自强、自立、自信、自尊、自爱，我们才能付得起人生的账单。法国思想家蒙田说："世界上最伟大的事，是一个人懂得如何做自己的主人。"拥有自己独立的人格，自强、自立、自信、自尊、自爱，人生才能过得精彩、活得潇洒。自立自强才是真正的自我。生活中，人们常常会被环境所支配，也会被别人的意见所影响。小说《斯通纳》的主人公出生在农村，父母希望他读农业学校，将来回家继承家业。但在学习农学的过程中，他偶然上了一堂文学课，结果发现自己真正喜爱的是文学。为了坚持文学理想，他承受了父母的失望，哪怕一生过得平淡无奇，但因为做自己喜欢的事，活出了独一无二的自己。我们要遵循内心的声音，做自己热爱的事，热爱自己做的事，勇敢驾驭命运，做一个幸福独立的人。自信、自尊、自爱才是自己最好的保护者。面对竞争激烈的社会，无处不在的困难，跌宕起伏的命运，靠父母，父母终会老去；靠家人，家人还需自己来保护；靠亲戚朋友，亲戚朋友只能给予一时的帮助。最能依靠的，还是我们自己。只有相信自己，才能动力十足地向着既定的目标和理想而努力。只有尊重自己，不自卑也不轻浮，才能更好地尊重他人。只有保护好自己，避免伤害，才能平安健康快乐生活。只有自强、自立、自信、自尊、自爱，才能走好自己的人生道路。

十三、永远以积极乐观的心态去拓展自己和身外的世界。积极乐观的心态就是对事业与前途充满希望与信心。凡事多从正面看、多往好处想，就能以积极的态度把事情做得更好。凡事顺其自然，尽最大的努力把事做好。世上没有过不去的坎，车到山前必有路，船到桥头自然直，如果不是自寻烦恼，别人是没有办法给我们烦恼的。要学会顺其自然，做一个快乐的人、一个心胸开阔的人，成功时稳得住得意，失意时经得起挫败，赢得起也输得起。面对每一项工作和任务，都要竭尽全力、全心全意地把它做好，积小胜为大胜。面对人生苦难和机遇错失，不要对自我过于苛责，要学会宽容、善待自己。面对每一次失败和磨难，要能伸能屈、知进知退，总结经验教训，下次做得更好。有好的想法，才会有好的结果。凡事要向好的方向想，好想法创造好未来。事物总是一分为二的，有好的一面也会有不好的一面，如果一直拘于坏的一面就会看不到好的一面，就容易消极懈怠；而看到了好的一面，就会有信心解决问题、有决心战胜困难，积极的想法往往意味着成功，消极的态度往往会导致失败。凡事只有向好的方向想，以积极进取的态度面对困难和挑战，有信心、有激情、有动力，成功之门才会最终敞开。

十四、谦和是一种智慧，懂得谦卑的人，必将得到尊重。谦虚平和是一种良好心态，一个人能放低身架低调做人，不自满、不自傲、不自大，时刻清醒认识自己，是智慧和修养的结合。长期坚持谦和必能获得为人处世上的成功，受到大家的好评和尊重。谦虚平和是一种智慧。习近平总书记指出："我们过去取得的实践和理论成果，能够帮助我们更好面对和解决前进中的问题,但不能成为我们骄傲自满的理由,更不能成为我们继续前进的包袱。"党员干部自以为是、骄傲自满、自我陶醉、刚愎自用,只会让自己停滞不前甚至滑坡倒退。只有始终保持谦虚的品质,才能拥有虚怀若谷、海纳百川的气度和雅量;才能不断反省自己、检视自己、总结自己,让自己克服短板不足;才能保持空杯心态,像海绵吸水一样接纳新事物、新知识。越是成功时,越要谦虚低调。我们必须坚持谦虚谨慎、戒骄戒躁。如果把带领人民群众筑梦、追梦的过程当作一场难度极大的考试,那么我们就要做一个谦虚谨慎的学生。党员干部始终要虚怀若谷、低调内敛,决不能高高在上、自以为是。要始终保持清醒头脑,不能把平台当本事。要放下架子,放低姿态,真心实意地拜人民为师,向实践学习,勇于到任务繁重、条件艰苦的地方去磨炼自己,增强自己处理复杂、艰险问题的能力和水平,提高自己遇事不慌,处事不乱的心态和本领。

十五、人格魅力是毕生修养的结果。人格魅力是一个人在性格、气质、能力、道德品质等方面具有很能吸引人的力量。习近平总书记在中国人民大学考察时指出,"广大教师要严爱相济、润己泽人,以人格魅力呵护学生心灵"。领导干部也应该严爱相济、润己泽人,以人格魅力赢得大家的认可和尊重。人格魅力是领导的必修课。领导,最重要、最基础的要求就是能够团结人。许多杰出的政治家都具有非常强的人格魅力,如毛泽东、周恩来,他们干革命振臂一呼,无数英雄豪杰、能人志士至死相随,人民群众倾家支持。直到现在,人民都深深地怀念他们。党员干部必须把修炼人格魅力作为人生的必修课,不断提升自己的气质和魅力。这样才能在工作中取得上级领导的信任,得到周围同事的支持,获得下属的衷心拥护。提升自我修养,打造更强的人格魅力。人格魅力在理智上表现为善于自制、坚韧不拔,能很好控制和支配情绪;在思维上表现为有较强的逻辑性,富有创新意识和创造能力;在情绪上表现为乐观开朗,幽默风趣,给人带来欢乐;在意志上表现出目标明确,行为自觉,积极主动。要努力修炼自己,遇事深思熟虑、沉着冷静、敢于决断;遇人团结友善、亲和谦让、真诚大度。要多和人沟通交流,养成开放包容、豁达开朗的性格,让自己的人格魅力得到不断提升。

十六、人生没有假设，当下即是全部。人生如棋，落子无悔。每个人的人生路，都有不一样的风景，结局好坏，谁也无法估量清楚。我们不必对往事作"当初应该如何"，或是"当初不应该如何"的假设；而是要认真走好当下的路，珍惜当下的人，欣赏当下的风景。人生之路，只能前行。人生就是单行道，不管走得好与不好，对与不对，每一天都无法返程；人生就是现场直播，一分一秒既不能提前彩排，更不能倒带重放，一旦拉开序幕，就只能一直演下去，无法重来一次。我们不应纠结过往，只要曾经用心尽力就对得起自己。既要学会和"往事干杯"，也要从往事中得到经验教训，从而不断成长，走向成功。把握当下，才有幸福。有句流行语说："幸福没有明天，也没有昨天，只有现在。"曾经的事已经发生，不可改变。未来的事还没有到来，不用忧虑。我们需要的是踏踏实实地把握好现在，防患于未然。只要珍惜好当下，用学习提高自己，用运动锻炼自己，用工作充实自己，用心做好每一件事，就过好了自己的日子。从从容容，蹄疾步稳。路漫漫其修远兮，要学会从容不迫，不能心烦气躁。正如人们不可能一下子从1楼蹦到7楼，但把1楼到7楼的阶梯修好向上攀登，终究可以顺利抵达。我们要学会分解目标，认真执着地去努力完成。努力完成当下一个个小目标，人生总目标也就能实现。

十七、推卸责任的本质就是自己人生走向贬值的开始。责任，就是一个人分内应尽的义务、应做的事情、应担的职责。职务就是责任，岗位就是责任。从某种意义上来说，人是活在责任之中。然而，当下一些党员干部把职务看成享受，只想当官不想干事、只想揽权不想担责、只想出彩不想出力，辜负了党和人民的信任。有责不担，正气难彰。不愿担责任就不该当干部，推卸责任，人生就失去了价值。自觉把岗位当责任。人的一生都是在履行责任中度过，只有责任才能让一个人变得坚强而勇敢。责任担当是党员干部必备的基本素质，有多大责任就必须有多大担当，有多大的担当才能干多大事业。职务越高，责任就越大，对干部的要求也要越高。岗位不是休息场所，也不是一种奖励，而是一份沉甸甸的责任。不论什么岗位，在岗一天就必须履职尽责一天。以大担当干大事业。"任重者其忧不可以不深，位高者其责不可以不厚。"有多大担当才能干多大事业，干部就要干事，干事就要明责、知责、担责。党员干部要认清职责定位，该承担的任务要主动认领，责任所在要主动认账，不推诿扯皮。要敢于担当责任、勇于直面矛盾，敢啃最硬骨头、挑最重担子，善于解决问题，说到做到。要做到守土有责、守土负责、守土尽责，应该做的事顶着压力也要干，必须负的责迎着风险也要担，时刻做到"事不避难，义不逃责"。

十八、人的优雅关键在于控制自己的情绪。情绪化，指一个人的心理状态容易因为一些或大或小的因素发生情绪波动，简单点来说就是喜怒无常。我们要学会克服情绪化，不断练就一颗强大的内心。多点钝感力，少点"玻璃心"。日本作家渡边淳一将钝感力解释为"迟钝的力量"。有钝感力的人，表面上看不是那么灵敏，但就会多一份冷静与稳重，少一些急躁与轻浮，慢慢成就澄澈的心灵和顽强的意志。与拥有钝感力相反的是怀有一颗"玻璃心"，脆弱易碎，经不起一点挫折和打击。人并非生来就强大，每个人也都有敏感的一面，我们要把"玻璃心"控制在一定范围内，克服自怜自艾的毛病，学会以平常心待人处世。喜怒无常，就是折磨自己。现实中，有的人不管遇到什么事情，都能让自己的情绪适可而止，面带笑容、坦然处之；但有的人大事小事都会心情大起大落，以致眉头紧锁、闷闷不乐。情绪波动太大实质上是一种不自信。一定程度上还会产生交际困难，把自己折磨得精神反常，感受不到生活的幸福。要远离过分情绪化，凡事大度一点，既不要太把自己当回事，也不要太把别人的评价当回事。苦闷烦躁时，可以通过体育锻炼有意识地转移注意力，也可以好好休息一下，放松紧张情绪。只要坚守正道，守好本分，控制好情绪，就能逐步养成沉稳大气的优雅性格。

十九、与其抱怨过去，不如认真面对未来。抱怨是一种危害极大的负能量，爱抱怨的人在对过去的人和事纠结埋怨时，就会将自己裹挟在忧郁的低气压里，愁情满怀、怏怏不乐，丧失了对美好未来的期待和憧憬。与其抱怨，不如肯定。我们每天都努力工作支撑起家庭，努力学习让自己不断成长，用自己认为正确的方式度过每一天。但有时蓦然回首，发现事情没有达成心中预期的目标，或是与他人相比发现自己落后，难免会心生悔恨和抱怨，从而否定自己，让自己痛苦。其实过去的那些好与坏，皆已成为定局，就算是不如意，也不能就此全盘否定自己的种种努力和付出。因此，面对当下的安康和幸福，要懂得感谢过去努力的自己，接纳欣赏自己，与自己成为朋友，而不是批判抱怨自己，与自己为敌。过好当下每一天，就是认真地面对未来。昨天已成过去，明天还没有到来。没有必要为过去的不足而耿耿于怀，也没必要为明天的困难而忧心忡忡。唯一能做的，就是不虚度当下的每一天。在家中，要努力多一份亲情多一点主动，给家人带来欢笑和幸福。在职场，要积极主动把工作干好，让领导放心同事省心。与人交往，要谦虚平和大度风趣，和大家分享信任和真诚。对过去的名利、得失、功过，要懂得释怀和淡然，轻装前行，迎接美好的未来。

二十、当你意识到自己错了，那你还是对的。知错就改，是一种积极向上的品质。它代表着一个人能够认识到自己的错误，并且愿意采取行动来改正。这种品质在个人生活和工作中都非常重要。当发现了自己的错误并及时纠正，那错误就会戛然而止，正确就会到来。不为错误找借口。借口的作用，就是把错误归因于别人或者外部条件，把自己由"犯错者"转化为"受害人"，从而逃避责任、逃避惩罚。一旦找到了看似合理的借口，成功为自己开脱，内心的愧疚感就会减弱，吸取的教训就没有那么深刻，争取成功的愿望就没有那么强烈。借口不能解决任何问题，不断地寻找借口，就不会去改进自己。没有任何借口就没有退路、没有选择，就能坚决改错、时错时纠，不断精进自己、提升自己，进而减少犯错、避免犯错。知错能改，善莫大焉。犯错是每个人在工作和生活中都难以避免的，关键是要知错改错。当一个人意识到自己错了，才会改正错误，认真吸取教训，今后少犯错误少走弯路。如果固执己见，拒不认错，更不改错，就会错失了修正错误、提升自己的良机，最终会导致小错酿成大祸、小失造成大过。我们要有"知过不讳，改过不惮"的胸襟和"见善则迁，有过则改"的态度，不断自我净化、自我完善、自我革新、自我提高，不断取得进步。

第五节 | 领导干部为事方略二十条

一、将重要的事当作紧急的事情做

人的精力是有限的，所有工作不可能同步推进、包打天下。矛盾有主次、诉求有缓急，从事领导工作必须学会合理分配时间，只有以最大的精力把最重要的事情优先解决，审大小而图之、酌缓急而步之，抓大放小、抓人放事、抓机放权，由重点带动一般，由个体带动整体，才能提高工作质效、减少损耗，不断把各项事业推向前进。射人先射马，擒贼先擒王。当不同方面的工作集中而来的时候，不仅要有想干敢干的满腔热情，还要学会区分轻重缓急，懂得合理取舍。如果眉毛胡子一把抓，就会导致精力过于分散，很容易自乱阵脚、事倍功半。要善抓主要矛盾、重点工作，在动手之前先理清头绪，找准工作优先考虑的重点，列出详细的时间表和路线图，确保工作再多、重点不偏，任务虽繁、头绪不乱。要事速办，马上就办。要有速度，及时把重要的事梳理出来，迅速捕捉相关信息，采取"热处理"方式快速办理、速战速决；要有力度，主动出击，积极进攻，行动到位，在打通工作堵点、疏通发展瓶颈、畅通前行路径中履职尽责，促进工作不断提质增效、焕发活力。

二、不会做小事的人，也做不出大事来

当年在抗美援朝战场上，志愿军二十兵团司令员郑维山，大胆地在"联合国军"眼皮底下组织3000余人白天潜伏。他要求部队认真研究"咳嗽怎么办，睡觉打呼噜怎么办，大小便怎么办，蚊虫叮咬怎么办，敌人打冷枪

怎么办"等细节问题,并逐一拿出具体对策。最终在作战中一连夺取敌军4个阵地,毙伤俘敌2.8万余人。过去带兵打仗如此,现在抓工作同样要如此。小事做不好,就会妨碍大局,大事就无从谈起;而把一件件小事做成了,累积起来就能成大事。小事不从严,大事难周全。有的人自视过高,总想着做大事,不屑于做小事,结果大事做不了,小事又做不好,志大才疏,一事无成。殊不知,"天下大事,必作于细""一屋不扫,何以扫天下"。坐而论道难有作为,不经风雨难成大器。很多看似无关紧要的小事,往往正是事关群众切身利益和人心向背的大事,领导干部唯有在小事小节中练好基本功、打好"基础桩",才能筑起成长成才的"九层之台"。出手必须出色,完成必须完美。把小事做到极致,才能为做大事打下根基。领导干部要坚持勤学苦练,以"啃硬骨头"的韧劲、"钉钉子"的钻劲,如饥似渴地学习,一刻不停提高,不断把"手中活"练精、把"必杀技"练强;坚持爱岗敬业,以"即使做一颗螺丝钉也要做到最好"的使命感、责任感,立足岗位干事业,时刻做到"我在岗位严阵以待,我的工作无懈可击",用汗水浇灌收获,以实干成就非凡。

三、凡事一定要积极,但绝对不要心急

很多领导干部不缺激情缺耐心、不缺干劲缺韧劲,认为只要不断给自己加压加码,就能在短时间内迅速成长,尽早在人群中脱颖而出。这种积极向上的态度值得肯定,但心急吃不了热豆腐,一心只想尽快成长成才,不考虑自身能力水平等一些客观因素,一味超负荷加压加码,盲目蛮干、硬干,到头来就会发现,步子迈得太急不但可能会事与愿违,还会浪费大量宝贵的时间和精力,最终反而影响了进步。罗马不是一天建成的。一棵果树结出甘甜的果实,需要经历漫长而艰苦的劳作,如栽种、生长、开花、授粉等,任何一个环节的缺失都无法长出果实。凡事不可能一蹴而就,都须遵循客观的发展规律,不能脱离实际、拔苗助长。成功在久不在速。"欲速则不达",无论是提升能力,还是获取经验,都需要一点一滴积累。当前,我们比历史上任何时期都更接近、更有信心和能力实现中华民族伟大复兴

的目标，但"行百里者半九十"，"更接近"远不等于"已到达"。对在不同岗位上努力奋斗的新时代领导干部而言，仍要脚踏实地、久久为功，一步一个脚印、一棒接着一棒地奋力奔跑、接续奋斗，不断创造新业绩，迈上新台阶。

四、想把事情做好，就得亲自动手

俗话说，事非经过不知难。"人工天河"红旗渠，是时任县委书记杨贵排除重重困难甚至非议误解，果断决策，科学论证，身先士卒，从寻找确定水源、协调争取支持、宣传发动群众、安排调度工期等全过程各方面亲力亲为，凝聚起全县人民一年年持续奋斗的强大合力，才最终建成的。不登高山，不知天之高也；不临深溪，不知地之厚也。领导干部在制定决策、落实部署过程中，往往会遇到不同的问题。要化解这些困难，离不开领导干部的"亲自"。亲口尝梨知酸甜。工作推动不走心、只定政策不执行、只做传达不落实，是干不成工作的。亲身入局，才知道问题障碍在哪里，难点痛点在哪里，看材料、查资料、听汇报固然可以了解到一些信息，但这终究是"别人嚼过的馒头"，终究没有自己尝到的滋味实在。只有事事亲力亲为，才能真正掌握社情民意，否则再多的措施都是空中楼阁、再好的政策都是一纸空文。绝知此事要躬行。重要的事情、关键时刻最靠得住的是自己。领导干部要履行好自身职责，把为民服务落到实处，就得置身事中。坚持从群众中来，到群众中去，多些亲力亲为，才能让作风更实，掌握民情更准，决策部署更对路，履职服务更具实效。要亲临一线，靠前指挥。深入群众，调查研究，吃透民情，掌握民意，方能做到情况明、方向准，从而运筹帷幄，决胜千里。

五、聚焦难点精准施策出真招，抓住重点持续发力用实招

实践证明，事情越是烦琐、工作越是繁杂、任务越是繁重，越需要领导干部提高运用精准思维抓落实的能力本领，紧盯事关大局的、群众期盼的、影响全局的关键环节，通过重点突破促进全面发展、带动全局跃升，不断创造新业绩、打开新局面。成败之举在于精准。柳青曾说："人生的道路虽然

漫长,但紧要处常常只有几步。"干工作也是这样,抓住特殊时节、扭住重要关节、盯住薄弱环节精准发力,往往能起到"牵一发而动全身、落一子而满盘活"的效果。抓住"关键少数",朝节骨眼发力、在要害处使劲、往鼓点上重锤,抓住了主要矛盾,也就找到了解决矛盾的药方。咬定青山不放松,党的事业是一项长期的系统工程,也会面临许多困难挑战,需要紧盯事关大局的重点任务持续奋斗,一以贯之、一如既往、一抓到底,才能见到效果、收获成果。即使困难再大、坎坷再多,也要"横下一条心",甩开膀子、心无旁骛地去干,钉牢一颗钉子再钉下一颗,锲而不舍、持之以恒,推动各项工作取得实实在在的进步。

六、解决问题的钥匙,藏在问题中

教育家陶行知说过:"创造始于问题,有了问题才会思考,有了思考才有解决问题的方法。"党的十八大以来,我们党之所以在革命性锻造中更加坚强,党和国家事业之所以取得历史性成就、发生历史性变革,其中一条重要经验就在于:敢于发现问题,敢于直面问题,冷静分析问题,科学解决问题,从问题中找办法、寻先机、求突破,从实践中发现问题,在实践中解决问题。要主动发现问题。马克思说过,"主要的困难不是答案,而是问题"。有问题发现不了、认识不到,就谈不上解决。古人有云,"眼处心生句自神,暗中摸索总非真"。对实际问题有着实在而具体的接触和体验,有助于激发内心感受、找到解决良方。正如毛泽东同志所言:"你对于那个问题不能解决吗?那末,你就去调查那个问题的现状和它的历史吧!你完完全全调查明白了,你对那个问题就有解决的办法了。"要善于分析问题。"举一隅不以三隅反,则不复也。"能不能在认识上递进一层、思考上深入一步,实现从发现问题向洞悉问题的飞跃,影响着解决问题的方向路径和成效。要敢于正视问题。"疮疤见光易好,伤口捂着易烂。"解决问题要不避丑、不避难,漠视、掩盖问题,只会把小问题拖大、大问题拖炸。一旦认准问题,就朝着解决问题的方向,用最大的诚意、最大的智慧、最好的办法、最大的力度来努力,久久为功,直至问题解决。

七、牵牛要牵牛鼻子，打蛇要打蛇七寸

干工作也是这样，抓住特殊时节、扭住重要关节、盯住薄弱环节精准发力，往往能起到"牵一发而动全身、落一子而满盘活"的效果。越是复杂的工作越要抓到点子上，遵循规律、讲求方法、抓住关键，才能干出实绩来。基础在于调查研究。我们要多到基层一线走走，听听群众都在忙些什么、关注什么、期盼什么，只有把方方面面的情况摸透、把里里外外的问题搞准、把前前后后的脉络理清，才能作出正确的判断、拿出精准的对策。要义在于统筹协调。当不同方面的工作集中而来的时候，不仅要有想干敢干的满腔热情，还要学会区分轻重缓急，懂得合理取舍。要善抓主要矛盾，在动手之前先理清头绪，看看哪项任务、哪个节点时间最紧迫、问题最突出、上下最关注、群众最急需，找准工作优先考虑的重点，列出详细的时间表和路线图，确保工作再多、重点不偏，任务虽繁、头绪不乱。根本在于落到实处。工作抓得好不好，主要看落实工作有没有实效、有没有长效。要克服心浮气躁、快出成绩的不良心态，把工作的出发点和落脚点放在打基础、利长远上，做到谋全局而不只是谋一域、谋长远而不只是谋一时；脚踏实地抓问题谋发展，在打通堵点、疏通瓶颈、畅通路径中履职尽责，促进工作不断提质增效、焕发活力。

八、这个世界上永远是先做人后做事；做不好人，就做不好事

在我们党百年奋斗历程中，涌现出一大批像方志敏、焦裕禄、谷文昌、杨善洲、张富清这样的英雄模范，他们一心为公、一身正气，堪称立德树人的楷模。只有精通做人的道理，经受做人的历练，才能胸怀大智、心装大事，才能透过健全的心智、充沛的精力、正确的行动，求得事业的成功。从政先立德，做官先做人。古人云，"君子为政之道以修身为本""先修身而后求能"。"格物、致知、诚意、正心"方能"修身、齐家、治国、平天下"，所谓："其身正，不令而行；其身不正，虽令不从。"领导干部自身正，才有说服力、感召力，才能赢得信任、行稳致远。常修为政之德。领导干部修

身立德，就要增强自制力，任何时候任何情况下不放纵、不越轨、不逾矩，具有"君子检身，常若有过"的自觉，时时以"如临深渊，如履薄冰"的谨慎，以"堤溃蚁穴，气泄针芒"的警醒对待自己的一思一念、一言一行，不忘小事小节中有原则、有人格、有形象，做到心有所畏、言有所戒、行有所止，廉洁用权、廉洁齐家，永葆共产党人拒腐蚀、永不沾的政治本色。

九、遇到突发紧急状况，先控制住自己的紧张情绪和恐惧心理

《大学》中有这么一句话，"静而后能安，安而后能虑，虑而后能得"。情绪管理是一门学问，"静"更是一门功夫。如果领导干部在面临突发紧急情况时，不能控制好自己的情绪，而是慌张失措、进退失据，小则延误时机，大则造成严重损失。当突发性事件、棘手的问题出现时，惊慌抱怨无济于事，逃避退缩更不是办法，唯有从容无畏、沉着应对，才能不乱方寸，依旧沉着做好自己的事。要有静气，涵养"泰山崩于前而色不变"的定力，"静"不是无动于衷、原地不动，而是要求我们思想坚定，在面临突发紧急情况时临危不惧、不慌不乱、沉心静气、镇静自若，第一时间理清思路、抓住解决问题的关键，要忙而不乱、急而不躁，任"乱云飞渡"，我自从容应对，做到遇急事不慌张，遇难事不畏缩，遇险事不惧怕，遇大事不紧张。要有勇气，铸就"岂因祸福避趋之"的担当，要锤炼"明知山有虎，偏向虎山行"的气魄，把急难险重任务作为检验党性和自身本领的试金石，敢于担难、担重、担险，不犹豫、不观望，在关键时刻、紧要关头能豁得出、顶得上，始终保持冲锋在前、无惧艰险的姿态，始终保持直面困难问题的勇毅和敢于斗争敢于亮剑的勇气。

十、既要抓住主流，又要注意支流；既要突出重点，又要照顾一般；既要树立典型，又要带动整体

习近平总书记多次强调："在整体推进的基础上抓主要矛盾和矛盾的主要方面，采取有针对性的具体措施，努力做到全局与局部相配套、治本和治标相结合、渐进和突破相衔接，实现整体推进和重点突破相统一。"在现

实工作中，就是要求我们要把握好两点论和重点论之间的关系。"一枝独秀不是春，百花齐放春满园"。重点突破既要从整体推进的全局高度来谋划，又要服从整体推进这一目的。党的十八大以来，我国改革发展在各领域各方面的关联性和互动性明显加强，如果不坚持整体推进，某一领域就可能成为"短板"，形成连锁反应，影响改革大局。要在整体推进的基础上把握重点突破，立足整体并认识重点领域，要有大局观、全局观，从整体出发，纵览全局，综合考量多方面因素，在众多领域和环节中确定重点和关键，注意防止单兵突进、顾此失彼，坚持整体推进，适当安排，使各方面问题都得到解决，通过整体推进来为重点突破创造条件。要以重点突破带动整体推进，切忌平均用力，更不能颠倒轻重，在统筹全局的同时，要始终把工作重心放在对全局最具有决定性意义的地方，以重点突破为主要抓手，同时抓牢重点领域的重要方面，以点带面、牵一发而动全身，从而实现工作的全面推进。

十一、工作前梳理，工作后总结，这样能提高工作效率

"昼之所为，夜必思之"，无论什么工作，都要做好事前谋划、事后总结。没有做足事前功夫，事到临为方思索，难免会出现手忙脚乱、不知所措，把握不住工作重点等情况；没有做足事后总结，容易导致在"同一条河流"里犯同样错误。在新时代背景下，高质量发展对我们提出了更高更严的要求。要有"事无巨细"的工作态度，懂得超前谋划，工作中往往时间紧、任务重，这就要求我们要有"谋定而后动"的前瞻意识，切实把工作想深想细，坚持思考在前、谋划在前，不断增强工作的预见性和主动性，做到井井有条、高质高效、有的放矢。要有"三省吾身"的工作劲头，善于总结反思，总结经验是最好的学习，要坚持问题导向，时刻反思自己工作中所存在的不足，做到"明过即改"，绝不"重蹈覆辙"，要把好的做法、好的经验内化于心，不断提高对事物的规律性认识。要有科学合理的工作方法，学会闭环提升，工作前梳理，做好预案谋划，工作中执行，做好贯彻落实，工作后总结，做好凝练升华，并为下一步工作做出更完善的科学谋划，层层相扣、首尾相连，

做到"博学之,审问之,慎思之,明辨之,笃行之"贯通相连。

十二、分清轻重缓急,把握先后主次,抓住主要矛盾

习近平总书记深刻指出:"面对复杂形势、复杂矛盾、繁重任务,没有主次,不加区别,眉毛胡子一把抓,是做不好工作的。"任何时候都应从实际出发,具体情况具体分析,倘若简单粗暴"一刀切"、不加分类"一锅煮"、从上到下"一般粗",既不可取也难见效。站位全局,善抓重点。大凡乐曲都有主旋律,只有定准了调,才能奏出美妙乐章。工作也是如此,只有处理好全面与重点的关系,分清事物的主要矛盾和次要矛盾,才能抓重点出亮点,抓难题求突破,以重点突破带动全局,以亮点特色体现成效。统筹兼顾,整体推进。从局部与整体、重点和非重点、当前与长远等不同层面部署工作,处理好短期与长期、当前与长远、局部与全局的关系,强化大局意识和综合协调能力。把握节奏,有条不紊。平日里,工作千头万绪,需要领导干部学会"弹钢琴",在不同阶段和不同时期,工作总有主次之分、任务也有轻重缓急之别,要善于在繁杂琐碎的各项工作中分清先后顺序,不能"眉毛""胡子"一把抓,做到急事先办、大事精办、要事稳办、特事特办,确保各项工作有条不紊、有序运转。

十三、从全局上把握,从整体上考量,从效果上判断

当前国际环境日趋复杂,百年未有之大变局加速演进,这既是挑战,也是机遇,必须从全局上把握主要目标、从整体上考量具体思路、从效果上判断关键举措,以舍我其谁的担当、举棋若定的冷静、日拱一卒的韧劲,攻坚克难、乘势而上,高质量、高标准完成各项工作目标任务,才能抢占先机、赢得主动,积小胜为大胜,不断创造新的辉煌。胸怀全局算大账。"不谋全局者,不足谋一域",领导干部要善于算大账、算长远账,对全局有利的事多想多干,对全局不利的事坚决不干,使各项工作既为一域增光、又为全局添彩。争分夺秒干事业。快落实与细功夫,合到一起就能创造出时间效益。把"只争朝夕,不负韶华"的时间观,与"功成不必在我、功成必定有我"

的事业观统一起来,在奔跑速度上快于对手,在质量效益上优于对手,我们就能把握历史主动,在不断推进中国式现代化事业中稳操胜券。抓住重点求突破。习近平总书记指出:"中华民族伟大复兴绝不是轻轻松松、敲锣打鼓就能实现的,也绝不是一马平川、朝夕之间就能到达的。"领导干部必须强化理论指导、把握好工作节奏,运用好抓重点、补短板、打硬仗等工作方法,对牵一发而动全身的重点工作,不但一定要抓住,而且一定要紧抓,把既定的任务完成好,把既定的目标实现好,向党和人民交出优异答卷。

十四、敏于发现问题,敢于直面问题,善于化解问题,成于解决问题

问题是时代的声音。习近平总书记指出:"一个时代有一个时代的问题。问题本身并不可怕,关键是采取正确的办法来解决问题。"敢于正视问题,善于发现问题。任何单位、任何个人,什么时候都会面对各种矛盾,开展工作就是要解决矛盾问题。要善于学会在国际国内相互联系中、在改革发展稳定实践中、在总结经验教训中发现问题,在坚持党性原则中涵养勇于直面问题的勇气,在不断探索总结中开阔善于解决问题的思路,切实把马克思主义中国化时代化最新成果的真理力量转化为推动工作提质增效的实际本领。敢于触及矛盾,长于解决问题。习近平总书记指出:"对待矛盾的正确态度,应该是直面矛盾,并运用矛盾相辅相成的特性,在解决矛盾的过程中推动事物发展。"必须以解决问题为工作导向,瞄着问题去,追着问题走,善于把化解矛盾、破解难题作为打开局面的突破口;要学习掌握事物矛盾运动的基本原理,不断强化问题意识,积极面对和化解前进中遇到的矛盾;必须善于抓主要矛盾和矛盾的主要方面,抓重点带全面,明确有效破解问题的主攻方向,进而带动全局工作,推动事业全面发展。

十五、把短板变成"潜力板",把痛点变成"突破点"

要坚持辩证思维,转变观念,努力把短板变成"潜力板"。习近平总书记在广东考察时,科学阐释了如何看待短板的问题。短板和痛点是事物发

展停滞不前的症结所在,要想解决往往需要下大力气、苦功夫,但它也蕴含着极大的潜力和后劲,一旦成功将短板补足、痛点抹平,那么所带来的增长往往是跨越式的。既是薄弱点,也是增长点。短板,是决定整个木桶容量大小的关键因素,如果短板不补,其他木板再长也会失去实际意义。短板是阻碍事业发展的症结,也是制约工作全面推动的瓶颈。然而,从辩证法的角度看,短板既是差距所在,也是潜力所在、突破口所在;既意味着奋斗的不足,又昭示着努力的方向。哪项工作有短板,说明它的潜力没有被充分挖掘出来,能量没有充分释放出来,还有巨大的提升空间。石以砥焉,化钝为利。把短板变成"潜力板",把痛点变成"突破点",靠等等不来,只能在不断解决问题中实现发展进步。只有瞄准短板、找对痛点、盯紧弱项,发扬钉钉子精神,以踏石留印、抓铁有痕的劲头,日日为继、久久为功,一项一项解决,一个一个加长,这样才能从短板和痛点中拓宽发展空间、挖掘发展潜力、增强发展后劲,从而产生补齐短板的"蝴蝶效应"。

十六、决策层面,方法决定成败;执行层面,细节决定成败

做事情就像渔夫捕鱼,渔网怎么扔、往哪里扔,是方法,渔网做得牢不牢、好不好,是细节。如果渔网扔的位置不对,鱼都没有,显然不可能捕到鱼,如果渔网被鱼一挣即脱,一顶即破,同样也不可能捕到鱼。同理,要想做成事,就得在决策上有行之有效的方法,执行上有无微不至的细节。决策,主要是"看"的问题,所体现的是心胸、眼界;执行,主要是"干"的问题,所检验的是作风、能力。没有决策,执行就是无头苍蝇;没有执行,决策就是纸上空谈。要有大局观,决策是执行的先导。要善于从党和国家的大局大势上看待问题,胸怀"国之大者",前瞻性思考问题,全局性把握方向,始终做到围绕中心服务大局,推动自身工作融入党和国家的事业发展中来。要有洞察力,执行是决策的落实。天下大事必成于细,也必作于细。要在工作中识别关键细节,通过深入细致地分析找到工作的突破口及薄弱环节,在理清各种细节轻重缓急的基础上,把握好各个细节、各个局部之间的关系,以关键细节带动全局性工作推进。要有统筹力,成功是两者的

结合。要统筹好方法与细节之间的关系，解决问题、推动工作既要从大局着眼，也从细节入手，做到致广大而尽精微、踔厉奋发、笃行不怠。

十七、无事则深忧，有事则不惧

习近平总书记指出："我们必须增强忧患意识，坚持底线思维，做到居安思危、未雨绸缪，准备经受风高浪急甚至惊涛骇浪的重大考验。"正所谓"无事常如有事时提防，才可以弭意外之变；有事常如无事时镇定，方可以消局中之危"。忧患重在有预见。唐太宗李世民有"二喜一惧"，一喜连年丰稔，二喜边鄙无事，最惧"治安则骄奢易生，骄奢则危亡立至"，从而励精图治，戒骄戒奢，开创贞观之治。真正的强者不会被眼前的形势所迷惑，而是在危机还没真正来临前，就心存忧惧，不断警醒，预先防备。领导干部应提高从历史事件中洞见事物发展变化规律性的能力，增强对危机的预见力，坚持思考问题预见风险，谋划工作想到危机，推动落实盯着问题，最大限度地减少误判和错断。不惧贵在好谋划。我们正处在船到中流浪更急、人到半山路更陡的时候，稍有松懈就会功亏一篑，稍有闪失就可能功败垂成。领导干部能不能在"山高路远坑深"的凶险面前，保持"不畏浮云遮望眼"的定力；能不能在"倒海翻江卷巨澜"的挑战面前，葆有"乱云飞渡仍从容"的自信，关键在于好谋而成，蓄足不怕的底气，才能在激流中规避险阻、化解险情，稳舵前行。

十八、抓工作，一具体就深入，一深入就好落实

在工作头绪多、标准要求高的形势任务面前，如何确保各项任务深入推进、取得实效？实践证明，凡事越深入越具体、越具体越深入。在进行具体指导中深化。毛泽东同志说过，许多同志，满足于工作任务的一般号召，不注重和不善于在作了一般号召之后，紧紧地接着从事于个别的具体的指导，因而使自己的号召停止在嘴上、纸上或会议上，而变为官僚主义的领导。上级安排部署工作，仅仅是做了"上篇文章"，大量艰苦细致的末端工作落实，需要领导干部全程跟进指导帮带，及时反馈情况，总结经验教训，

积极帮助基层解决矛盾问题和困难，确保工作落实到底、取得实效。在分解具体任务中深化。抓工作，大到一项规划计划落地、一项法规条令实施，小到一项工作任务下达、一份文件通知下发，落实的第一项工作就是结合实际分析解读任务，把抽象的目标、原则性的要求等转化为具体工作，通过完成一项项具体工作，积小胜为大胜，以量变促质变，最终实现目标。在狠抓具体落实中深化。邓小平同志强调，世界上的事情都是干出来的，"不干，半点马克思主义也没有"。只要锁定目标，脚踏实地、真抓实干，进一寸有一寸的欢喜，干一项有一项的成就，就能积跬步而至千里。

十九、核心竞争力就是执行力，没有执行力就没有核心竞争力

党的十八大以来，习近平总书记对执行力问题强调得很多。比如，强调"大路小路，只有行动才有出路"，强调要"踏石留印、抓铁有痕"，强调"一分部署、九分落实"，等等。执行力不仅是能力的凭证，还是检验能否通往更高目标的试金石。须保持进取心态。进取心影响执行力度，领导干部应坚决克服不思进取、得过且过的心态；杜绝消极应付、推卸责任的做法，自觉养成积极向上、认真负责的习惯，转变不催不动、被动应付的懒散作风，坚持不折不扣地履行职责，求上进、争上游。须坚持久久为功。执行一个短期任务，也许能做得很好，但如果执行一个长期任务，也许就会感到枯燥、很难坚持。正因如此，领导干部更要将执行力贯穿做事始终，永葆"逢山开路，遇水架桥"的拼劲，在任何时候任何条件下都坚持不懈、毫不退缩，如此才能积小胜为大胜，将蓝图变为现实。须增强复盘意识。在埋头执行的过程中，难免会由于专注于脚下的路，而忽视了前行的方向，不去想路径是否产生了偏差。领导干部适时"复盘"除了能及时纠偏定向外，还能反省和检查自己是否存有懈怠的情况，由此及时提醒自己、鼓励自己，将执行力转化为战斗力。

二十、不做准备，就是在准备失败

"凡事预则立，不预则废。"做任何事，科学预判、谋定后动，是成功之首要与基石。"备豫不虞，为国常道。"我们党是一个在忧患中诞生、奋进

并不断壮大的百年大党，如果没有如履薄冰的谨慎和未雨绸缪的自觉，不可能走到今天，面对变乱交织的国际形势和艰巨复杂的改革发展稳定任务，要想继续稳步走向未来，唯有做到"预"而不怠，而作为党的干部，更是必须具备"天之未雨，绸缪牖户"的预见力，切忌"见招拆招""见子打子"。做实调查研究。做事之前，要做足背景调查工作，按照客观规律，多思考、多研究，多层次、多方位、多渠道地调查了解情况，走出视野盲区，跳出认知局限，摸清整件事情的来龙去脉。强化问题导向。知己知彼，百战百胜。只有弄清问题的根本所在，工作起来才会游刃有余。要善于练就"松风一起知虎来""一叶落知天下秋"的见微知著能力，对关键问题、潜在风险有一个较为清晰的科学定位，对其产生的影响和可能造成的后果作出科学预判。增强忧患意识。"知止而后有定"，对可能出现的最坏后果作出充分预见和准备，凡事多想几步、深思几层，从最坏处、最难处作准备，这样就能临阵沉稳、遇乱不慌，才能确保在前进中有明确的方向和充分的信心。

第六节 ｜ 领导干部为政方略二十条

自古以来，为官之道受到人们的重视。习近平总书记指出，干部干部，干是当头的，既要想干愿干积极干，又要能干会干善于干。领导干部如何为政，笔者梳理了二十条为政方略。

一、唯有把握大势，才能赢得先机；唯有抢占机遇，才能掌控未来

"明者因时而变，知者随事而制。"推动改革发展，必须适应时与势的变化，不断抢抓机遇、推动发展。虽有智慧，不如乘势。回望过往的奋斗路，党的百年奋斗重大成就和历史经验充分证明，只有把握大势，对趋势性问题保持前瞻性和预见性，因势利导、顺势而为、乘势而上，才能牢牢掌握主动权，赢得发展先机。而能否在历史大势中，判断准、利用好战略机遇，则会对一个国家和民族的前途命运产生全局性、长远性、决定性影响。唯有增强机遇意识，准确识变、科学应变、主动求变，善于从眼前的危机、困难中捕捉和创造机遇，紧紧抓住和用好机遇，才能更好在历史前进的逻辑中前进、在时代发展的潮流中发展。领导干部要以更宏阔的视角认清形势、感知态势、洞悉趋势，从历史长河、时代大潮、全球风云中分析演变机理、探究历史大势，提出因应的战略策略，以与时俱进的精神、革故鼎新的勇气、坚韧不拔的定力，抓住主要矛盾、把握新的机遇，在经历风雨中发展、在应对挑战中前进。

二、复杂问题不能躲，遗留问题不能推，惯性问题不能怕

问题是时代的声音。加快构建新发展格局，必须树立问题意识、坚持问

题导向，跟着问题走、奔着问题去，向问题叫板、向问题亮剑，用解决问题的实效取信于民。如果遇到复杂问题，不敢斗争，绕着走、躲着走，不但不能解决问题，还会贻误发展。在遇到遗留问题时，若信奉"新官不理旧账"，推诿扯皮、言而无信，则是从旧体制延伸下来的垄断思维、官场规则和霸王作风的产物，反映了干部干事能力与担当意识的匮乏，有害而无益。而面对惯性问题，如果胆怯、害怕、犹豫，不敢、不愿、不会解决问题，不仅不可能干出好的成绩，还容易在日复一日中消磨创新作为的能力，造成知识和经验的"负迁移"。习近平总书记指出，勇于直面问题，想干事、能干事、干成事，不断解决问题、破解难题。领导干部要全面检视问题，敢于较真碰硬，不断形成解决复杂问题、遗留问题、惯性问题等的新思维新思路新经验，坚决杜绝"选择性失明"，做到问题不彻底解决绝不撒手。

三、重视经验，但不能偏信经验

经验，一般是指从多次实践中得到的知识或技能。领导干部在处理问题的过程中，会形成一些体会、印象或总结，形成规律性的认知，即获得经验。有了经验，等再次处理类似问题时，会让领导者有据可考、有规可循，节省力气。同时，经验是在实践和再实践的基础上进行的认识和再认识，是超越了感性认识的理性认识，大多能科学高效指导实践。但是，经验也不是万能的，不能迷信和受制于经验。世界上没有一成不变的东西，昨日的经验，于今日、明日而言，很可能不再适用。工作中，若局限于经验，夸大经验作用，一切按老经验、老办法决策行事，缺乏与时俱进的眼光和思维，就会陷入经验主义的窠臼，妨碍事业的发展。感觉是不可预测、不可量化的，经验是不可完全依赖的。领导干部要勇于实践、敢于探索，不断总结经验，在用经验指导工作的同时，坚持实事求是，坚决反对经验主义，克服对经验的依赖，杜绝被经验主宰，不断纠正经验的偏差，确保决策科学、行动正确。

四、善于用新视角分析工作、用新观念谋划工作、用新举措推进工作

"因循苟且逸豫而无为,可以侥幸一时,而不可以旷日持久。"说的就是因循守旧,而无所作为,可以侥幸一时,而不能维持很久。我们党一步步走到今天,走向强大,其关键就是在不同阶段、不同时期,都用当时最新视角分析工作、用新观念谋划工作、用新举措推进工作。当前,我们面临诸多新形势新情况新问题,各级领导干部必须有发现问题的敏锐、正视问题的清醒、解决问题的自觉,摆脱以往"标准答案"的束缚,用新理念、新思路、新解法提升解题、破题、答题能力。不日新者必日退。正因如此,领导干部一定要顺应大势,不断学习、不断改进,丰富自己的思路与视野,多了解新事物、多接触新事物,不断拓宽思维,增强创新意识,敢于标新立异、敢于尝试新方式,善于用新视角分析工作、用新观念谋划工作、用新举措推进工作,在新时代挑重担、解难题、受历练,把各项工作干出实效。

五、解放思想根本目的在于解决问题

解放思想,就是指在马克思主义指导下打破"习惯势力"和主观偏见的束缚,研究新情况,解决新问题,而不是一种无的放矢的"热闹"。解放思想是方法论,解决实际问题才是根本。思想是解放还是僵化,解放得够还是不够、对还是不对,最终是看能否或在多大程度上解决面临的实际问题。因为思想不解放,我们就很难看清各种利益固化的症结所在,很难找准突破的方向和着力点,很难拿出创造性的改革举措。回顾我们党的发展历程可以看出,什么时候党的思想解放、思想活跃,党的事业就发展;什么时候党的思想陷入停滞、僵化甚至教条主义,党的事业就会遭遇挫折。站在新的历史起点上,我们要继续解放思想,以逢山开路、遇水架桥的闯劲,以滴水穿石、绳锯木断的韧劲,敢于闯、敢于试、敢于改,把解放思想的实际成效体现在发现问题、分析问题、解决问题上,在解决实际问题中解放思想、在解放思想中解决实际问题,有什么问题就解决什么问题,什么问题突出就重点解决什么问题。

六、魄力绝对不是专横跋扈

所谓魄力，就是临事的胆识和果断作风，解决问题有胆有识、从容不迫的能力，是褒义。专横跋扈指专断蛮横、任意妄为、蛮不讲理，是贬义。魄力与专横跋扈的区别，就是魄力是将个人智慧、个人胆识建立在科学决策、民主决策基础之上，从而显示出的一种自信和敢作敢当；而专横跋扈则多是建立在个人感觉之上，表现出的是自负和蛮横，凡事喜欢自己说了算，容不得一点批评和杂音。现实中，一些干部故意模糊魄力和专横跋扈的界限，在工作中把专横跋扈当魄力，脾气秉性骄纵，行事作风蛮横，一味地将自我意识强加到领导班子的重要决策之中，造成决策失误。当然，还有一些干部干事创业的确是魄力十足，但是当周围的恭维夸赞使其飘飘然、当独断专行成为决策习惯之后，就很容易陷入一种错觉：自己无所不能，凌驾一切。长此以往，魄力就会渐渐演变为专横跋扈。这就要求领导干部要想有所作为，必须既要胆子大、有魄力、有闯劲，又要审慎理智、遵循规律、敬畏法度、顺从民意。

七、带好队伍也是政绩

习近平总书记强调，领导班子是一个地方、一个单位的"火车头"，建设好领导班子是夯实党执政的组织基础的关键，也是抓好改革发展稳定各项工作的关键。实践证明，一个地方班子不强，发展肯定无望；队伍不行，工作当然不行；干部出问题，经济社会发展必然受影响。从这个意义来说，抓好班子、带好队伍是一项更为重要的政绩。带好队伍，管理者发挥表率示范作用尤为关键。只有时时处处严格要求自己，身体力行地作出表率，将人格魅力转化为凝聚团队、感染群体的强大合力，才能形成"头雁效应"，以模范行为影响人、感召人、团结人、带动人，产生"不用扬鞭自奋蹄"的效果。要善于塑造集体意志、团队精神，将"团结奋进"的集体意志，渗透到每一个单位、每一名党员干部群众。人在事上练，刀在石上磨。领导者不仅要统筹推进各项工作,还应坚持在实践中锤炼人才,不断适应工作的需要,以好的队伍干出好的业绩,实现抓工作与带队伍"两促进、双丰收"。

八、出主意、用干部、作表率是领导干部的本分

领导干部地位特殊、责任重大,最大的本分是什么?毛泽东同志曾说:"领导者的责任,归结起来,主要地是出主意、用干部两件事。"思想决定思路,思路决定出路。没有主意的干部不是合格的干部。领导干部首要职责是出谋略、作决策,如果在关键环节、重大决策上拿不出主意,甘当"传声筒",机械地执行上级政策,或是按照老经验、老办法开展工作,就不能带领党员干部群众推动事业发展进步。"好主意"不会与生俱来。必须加强学习和历练,提高敢于善于决策的本领。要深入调查研究,确保主意科学合理、务实管用。好主意需要好干部来落实。领导干部担负着选贤任能的重要职责,如果用好了人,就能有力地推动各项事业向前发展。必须练就"伯乐识千里马"的本领,坚决落实"好干部"标准,真正把有本事、有成绩的干部选出来、用起来。上梁不正下梁歪。领导干部光会出主意、用干部还不够,还必须作出表率,这样大家就会跟着学、照着做。

九、领导干部瞎抓,下面就会抓瞎

上行下效,上率下行,上有所好、下必甚焉,上有所恶、下必不为,上面松一寸、下面松一尺。领导干部是组织者、管理者、推动者,也是践行者,其一言一行、一举一动都会成为一个地方、一个单位的风向标。领导干部立场坚定、思路清晰、决策科学、指挥有力,整个团队就会方向明、信心足,凝聚力强,工作就能稳步推进,发展就能动能充沛、蒸蒸日上;若思路不清,工作没有章法,工作部署抓不住具体目标,只是大水漫灌,草草安排,就会陷入"糊涂官带糊涂兵打糊涂仗"的糟糕局面,影响工作成效,贻误发展时机。喊破嗓子不如干出样子。"羊群走路靠头羊。"作为一名领导干部,要抓住用好干工作的方法论,既要认真学习领会中央大政方针和上级指示精神,又要搞好调查研究,多进行实践探索;既继承前人,又不因循守

旧；既借鉴别人，又有所创新。这样才能做到观察形势有新视角、推进工作有新思路、解决问题有新办法，自己也才不会瞎抓，下面也不会抓瞎。

十、先求同，再求异

求同存异，是处理人与人之间、人与群体之间、民族与民族之间、国家与国家之间关系的基本准则，也是领导者处理矛盾、协调关系、通权达变的基本方法。求同存异体现着矛盾的普遍性与特殊性、共性与个性的统一原理，掌握求同存异是认识问题、解决问题的基本方法。现实中，每个人由于所站的利益角度不同，所以想法就会有不一致的地方，这个时候如果不能在矛盾中找出共同点，保留不同点，那样任何工作都无法展开。先求同，再求异，就是在矛盾中找出共同点，保留不同点，不因个别分歧而影响主要方面，求得一致。领导干部要认识到矛盾的普遍性与特殊性、共性与个性的统一原理，要把握好求大同这个前提，团结的基础在于有共同的方向、目标和责任使命，尽可能去寻求、扩大这些"共同"的因素，以"共同点"来统一思想、统一行动，从而朝着共同的目标努力。同时，也要承认区别、正视差异，懂得尊重和欣赏别人的个性，相互信任、相互谅解，实现和谐共荣。

十一、辩证法无处不在，领导水平集中体现在辩证法的使用上

唯物辩证法是一种研究自然、社会、历史和思维的哲学方法，是马克思主义的核心组成部分之一，它是我们认识世界和改造世界的强大思想武器，是各种科学思维方法的总根源。领导水平的高低、政治素质的强弱，归根结底还是看运用辩证法的能力。不会、不善于运用辩证法，则很容易陷入"一叶障目、不见泰山""竭泽而渔、杀鸡取卵""眉毛胡子一把抓、捡了芝麻丢了西瓜"等困境。领导干部处在改革发展的前沿阵地，是一个集义与利、权与责、荣与辱、进与退于一体的综合体，运用好唯物辩证法，自觉运用唯物辩证法思考问题，才不会"乱花渐欲迷人眼"，才能"拨开云雾见月明"。领导干部无论职位高低，都要加强唯物辩证法学习，提高科学思维能力进

而提高领导水平和工作能力，注重实践锤炼，努力在实践考验中提高把握全局、遵循规律、科学谋划、临阵指导等综合能力素质，不断提高科学思维水平进而提高领导水平和工作能力。

十二、总揽全局但不包揽，协调各方但不代替

任何单位、个人都有自己的社会分工和角色定位，只有各就各位、各司其职，整个社会才能有序运转、良性循环。"总揽"与"包揽"、"协调"与"代替"不仅有文字之差，含义和要求也大相径庭。"总揽"是用团队力量解决问题，"包揽"是"一竿子插到底"，事必躬亲、大包大揽；"协调"是为组织正常运转创造良好的条件和环境，促进组织目标的实现，"代替"是把由甲或应该由甲起作用的工作让自己来做。"总揽"与"包揽"、"协调"与"代替"之间如果把握不精准，处理不好相互的关系，工作的凝聚力、战斗力就会大幅减弱。按职责职能做事、履职尽责，永远不会错。作为领导干部，要明白自己的主要职责所在，坚持"谁家的孩子谁抱走"，善于从繁杂的"副业"中解脱出来，把主要精力转移到主要工作任务上来，按职能职责做事，把不该管的事交还给主责部门，把该管的切实管住、管好、管到位，到位不越位、有功不争功、补台不拆台，踏踏实实做好本职工作，靠实干实绩实效赢得尊重和认可。

十三、气魄要宏大，心思要精微

这句话包含着大与小的辩证法，给领导干部为政修身提供了方法参考。气魄要宏大，就是做事要有大格局、大情怀；心思要精微，就是做事要注重细节、心思缜密，二者是辩证统一的。如果没有大气魄，做事就会小家子气，目光短浅、格局太小，难以成大气候；如果心思不精微，做事不精细周密，粗枝大叶、马虎大意，也不可能把事情做成功。为官从政，既要在宏观上"抓大"，又要在微观上"抓小"，才能做成事、做好事。领导干部要心怀"国之大者"，深知"不谋万世者，不足谋一时；不谋全局者，不足谋一域"，胸怀全局、境界高远，把握大势、融入大局，善于从大处着眼，从整体看、往远处想、向高处谋,通盘考虑各种问题,牢牢把握正确方向,在大局大势中审时度势,抓住问题关键,干好大事要事;要牢记"细节决定成败",深知"天下大事,必作于细",不弃微末、精准发力,善于从小处着手,思谋周全、细致精当,在干"大事"的同时,也把"小事"做好做实,把精益求精发挥到极致,在落细、落小、落实上下功夫,用"小切口"推动"大变局",用"小细节"干成"大事业"。

十四、信任是最大的激励

习近平总书记强调:"人民的信任,是我前进的最大动力,也是我肩上沉甸甸的责任。"美国知名作家爱默生亦说:"信任人,人便会真诚待你;伟大地信任人,人将努力表现出伟大。"这都是讲信任的激励作用。管理,最大的突破和挑战在于用人;用人,最大的突破和挑战在于信任。信任,是责任,也是动力;信任他人,是能力,也是智慧;被人信任,是肯定,更是鼓励。领导干部为官从政,最重要的一条就是要学会信任、懂得信任。领导干部要学会信任,对人推心置腹,不存戒备之心,真诚相待、彼此信任,以信任为基础,把信任作为团队最好的润滑剂,有效防止与干部职工和人民群众信任"鸿沟"的出现,做到上下一心、团结一致;要懂得信任,疑人不用,用人不疑,相信他人、敢于授权,团结协作、激发潜能,充分信任、凝聚人心,让被授权者感受到领导的信任与尊重,积极发挥自身的主观能动性,提高工作效率,从而实现价值最大化。

十五、思维换位是化解矛盾的利器

西方一位著名作家说:"懂得换位思考,能真正站在他人立场上看待问题,考虑问题,并能切实帮助他人解决问题,这个世界就是你的。"这句话的意思就是说,只有换位思考,才能帮助我们更好地化解矛盾、解决问题。人的经历、阅历、学历不同,认知和知识积累自然不同,看待问题的思维方式也就不同。如果我们不换位思考,各执一词,势必会沟通困难、僵持不下。现实生活中,很多事情只需换个角度、换下位置、换条思路,便能茅塞顿开、豁然开朗、柳暗花明。领导干部要学会换位思考，正所谓"乐人之乐，人亦乐其乐；忧人之忧，人亦忧其忧"，要换位思考，推己及人，彼此理解，做到用心用情，将心比心，这样才能凝聚队伍，赢得民心；要学会沟通交流，思维换位最大的难处在于沟通，寻求另辟蹊径，如果"一根筋"，就容易深陷"泥潭"，越陷越深，这时候只有充分沟通、转换角度，多方位、多角度地去思考，不断拓宽思维视野，才能找出解决问题的最佳方法。

十六、互相补台，好戏连台；互相拆台，一起垮台

正所谓，狭路相逢，"共存者"胜。人生亦是如此，不让别人好过，自己也不会好过。"一荣俱荣，一损俱损"，这是人生最简单的哲学道理。人生不是独角戏，每个人都相互连接、彼此依存。团结协作、主动补台，不只是一种工作方法，也是一种品行操守、一种胸怀胸襟。在现实生活中，只有团结协作、互帮互助，前景才会越来越好；如果相互拆台、彼此制约，道路只会越走越窄。领导干部要"相互补台"，勤沟通、多交流，不遮掩缺点，不掩盖问题，及时提醒，真诚帮助，少计较个人得失，多顾念工作大局，主动补位不缺位，相互补台不拆台；要实现"好戏连台"，心往一处想、劲往一处使，上下拧成一股绳、内外聚成一股劲，做到精诚协作、共同努力、团结干事、彼此成就。

十七、恩威并重，恩不足则施恩，威不足则加威

俗话说："无恩则威不立，无威则恩不济。"这句话的意思就是，领导管理要恩威并重，才能达到"施恩"和"加威"的效果。"施恩"是让人们心怀温暖，"加威"是让人们明确底线。威不足，则为政过于宽缓，就会敬畏之心缺位；恩不足，则人心飘忽不定，就会进取之志懈怠。领导干部只有恩威并重，"施恩"与"加威"两手抓，把严管与厚爱相结合，才能增强队伍的凝聚力、战斗力。领导干部要审时度势，精准掌握全局动态和干部的思想、工作情况，恩威分明、奖惩有度，既严格约束干部，又关爱呵护干部，让干部在严管与厚爱中健康成长；要恩威并用，把握好"恩前威后"的哲学意

义,施恩要自淡而浓、自薄而厚,施威则应自严而宽、自紧而松,做到既不让人忘其恩惠,又不让人怨其严酷,促使广大党员干部知敬畏、存戒惧、守底线,更好激励干部敢于担当、积极作为。

十八、重症须用猛药,乱局要用重典

《周礼》中讲:"猛药去疴,重典治乱。"这句话的意思是指用猛烈的汤药来治疗沉疴顽疾,用严苛的刑罚来治理乱世乱局。现实生活中,我们常用这句话形容问题十分严峻,常规办法已经难以解决问题,只有采取超常规手段和过硬措施,才能推动问题得到真正解决。领导干部在工作中常常会遇到一些比较棘手甚至复杂难办的问题,这不仅考验领导干部解决急难问题的能力,也考验领导干部破解复杂局面的勇气。面对复杂形势和艰巨任务,领导干部要不断提升解决问题的能力水平,避免陷入"老办法不管用、新办法不会用、硬办法不敢用、软办法不顶用"的尴尬境地,练就解决问题、破解难题的过硬本领;要有"刮骨疗毒"的勇气和"壮士断腕"的决断,敢于打破常规,学会逆向思考,拿出霹雳手段,寻求破解困局的新办法和硬措施,敢于在危机中育先机、于变局中开新局,真正用"猛药"解决问题,用"重典"破解困局。

十九、领导水平在于授权和示范

著名管理大师杰克·韦尔奇说"管得少就是管得好",充分诠释了领导管理的精髓。然而,现实生活中,有的领导干部要么不善于授权,习惯事必躬亲;要么当甩手掌柜,没有做到率先垂范。这都是领导水平低的表现,都不利于工作推进。领导干部能力再强,也不可能一个人"包打天下",不仅要学会把手中的权力科学分配出去,还要率先示范带着干、教着干、一起干,力求形成工作的乘数效应。领导干部要学会科学授权,通过授权分配任务、锤炼干部、干事创业,努力形成权力共享、责任共担、事业共创的良好局面;要带头抓好理论学习,引导和推动本地、本部门把学习贯彻习近平新时代中国特色社会主义思想引向深入;要带头抓好调查研究,真正把情况摸清、

把问题找准、把对策提实,提出解决问题的新思路新办法;要带头抓好工作落实,不推卸、不避责,迎着困难上,顶着压力干,在带头实干中做好示范、当好标杆。

二十、唯有登高望远才能心明眼亮

"登高望远"比喻境界高远、目光远大,"心明眼亮"形容看问题敏锐、能辨别是非。一个人如果没有境界高远的大格局,看到的就都是鸡毛蒜皮的小事,就抓不住问题要害,辨不清大是大非。领导干部身居要职、手握重权、肩负重责,更要面对纷繁复杂的事情,只有修炼高远的境界,提高明辨的能力,才能看清事物、决断是非、应对自如。领导干部要提高政治修养,善于从政治上看问题,善于把握政治大局,不断提高自身的政治判断力、政治领悟力、政治执行力;要强化理论学习,掌握共产党人的看家本领,修炼共产党人的境界格局,不断提高运用马克思主义的立场、观点、方法来观察和解决问题的能力;要培养大局观念,心怀"国之大者",观全局、谋大势、抓大事,主动融入党和国家事业的大棋局,做到既为一域争光、更为全局添彩;要提高形势预判洞察力,练就拨云见日的本领,透过现象看本质,科学把握形势变化的趋势和规律,做到沉着思考、从容应对,按客观规律实事求是做人做事。

第七节 | 领导干部必须着力解决的四个问题

习近平总书记强调:"中华民族伟大复兴,绝不是轻轻松松、敲锣打鼓就能实现的。全党必须准备付出更为艰巨、更为艰苦的努力。"新时代呼唤新使命,新使命提出新要求。做好新时代的领导工作,切实承担起实现中华民族伟大复兴中国梦的历史使命,领导干部一定要清楚自己的职责使命、胸怀"两个大局"、做"政策通",还要努力做学习型、研究型、专家型、务实型、创新型的"五型"干部。

一、回到基本是做好领导工作的本源

基本就是贯穿事物发展始终最基础、最起码、最本质的东西。做任何事情,包括做领导工作,都要回到"基本"上来认识、思考、谋划、行动,也就是要回到"本源",这样才能抓住关键、抓住要害,不走偏走反、不迷失初心。对领导干部而言,回到基本就是要回到当领导干部必须具备的基本标准、基本条件、基本要求、基本底线,来反思自己是否适合当领导干部、是不是合格的领导干部、如何当好领导干部,想问题、办事情、作决策、抓落实有没有严格遵循这些"基本"等。如果连这些"基本"都不能做到心中有数,甚至模糊不清,就找不到做好领导工作的本源,就一定当不好领导干部。

领导干部归根到底是岗位是责任。办好中国的事情,关键在党,关键在人,关键在领导干部。《中国共产党章程》指出:"党的干部是党的事业的骨干,人民的公仆。"领导干部是党和人民的事业的领导者、管理者、决策者、推动者。官位就是岗位,职务就是责任,责任重于泰山。千万不能把当干部

仅仅看成是一个养家糊口的行当，更不能把当干部看成是享受、特权和炫耀的资本。习近平总书记提出的"信念坚定、为民服务、勤政务实、敢于担当、清正廉洁"好干部标准，就是当好领导干部的修身、从政、成事之本。《中国共产党章程》《党政领导干部选拔任用工作条例》对领导干部的基本标准、基本条件和基本要求也作了明确规定。我们要时刻拿这些基本标准、基本条件和基本要求对照、检视、警醒自己，努力做一名党和人民需要的好干部。唯有如此，才能找到做好领导工作的本源。

做好领导工作最基本的就是要"不忘初心、牢记使命"。不忘初心，方得始终；牢记使命，方能致远。初心和使命是一切工作的出发点和落脚点。回顾党的百余年历史，我们党所付出的一切努力、一切斗争、一切牺牲，都是为了人民幸福和民族复兴。也正是由于始终坚守这个"基本"，我们党才一次次在濒临绝境中突出重围，一次次在困顿逆境中毅然奋起，不断发展壮大，从胜利走向胜利。初心和使命是我们走好新时代长征路的不竭动力。越是接近辉煌，越是接近胜利，越是不能忘记我们从哪里来、到哪里去。一切向前走，都不能忘记走过的路；走得再远、走到再光辉的未来，也不能忘记走过的过去，不能忘记为什么出发。"不忘初心、牢记使命"就是当好领导干部的本真，就是做好领导工作的本源，任何时候、任何情况下都要清醒地知道"我是谁、为了谁、依靠谁"。领导干部必须坚持以人民为中心的发展思想，牢记全心全意为人民服务的根本宗旨，把人民对美好生活的向往作为奋斗目标，时刻不忘我们党来自人民、根植人民，努力实现好、维护好、发展好最广大人民根本利益；必须坚定对马克思主义的信仰、对中国特色社会主义的信念、对实现中华民族伟大复兴中国梦的信心，不为任何风险所惧，不为任何干扰所惑，用汗水浇灌收获，以实干笃定前行，自觉做实现伟大复兴中国梦的忠实实践者。

当好领导干部最基本的就是要履职尽责。"为官避事平生耻。"为官一任就要造福一方，履职尽责是当领导干部的"基本"，也是做好领导工作的"基本"。每一个岗位都有相应的职能职责，岗位不同，职责也不同，而且职务越高、责任越重。在其位谋其政，履其职尽其责，这是最基本的职业道德。

领导干部必须守土有责，自觉树立"干得好是本职、干不好是失职"的理念，增强干事创业的责任感和使命感，理清自己的职能职责是什么、边际界限在哪里，始终聚焦主责主业，种好自己的"责任田"。必须守土担责，认真、认领、认账，应该负的责，冒着风险也要担，锤炼务实作风，炼就过硬本领，勇挑最重的担子、敢啃最硬的骨头、愿接最烫的山芋。必须守土尽责，把工作当成事业，以时不我待、只争朝夕的精神，夙夜在公、夙兴夜寐，躺着想事、坐着议事、站着干事，在岗一分钟、战斗六十秒。

新时代领导干部更应在担当作为中追求卓越。担当是领导干部必备的基本素质、是共产党人的政治品格和从政本分，也是我们党对领导干部的一贯要求。新时代催生新使命，新使命呼唤新担当。习近平总书记强调，新征程上，不可能都是平坦的大道，我们将会面对许多重大挑战、重大风险、重大阻力、重大矛盾，领导干部必须有强烈的担当精神。一代人有一代人的使命担当。着眼当前，我们正处于以中国式现代化全面推进强国建设、民族复兴伟业的关键时期，更需要付出更加艰巨、更加艰苦的努力，在实干中担当作为，在担当作为中追求卓越。有真本事才有真担当，有大担当才能干大事业。新时代领导干部不仅需要担当的勇气、本事和方法，更需要具备担当的大格局、大境界、大情怀。心有多大，舞台就有多大。新时代领导干部必须做到胸襟宽、眼界宽、思路宽，以大格局体现担当的"宽度"；必须坚定理想信念、加强党性修养、提升道德情操，以大境界提升担当的"高度"；必须具备深沉的爱国情怀、深厚的爱民情怀、深切的爱家情怀，以大情怀涵养担当的"深度"。唯有如此，领导干部才会始终不忘领导工作的本源、抓住领导工作的本质，始终保持"人无我有""人有我优""人优我特"的精神，对待工作做到专心专注专业、细致精致极致，从而创造出经得起实践、人民、历史检验的卓越业绩。

二、当干部就得胸怀"两个大局"

大局就是指全局或整体，通常用来指形势或事件发展的整体局面、整体态势。增强大局观是我们党重要的思想方法、领导方法和工作方法。

习近平总书记强调："领导干部要胸怀两个大局，一个是中华民族伟大复兴的战略全局，一个是世界百年未有之大变局，这是我们谋划工作的基本出发点。"新时代的领导干部必须胸怀这"两个大局"。

识大局者方能谋大事，大局观是领导干部必须具备的政治素质。毛泽东同志曾指出："共产党员必须懂得以局部需要服从全局需要这一个道理。如果某项意见在局部的情形看来是可行的，而在全局的情形看来是不可行的，就应以局部服从全局。反之也是一样，在局部的情形看来是不可行的，而在全局的情形看来是可行的，也应以局部服从全局。这就是照顾全局的观点。"习近平总书记强调，领导干部"必须牢固树立高度自觉的大局意识"，善于观大势、谋大事，自觉在大局下想问题、做工作。大局意识是一个领导干部政治素质的重要表现。领导干部只有树牢大局意识、增强大局观念，自觉从党和国家大局出发想问题、办事情、抓落实，才能做到"全局一盘棋"，正确处理中央与地方、局部与全局、当前和长远的关系，坚决贯彻党中央决策部署；才能具有历史眼光、全球眼光和发展眼光，看清所处的历史方位，掌握历史的发展规律，把握当前发展大势，切实做到审时度势、与时俱进、顺势而为；才能心系大局，自觉把"小我"归入"大我"、"小局"归入"大局"，提升两三个层次看问题，以更加宽广的眼界审时度势、权衡利弊，把握现在、透视未来。

谋全局者方能谋一域，新时代领导干部必须深刻认识和把握"两个大局"。"两个大局"的重要论断，是以习近平同志为核心的党中央主动应对国内外风险挑战、着力破解复杂局面而作出的重大政治判断，具有重大战略意义和时代价值。中华民族伟大复兴的战略全局，着重强调一个"全"字，领导干部必须致力于、服务于实现这个"全局"。世界百年未有之大变局，着重强调一个"变"字，领导干部必须积极面对和顺应这个"变局"。"两个大局"是当前世界同一时空下的两大趋势，两者相互作用、相互影响、相互促进。中华民族伟大复兴的战略全局，要在世界百年未有之大变局的大环境下去谋划、去推进、去实现；世界百年未有之大变局，不是外在于中国的大变局，也不可能置中国于局外，中国是塑造这一大变局的重要力量。

领导干部必须把"两个大局"作为谋划工作的基本出发点，把各项工作放在"两个大局"下来运筹规划，在世界大变局中思考中华民族伟大复兴，主动投身世界变局、全面掌握世界大势，深刻认识其带来的机遇与挑战，更好地为实现中华民族伟大复兴中国梦而奋斗；在推进中华民族伟大复兴进程中，要充分考虑世界百年未有之大变局，超前谋划、科学统筹、因势而谋、趁势而上、顺势而为，把握和用好其中蕴含的发展机遇；发扬斗争精神、增强斗争本领，积极应对和有效化解其可能带来的风险挑战，使之朝着有利于我们实现"两个一百年"奋斗目标和中华民族伟大复兴中国梦的方向转变。

新时代领导干部必须立足"两个大局"想问题作决策办事情。习近平总书记强调，领导干部要"自觉从大局看问题，把工作放到大局中去思考、定位、摆布，做到正确认识大局、自觉服从大局、坚决维护大局"。胸怀"两个大局"是党中央对全党和各级领导干部提出的政治要求。领导干部想问题、作决策、办事情只有清醒认识、准确把握"两个大局"，根据国内外局势的发展变化研判趋势、顺应大势，才能牢牢掌握工作主动权。必须坚持用习近平新时代中国特色社会主义思想武装头脑，不断深刻领悟"两个确立"的决定性意义，增强"四个意识"、坚定"四个自信"、做到"两个维护"，在思想上政治上行动上同以习近平同志为核心的党中央保持高度一致。必须以宽广的视野和深邃的眼光，深入洞察国际力量格局调整变化和国内形势任务发展变化，登高望远、审时度势，坚定战略目标，保持战略定力，赢得战略主动。必须牢固树立底线思维，切实增强忧患意识，未雨绸缪，积极做好应付各种困难局面的预案，用大概率思维应对小概率事件，做到见微知著，见事早、行动快。必须更加注重从全局谋划，以一域服务全局，进一步增强全局观念，自觉把所主管的地方、所分管的领域和部门、所具体从事的工作放在"两个大局"中去谋划和推进，善于在从宏观到微观、抽象到具体的过程中打开工作局面、取得工作实效。

三、当干部需要具有很高的政策水平

政策是党和国家在一定的历史时期为完成一定的历史任务而规定的指

导人们进行社会实践的行为准则和行动方向，是一个地区、一个部门进行事务管理的重要工具。治国理政，离不开政策。领导干部作为治国理政的实践主体，具有很高的政策水平，不仅是提高自身领导能力水平的关键，也是完成职责使命的需要。如果不善于学习、研究政策，仅靠经验做事、凭老本吃饭，是做不好领导工作的。

政策是党的事业发展的"生命"。毛泽东同志曾指出："政策是革命政党一切实际行动的出发点，并且表现于行动的过程和归宿。一个革命政党的任何行动都是实行政策。"这就告诉我们，政策与党和人民事业紧密联系，对党和人民事业发展极端重要、极为关键，推进党和人民事业必须以制定执行政策为工具和手段；没有相应的政策，党的路线和战略任务就无法实现。回顾党的历史，不管是革命、建设还是改革时期，党和人民事业的前进与倒退、发展与停滞，无不与党的政策密切相关，当我们党重视政策，制定的政策是正确的，事业就兴旺发达，反之，事业就会遭受挫折、蒙受损失。改革开放以来，中国特色社会主义事业取得了举世瞩目的伟大成就，人民生活水平获得了前所未有的改善提高，根本就在于党制定并实行了正确的政策。党的十八大以来，以习近平同志为核心的党中央，之所以带领全党解决了许多长期想解决而没有解决的问题、办成了许多过去想办而没有办成的大事，也在于制定和实施了符合新时代形势任务和主要矛盾变化的正确政策。党和人民事业要不断从胜利走向胜利，一刻也离不开正确的政策。

政策水平反映领导水平。领导工作具有很强的政策性。政策水平是衡量领导干部领导水平的关键因素和核心指标，是实施科学领导的内在要求。同样的政策环境下，为什么有的地方和部门发展快，有的却发展缓慢，一个重要原因就是领导干部政策水平的差异所致。政策水平越强的干部越优秀。领导干部对政策的理解能力如何、把握能力高低，很大程度决定着其领导水平的高低，进而影响到事业的兴衰成败。毛泽东同志曾指出，共产党领导机关的基本任务，就在于了解情况和掌握政策两件大事。这既是对领导机关的要求，也是对领导干部个人的要求。领导干部是党的政策的"制定者""代言人""落实者"，面对新时代的发展任务、发展环境，只有不断提高敏锐把握政策、熟练掌握政策、有效落实政策的能力，才能准确把握发展的内在要求，才能始终确保工作方向的正确性、对策措施的精准性、具体落实的实效性，为贯彻落实党中央决策部署、推动事业长远发展打下坚实基础。如果政策理解不到位、把握政策不精准，或者在执行政策中走样变形，就会沦为"政策盲"，就会做不好工作、阻碍工作推进，甚至产生严重后果。

当领导干部就必须成为"政策通"。精通政策，办事轻松；政策不通，累也无功。党员干部要身体力行落实好党的方针政策，就是需要党的干部要知政策、学政策、懂政策，而且会用政策。领导干部只有真正成为"政策通"，才能知形识势，超前谋划，下好先手棋、打好主动仗。如果糊里糊涂，只会"低头拉车"、不会"抬头看路"，甘当事务主义者，是当不好领导干部的。提高政策水平不可能一蹴而就，需要持之以恒、不懈努力。知是行之始。学习、理解和吃透政策是运用政策的基础和前提。领导干部要增强政策意识，把学习掌握政策作为一项长期任务，结合工作实际，自觉带头原原本本学习政策，有重点、系统地学习党的基本理论、基本路线、基本方略，特别是习近平新时代中国特色社会主义思想和党中央决策部署，全面学习经济建设、政治建设、文化建设、社会建设、生态文明建设等方面的政策，坚持边学边思边悟，深入钻研政策，努力吃透政策精神实质、理解政策核心意图、把握政策基本取向、抓住政策关注重点、注意政策基本界限、熟悉政策操作方式，通过学习把政策转化为具体措施，真正使自己成为精通政策的"活字典"。学习的目的全在于运用。再好的政策，如果不运用、不执行，不过是废纸一张。领导干部要善于科学制定政策，加强调查研究，掌握实际情况，坚持以人民满意为根本标准，使政策方案符合实际情况、符合客观规律、符合科学精神；要加强政策宣传，善于用通俗易懂的语言、群众喜闻乐见的方式，引导广大党员干部群众知晓政策、理解政策、支持政策；要带头执行政策，把执行落实政策作为重要政治责任，增强政策执行的自觉性坚定性，因地制宜、因时制宜、因事施策，结合实际创造性地执行政策，运用政策解决现实问题，加强跟踪反馈，适时调整完善政策，更好把政策转化为"真金白银"、转化为推动发展的强劲动力、转化为实实在在的治理效能。

四、要做新时代的"五型"干部

新时代的领导干部既要政治过硬,也要本领高强,这样才能适应新时代新长征新使命的要求。这就要求领导干部必须在学习上、研究上、专业上、实效上、创新上狠下功夫,努力成为一名"五型"干部。

一定要做一名学习型干部。好学才能上进,好学才有本领。据统计,一个人所掌握的知识,90%以上都是学校毕业后学习的。停止学习,就是停止进步,就必然落后,必将被淘汰。习近平总书记指出:"中国共产党人依靠学习走到今天,也必然要依靠学习走向未来。"党的十九大提出全党要增强"八种本领",其中把"学习本领"放在首位,就是强调加强学习是做好一切工作的前提和基础。人与人之间的差别,最主要就体现在学习上、体现在认知上。管理学大师彼得·德鲁克说:"真正持久的优势,就是怎样去学习。"学习力是核心竞争力,领导干部的学习水平,在很大程度上决定着工作水平和领导水平。领导干部坚定理想信念、提高政治素养、锤炼道德操守,一刻也离不开学习;增强能力本领、胜任工作要求,同样一刻也离不开学习。特别是进入新时代,各种风险、挑战无处不在,各种新知识、新情况、新事物层出不穷。如果不抓紧学习,就难以履行好领导职责,就不能胜任领导工作。领导干部必须活到老学到老,把加强学习作为对党和人民事业的一种责任、一种追求,深入学习中国特色社会主义理论体系,特别是学懂弄通做实习近平新时代中国特色社会主义思想,用理论上的清醒促进政治上的坚定;尽可能多地学习和掌握历史知识,特别要深入学习中共党史、新中国史、改革开放史、社会主义发展史、中华文明史,不断深化对共产党执政规律、社会主义建设规律、人类社会发展规律的认识;全面学习做好本职工作必需的各方面知识,加快知识更新,优化知识结构,拓宽眼界视野,克服本领不足、本领恐慌、本领落后的问题。

善行者究其事,善学者究其理,一定要做一名研究型干部。研究,就是对客观事物和现象去粗取精、去伪存真,通过由此及彼、由表及里的研究,把事情的真相和全貌弄清楚、把问题的本质和规律把握准，把解决问题的思路对策理清晰，做到知其然、知其所以然、知其所必然。我们党始终强调"实事求是"，"求"就是探求、研究，"是"就是事物发展的规律。"坚持实事求是，关键在于'求是'，就是探求和掌握事物发展的规律。"领导工作中每天都会面对问题交织、矛盾叠加、错综复杂的各种情况，如果规律不研究、特点不掌握，就不可能透过现象看本质，出错、失误就在所难免。只有善于联系地、发展地、一分为二地研究分析事物，深入研究事物的本质和发展的内在规律，认真探求事物之间的联系和相互作用，才能真正做到透过现象看本质，把握规律、看清态势、厘清思路、抓住关键，找到办法对策，而不被表面现象所蒙蔽、不被偶然因素所影响、不被枝节问题所干扰。领导干部必须把研究作为一种态度、一种方法，一种不可或缺的基本功，始终坚持在研究状态下工作，认真学好马克思主义哲学看家本领，加强问题研究、原因研究、思路研究、对策研究、方法研究，等等，干什么就研究什么，在哪里工作就研究哪里的工作，切实增强工作的科学性、预见性、创造性。

功贵其久，业贵其专，一定要做一名专家型干部。习近平总书记指出，领导干部"无论是分析形势还是作出决策，无论是破解发展难题还是解决涉及群众利益的问题，都需要专业思维、专业素养、专业方法。那种习惯于拍脑袋决策、靠行政命令或超越法律法规制定特殊政策的做法，已经很难适应新形势新任务的需要"。当前，党和国家各方面工作越来越专业化、专门化、精细化，领导干部无论是从事某项工作，还是治理一个地方，都需要一定的专业化能力和水平。如果只是泛泛知道其中一些概念和要求，而不注重构建与之相适应的知识体系，不能真正成为本行业本领域的行家里手，就难以胜任工作，更不可能干好工作。这就要求，领导干部必须拥有高超的专业化水平，具备过硬的专业知识、专业思维、专业方法、专业能力、专业精神，成为一名专家型干部。要干一行爱一行，发扬专业精神，忠诚于事业、专注于工作，专心、守职、尽责，爱岗敬业、尽心竭力、全身心地投入本职工作；要干中学学中干，全面学习经济、政治、历史、文化、社会、科技、军事、外交等方面的专业知识，有针对性地深钻细研履行岗位职责所必备的各种知识，不断丰富专业知识，提高专业能力；要钻一行精一行，运用专业思维和专业方法发现问题、分析问题、解决问题，弘扬工匠精神，追求精益求精、力求卓越的专业品质。

干在实处，走在前列，一定要做一名务实型干部。天下大事必作于细，古今事业必成于实。领导干部坚持求真务实，既要在"求真"上下功夫，更要在"务实"上做文章，尤其要做到讲实情、出实招、办实事、求实效。事情是干出来的，干部也是干出来的。当干部就要干实事、实干事，只干事不出活、没有实绩，就不是一个好干部。凡事兴于实，败于虚。领导干部务"实"，是要务抓好发展这个党执政兴国的第一要务之实，是要务发展最广大人民根本利益之实，是要务全面加强和改进党的建设之实，是要务坚持长期艰苦奋斗之实，是要务经得起实践、人民、历史检验之实，而决不能务劳民伤财的"面子"、花拳绣腿的"影子"、轰轰烈烈的"形式"、光鲜亮丽的"装扮"。"大人不华，君子务实。"领导干部一定要树立正确的政绩观，始终坚持"三严三实"，潜心实干，专心致志、埋头苦干，把心思用到干工作上，把劲头用到抓落实上，用实干之力开创未来；追求实绩，做任何事情，都要坚持一切从实际出发，唯实是务、所务必实，不哗众取宠提空口号，不脱离实际定高指标，不东拼西凑搞假政绩；力求实效，一个一个地解决问题，一件一件地办好实事，一项一项地推进工作，扎扎实实地把党和国家的各项决策和工作落到实处，把每项工作都干成精品，无愧于人民群众的期望。

惟创新者强，惟创新者胜，一定要做一名创新型干部。实践发展永无止境，解放思想永无止境，改革创新永无止境。古人讲："周虽旧邦，其命维新。"当今时代，更是讲求创新的时代、属于创新者的时代。习近平总书记深刻指出："与时俱进不要当口号喊，要真正落实到思想和行动上，不能做'不知有汉，无论魏晋'的桃花源中人！"面对日新月异、深刻变化的世情党情国情，领导干部要提高领导水平、做好工作、干出成绩，就必须增强创新意识、用好创新思维，勇于破除思维定式，保持思维的活跃、思想的敏锐、思路的开阔，进而更富有创造性地工作。如果身子进了新时代，思想还停留在过去，看问题、作决策、抓工作还是老观念、老套路、老办法，不仅会跟不上时代、做不好工作，而且会贻误时机、耽误工作。领导干部一定要解放思想，打破惯性思维，始终保持执着认真、创新求变、超越突破的心态，勇于创新、善于求变，坚决抵制因循守旧、故步自封、墨守成规、得过且过，更不能夜郎自大。要善于用创新思维发现新现象、研究新情况、解决新问题，不断改进和优化自身思想方法和工作方法，多一些打破常规和批判革新。未来已来，时不我待。我们唯有以创新的精神和姿态迎接未来、拥抱未来，才能更好地把握未来、开创未来、赢得未来。

第八节 | 新时代党员干部根本之道

万事万物，皆有其道。"道"，是指世界万事万物的本源、规律、原理和原则。"根本"，是指基础、根基或本质，比喻事物最主要的、起决定性作用的部分。"根本之道"顾名思义，就是指事物中最主要的、起决定性作用的"道"。任何事物的发展都遵循根本之道。党员干部根本之道，就是指党员干部之所以成为党员干部最主要的、起决定性作用的条件、标准和要求。《中国共产党章程》（以下简称党章）规定，"中国共产党党员是中国工人阶级的有共产主义觉悟的先锋战士"，必须履行8个方面的义务。党章和《党政领导干部选拔任用工作条例》规定，"党的干部是党的事业的骨干，是人民的公仆"，必须模范地履行党章规定的"党员的各项义务"，而且必须具备6个方面的基本条件。党员干部任何时候都要牢记根本、抓住根本、遵守根本。结合新时代新使命新任务新要求，提出新时代党员干部必须遵循的11个方面根本之道。

一、坚定信仰之道

1. 革命理想高于天。志不立，天下无可成之事。理想信念是共产党人的精神支柱和政治灵魂。没有理想信念，理想信念不坚定，精神上就会得"软骨病"，就会在风雨面前东摇西摆。世界上最快乐的事，莫过于为理想而奋斗。新时代党员干部必须始终高扬理想信念的旗帜，用行动去浇灌理想之花、践行信念之志，做共产主义远大理想和中国特色社会主义共同理想的坚定信仰者和忠实实践者。

2. 心中有信仰，脚下有力量。信仰是信心之源、初心之源、力量之源、定力之源。"只要理想信念在，党的事业一定会成功"。理想信念一旦入脑入心、铸进灵魂，就会让人超越现实功利去追求心中所向、追求无限伟业，展现出强大的精神力量。有信仰才有战斗力，有信仰的人是最幸福的人。新时代党员干部必须始终不渝坚定理想信念，站稳人民立场，增强政治定力，自觉将理想信念转化为展现新形象、取得新作为的不竭动力。

3. 马克思主义是共产党人的"真经"。无论时代如何变迁、科学如何进步，马克思主义依然显示出科学思想的伟力，依然占据着真理和道义的制高点。马克思主义是共产党人的科学世界观和理想信念之基，辩证唯物主义是我们最重要的思想方法、领导方法、工作方法。背离或放弃马克思主义，我们党就会失去灵魂、迷失方向。新时代党员干部必须坚定马克思主义信仰，学好马克思主义这门必修课，不断提高马克思主义思想觉悟和理论水平，使马克思主义世界观在灵魂深处扎根。

4. 真"信马"，才能真"姓马"。心有所信，方能行远。真"信马"，就是真诚地信奉马克思主义；而真"姓马"，是指一种身份属性，即党员干部作为党的一员，必须是真正的马克思主义者。"姓马"只是"表"，"信马"才是"里"。如果不是从内心深处笃信马克思主义，而是喊在口头上、用作"装饰品"，那"姓马"就空有虚名。新时代党员干部必须真"信马"，在思想深处、内心深处、灵魂深处做到对马克思主义虔诚而执着、至信而深厚，刻骨铭心进头脑、终身践行见行动，不断彰显"姓马"属性。

5. 坚定理想信念的"主心骨"，铸就"四个自信"的"压舱石"。信念不牢地动山摇，自信不足随波漂浮。只有坚定理想信念，才有安身立命的根本；只有坚定"四个自信"，才能保持战略定力、坚持不懈奋斗，做到"风雨不动安如山"。新时代党员干部既要立得住，又要稳得住，必须理直气壮坚定理想信念，不断坚定"四个自信"，永远保持对远大理想和奋斗目标的清醒认知和执着追求，毫不动摇坚持中国特色社会主义，丝毫不能有二心。

6. 坚持用习近平新时代中国特色社会主义思想武装头脑。习近平新时代中国特色社会主义思想是新时代中国共产党的思想旗帜，是统一全党意志的"定盘星"、是廓清思想迷雾的"指南针"、是解决实际问题的"金钥匙",为实现中华民族伟大复兴提供了行动指南。新时代党员干部必须深入学习贯彻习近平新时代中国特色社会主义思想,真学真懂真用,学深悟透、入脑入心,知其然更知其所以然,做到学思用贯通、知信行统一,切实把学习成效转化为工作实效。

二、对党忠诚之道

1. 对党要绝对忠诚,关键在"绝对"。对党绝对忠诚,是党员干部的首要政治原则、首要政治本色、首要政治品质。习近平总书记强调:"对党绝对忠诚要害在'绝对'两个字,就是唯一的、彻底的、无条件的、不掺任何杂质的、没有任何水分的忠诚。"忠诚胜于能力。新时代党员干部必须牢牢坚守对党忠诚的"100%",爱党全心全意、忧党殚精竭虑、兴党不遗余力、护党矢志不渝,绝不能三心二意。

2. 第一身份是共产党员,第一职责是为党工作,第一使命是为党奋斗。每一名党员自入党那天起,个人命运就同党的命运血脉相融。党员不仅仅是身份标识,更意味着使命担当。党员干部不操为党尽职的心、不干为党分忧的事,就对不起党员的"党"字、干部的"干"字。新时代党员干部必须时刻牢记"入党为什么、在党干什么、为党留什么",用党性守护誓言、用奉献扛起责任、用奋斗践行使命,始终与党同心同德、同向同行。

3. 以党的旗帜为旗帜、以党的意志为意志、以党的使命为使命。党政军民学,东西南北中,党是领导一切的。党和国家的全部事业都建立在中国共产党领导这个基础之上,都根植于这个最本质特征和最大优势之上。没有党的领导,民族解放、民族复兴就是空想。新时代党员干部必须始终在思想上政治上行动上同党中央保持高度一致,坚定不移听党话,一心一意跟党走,切实把坚持和加强党的全面领导贯彻落实到工作全过程、各方面。

4. 党员干部的身份不是一阵子坚持,而是一辈子坚守。入了党的门,就是党的人。组织入党一生一次,思想入党一生一世,只有起点,没有终点,是一个长期持久的过程。共产党员只要加入了党组织,就有了政治身份,就必须保持共产党人政治身份永远不褪色、不淡化。干部身份有退休,党员身份无期限。新时代党员干部必须增强身份意识,时刻不忘党员义务和身份,以身许党、以身许国,终身奉献于党的事业,永葆赤诚底色。

5. 事业是考题,忠诚是答案。评价一个干部,不仅要看他怎么说,还要看他怎么做,更要看他推动事业发展做得怎么样。事业最能检验党员干部忠诚度。如果没有忠诚或忠诚不纯粹、不牢固,就会不想干事、不思进取,贻误党和人民的事业。伟大事业是时代之卷,忠诚奋斗是唯一答案。新时代党员干部必须永葆对党和人民的无限忠诚,始终如一、不懈奋斗,以绝对忠诚答好事业这张考卷,在干事创业中践行对党绝对忠诚。

三、政治过硬之道

1. 讲政治是第一要求,政治标准是第一标准。政治问题任何时候都是根本性的大问题,关乎党的前途命运,关乎事业兴衰成败。政治性是党员干部第一属性,讲政治是党员干部的首要素质和立身之本。这一条不过关,其他都不过关,能力再大也不是我们需要的好干部。讲政治是具体的,不是抽象的、空洞的。新时代党员干部必须始终坚持政治首位,自觉把讲政治贯穿于履职尽责全过程,任何时候、任何情况下都做到政治信仰不变、政治立场不偏、政治方向不移。

2. 没有正确的政治观点,就等于没有灵魂。政治观点是人们对政治问题的理性认识,在党员干部的思想、工作中起着核心、统帅作用。正确的政治观点是讲政治的必备条件,始终坚持正确的政治观点,才是政治上的明白人。新时代党员干部必须树立正确的政治观点,用好马克思主义立场观点方法,增强辨别是非的能力,善于从政治高度、运用政治思维认识和处理问题,提高工作的原则性、系统性、预见性、创造性。

3. 理论上清醒,政治上才能坚定。没有革命的理论就没有革命的行动,保持理论上的清醒是党员干部政治坚定的前提和基础。只有在理论上真学真懂真信真用,在理论问题大是大非上不含糊、不糊涂、不动摇,才能在政治上成熟和坚定。很多干部出问题,就是世界观、人生观、价值观出了问题。新时代党员干部必须不断强化理论武装,真学常学深学,学思践悟、真信笃行，把理论的力量转化为坚定的政治信仰。

4. 政治能力是第一能力。政治能力是把握方向、把握大势、把握全局的能力，对其他能力的性质和方向有决定性影响，是党员干部各种能力中的核心能力。政治能力不强，其他方面的能力再强，也是靠不住的。党组织看干部，首先就是看政治能力强不强。新时代党员干部必须自觉加强政治历练，积累政治经验，不断提高把握方向、把握大局大势的能力，使自己的政治能力与担任的领导职责相匹配。

5. 始终把政治纪律和政治规矩挺在前面。习近平总书记强调，党的纪律是多方面的，但政治纪律是最重要、最根本、最关键的纪律。没有政治上的纪律和规矩不能成其为政党，也无法维护党的团结统一。严明党的纪律，首先要严明政治纪律。新时代党员干部必须强化自我约束，坚持纪严于法、纪在法前，把严守政治纪律和政治规矩放在首位，做政治纪律和政治规矩的坚决捍卫者，绝不越"雷池"一步。

6. 政治任务就是目标，政治要求就是方向。有任务才有目标，有要求才有方向。只有始终围绕目标，工作推进才能更加有力有序；只有坚持正确方向，工作才能不跑偏不走样。党中央的决策部署是最重要的政治任务，"两个维护"是根本的政治要求，两者是内在统一的。新时代党员干部必须坚决履行党和人民赋予的政治任务，坚决落实政治要求，不打折扣、不搞变通，确保各项工作方向准、路线对、成效足。

7. 政治上的动摇是最危险的动摇，政治上的失守是最致命的失守，政治上的溃败是最全面的溃败。政治上的先进性，是马克思主义政党的突出特点和优势。如果丧失了政治上的先进性，党的先进性和纯洁性就无从谈起。政治上出问题，是比腐败更严重的问题。政治上有问题的人，能力越强、职位越高，危害就越大。新时代党员干部必须增强政治鉴别力、政治免疫力、防范政治风险的能力，始终政治过硬，做永不锈蚀的"政治钢铁"。

四、为民服务之道

1. 人民是我们党执政的最大底气。人民群众是历史的创造者。我们党来自人民、根植人民，为人民而生、因人民而兴。老百姓是天，老百姓是地，老百姓是党员干部最大的靠山、最大的底气。如果失去了人民的拥护和支持，党的事业和工作就无从谈起。人民性是中国共产党最鲜明的底色。新时代党员干部必须始终把人民放在心中最高位置，尊重人民群众的历史主体地位，牢记我是谁、为了谁、依靠谁，坚持一切为了人民、一切依靠人民，与人民心心相印、同甘共苦、团结奋斗。

2. 人民的幸福就是共产党的事业。习近平总书记指出："共产党就是为人民谋幸福的，人民群众什么方面感觉不幸福、不快乐、不满意，我们就在哪方面下功夫，千方百计为群众排忧解难。"为民谋利、为民造福既是政治立场，又是根本要求，深刻彰显和检验着共产党人的初心使命。我们党所做的一切工作都是为了人民幸福。新时代党员干部必须坚持以民为先、公字当头，珍惜每个为人民服务的岗位和机会，真正做到为人民幸福服务一辈子、奉献一辈子。

3. 坚持人民立场不动摇，始终把人民对美好生活的向往作为奋斗目标。立场不牢，地动山摇。为什么人的问题，是检验一个政党、一个政权性质的试金石。人民立场是中国共产党的根本政治立场。只有坚持人民立场不动摇，才能始终做到一心向民、无私奉献。人民向往无止境，党员奋斗不止步。新时代党员干部必须站稳人民立场，坚持人民向往什么，我们就干什么，多干让人民满意的好事实事，不断满足人民对美好生活的向往。

4. 一枝一叶总关情，为民情怀最动人。群众利益无小事，"枝叶"之处见情怀。人民群众在党员干部心中的"分量"，称出的是党员干部的"情怀"，折射出的是党员干部的"党性"。德莫高于爱民。新时代党员干部要始终把群众的"小事"当成自己的"大事"，时刻用情、用心、用力，从点滴做起、从身边做起，真情实意为群众谋利益、解烦忧。

5. 用脚丈量基层，用心思量民情。群众路线是党的生命线和根本工作路线。深入群众鱼得水，脱离群众树断根。脱离基层，脚就会落空；不解民情，心就会迷茫。脚下沾有多少泥土，心中就有多少热情。只有了解基层真实情况，我们的工作才会更有成效。新时代党员干部必须深入基层、融入群众，认真倾听群众心声、用心感受民情,始终与群众心贴心、情连情。

6. 我将无我,不负人民。习近平总书记说:"我愿意做到一个'无我'的状态,为中国的发展奉献自己。""无我"强调的是毫无私利、克己奉公,追求的是忧国忧民、牺牲奉献。只有无我才能无私、无畏、无憾,也才能真正做到全心全意为人民服务。新时代党员干部必须一心为民、无私无我,时刻以国家利益为重、以人民幸福为念,心甘情愿为党和人民的事业奉献自己的时间、精力、身体乃至生命,勇于为党和人民牺牲一切。

7. 把不忘初心、牢记使命作为终身课题。初心和使命是中国共产党人的政治宣言,是我们的根和魂,是激励中国共产党人不断前进的根本动力。不忘初心方能行稳致远,牢记使命才能开辟未来。如果我们忘记了当初为什么出发、为什么奋斗,就不能正确对待现实,也就没有未来。新时代党员干部必须恪守党员本色,以坚定的理想信念坚守初心,以不懈的自我革命担当历史重任,以实干实效实绩践行初心使命。

五、修身立德之道

1. 有德才有得,有诚才有成。人无德不立,官无德不为。立德守诚是从政之基础。如果官德不修、背信弃义,不仅败坏党的形象、损害政风民风,还会使自己身败名裂,结果只能一无所获、一无所成、一无所有。新时代党员干部必须加强道德修养,坚守正道、诚实守信,带头弘扬和践行社会主义核心价值观,真正成为党和人民需要的好干部。

2. 做老实人不吃亏。拙诚可以胜百巧。老实人才是世界上最聪明的人,干事一步一个脚印,做人踏实本分,看似慢了些,其实一生平稳,不会行差踏错,才是真正的不吃亏。偷奸耍滑、小聪明,最终都是得不偿失。做任何事情,没有老老实实的态度都是不行的。新时代党员干部必须说老实话、办老实事、做老实人,肯下"笨功夫"、愿坐"冷板凳",踏踏实实,才能做出扎扎实实的成绩来。

3. 为人要有品德,做事要有品质,生活要有品位。高标准才有高品质。一个对自我要求严格的人,品德方面必然是追求最高线,做事要经得起考验,生活中追求的也是高尚的品位,能够始终向上向善,保持内心的善良与纯净。如果只求"过得去",不求"过得硬",底线就很容易失守。新时代党员干部必须把立德与立行结合起来,划定高线,朝着最优努力,做品德高尚的人,干有高品质的事,活出高品位大境界。

4. 天地之性,人为贵;人之行,莫大于孝。孝是中华民族最古老的传统美德,是做人最基本的要求和底线。百善孝为先,一个人如果对父母都不孝敬,指望他为国家、为民族、为人民作贡献,那无异于天方夜谭。新时代党员干部必须常修为孝之德,赡养父母有孝心、善待妻儿有爱心,推己及人,把人与人的关爱之情延伸至整个社会和国家。

5. 当有大格局大境界大胸怀。格局带来境界,境界撑大胸怀。大格局、大境界、大胸怀是一代又一代共产党人砥砺传承的精气神,也是优秀党员干部成长成才的必备素质。如果格局境界太小,心里只是装着自己的"一亩三分地",就只能固守狭小的利益藩篱,路也会越走越窄。新时代党员干部必须坚定革命理想,注重学习思考,强化实践磨炼,严格自律自省,不断涵养大格局大境界大胸怀。

6. 明大德、守公德、严私德。领导干部要讲政德。政德是整个社会道德建设的风向标,是干部必须恪守的职业道德、必须保持的政治操守,在道德建设中处于先导位置。好人不一定能做官,但当干部一定要首先是个好人。没有良好的道德品质和思想修养,即使知识再丰富、学问再高,也难成大器。道不可坐论,德不可空谈。新时代党员干部必须上好道德修养这一人生必修课,把道德修养落到实处,不断强化自律自省,戒贪止欲、克己奉公。

六、终身学习之道

1. 不管多大的官,不读书便不过是一介俗吏。学者非必为仕,而仕者必为学。领导干部学习不学习不仅仅是自己的事情,而是关乎党的形象和国家事业发展的大事。书读多了,气质自然改变。新时代党员干部必须永怀读书和思索的慧根,常读书、多读书、读好书,多些书卷气,少些烟酒气,不断求得真学问,练就真本领。

2.构建自己基本的知识体系,广识而不乏其专。知识形成体系,犹如老虎插上翅膀。合理的知识体系就像蜘蛛网,能够把不同的知识点有规则地串联起来,形成思维闭环。习近平总书记指出,我们的党政领导干部都应该成为复合型干部,不管在什么岗位,都要具备基本的知识体系。学习则是构建知识体系的最有效途径。新时代党员干部必须博学多思,丰富知识储备,逐步构建与时俱进的知识体系,努力成为"又博又专"的干部。

3.学习是唯一只赚不赔的投资,可以使自己不断增值。学习是一个人不断自我完善的过程,可以让心灵得到安宁,可以使灵魂不受干扰,可以让人遇见更好的自己。在学习上的每一次投入付出,都将内化为自身的能力素质,成为成长进步的阶梯。学习力是一个人的核心竞争力。事有所成,必学有所成。新时代党员干部必须重视学习、善于学习,带着问题学,在学习与工作的良性互动中不断超越自我、成就事业。

4.工作学习化,学习工作化。学习和工作是融会贯通的整体,学习促进工作,工作促进学习,两者具有高度的契合性。离开工作的学习必定空洞无物,而缺少学习的工作必定是低层次的重复劳动。唯有把学习和工作有机结合起来,才能发挥出最大效能。新时代党员干部必须坚持干中学、学中干,始终在研究状态下学习和工作,做到学习和工作两手抓、两不误、两促进。

5.学而不用等于没学,学习的目的在于运用。习近平总书记指出:"增强本领就要加强学习,既把学的知识用于实践,又在实践中增长解决问题的新本领。"读书的目的在于运用,知识的价值在于转化。离开了实践运用,学习也就毫无意义。新时代党员干部不仅要爱学习、会学习,更要学以致用,及时把学到的知识运用于实践,用工作成果检验学习成效。

6.学无止境,不断学习是成功领导的终身承诺。知识是在不断更新的,学习也必须及时跟进,否则就很容易落后于时代。古往今来,凡成就大事业者,无不是终身学习的典范。只有坚持学习、一直学习,加快知识更新、拓宽眼界和视野,才能赢得主动、赢得优势、赢得未来。抵制学习、抵制组织的教育,就是懈怠、抛锚、出问题的开始。学习不是一朝一夕的事,新时代党员干部必须把学习当作一种生活方式,从"学一阵"变为"学一生",

活到老、学到老、改造到老，终身学习。

七、能力本领之道

1. 绳短不能汲深井，浅水难以负大舟。不患人之不己知，患其不能也。一个人如果没有较强的能力本领、素质实力，就难堪大任，即使机会摆在面前，也抓不住。真担当要有真本领，干事业要有硬功夫。新时代党员干部必须在摸爬滚打中增长才干，在层层历练中积累经验，不断补齐本领上的短板、能力上的不足，克服本领恐慌，争做疾风劲草。

2. 官升未必水平涨，权重未必本领强。能力本领没有生而知之，更没有"升而知之"，既不是天生的，也不会随着职位的提高而自然增长。倘若职务上稍有进步，就自我感觉良好，躺在"功劳簿"上睡大觉，那是会出大问题的。新时代党员干部必须全面提升履职尽责能力，练就一手"绝活"、几把"刷子"，不断进步、不断超越，把工作做出彩，把人生活精彩。

3. 必须掌握"八种本领"。"八种本领"是一个逻辑严密的科学体系，具有丰富的内涵，是领导干部的基本功。只有基本功扎实，工作才能平稳运行，才有可能出新出彩。新时代党员干部必须学深悟透"八种本领"，提升基本能力、基本素质，以"八种本领"推动经济社会高质量跨越式发展。

4. 没有金刚钻，揽不了瓷器活。习近平总书记指出，很多同志有做好工作的真诚愿望，也有干劲，但缺乏新形势下做好工作的本领。这样的结果是虽然做了工作，有时做得还很辛苦，但不是不对路子，就是事与愿违。没有能力本领这把"利器"，干事创业说到底也是假把式、空架子。软肩担不起硬担子，有真本事才有真勇气。新时代党员干部必须把学习、实践贯穿领导工作全过程各方面，在干事中长本事、在历练中变老练，挑起硬担子，当好时代的劲草、真金。

5. 既要当"专家"，也要当"杂家"。业精才能成事，博学方能多才。专业和博学是辩证统一、相互支撑、相辅相成的。专博相济，才能本领高强，办事才会更有成效。新时代党员干部必须发扬工匠精神，聚精会神攻主业，成为行家里手、内行领导，也要博学多闻、开阔思路眼界，做工作的"多面手"，成为复合型人才。

6. 发扬斗争精神，增强斗争本领。有矛盾就有斗争，有斗争才会有胜利。敢于斗争、敢于胜利，是中国共产党一贯遵循的原则。新时代坚持和发展中国特色社会主义是一场伟大社会革命，必须时刻进行具有许多新的历史特点的伟大斗争。新时代党员干部必须始终保持敢于斗争的英雄气魄，讲究策略方法和斗争艺术，牢牢把握斗争主动权，追求斗争效果最大化。

八、作风养成之道

1. 作风问题本质上是党性问题。党性决定作风，作风彰显党性。有什么样的党性，就有什么样的作风，绝没有党性强而作风不正、作风正而党性弱的组织和党员。作风问题无小事，关系人心向背，关系党的生死存亡。新时代党员干部必须从党性高度抓作风，在思想上返璞归真，在党性上固本培元，以纯洁的党性纯正作风。

2. 共产党人最讲认真。你不认真对事，事就不认真对你。党的性质、宗旨决定了我们的工作态度、工作方法、工作过程必须最讲认真。干部多认真一分，群众就多认可一分。新时代党员干部必须把最讲认真贯穿于为人民服务的全过程，锤炼最讲认真的政治品格，以细求实、以深求精，从细节中弥补疏漏，把小事做精致，把大事做精彩。

3. 说实话，办实事，求实效。大人不华，君子务实。习近平总书记指出，"唯有秉持求真务实精神，才能探究更多未知，才能获得更多真理，也才能为社会作出更大贡献"。否则一言不实，百事皆虚。"三严三实"是我们永远的座右铭。新时代党员干部必须把求真务实作为干事创业的作风要求，不求虚名、不务虚功，实事求是、脚踏实地，把职责范围内的工作抓实抓好抓到位，努力创造出经得起检验的实绩。

4. 调查研究是谋事之基、成事之道。调查研究是理论与实践相结合的基本环节，是我们党取得成功的重要法宝，是做好领导工作的基本功。没有调查就没有发言权，更没有决策权。新时代党员干部必须积极探索新时代调查研究工作的特点和规律，既要调查、又要研究，促进调研成果转化为政策建议，推动事业不断向前发展。

5.不解决问题就是最大的形式主义，不化解矛盾就是最大的官僚主义。问题是时代的声音，解决问题是对时代的回应。我们党领导人民干革命、搞建设、抓改革，从来都是为了解决中国的现实问题。领导工作的过程就是发现问题、解决问题的过程。有问题不可怕，怕的是缺乏问题意识、看不到问题。新时代党员干部必须瞄着问题去、迎着问题走，善于抓主要矛盾和矛盾的主要方面，切实解决问题、化解矛盾、推动工作。

6.改进作风绝非一日之功，一曝十寒只能隔靴搔痒。作风建设是攻坚战，也是持久战。缺乏常抓的韧劲、严抓的耐心，缺乏管长远、固根本的制度，作风建设就会陷入"一抓就好转、一松就反弹"的怪圈。新时代党员干部改进作风思想不能疲、劲头不能松、措施不能软，必须坚持真刀真枪、动真碰硬，在从严从紧从实上求深入见实效，推动新时代作风建设展现新气象，取得新成效。

九、担当尽责之道

1.为官避事平生耻，重任千钧惟担当。欲戴其冠，必承其重。有权必有责，有责要担当。权力越大，承担的责任也就越大。如果只想当官不想干事、只想揽权不想担责、只想出彩不想出力，就不配当干部。担当是干部题中应有之义，为官一任，就应造福一方。新时代党员干部必须勇挑重担，以攻坚克难的勇气，引领担当作为的风气，事不避难、义不避责，创造出无愧于新时代的业绩。

2.有多大担当才能干多大事业，尽多大责任才会有多大成就。担当大小，体现着党员干部的胸怀、勇气、格局。真将帅必有真担当，真担当就要真尽责。是否具有担当精神，是否能够忠诚履责、尽心尽责、勇于担责，是检验每一个领导干部身上是否真正体现了共产党人先进性和纯洁性的重要方面。新时代党员干部必须自觉增强事业心、责任感，担当尽责、冲锋在前，在急难险重任务中百炼成钢。

3.千担当，万担当，不履责就是没担当。习近平总书记强调，"责任重于泰山，事业任重道远"。担当的核心是责任，能担责是本色，敢担责是胆色，敢于负责任，才能担重任。新时代党员干部必须知责、明责、负责、担责、尽责，担起该担当的责任，以责任激发工作积极性、主动性和创造性。

4. 责任有大小，责任心无大小。知责任者，大丈夫之始也；行责任者，大丈夫之终也。一个人成就的大小，很大程度上取决于他事业心、责任感的强弱。没有做不好的工作，只有不负责任的人。责任使一个人坚持、长久，活在责任中是人生的最大价值和意义。有多负责，才会有多优秀。新时代党员干部必须始终做到人在岗上、身在事上、心在责上，恪尽职守、夙夜在公，肩负好职责使命，做好应该做的工作。

5. 守土有责、守土负责、守土尽责。尽管职责分工、所处岗位有所不同，但无论所居何职、所事何业，都有不可推卸的责任。履职尽责是每一名党员干部的为政本分。新时代党员干部必须自觉守好"责任田"，把责任扛在肩上，把使命放在心中，按职能职责办事，思为、敢为、有为，保一方平安、强一方经济，富一方百姓。

6. 既要对上负责，也要对下负责。对上负责，就是对上级领导机关负责；对下负责，就是对人民群众负责。对上负责与对下负责从来都是统一的、不可分割的。利民为本，令行为上。为党分忧、为民尽责是党员干部的天职。新时代党员干部必须吃透上情、摸透下情，把对上负责与对下负责有机统一起来，让党心民意相映生辉，让事业发展所向披靡，把政通人和的善治理想变为现实。

十、干事创业之道

1. 不干，半点马克思主义都没有。大道至简，实干为要。习近平总书记反复强调，"社会主义是干出来的"，"真抓才能攻坚克难，实干才能梦想成真"。见之不若知之，知之不若行之。干部干部，就是要能干事、干成事。新时代是奋斗者的时代，党员干部必须以实干为荣，用实绩说话，不采华名、不兴伪事，脚踏实地、真抓实干，干一件事就成一件事，努力干出个样子来、干出个幸福来。

2. 干一行爱一行，做一行精一行。心贵于诚，业贵于专。习近平总书记强调，要沉下心来干工作，心无旁骛钻业务，干一行、爱一行、精一行。敬业、爱业、精业是对党员干部的基本要求，敬业方能爱业，爱业才能精业。这既是中华民族的优良传统，也是每个公民服务社会、履职尽责的基本要求。隔行如隔山，但隔行不隔理。革命干部是块砖，哪里需要哪里搬。不是因为喜欢什么就干什么，想到哪里就去哪里，而是干了什么就热爱什么，到了哪里就爱哪里。新时代党员干部必须把工作当事业，发扬钻挤精神，全心、全情、全力投入，把工作做到细致、精致、极致。

3. 想干愿干积极干，能干会干善于干。愿不愿干事、能不能干成事是评判一名党员干部是否合格的重要标尺。无论干事创业还是攻坚克难，不仅需要宽肩膀，也需要铁肩膀；不仅需要政治过硬，也需要本领高强。新时代党员干部必须把努力干事当作人生追求，增强"为官有为"的真自觉，练就"为官会为"的硬本领，通过思想淬炼、政治历练、实践锻炼、专业训练，不断补齐知识短板、能力弱项、经验盲区，展现"为官善为"的新气象。

4. 事成于和睦，力量生于团结。积力之所举，则无不胜也；众智之所为，则无不成也。团结协作是每个党员干部必须遵从的党性原则，是成就事业的必然要求。懂团结是真聪明，会团结是真本领，团结越紧力量越大。新时代党员干部必须树牢合作共赢的意识，把团结协作作为基本政治素质，任何时候都带头讲团结，善于团结一切可以团结的力量，寻求最大公约数，画好最大同心圆，营造同志之间坦诚相待、宽松和谐、团结共事的氛围。

5. 喊破嗓子几人听，做出样子众人跟。人不率则不从，身不先则不信。自身硬气才有公信力，以身作则才有感召力。否则，"声音"再大，嗓门再高，说话也不会有人听，办事也不会有人跟。一个行动胜过一打纲领，一个示范胜过千言万语。新时代党员干部必须时时带头、事事表率，多用"身影"影响人，少用"声音"指挥人，变指派命令为行为感召，形成强有力的示范，凝聚起强大人心，推动事业向前发展。

6. 要拎着乌纱帽做事，不要捂着乌纱帽做官。党员干部的职权是人民赋予的，责任就是为人民服务，不能老想着自己的升迁。做人一世，为官一任，要有肝胆，要有担当精神。只有把事情干好，把职责履行好，把责任担当起来，这顶乌纱帽才能戴得更牢，位子才会坐得更稳。新时代党员干部必须常怀"百姓心"，力戒"官伶气"，以担当作为为荣，以消极无为为耻，用自己的"辛苦指数"提升群众的"幸福指数"。

7. 善于运用法治思维和法治方式开展工作。奉法者强则国强，奉法者弱则国弱。依法执政是最可靠、最稳定和最可持续的治理方式，离开了法治，一切将无从谈起，个人也可能踩"红线"、越"底线"。法定职权必须为，法无授权不可为。新时代党员干部必须树牢法治理念，带头学法尊法守法用法，自觉在法治之下想问题、作决策、办事情，不断提高科学执政、民主执政、依法执政水平。

8. 在危机中育新机，于变局中开新局。任何事物都有两面性，"危"和"机"总是同生并存的，克服了"危"即是"机"。习近平总书记强调，面对危机"要深入分析，全面权衡，准确识变、科学应变、主动求变，善于从眼前的危机、眼前的困难中捕捉和创造机遇"。新时代党员干部必须保持战略定力，增强预见性，准确识变、科学应变、主动求变，努力把危机化解在产生之前，以变求新、求进、求突破。

9. 功成不必在我，建功必定有我。"功成"在谁不重要，"功成有我"方可贵。出"功成"之力，而不求"功成"之誉，是中国共产党人的鲜明品格，也是实现中华民族伟大复兴中国梦的必然要求。如果急于求成、激进冒进，则有可能劳民伤财、得不偿失。新时代党员干部必须在干事创业中不断修炼大格局，看清名利、看轻名利，不贪一时之功，不图一时之名，甘于做铺垫性的工作，一任接着一任干，一张蓝图绘到底。

十一、清正廉洁之道

1. 清正廉洁是最根本的能力。廉洁是一种正义和威慑的力量，从政为官必须蓄积这股力量。一个人廉洁自律不过关，做人就没有骨气。廉洁受人敬，贪赃法不容。清正廉洁是为官从政的基本底线，也是党员干部最根本的能力，这个能力不过硬，其他能力都等于零。廉以养德，无欲则刚。新时代党员干部必须在廉洁自律上作表率，任何时候都稳得住心神、管得住行为、守得住清白，练就"金刚不坏之身"。

2. 从政者最大的危机和风险，就是公权私用。"政在去私，私不去则公道亡。"我们的权力是党和人民赋予的，姓公不姓私，只能用来为党分忧、为国干事、为民谋利。公权私用，损害的是党的形象和党员干部的个人威信，很容易走向腐败犯罪，最终坠入灭亡的深渊。心底无私天地宽。新时代党员干部必须摒弃私心杂念，让权力回归本源、公器回归本质，大公无私、公私分明、先公后私、公而忘私，始终做到依法用权、秉公用权、廉洁用权。

3. 法纪面前没有特权。哪里有特权，哪里就有不公，哪里就会滋生腐败。"法不阿贵，绳不挠曲。"法纪面前人人平等，遵守法律没有特权，执行纪律没有意外。干部就要坦然地、自觉地接受组织监督，这是一种政治要求，也是一种政治素养。任何想要超越法纪之外搞特权的人，最终都逃不脱党纪国法的严惩。新时代党员干部必须自觉摒弃特权思想，高悬法纪明镜，紧握法纪戒尺，立"明规矩"、破"潜规则"，把遵纪守法作为为官从政的底线、安身立命的根本，心有所戒、行有所止。

4. 廉以修身，廉以持家。一人不廉，全家不圆。家既可以是幸福温馨的港湾，也可能成为滋生祸患、催生腐败的温床。人要走正道、行正事，修好身、齐好家是基本前提。习近平总书记强调，党员干部"要做到廉以修身、廉以持家，培育良好家风"。新时代党员干部必须把修身、持家摆在重要位置，以修身涵养官德、以官德淳化家风，真正守好家庭廉洁堤坝，建好幸福美满家庭。

5. 自己不打倒自己，谁也打不倒你。内不腐则虫无以生，自身过硬才能百毒不侵。习近平总书记指出："一个人能否廉洁自律，最大的诱惑是自己，最难战胜的敌人也是自己。"党员干部清正廉洁就是保全自己，手握公权，稍有不慎，就有可能误入歧途、被拖"下水"，不仅要他律，更要自律。新时代党员干部必须筑牢思想防线，杜绝侥幸心理，凡事多从自身找原因，勇于革除自身"病症"，从小节、小事、"小意思"严起，慎独慎初慎微，做到有权不任性，律己不放松。

6.莫要人夸颜色好,只留清气满乾坤。共产党人不求清誉、不尚清谈,为官从政,不是为了获得赞美,而是要留下实实在在的政绩和一身正气。这是中国共产党人的人生态度和高尚的情操、博大的胸怀。"政声人去后,民意闲谈中",为官从政政绩如何、名声好坏,人民群众最清楚。新时代党员干部必须扑下身子、苦干实干,创造出经得起实践、人民、历史检验的政绩,赢得广大人民群众的信任和拥护。

第九节 ｜ 当干部，这些基本原则要坚守

所谓原则，是指说话或行事所依据的法则、规范或标准。坚守原则就是走正道、行大道，是抓根本、管方向的事，纲举才能目张。当不好选择的时候，坚持原则是唯一正确的选择。当干部，这些基本原则要坚守。

一、领导干部的第一能力是政治能力

讲政治是马克思主义政党的本质要求，是党治国理政的首要原则。讲政治关乎党的前途和命运，是我们党补钙壮骨、强身健体的根本保证，是我们党培养自我革命勇气、增强自我净化能力、长期保持先进性纯洁性的根本途径。政治能力是领导干部的第一能力，是履职尽责的牢固根基。

提高政治站位，坚定政治立场。没有理想的人都走不远，有信仰的人才是幸福的人。领导干部要带头树立共产主义远大理想和中国特色社会主义共同理想，增强道路自信、理论自信、制度自信、文化自信。政治站位不仅是一个认识问题，更是一个实践问题，不能光凭朴素的感情，而要靠政治上的清醒和坚定；不但要态度坚决，而且要有较高的思想觉悟，很重要的一条就是要善于从政治上看问题，善于站在全党的高度推进工作，特别是在大风大浪面前要立场坚定，对一切违背、歪曲、否定党的基本路线的言行，必须坚决反对和抵制。

加强政治历练，增强政治能力。领导干部不是天生的政治家。能力不是与生俱来的，也不是一成不变的，领导干部一步步走来，也是政治能力不断强化提升的过程。要通过理论学习和实践磨炼，特别是在复杂形势和多重矛盾中，使自己的政治能力逐步成熟，与担任的领导职责相匹配。要

提高政治鉴别力，在政治风浪和大是大非面前分清主流和逆流、真理和谬误、善美和丑恶；要提高政治免疫力，加强政治历练，严肃党内政治生活，以刀刃向内的勇气"祛病强身"，提高发现和解决自身问题的能力；要提高政治定力，严格遵守政治纪律和政治规矩，自觉接受纪律约束，守住底线不逾矩。

二、党员干部的第一身份是党员

党员领导干部是组织的灵魂和枢纽，首先要明白自己的第一身份是共产党员，自觉当好巩固党的执政地位、提高执政能力、全面建成小康社会的骨干力量。

要切实增强党员意识。党员意识是党员对自身政治身份的认同感，是行使党员权利、履行党员义务的内在自觉性。不忘初心，方得始终，党员领导干部只有牢记自己的第一身份是党员，才能时时事事处处当先锋、作表率、葆本色。要认真学习、严格遵守党章，时常以党章为镜，反躬自省，自觉摆问题、找差距、明方向，做党章的坚定执行者和忠实捍卫者。

要自觉当好"关键少数"。"教者，效也，上为之，下效之"。领导干部只有以身作则、率先垂范，才能真正发挥好"关键少数"的示范作用。必须时刻牢记自己的使命任务，始终把党摆在心头正中，始终把学习党章党规和系列重要讲话作为正心修身的必修课、常修课和基本功，补足精神之钙，铸牢为民之魂，修好共产党人的"心学"，增强爱党、信党、护党、跟党走的政治自觉、思想自觉和行动自觉，以坚强的党性、坚定的信仰和对党、对人民的绝对忠诚，把人做好、把官当好、把事干好，努力在政治合格、执行纪律合格、品德合格、发挥作用合格上作好表率。

三、以人民为中心的根本立场须臾不可动摇

习近平总书记强调："人民立场是中国共产党的根本政治立场，是马克思主义政党区别于其他政党的显著标志。"我们党是马克思主义政党，马克思主义群众观的核心是人民主体论，也就是坚持以人民为中心的根本立场。

以人民为中心是马克思主义群众观的正本清源和丰富发展。民本思想是中华传统文化宝库中重要的思想资源。中国共产党"以人为本"思想是对传统民本思想的扬弃,是立足中国发展实践、适应新的发展要求提出的,其内涵随着中国特色社会主义实践的深入而不断丰富发展。办好中国的事必须有中国共产党的领导,中国共产党只有信仰人民才能领导人民。党的十八大以来,以习近平同志为核心的党中央在统筹推进伟大斗争、伟大工程、伟大事业的实践中,坚持以人民为中心的立场,从反"四风"入手,在全党开展党的群众路线教育实践活动,持续落实八项规定精神,坚持作风建设永远在路上,着力解决群众身边的腐败问题,不断赢得了党心民心,马克思主义群众观在实践中再次得到了正本清源和丰富发展。

人民对美好生活的向往就是我们的奋斗目标。共产党人除了人民利益,没有自己的特殊利益。领导干部越是身居高位,越要始终保持与人民群众的血肉联系,做到与人民同呼吸共命运的立场不能变,全心全意为人民服务的宗旨不能忘,群众是真正英雄的历史唯物主义观点不能丢。郑板桥有一首诗写道:"衙斋卧听萧萧竹,疑是民间疾苦声。些小吾曹州县吏,一枝一叶总关情。"民心是最大的政治,我们共产党人对人民群众的疾苦更要有这样的情怀。领导干部要把人民对美好生活的向往作为奋斗目标,把增进人民福祉、促进人的全面发展作为经济社会发展的出发点和落脚点,所有工作都要以人民为中心,坚持发展为了人民、发展依靠人民、发展成果由人民共享,以实实在在的工作,让人民群众有更多获得感和幸福感。

四、不仅要靠得住,还要有本事

习近平总书记指出:"好干部要做到信念坚定、为民服务、勤政务实、敢于担当、清正廉洁。"是否做到德才兼备,是衡量好干部的重要标准。政治上靠不住的人,是无德之人,用了会坏事;工作上没本事的人,是无才之人,用了会误事。

靠得住就是要对党绝对忠诚,不做"两面人"。习近平总书记指出:"对党绝对忠诚要害在'绝对'两个字,就是唯一的、彻底的、无条件的、不掺任何杂质的、没有任何水分的忠诚。"白恩培、仇和等腐败分子走上了严重违纪违法的不归路,其根源就在于背叛了对党忠诚的入党誓词,他们对党不忠,对组织不忠,对人民不忠。从他们身上应该吸取的最深刻教训,就是对党不忠诚,违背党纪国法,就会损害党和人民的事业,最终身败名裂。

有本事就是要能啃"硬骨头",不当"糊涂官"。"没有金刚钻,别揽瓷器活"。领导干部没有"几把刷子",是不可能真正为人民群众谋利益的。深化改革,扩大开放,加快发展,光有干劲和愿望还不够,更需要以新眼光把握新机遇、以新方法解决新问题、以新思路谋求新发展,以创新能力的提升凝聚改革共识,真正成为领导经济社会发展的行家里手。所有本事都是从学习中来、从实践中来、从总结反思中来的。反思是进步的开始,骄傲自满是落后的前奏。善于反思是一个人自信的表现,要做一个清醒的人、明白的人,千万不能讳疾忌医、狂妄自大。

五、职务就是责任

人一生都是活在责任之中,只有责任才能让一个人变得坚强而勇敢。职务不是一种待遇,不是一种享受,也不是一种炫耀,而是一种责任和负担。职务越高责任越大,领导干部必须自觉做到知责、履责、尽责。

各就各位、尽好本分。在其位就要谋其政,任其事就要尽其责。要准确定位,摆正位置,恪尽职守,不能相互推诿扯皮、撂挑子。要多请示、勤沟通,争取更多支持;要坚持出于公心做事,真正做到人在岗上、心在责上。党委(党组)书记一定要把抓好党建作为最大政绩,把党建工作作为主责主业牢牢抓在手上,切实履行好第一责任人职责;其他班子成员也要认真履行"一岗双责",抓好分管领域党建工作。

当干部就得在状态。当干部就应当保持一种认真负责、恪尽职守的状态。当下一些干部抱怨"为官不易",折射出的是党性不强、思想不纯、作风不正。"为官不易"是回归党对领导干部的底线要求,是领导干部的应有状态。领导干部一定要增强履职尽责的使命感和紧迫感,始终保持工作动力和激情,以昂扬向上的精神状态,创造性地开展工作。

没有功劳，也就没有苦劳。有功劳，必然有苦劳，但有苦劳，不一定会有功劳。功劳强调结果，苦劳强调过程，不能整日在过程中反复，满足于"苦劳"，却总是出不了"功劳"。对领导干部而言，身处重要岗位，无功就是过，平庸就是错。为官一任，就要造福一方，不能年复一年还是"涛声依旧"。领导干部要向焦裕禄、杨善洲、高德荣、召存信和廖俊波等先进典型学习，珍惜为党工作、为民奉献的机会，在任期内踏踏实实干好打基础、利长远、惠民生的实事，努力创造经得起实践、人民和历史检验的业绩，在服务人民、奉献社会中体现自身价值。

六、当官避事平生耻

古人云，当官不自在，自在莫为官，无官才能一身轻。建成社会主义现代化强国、实现第二个百年奋斗目标，等不是办法，干才有希望。我们迫切需要一种率先发展、超常发展、跨越发展的胆略气魄，迫切需要一股敢闯敢干敢担当的精气神，迫切需要一批能力强、作风实、敢亮剑的"狮子型"干部，迫切需要一支矢志创业、奋发有为的"云岭铁军"。

要大兴实干之风。崇尚实干是实事求是思想的内核驱动，是谋事创业的行动使然。干部是干出来的，实干是对组织最好的汇报。要强化"朝受命、夕饮冰"的事业心和"昼无为、夜难寐"的责任感，竭尽全力把各项工作往前推。使用就是信任，就是对干部最好的培养。要大兴不务虚名、埋头苦干的作风，干事留给自己，升迁交给组织，做一名潜心静气、积极作为的实干家。

担当必须在"闯"字上着力。习近平总书记告诫领导干部，要拎着乌纱帽为民干事，不要捂着乌纱帽为己做官。现在，有的干部有好处的事抢着做，遇到困难就拖着不办或矛盾上交。群众痛恨贪污腐败，也同样痛恨尸位素餐。领导干部的主要职责就是在发现问题、正视问题、研究问题、解决问题中推动工作进步、事业发展。当干部就要敢于面对矛盾和问题，就要坚持原则、公道正派、不怕得罪人。要有"闯"的担当，更要有担当地去闯，只要符合中央、省委要求，符合基层实际，符合群众需求，就要坚决干、抓紧干,大胆试、大胆闯,真正闯出一条跨越式发展的路子来。

新官也要理旧账。领导干部要树立"债权债务都要继承"的意识,一任接着一任干,交班不仅要接过权力,也要接下问题。要树立破解前任留下的难题也是政绩的思想,以问题为导向,勇于清除历史遗留问题,扫清发展障碍。要坚持一张蓝图绘到底,绝不能为了所谓"政绩"就不停"翻烧饼",花拳绣腿、另搞一套。

七、学习力是当今社会的核心竞争力

成长为好干部,一靠自身努力,二靠组织培养。学习力是把知识资源转化为知识资本的能力。"学者非必为仕,而仕者必为学"。知识就是力量,领导干部只有把学习作为一种内在需要,不断地通过学习来提升自己,才能真正做到干在实处、走在前列。

学如逆水行舟,不进则退。学习是一个长期的累积过程,永无止境。要勤学好问、温故知新、不耻下问,向实践学、向基层同志学、向人民群众学,带着问题学,结合工作学,把学习作为一种政治责任、一种精神追求、一种生活方式。要不断深化、持续跟进学习习近平总书记系列重要讲话,深刻理解和掌握贯穿其中的马克思主义立场、观点、方法;学习党的理论路线方针政策和国家法律法规,学习经济、政治、历史、文化、社会、科技等方面知识。学习的目的在于运用,要把学习成果体现到政治能力的提高上,体现到主观世界的改造上,体现到领导水平的提升上。

要多读书,读好书。"半部论语治天下","腹有诗书气自华"。静心读书其乐无穷,能够使人的心灵得到充实,灵魂得到净化,精神得到升华。有人说,在农耕时代,一个人读几年书,就可以用一辈子;在工业经济时代,一个人读十几年书,才够用一辈子;到了知识经济时代,一个人必须学习一辈子,才能跟上时代前进的脚步。一年读25本书是保本,读50本以上才是优秀。领导干部要把读书当成一种生活态度、一种工作责任、一种精神追求、一种境界要求,使自己的知识体系和能力结构能够适应工作需要,跟上时代前进步伐。

注重在调研总结中提升能力。读书是读"有字之书",调查研究则是读"无字之书"。领导干部要经常深入实际、深入基层、深入群众调查了解情况,掌握第一手资料。要拓展调研渠道、丰富调研手段、创新调研方式,提高调研的实效性和科学性。不积跬步无以至千里,不善于总结,学得再多、干得再多,进步提升效果都不会很明显。毛泽东同志曾经说过:"我是靠总结经验吃饭的";"从战争中学习战争"。大总结有大收获,小总结有小收获,不总结没有收获。领导干部一定要学会总结,总结他人,也总结自己;别人的经验是经验,别人的教训也是经验;自己的经验是经验,自己的教训也是经验。要自觉地吸取经验教训,提高边实践边总结的能力,这样才能站住脚、稳住身、走得远。

八、不追求高线,也就守不住底线

人是万物之灵。人性中有一些弱点,比如,好逸恶劳、趋利避害、随大流等,但主流是向善、向上、向前。古人说:"取乎其上,得乎其中;取乎其中,得乎其下;取乎其下,则无所得矣。"为人做事一定要不断追求高线,朝着最优目标去努力,这样即使实现不了最优,结果也不会太差。

创业是最好的守业。事业靠守是守不住的,最好的守业是创业。领导干部为官做事都要坚持高标准严要求,不断追求更高的目标和境界,"跳起来摘桃子",杜绝"差不多",盯住"最完美"。要坚持稳中求进的工作总基调,立足于现有的工作基础考虑问题,保持工作的连续性;同时,要通过改革创新推动工作、促进事业发展。

炼就金刚不坏之身。为官做人要有一定的境界和品位。领导干部作为"关键少数",一言一行都有成千上万双眼睛在盯着,都会对党员干部产生示范作用,甚至影响一个地区、一个部门、一个单位的政治生态。"金刚不坏之身"不是天生的,需要自律和他律相结合。身正,则邪气不侵。在搞好自律的同时,对干部身上的苗头性、倾向性问题,要早打招呼,及时提醒,咬耳扯袖;尤其对处于关键岗位的领导干部,更要加强监督,经常提醒、随时敲打,使干部懂规矩、守纪律,知敬畏、有底线。

自身不干净，其他方面都等于零。习近平总书记强调，廉洁自律是共产党人为官从政的底线。侥幸是不幸的开始，当官就不要想着发财。如果过不了廉洁这一关，本事越大，对党和人民的事业危害越大。"吃人嘴软，拿人手短"，领导干部要警惕围猎，防止"温水煮青蛙"，千万不能被别有用心的人买断和控制。要严格教育、严格管理、严格监督家属子女和身边工作人员，防止"后院起火"。

九、当干部要有大格局

格局是指一个人对局势、态势的理解和把握，即对事物所处的位置及未来变化的认知程度。格局如何，反映的是干部的胸怀、境界、素养和能力。计利当计天下利，求名当求万世名。当干部特别是领导干部要有大格局，有"为天地立心，为生民立命，为往圣继绝学，为万世开太平"的家国情怀，做到眼界宽、思路宽、胸襟宽。

站得高才能看得远。高度决定视野，眼界宽才能谋大计、抓根本、顾大局。只有见多识广，看问题才能够精确。"当局者迷，旁观者清"。要学会登高望远，既要立足自身看自身，又要跳出自身看自身，还要高出两到三个层次来看自身，才不会犯糊涂、自以为是。要立足全国，放眼世界，跳出本地看本地，县里的工作放在全市、全省来看，市里、省里的工作放在全国来看，审时度势，争取主动。

思路决定出路。思路宽广就是要打开思维空间，破除封闭的思维定势，以小见大、由远及近看问题，多角度、全方位审视复杂多变的情况。思路宽广来自对现实情况的掌握，只有吃透"上情"，准确理解、全面把握党的路线方针政策和上级指示精神；把握"下情"，深入实际、深入基层、深入群众，充分了解本地区本单位的实际情况，知道优势禀赋在哪里，短板缺陷有哪些，才能做到成竹在胸。

气量大格局才大。"宰相肚里能撑船"。要能容人之长，面对比自己突出的人要点赞支持而非妒忌打击；能容人之短，在维护原则的前提下对他人的短处有所包容；能容人之过，对待他人的过错要公正看待，不要将人"一棍子打死"。"己所不欲，勿施于人"。要将心比心、以心换心，做到以实干和真情凝聚人、团结人、理解人、包容人、教育人。

十、知事识人是领导干部的基本功

治国之要，首在用人。习近平总书记强调，"努力做到选贤任能、用当其时、知人善任、人尽其才"。领导干部担负着选贤任能的重要职责，必须要练好知事识人的基本功。

要有爱才之心、识才之眼、用才之能。"用得正人，为善者皆劝；误用恶人，不善者竞进"。要把公道正派作为干部工作核心理念贯穿选人用人全过程，按照党章规定的好干部条件、新时期好干部五条标准、"三严三实"和"忠诚干净担当"要求，坚持德才兼备、以德为先、五湖四海、任人唯贤，把干事创业、勇于改革、敢于担当、作风扎实的干部提拔使用起来，让那些有信念、有思路、有激情、有办法的干部有机会、有舞台。

把研究人和研究事结合起来。"为职择人则治，为人择职则乱"。做到知事识人，必须要了解清楚一个地方或者单位的职责职能、形势要求、工作需要，既不能脱离实际需要将不同类型的干部简单通用，也不能为改善结构而影响班子整体功能，更不能把岗位作为对干部的奖励，因人设岗，搞论资排辈、平衡照顾、将就凑合。要统筹考虑事业发展与干部成长两个关键性因素，坚持人岗相适原则，德才素质与岗位要求相匹配，真正做到人与岗相适、事与人相长。

全面历史辩证地看干部。"操千曲而后晓声，观千剑而后识器"。要经常性、近距离、有原则地接触干部，多到基层干部群众中、多在乡语口碑中了解干部。要坚持全面、历史、辩证地看干部，看主流、看本质、看潜力，注重一贯表现和全部工作，既看发展又看基础，既看显绩又看潜绩。对那些勇担当、有本事、坚持原则、不怕得罪人、个性鲜明的干部，要敢于为他们撑腰壮胆、说公道话。要坚持"三个区分开来"，建立容错纠错机制，充分调动干部干事创业的积极性。

十一、唯物辩证法是最根本的工作方法

唯物论、辩证法是共产党人的认识论、基本遵循，要用联系、发展、全面的观点看问题。最高明、最有效的领导是文化领导、思想领导、哲学领导，必须牢牢掌握唯物辩证法这一最根本的工作方法。

坚持一分为二地看问题。在分析和解决事物的矛盾问题时，要坚持"两分法"，实事求是、具体问题具体分析。坚持实事求是，一切从实际出发。在一分为二的基础上趋利避害、扬长避短、化危为机，分清主次矛盾和矛盾的主次方面，善抓关键和重点，不能眉毛胡子一把抓。要充分考虑各项改革举措之间的关联性、耦合性，努力做到眼前和长远相统筹、全局和局部相配套。正职不能既掌舵又划桨，要抓住关键点，重要事情要牢牢掌握在手中，绝不能含糊；也不能当"甩手掌柜"，必要的时候还是要去协调解决、推动落实。

科学把握事物之间的联系。要学会"弹钢琴"，坚持统筹兼顾、协调各方，注重系统性、整体性，注意此事物与彼事物的联系，做到"人"在"事"之中，"心"在"事"之上。千里之堤、溃于蚁穴。细节决定成败，抓得太细不是缺点。一些干部凡事喜欢大而化之，对情况知道个大概，提些原则性要求，做一般化安排，涉及具体细节便说不出子丑寅卯来，谈不上对基层和群众的具体指导，不仅不能出彩，效果还会大打折扣，长期下去就会影响领导干部在群众中的形象和威信，损害和贻误事业发展。

坚持用发展的眼光看问题。兵无常势，水无常形，世界上唯一不变的就是变化。领导干部做任何事情，都要善于把握形势，预判未来。要着眼长远、未雨绸缪，多干打基础、管长远的事。要正确处理继承与创新的关系，不能满足于一般化、过得去，使工作在原地打转。要坚持内因、外因相结合，既靠内力支撑，又靠外力助推；既尽力而为，全力以赴加快发展，又量力而行、稳妥推进。

十二、力量不在胳膊上，而在团结上

邓小平同志指出："一个班子，即使个人素质弱一点，但只要团结，在

整体上就是一个强班子；相反，班子成员个人素质很好，如果不团结，整体上就会变成一个弱班子、软班子。"班子团结，就能形成合力，就有力量，事业就发展得好，还有利于干部身心健康，有利于出干部。对领导干部来说，讲团结是大政治，会团结是真本事，团结好是高水平。

善于用事业凝聚人。一个领导班子的成员来自五湖四海，工作经历、认识水平、性格特征各不相同，看问题难免有意见分歧，干工作难免磕磕碰碰。"君子和而不同，小人同而不和"。领导干部一定要以事业为重，不能意气用事，应当靠真理的力量、思想的力量、人格的力量感染人、带动人。要树起干事创业的导向，实现人人皆愿为、人人皆可为、人人皆能为，让广大干部在实干中获得成就感。

抓班子带队伍是第一职责。领导领导，"领"着干才能聚人心，"导"向明才会有信心。领导干部要把抓好班子带好队伍作为第一职责，团结带领一班子人干事创业，看好自己的门，管好自己的人。既要干事，还不能出事；不仅自己不出事，下属也不能出事。要坚持严管与厚爱相结合，宁可管得严了"听骂声"，也不能等进了监狱"听哭声"。

用好民主集中制这个法宝。民主集中制是马克思主义政党的根本组织制度和领导制度，也是最重要的组织纪律和政治纪律。要坚持原则，不搞一团和气；要服从组织，不搞个人主义；要按责办事，不越位争利；要敢于担当，不推诿扯皮。要认真贯彻执行《中国共产党地方委员会工作条例》和《中国共产党党组工作条例》，凡是"三重一大"项目，都要充分发扬民主，广泛听取意见，多沟通多商量，集思广益，择善而从，集体讨论决定，绝不能搞一言堂、个人说了算。要坚持大事讲原则、小事讲风格，把团结作为一条政治纪律来要求，作为一种政治境界、思想境界来追求，形成心齐、气顺、风正、劲足的生动局面。

第十节 | 理当熟知的十一个方面的领导工作

领导工作是指对组织内全体成员的行为进行引导和施加影响的活动过程,其目的在于使组织成员能够自觉自愿、信心满怀地为实现组织的既定目标而努力。领导工作是一种特殊的工作、特殊的职业,具有战略性、系统性、综合性、前瞻性,所以对领导者的要求自然就比较高。现代意义上的领导工作作为一门科学,在国外早已成为"显学"。进入新时代,面临新使命新情况新要求,领导干部必须成为一名"上知天文地理,下知鸡毛蒜皮"的"杂家",知晓并熟练掌握哲学、政治学、经济学、管理学、历史学、社会学、心理学和现代自然科学等各方面的知识,并且要有较为丰富的工作经历和工作经验,要真正掌握领导工作的常识、特点和规律。只有这样,才能提高领导工作的科学性、预见性、主动性、创造性,才能真正履好职、尽好责。为此,笔者选取领导工作11个重要方面,谈谈自己的体会和感悟。

一、政治工作

政治是人类社会中存在的一种非常重要的社会现象,它影响到人类生活的各个方面。中国先秦诸子就使用过"政治"一词,《尚书·毕命》有"道洽政治,泽润生民",《周礼·地官·遂人》有"掌其政治禁令"。中国古代的"政治"与现代的"政治"含义并不完全一致,古代的"政治"只是封建君主和大臣们维护统治、管理国家的活动;而现代意义上的"政治"一词,则来自西方语言Politics,孙中山倡议直接采用日文对应翻译的"政治",他认为"政治就是管理众人之事",这一说法在当时的中国非常具有影响力,一直沿用至今。政治,"政"指的是正确的领导,是方向和主体;"治"指的是正确的管理，是手段和方法，"治"是围绕着"政"进行的。政治是非常具体的，不是抽象的、空洞的。政治是经济的集中体现，战争是流血的政治、极端的政治。不懂政治、不重视政治，没有政治站位，缺乏政治能力的领导是不合格的。政治工作又包含思想政治工作，思想政治工作是关于宣传、贯彻党的方针政策，从政治高度解决经济工作和各种业务工作方向的工作。作为新时代的领导干部，政治站位一定要高，政治能力什么时候都是第一位能力，要多从政治角度观察问题，理直气壮讲政治是责任、本分；要切实加强政治建设，提高政治能力，坚守人民情怀；要不断提高自己的政治判断力、政治领悟力和政治执行力。新时代的领导干部做好政治工作，必须重点把握好以下6个方面的观点和思想。

1. 政治工作是一切工作的"生命线"。政治是灵魂、是统帅、是根本。政治问题是管根本、管全局、管方向的大问题，政治上不清醒，方向上就会有偏差，就容易犯颠覆性错误。政治工作与其他工作的关系，就如同阳光、空气、水和人的关系，是维持生存最基本、最重要的因素，离开了它们，人就无法生存，工作就无法推进。做好新时代政治工作，必须坚持把政治工作放在一切工作的首位，想问题、作决策、推工作都应从政治角度来考量。

2. 方向正确，才会目标明确、任务清楚。方向决定前途，道路决定命运。政治方向是我们党生存发展第一位的战略问题，关系党的前途命运和事业兴衰成败。历史和现实反复证明，把握住了正确的政治方向，党和人民的事业就能取得成功，否则，就会遭遇重大挫折。做好新时代政治工作，必须始终坚定理想信念，坚定党的基本理论、基本路线、基本方略，在思想上政治上行动上同以习近平同志为核心的党中央保持高度一致，确保党和国家各项事业始终沿着正确政治方向发展。

3. 坚持党对一切工作的全面领导。习近平总书记深刻指出，"党的领导是中国特色社会主义最本质的特征，是中国特色社会主义制度的最大优势，是党和国家的根本所在、命脉所在，是全国各族人民的利益所系、命运所系"。党政军民学，东西南北中，党是领导一切的。党的领导是全面的、系统的、整体的，无论在哪个领域、哪个方面、哪个环节缺失了弱化了，都会削弱党的力量，损害党和国家事业。做好新时代政治工作，必须坚持和完善党的领导，坚决服从和维护党的领导，提高党把方向、谋大局、定政策、促改革的能力和定力，确保党始终总揽全局、协调各方。

4.把政治建设贯穿工作全过程各方面。党的政治建设决定党的建设方向和效果，不抓党的政治建设或背离党的政治建设指引的方向，党的其他建设就难以取得预期效果，党的先进性和纯洁性就无从谈起。大量事实表明，党内存在的各种问题，从根本上来看，都与政治建设软弱乏力、政治生活不严肃不健康有关。做好新时代政治工作，必须把党的政治建设作为基础性工程、生命工程来抓，坚持党的领导、人民当家作主、依法治国有机统一，把政治建设贯穿工作的各领域、各层级、各方面。

5.不折不扣贯彻落实党中央的决策部署。事在四方，要在中央。党的任何组织和成员必须以实际行动维护党中央一锤定音、定于一尊的权威，必须服从党中央的集中统一领导，在任何时候任何情况下都不能含糊、不能动摇。做好新时代政治工作，必须自觉把思想行动统一到党中央决策部署上来，坚决做到党中央提倡的坚决响应、党中央决定的坚决照办、党中央禁止的坚决不做，不讲条件、不打折扣、不搞变通，保证中央政令畅通。

6.把干事创业成效作为检验"两个维护"的试金石。"两个维护"是关系党、民族、国家前途命运的方向性、原则性问题，是我国革命、建设、改革的重要经验升华，是我们党的政治命脉、最高的政治原则、最根本的政治要求、最重要的政治纪律和政治规矩。只有党中央有权威，才能把全党、全国各族人民牢固凝聚起来，形成万众一心、无坚不摧的磅礴力量。做好新时代政治工作，必须带头把"两个维护"作为最根本的政治责任，在践行"两个维护"上旗帜鲜明、态度坚决、行动有力，把"两个维护"体现在干事创业全过程各方面。

二、意识形态工作

意识形态是系统地反映社会经济形态、政治制度和文化模式的思想体系。意识形态的重要功能，不仅体现在对政治、社会、文化、经济和外交等广泛而深入的影响，还表现在其具有动力、平衡、预测、调控、教育、引领、整合等功能。习近平总书记指出，"意识形态工作是党的一项极端重要的工作""能否做好意识形态工作，事关党的前途命运，事关国家长治久安，事关民族凝聚力和向心力"。在新的时代条件下，做好意识形态工作，必须坚持马克思主义在意识形态领域的指导地位，坚定文化自信，坚持以社会主义核心价值观为引领，加强社会主义精神文明建设，围绕举旗帜、聚民心、育新人、兴文化、展形象的使命任务，促进满足人民文化需求和增强人民精神力量相统一，不断提高国家文化软实力。新时代的领导干部做好意识形态工作，必须重点掌握好以下 5 个方面的观点和思想，以建设具有强大凝聚力和引领力的社会主义意识形态。

1. 一个政权的瓦解往往是从思想领域开始的。意识形态是国家利益的重要组成部分，意识形态安全是国家安全体系的有机组成部分，是文化安全的主要内容，并且会从根基上影响社会经济安全和政治安全。思想防线被攻破了，其他防线就很难守得住。一个政党、一个政权、一个民族的垮台、瓦解、堕落，无一不是首先从指导思想的混乱、丧失意识形态领导权开始的。做好新时代意识形态工作，必须充分认识意识形态工作的极端重要性，坚定"四个自信"，不断巩固全党全国人民团结奋斗的共同思想基础，牢牢掌握意识形态工作主动权。

2. 坚持围绕中心、服务大局，做好"两个巩固"。"围绕中心、服务大局"是意识形态工作的基本职责，巩固马克思主义在意识形态领域的指导地位、巩固全党全国人民团结奋斗的共同思想基础是意识形态工作的根本任务。习近平总书记强调，面对改革发展稳定复杂局面和社会思想意识多元多样、媒体格局深刻变化，在集中精力进行经济建设的同时，一刻也不能放松和削弱意识形态工作。做好新时代意识形态工作，必须胸怀大局、把握大势、着眼大事，找准工作切入点和着力点，坚持巩固壮大主流思想舆论，弘扬主旋律，传播正能量，激发全社会团结奋进的强大力量。

3. 弘扬中国精神，讲好中国故事，传承中华优秀传统文化。人无精神不立，国无精神不强。精神的力量是无穷的。中国精神是实现中华民族伟大复兴中国梦必须弘扬的精神，是以爱国主义为核心的民族精神和以改革创新为核心的时代精神，是凝心聚力的兴国之魂、强国之魂。习近平总书记强调："弘扬中华文化，不仅自己要从中汲取精神力量，而且要积极推动中外文明交流互鉴，讲述好中国故事、传播好中国声音，促进中外民众相互了解和理解，为实现中国梦营造良好环境。"做好新时代意识形态工作，必须尊重新闻传播规律，打造新概念新范畴新表述，形成有中国特色、中国风格、中国气派的话语体系，创新方法手段，讲好中国故事，弘扬中国精神，不断提升主流文化传播力、引导力、影响力、公信力。

4. 必须做好意识形态领域长期斗争准备。我们党历来重视意识形态工作，这也是我们党的看家本领和政治优势。当前，我们在意识形态领域面临诸多挑战，能否做好意识形态工作是对党的一个现实考验。长远来看，我们党面临的"四种危险""四大考验"具有长期性、复杂性。做好新时代意识形态工作，必须看清新时代的新形势、新情况、新问题，及时掌握意识形态形势和动态，做好长期斗争准备，坚决防止各种敌对势力借机干扰和破坏，切实维护好意识形态安全。

5. 网上舆论有"红线"，必须营造风清气正的网络空间。互联网的迅猛发展，深刻改变着舆论生成方式和传播方式，给不同文化和价值观念交流交融交锋带来前所未有的影响，在给人们的生活带来便利的同时，也为很多错误思潮提供了发酵温床，互联网已经成为意识形态斗争的主战场。习近平总书记指出，要"加强网络内容建设，做强网上正面宣传，培育积极健康、向上向善的网络文化"。做好新时代意识形态工作，必须坚持党管媒体原则，科学认识网络传播规律，从国家战略层面、社会综合治理层面加强顶层设计，确立党委、政府、企业、网民等多元主体的主体责任，构建良好网络秩序，唱响网上舆论主旋律，守住网上舆论主阵地。

三、群众工作

人民是历史的创造者，群众是真正的英雄。人民立场是中国共产党的根本政治立场，做好群众工作是领导干部的重要职责。我们党的最大政治优势是密切联系群众。习近平总书记指出："人民群众是我们力量的源泉。""人民是共和国的坚实根基，人民是我们执政的最大底气。"群众工作是一切工作的基础，群众路线是我们党的生命线和根本工作路线，是党的优良传统和政治优势，党和人民始终是命运共同体、事业共同体、利益共同体。我们党的理论路线、方针政策和全部工作，只有顺民意、谋民利、得民心，才能得到人民群众的支持和拥护，才能永远立于不败之地。是否重视做群众工作，能否善于做群众工作，是衡量领导干部政治上是否合格、工作上是否称职、领导能力强不强的一个基本标准，要拜群众为师，但也不能做群众的"尾巴"。打赢脱贫攻坚战对干部工作最大的收获就是干部更接地气，群众工作能力大幅提升前所未有。新时代的领导干部做好群众工作，必须重点掌握好以下6个方面的观点和思想。

1. 坚持以人民为中心的价值取向。坚持以人民为中心推进中国特色社会主义伟大事业，是马克思主义唯物史观的内在要求，是中国特色社会主义的根本特征和动力所在，也是我们党的根本政治立场和价值取向。中国共产党从成立之日起，就把坚持人民利益高于一切鲜明地写在自己的旗帜上，把全心全意为人民服务作为根本宗旨。做好新时代群众工作，必须不忘初心、牢记使命，站稳人民立场，坚持人民主体地位，始终把人民对美好生活的向往作为自己的奋斗目标。

2. 老百姓是天，老百姓是地，人民公仆身份不能变。国以民为本，社稷亦为民而立。党的干部是党的事业的骨干，是人民的公仆。干部一定要有百姓之心、平常之心，不管职务多高，与百姓在人格上都是平等的，不能讲特殊，不能耍威风。做好新时代群众工作，在任何时候任何情况下，与人民同呼吸共命运的立场不能变，全心全意为人民服务的宗旨不能忘，群众是真正英雄的历史唯物主义观点不能丢，始终坚持立党为公、执政为民，不断实现好、维护好、发展好最广大人民的根本利益。

3. 俯下去做群众的牛，站起来做群众的伞。俯下去做牛，为人民群众鞠躬尽瘁；站起来当伞，为人民群众遮风挡雨，这是领导干部的职责和使命，也是人民公仆服务人民应有的胸怀和境界。做好新时代群众工作，既要俯身为"牛",忠诚为民犁出一片沃土;也要立身为"伞",忠心为人擎起一片晴空;还要顺民心、尊民意、关民情,沉下身子、静下心来,察实情、出实招、干实事。

4. 政绩体现在人民向往中,功德树立于群众口碑中。"金杯银杯不如老百姓的口碑,金奖银奖不如老百姓的夸奖。"习近平总书记强调:"时代是出卷人,我们是答卷人,人民是阅卷人。"党的执政水平和执政成效不是由自己说了算,人民拥护不拥护、赞成不赞成、高兴不高兴才是检验工作的标准和制定政策的依据。做好新时代群众工作,必须牢固树立正确政绩观,把政绩体现在人民的幸福里、把功德建于群众的口碑中、把誓言融入执政为民的行动中。

5. 从群众中来,到群众中去。心系群众鱼得水,脱离群众树断根。从群众中来、到群众中去,是辩证唯物主义认识论在群众工作中的实践运用,体现了实践和认识、感性和理性、个别和一般的辩证关系,是中国共产党长期群众工作经验的结晶,是党的政治立场和价值理念,也是根本领导方法、思想方法和工作方法。做好新时代群众工作,必须走好新时代群众路线,坚持问政于民、问需于民、问计于民,多进群众"门坎",多坐群众"炕头",多看网民"吐槽",架起党心民心连心桥,让党的政策汇集民智民力、代表民心民意。

6. 组织群众、宣传群众、凝聚群众、服务群众。"政之所兴在顺民心,政之所废在逆民心。"我们党坚持一切依靠群众,通过组织群众、宣传群众、凝聚群众、服务群众,始终和人民群众站在一起,这是我们党战胜一切艰难险阻、经受住各种风险考验的最根本保证,过去是这样、现在是这样、将来也必须是这样。做好新时代群众工作,必须切实提高群众组织力,增强服务意识、转变服务作风、提高服务水平,像吸铁石一样把群众紧紧凝聚在一起,听党话、感党恩、跟党走。

四、经济工作

经济是价值的创造、转化与实现,人类经济活动就是创造、转化、实现价值。在中国东晋时代已正式使用"经济"一词,是"经邦""经国"和"济世""济民",以及"经世济民"等词语的综合和简化,含有"治国平天下"的意思。现代意义上的"经济"一词是指社会物质资料的生产和再生产过程,包括物质资料的直接生产过程以及由它决定的交换、分配和消费过程。简单地说,经济就是人们生产、流通、分配、消费一切物质精神资料的总称。微观指一个家庭的财产管理,宏观指一个国家的国民经济。生产是经济活动的基础,消费是经济活动的终点。习近平总书记强调,"经济建设是党的中心工作","集中精力把经济建设搞上去、把人民生活搞上去"。领导干部要懂得经济规律,掌握一定的经济学专业知识。当今时代,是金融、市场、科技、产业发展与"互联网+"高度融合的时代。巩固中国作为世界第二大经济体的经济地位,是提升国家综合实力、国际影响力、人民群众获得感幸福感安全感的关键因素,抓经济发展不能有丝毫动摇。对各级领导干部来说,必须在坚持抓经济工作上下大功夫,认真学习马克思主义政治经济学的重要内容,夯实抓经济工作的理论基础;把握经济社会发展的规律和走向,练好经济学的理论内功;不断提高贯彻落实习近平新时代中国特色社会主义思想,贯彻新发展理念、构建新发展格局的能力和水平,锤炼抓经济工作的过硬本领,努力成为经济工作的行家里手。新时代的领导干部做好经济工作,必须重点掌握好以下7个方面的观点和思想。

1. 发展是硬道理,必须坚持以经济建设为中心不动摇。发展是解决我国一切问题的基础和关键。习近平总书记强调:"发展是基础,经济不发展,一切都无从谈起。"改革开放40多年的伟大实践证明,以经济建设为中心是兴国之要,经济工作是我们党治国理政的中心工作。中国特色社会主义进入新时代,我国社会主要矛盾已经转变为人民日益增长的美好生活需要和不平衡不充分的发展之间的矛盾,解决这一矛盾的唯一出路依然要靠发展。做好新时代经济工作,必须始终坚持以经济建设为中心,把发展作为党执政兴国的第一要务,始终把解放和发展生产力作为坚持和发展中国特色社会主义的根本任务,把握和用好我国发展的重要战略机遇期,聚精会神搞建设,一心一意谋发展。

2.必须加强党对经济工作的领导。党对经济工作的集中统一领导是中国特色社会主义制度的最大优势,是实现经济社会持续健康发展的根本政治保证。当今世界正经历百年未有之大变局,我国发展面临的内外环境发生深刻复杂变化。越是形势严峻复杂,越是矛盾风险挑战增多,越要有坚强的领导核心来保证我国经济行稳致远、社会安定有序。做好新时代经济工作,必须加强党对经济社会发展的领导,要自觉向党中央看齐、向党的理论和路线方针政策看齐、向党中央决策部署看齐,严肃认真贯彻落实习近平总书记关于经济社会发展的重要指示批示和党中央各项决策部署,确保党中央关于经济社会发展的每项决策部署都得到全程无缝落实。

3.新时代需要新发展,新发展需要新理念。理念是行动的先导,发展理念是否对头,从根本上决定着发展成效乃至成败。新发展理念不是凭空得来的,而是在深刻总结国内外经济发展经验教训、深刻分析国内外发展大势的基础上提出来的,集中反映了我们党对我国经济发展规律的新认识。"十四五"时期将开启全面建设社会主义现代化国家新征程,我国发展进入新阶段,面临新的形势和任务,必须坚定不移贯彻新发展理念。做好新时代经济工作,必须把新发展理念贯穿于发展全过程和各领域,不断优化体制机制和政策环境,不断提高统筹贯彻新发展理念的能力和水平,着力构建现代化经济体系,推动经济发展实现质量变革、效率变革、动力变革。

4.绿水青山就是金山银山。习近平总书记指出:"绿水青山既是自然财富,又是经济财富。"良好生态本身蕴含着无穷的经济价值,能够源源不断创造综合效益,实现经济社会可持续发展。保护生态环境就是保护生产力,改善生态环境就是发展生产力,经济发展与生态环境保护相互促进、彼此提升。人不负青山,青山定不负人。做好新时代经济工作,必须牢固树立"绿水青山就是金山银山"的理念,深入实施可持续发展战略,完善生态文明领域统筹协调机制,构建生态文明体系,促进经济社会发展全面绿色转型,建设人与自然和谐共生的现代化,推动实现美丽中国建设目标。

5.坚持稳中求进工作总基调。行稳方能致远。稳和进是对立统一关系,稳是进的前提和基础,进是稳的方向和保障,二者既相互制约、相互影响,又相辅相成、相得益彰。坚持稳中求进的工作总基调，既是对过去经济工作经验的深刻总结，更是对当前复杂多变的国际政治经济环境和国内经济运行情况作出的战略性研判，是治国理政的重要原则，必须长期坚持。做好新时代经济工作，必须贯彻落实好稳中求进工作总基调，把经济社会稳定放在优先位置，确保增长、就业、物价不出现大的波动，确保金融不出现区域性系统性风险，稳住经济基本盘，推进经济结构调整和深化改革开放，确保经济发展方式转变和创新驱动取得新成效。

6. 形成强大国内市场，构建新发展格局。改革开放以来特别是加入世贸组织以后，我国市场和资源"两头在外"的发展模式，对快速提升经济实力、改善人民生活发挥了重要作用。但是随着当前全球政治经济环境变化，传统国际循环明显弱化，必须把发展立足点放在国内，更多依靠国内市场实现经济发展。党的十九届五中全会立足新发展阶段作出了"形成强大国内市场，构建新发展格局"的重大战略部署，是与时俱进提高我国经济水平的战略选择，是把握发展主动权、夺取经济发展新胜利的关键一招。做好新时代经济工作，必须统筹国际国内"两个大局"，坚持扩大内需这个战略基点，不断深化供给侧结构性改革，加快构建以国内大循环为主体、国内国际双循环相互促进的新发展格局，把实现扩大内需战略同深化供给侧结构性改革有机结合起来，以创新驱动、高质量供给引领和创造新需求，促进国民经济良性循环，形成参与国际经济合作和竞争的新优势。

7. 必须坚持高质量发展。中国特色社会主义进入新时代，我国经济发展也进入了新时代，基本特征就是我国经济已由高速增长阶段转向高质量发展阶段。推动高质量发展，是遵循经济发展规律，保持经济持续健康发展的必然要求，是适应我国社会主要矛盾变化和全面建成小康社会、全面建设社会主义现代化国家的必然要求，是当前和今后一个时期确定发展思路、制定经济政策、实施宏观调控的根本要求。做好新时代经济工作，必须深刻把握新发展阶段，充分认识发展不平衡不充分问题，统筹发展安全两件大事，坚持新发展理念，切实转变发展方式，更加注重激活高质量发展的动力活力，催生高质量发展的新动能新优势，努力实现更高质量、更有效率、更加公平、更可持续、更为安全的发展。

五、社会建设工作

社会建设的过程就是通过社会政策和社会制度来维护和实现社会公平正义（包括教育、就业、收入分配、社会保障、医疗公平）的过程，可以让全体人民特别是让社会弱势群体共享社会发展的成果。加强社会建设既是中国特色社会主义"五位一体"总体布局的重要组成部分，也是社会和谐稳定的重要保证，还是全面建成小康社会的必然要求。要坚持统筹兼顾，促进经济与社会以及各项社会事业之间的协调发展，在加快经济增长的同时，更加注重城乡居民收入的增长；在加大经济建设投入的同时，更加注重教育、卫生、科技、文化等社会事业的投入；在提升经济质量的同时，更加注重环境质量的改善；在提高发展水平的同时，更加注重人口素质的增强。特别要千方百计扩大就业，加快建立覆盖城乡居民的社会保障体系，不断改善民生。做好新时代社会建设工作，必须坚持以人民为中心，坚持新发展理念，尽力而为、量力而行，健全基本公共服务体系，完善共建共治共享的社会治理制度，扎实推动共同富裕，不断满足人民群众对美好生活的向往，更好推动人的全面发展和社会全面进步。新时代的领导干部做好社会建设工作，必须重点掌握好以下6个方面的观点和思想。

1. 公平正义是社会发展的内在要求。公平正义是社会建设的核心价值取向，是平衡社会利益关系的根本尺度，而社会建设则是维护公平正义的重要手段。公平正义是社会主义和谐社会的首要价值、中国特色社会主义制度的鲜明特征，也是解决我国社会主要矛盾的题中应有之义。做好新时代社会建设工作，必须始终保持公平正义之心，践行社会公平之行，不仅要"做大蛋糕"，而且要"分好蛋糕"。

2. 加强社会建设，增进民生福祉。人的发展是社会发展的最高价值目标。习近平总书记指出，"增进民生福祉是发展的根本目的"，"让老百姓过上好日子是我们一切工作的出发点和落脚点"。民生连着民心，民心关乎国运。人民是中国梦的创造者，也是享有者。增进民生福祉是我国发展的根本目的，是我们党立党为公、执政为民的本质要求。做好新时代社会建设工作，必须把满足人民对美好生活的向往作为奋斗目标，统筹做好就业、收入分配、教育、社会保障、医疗卫生、巩固脱贫等各方面工作，让群众看到变化、得到实惠、享受幸福。

3. 关注"衣食住行"，关爱"生老病死"，抓好基本民生。民生是人民幸福之基、社会和谐之本。民生稳，人心就稳，社会就稳。民生无小事，枝叶总关情，点滴见初心。保障和改善民生没有终点，只有连续不断的新起点。做好新时代社会建设工作，必须高度重视民生问题，尽最大努力解决好群众操心事、烦心事、揪心事，不断提高社会建设水平，着力改善人民生活品质，让人民群众享有更好的教育、更稳定的收入、更满意的工作、更可靠的社会保障、更高水平的医疗卫生服务、更舒适的居住条件、更优美的环境。

4. 社会保障是民生安全网、社会稳定器。社会保障主要由社会保险、社会救济、社会福利、优抚安置等组成，体现的是人人为我、我为人人的文化价值，追求的是人民安全、社会安定的发展目标，是经济发展"推进器"、群众利益"托底盘"、社会安全"稳定器"。做好新时代社会建设工作，就是要坚守社会稳定底线，发挥社会政策的托底功能，切实保障群众基本生活需求，兜住民生保障底线，实现社会保障制度最广泛的覆盖，不断提高人民群众的安全感。

5. 加强和创新社会治理是社会建设的时代课题。社会治理是维护社会秩序、促进社会团结、激发社会活力、防范社会风险的工作，是社会建设的一项重大任务，也是国家治理的重要组成部分。坚持构建共建共治共享的社会治理制度，加强和创新社会治理，是实现国家治理体系和治理能力现代化的重要内容，还是推进国家治理体系和治理能力现代化的基础性工程。做好新时代社会建设工作，必须深刻认识我国社会主要矛盾变化带来的新特征新要求，深入研究社会治理规律，不断创新社会治理方式方法，加强系统治理、依法治理、综合治理、源头治理，把制度优势更好转化为国家治理效能，确保人民安居乐业、社会安定有序。

6. 不断提高社会治理社会化、法治化、智能化、专业化水平。习近平总书记强调，要"增强社会治理整体性和协同性，提高预测预警预防各类风险能力，增强社会治理预见性、精准性、高效性"。提高社会治理社会化、法治化、智能化、专业化水平是平安中国建设的必由之路。做好新时代社会建设工作，必须坚定不移走中国特色社会主义社会治理之路，推动形成一套科学完备、行之有效的社会治理法律体系，推动现代信息技术与社会治理深度融合，构建一套专业化社会治理体系，从而推动社会治理的科学、规范、有序发展。

六、国家安全工作

国家安全是国家生存发展的前提、人民幸福安康的基础、中国特色社会主义事业的重要保障。国家安全工作，是保卫我国人民民主专政的政权和社会主义制度，保障改革开放和社会主义现代化建设顺利进行的工作。世界百年未有之大变局加速演进，国内改革发展稳定任务艰巨繁重。做好新时代国家安全工作，必须胸怀"两个大局"，牢固树立和认真贯彻总体国家安全观，勇担责任、勇于斗争，下好先手棋、打好主动仗，全力以赴做好维护国家安全各项工作，筑牢国家安全屏障，确保国家长治久安。作为新时代的领导干部，做好国家安全工作，必须重点掌握好以下5个方面的观点、思想和方法。

1. 国安才能国治，治国必先治安。国家安全是安邦定国的重要基石，维护国家安全是全国各族人民的根本利益所在。习近平总书记指出："实现中华民族伟大复兴的中国梦，保证人民安居乐业，国家安全是头等大事。"世间万物，生命最宝贵；百业兴旺，安全最重要。做好新时代国家安全工作，一定要把捍卫国家安全放在重中之重的位置来考量，统筹好发展和安全两件大事，努力建久安之势、成长治之业。

2. 坚持总体国家安全观。总体国家安全观坚持国家利益至上，以人民安全为宗旨，以政治安全为根本，以经济安全为基础，以军事、文化、社会安全为保障，以促进国际安全为依托，统筹外部安全和内部安全、国土安全和国民安全、传统安全和非传统安全、自身安全和共同安全，完善国家安全制度体系,加强国家安全能力建设,坚决维护国家主权、安全、发展利益。总体国家安全观关键在"总体",突出的是"大安全"理念,强调的是国家安全的全面性、系统性、相对性、协调性、可持续性。做好新时代国家安全工作,必须坚持党对国家安全工作的绝对领导,深入实施国家安全战略,防范和化解影响我国现代化建设进程的各种风险,筑牢国家安全屏障。

3. 没有网络安全就没有国家安全。当今世界,网络深刻影响着国家的政治、经济、文化、社会、军事等各领域安全,对国家主权、安全、发展利益提出新的挑战,已经成为最复杂、最现实、最严峻的非传统安全问题之一。习近平总书记强调,"在信息时代,网络安全对国家安全牵一发而动全身","过不了互联网这一关,就过不了长期执政这一关"。做好新时代国家安全工作,必须重视互联网、发展互联网、治理互联网,也要树牢网络安全观念,不断增强网络安全防御能力,让互联网这个"最大变量"变成"最大正能量"。

4. 既要警惕"黑天鹅",又要防范"灰犀牛"。备豫不虞,为国常道。增强忧患意识,做到居安思危,始终是我们党治党治国坚持的一个重大原则。做好新时代国家安全工作,必须坚持底线思维,增强忧患意识,既要高度警惕极其罕见、出乎意料的"黑天鹅",也要注重防范司空见惯、习以为常的"灰犀牛",精准把握时度效,综合研判、统筹谋划、有力应对,不断提高应急处突的见识和胆识、预见性和主动性。

5. 把维护国家安全的战略主动权牢牢掌握在自己手中。面对世界百年未有之大变局,面对纷繁复杂的国际局势,国家安全工作不仅要维护好国际社会的安全环境,更要充分维护好我国内部的安全环境。不论国际形势如何变幻,我们要保持战略定力、战略自信、战略耐心。做好新时代国家安全工作,坚持党对国家安全工作的领导,坚持以全球思维谋篇布局,坚持统筹发展和安全,坚持底线思维,坚持原则性和策略性相统一,把维护国家安全的战略主动权牢牢掌握在自己手中。

七、领导方法与艺术

领导方法是实现领导目的的"桥"和"船";领导艺术是创造性运用领

导科学、原则和方法所展现出的高超技巧。毛泽东同志曾指出："我们的任务是过河，但是没有桥或没有船就不能过。不解决桥或船，过河就是一句空话。不解决方法问题，任务也只是瞎说一顿。"领导艺术的最高境界就是眼光敏锐，见微知著，"为之于未有，治之于未乱"，防患于未然，化解于无形，开展工作有板有眼，纵横捭阖，张弛有度，"谈笑间，樯橹灰飞烟灭"。当干部，要靠悟，没有悟性的人当不好干部。做好领导工作，必须不断改进领导方法，提高领导艺术。作为新时代的领导干部，掌握一定的领导方法和艺术，必须重点掌握好以下13个方面的观点和思想。

1.领导方法和艺术是领导力的集中体现。领导方法和工作方法十分重要。方法对头，事半功倍，方法失当，事倍功半。一个高明的领导，讲究领导艺术，知关节，得要领，把握规律，掌握节奏，举重若轻。领导力是领导活动的生命，是灵活应变的领导方法与不同凡响的领导艺术的创造性结合，缺乏领导艺术，领导活动就会单调与呆板；缺乏领导方法，领导活动就会低效和拙劣。

2."领导"一词，顾名思义，既要"领"又要"导"；既要引领、统领、率领、带领，又要传导、引导、指导、疏导。"利剑终当敌不过思想。"最高明的领导，是思想引领、文化引领；最有效的力量，是真理力量、人格力量。领导干部称职不称职、优秀不优秀，既要看"领"得怎样，还要看"导"得如何，做到既"挂帅"又"出征"，既"表态"又"表率"，以上率下、真抓实干，切忌高高在上、凌空蹈虚、摆样作态。

3.坚持一切从实际出发。从实际出发是指从客观存在着的事物及其规律出发，从运动、变化、发展的实际情况出发，按照客观世界的本来面目去认识和改造世界。一切从实际出发是马克思主义一贯坚持的基本原则，是唯物主义关于物质第一性，意识第二性的根本原理在方法论上的具体体现。领导干部想问题、办事情，必须坚持一切从实际出发，绝不能好高骛远、脱离实际，绝不能热衷于喊口号、做表面文章，绝不能搞"盆景"工程、口惠而实不至，绝不能只当"收发室""传话筒"。

4.以德立威、以才立威、以绩立威。领导干部要有威信，但威信不等于威慑，威严不等于威逼，不管是"装"还是"摆"，树起来的最多是官气、官威。领导的威信靠上级封不出来，靠权力压不出来，靠宣传吹不出来，靠小聪明骗不出来。领导干部必须善养浩然之气，打造过硬本领，以海纳百川的气度厚待人，凭扎实过硬的能力和作风说服人，用两袖清风的操守影响人。

5. 抓班子带队伍是领导工作永恒的主题。毛泽东同志曾指出："领导者的责任，归结起来，主要地是出主意、用干部两件事。"出主意，就是抓方针；用干部，就是抓头头。抓住了这两条，也就抓住了做领导的根本。"戏看主角军看帅"，事业成败关键看领导班子，核心在干部队伍。抓班子，就是要抓住"关键少数"，造就具有铁一般信仰、铁一般信念、铁一般纪律、铁一般担当的执政骨干；带队伍，就要统筹抓好干部"选、育、管、用"，推动广大干部严格按照制度履行职责、行使权力、开展工作，培养党和人民事业需要的高素质干部队伍。

6. 调查研究是谋事之基、成事之道。调查研究是作谋划、定决策、抓落实的重要前提。调查研究不仅是一种工作方法，而且是关系党和人民事业得失成败的大问题。没有调查就没有发言权，更没有决策权。做好新时代领导工作，调查研究是基本功，必须坚持"从群众中来，到群众中去"，坚持问题导向、目标导向、效果导向相统一，把调查和研究紧密结合起来，注重调研成果转化，切实提高谋事和决策水平，增强贯彻落实新发展理念、构建新发展格局的能力。

7. 必须做好"结合"这篇大文章。毛泽东同志曾指出："我们共产党人无论进行何项工作，有两个方法是必须采用的，一是一般和个别相结合，二是领导和群众相结合。"做好新时代领导工作，只有善于把"学"和"做"、"知"与"行"结合起来，把"上情"和"下情"、"过去"和"现在"结合起来，把矛盾的普遍性和特殊性结合起来，把工作的原则性和灵活性结合起来，因时因地制宜，科学精准施策，才能使各项工作富有预见性、创造性、实效性。

8. 有能力"统"，才有胆略"放"。习近平总书记在学习《胡锦涛文选》

报告会上指出,"统筹兼顾是根本方法"。统放结合是一种科学有效的工作方法,是统筹兼顾的重要表现。统,强调控制力,即驾驭全局、把握方向的能力,统揽全局才能全面发展;放,强调充分信任、敢于放手,调动下属的积极性和创造性。领导者只有掌握"统"与"放"的工作方法,在工作中做到统揽而不包揽、信任而不放任、放手而不甩手,才能使工作统而不散、统大放小、统放自如、游刃有余。做好新时代领导工作,既要加强统领、总揽全局、突出重点,使工作"挈领而顿,百毛皆顺";也要懂得放手,大胆放权、合理授权,对下属给予充分信任。

9. 抓两头、带中间。毛泽东同志指出:"抓两头带中间。这是一个很好的领导方法。任何一种情况都有两头,即是有先进和落后,中间的状态又总是占多数。抓住两头就把中间带动起来了。这是一个辩证的方法,抓两头,抓先进和落后,就是抓住了两个对立面。""两头"是矛盾的特殊性表现,是少数;"中间"是矛盾普遍性体现,是大多数。做好新时代领导工作,一定要正确理解矛盾的普遍性和特殊性关系,既善于牵住"牛鼻子"、抓重点、抓关键,又善于抓点带面,形成比学赶超、齐头并进的氛围。

10. 功要奖,过要罚,奖惩分明。恩威并施、奖惩分明是一种有效的领导控制方法和高超的平衡艺术。只奖不罚难免会纵容部属,使其难以驾驭;只罚不奖则会引起其心理和行动上的对抗,失去凝聚力,权力将形同虚设。只有赏罚分明,才得以"犯三军之众,若使一人",取得管理实效。做好新时代领导工作,一定要摒弃当"老好人"或只做"铁面人"的错误思想,既要善用激励之法,论功行赏、鼓舞士气,又要善用惩罚之法,动真碰硬、树立威信,真正做到奖罚有度、刚柔并济。

11. 智者善于倾听,愚者没有耐心。古人云:"多见者博,多闻者智,拒谏者塞,专己者孤。"倾听不是简单地听,而是全身心感受对方的话语,并通过思维活动充分认知和理解,是一种有效的沟通、心灵的交流。倾听是了解情况的重要手段,而耐心是倾听质量的保证。保持耐心,才能让说话者畅所欲言、表达完整的意见,从而了解清楚来龙去脉、前因后果。做好新时代领导工作,要乐于倾听,广开言路、开门问策;要勇于倾听,既听逆耳之言，也听顺耳之言；要善于倾听，不仅听全、听深，还能听出言外之意。

12. 善于欣赏是最高明的领导艺术。生活中不缺少闪光，只缺少眼光。被关注、被认同、被欣赏是人内心深处的希冀，能影响人的一生。从事领导工作，欣赏是鼓舞士气、凝聚人心最重要、最有效的一种领导方法，也是一种可以在潜移默化、润物无声中改变人而不触犯或引起反感的最高明的领导艺术。做好新时代领导工作，必须练就一双识人的慧眼，既要用欣赏的眼光发现下属的"闪光点"，多角度欣赏、全方位识别干部，提高知事识人、知人善任的本领，也要及时称赞他人的每一点进步，当好善于团结人、带动人、培养人的"伯乐"。

13. 功不独居，过不推人。对领导者来说，如何对待功过是非，不仅衡量其思想境界，更检验其团结共事能力。公道自在人心，功过自有定论。如果一味争功诿过，带头助长歪风邪气，必将使公平正义的天平失衡，使团队失去凝聚力、战斗力。做好新时代领导工作，不仅需要自身有过硬的"单兵作战能力"，更需要汇聚"拧成一股绳"的整体合力。这就要求领导干部必须拥有"功成不必在我、功成必定有我"的格局，成就他人、快乐自己的胸襟。

八、领导识人用人

古人云："贤良之士众，则国家之治厚；贤良之士寡，则国家之治薄。"习近平总书记强调："我们党历来高度重视选贤任能，始终把选人用人作为关系党和人民事业的关键性、根本性问题来抓。"识人用人是领导工作最重要的工作之一。读万卷书，行万里路，阅人无数，才是有资格担任一定职务的干部。做好新时代领导工作，必须学会辨才识德的科学方法，练就入木三分的识人慧眼，掌握知事识人、知人善任的本领，把党和人民需要的好干部及时发现出来、使用起来。作为新时代的领导干部，掌握用人本领，必须重点掌握好以下7个方面的观点和思想。

1. 治国之要，首在用人。党的干部是党和国家事业的中坚力量，精准选用忠诚干净担当、岗位匹配度高的好干部，是新时代干部工作的重中之重,是关系党和国家事业成败的关键性、根本性问题。领导干部担负为党和人民事业选贤任能的重要职责,必须练就"伯乐识千里马"的本领,打牢知事识人的基本功,提高干部工作专业化水平,准确把握干部工作规律,精准科学选人用人,做到知人有道、识人有据、选人有法、用人有方。

2. 多考虑"该用谁",而不是"谁该用"。为事择人者治,为人择事者乱。"该用谁"与"谁该用",体现的是两种截然不同的用人观。习近平总书记强调:"要从党和人民事业出发选干部、用干部,坚持事业为上,依事择人、人岗相适,做到事业发展需要什么样的人就用什么样的人,什么样的人最合适就选什么样的人。"做好识人用人工作,要把"研究人"和"研究事"结合起来,不搞平衡照顾、论资排辈。既要看干部最擅长干什么,也要看岗位最需要什么人,依据岗位要求择优用人,把干部放到最能发挥其优势特长的地方,真正把"好钢用在刀刃上",做到人岗相适、人事相宜。

3. 用准一个人,激活一大片;用错一个人,挫伤一大批。选人用人的风气是党风政风的"晴雨表""风向标",用一贤人则群贤毕至,见贤思齐就蔚然成风。如果识人不准、用人不当,就会导致"劣币驱逐良币"的逆淘汰现象。习近平总书记指出,"选什么人就是风向标,就有什么样的干部作风,乃至就有什么样的党风"。做好识人用人工作,要坚持德才兼备、以德为先、任人唯贤,大力提拔使用忠诚干净担当的好干部,坚决调整处理对党不忠、从政不廉、为官不为的干部,推动形成能者上、优者奖、庸者下、劣者汰的正确导向。

4. 有才无德会坏事,有德无才会误事,有德有才干成事。习近平总书记强调,"选干部、用人才既要重品德,也不能忽视才干"。坚持"德才兼备、以德为先",始终是我们党选拔任用干部的重要原则和对领导干部一以贯之的要求。做好识人用人工作,既严把政治关、廉洁关,也严把能力关、业绩关,既在小事上察德辨才,更在大事上看德识才,选用政治上过得硬、靠得住,愿干事、真干事、干成事的干部,坚决把政治层面、廉洁方面有问题的人挡在门外,把能力不足、业绩不够的干部调整下来。

5. 英雄不问出处,量才授职,唯才是举。量才授职,则政成事举。把人用好用到位，关键是要知人之长、知人之短、知人长中之短、短中之长，从而把合适的人放到合适的岗位上，做到因才适用、用其所长、尽显其才、才尽其用。做好识人用人工作，要有辩证的眼光，加强综合研判，既要听其言，又要观其行；既要看优点，又要看缺点；既要看现状，又要看潜力；不唯地域、民族、学历，不唯GDP，不唯票，不唯分，不唯年龄选人用人，不能仅限于一事一物、简单化、一刀切。

6. 在基层一线、关键重要岗位"墩苗"培养锻炼干部。温室里养不出万年松，庭院里跑不出千里马。人在事上练，刀在石上磨。火热的实践是最好的课堂。培养锻炼干部，要优化成长路径，坚持基层和实践导向，把品质好、有潜力的干部放到改革发展的主战场、维护稳定的第一线、服务群众的最前沿去砥砺，放到吃劲岗位、重要岗位去磨炼，在难事急事乃至"热锅上蚂蚁"一样的经历中经受摔打，通过真刀真枪锤炼提高解决实际问题的能力，培养斗争精神、增强斗争本领，防止镀金式、呵护式培养。

7. 坚持严管和厚爱相结合、激励和约束并重。习近平总书记强调："严管不是把干部管死，不是把干部队伍搞成一潭死水、暮气沉沉，而是要激励干部增强干事创业的精气神。"从严管理出战斗力，关心关爱出凝聚力。"宽以济猛，猛以济宽，政是以和。"用好干部，要科学把握选与管、严与爱的辩证法，树牢"严是爱、松是害"的理念。既从严从实管思想、管工作、管作风、管纪律，又从政治上激励、工作上支持、待遇上保障、心理上关怀，激励广大干部在新时代新征程中展现新担当新作为。

九、领导决策

决策是在充分认识客观规律的基础上，决定策略或办法，并组织实施的全部过程。领导者往往也是决策者。科学决策是科学执政的基础，也是一项最基本、最频繁、最关键的领导工作。新时代领导干部面临的决策任务更加繁重，能否作出正确的决策，直接关系到党和国家事业的兴衰和成败。作为新时代的领导干部，做好决策工作，必须重点掌握好以下6个方面的观点和思想。

1. 决策是领导工作的起点。科学决策是领导工作的追求。领导干部一旦决策失误,整个工作很可能以失败告终。作决策要有明确的目标,有的放矢,让决策思路更开阔,富有预见性和创造性;有决断的勇气,敢于担当、当断则断;有民主的作风,调动群众广泛参与,虚心听取群众意见,认真听取专业建议;有创新的精神,敢于另谋新策、发散思维;有战略的远见,高瞻远瞩,统揽全局,察古知今、鉴往知来。

2. 领导决策是衡量领导者能力的重要标志。领导的关键在于决策。决策能力是领导者的基本能力,贯穿于领导活动的全过程,并影响着其他领导职能的发挥。领导决策具有战略性、广泛性和层次性的特点,领导决策正确与否以及决策水平的高低,是领导者观察、记忆、思维、预见、决断、监督等各种能力的综合体现。作决策要不断提高政治敏锐性和综合素质,要充分发挥"智囊团"和"外脑"的作用,要用好辩证法,增强"火眼金睛"的识别能力和"多谋善断"的决断能力。

3. 决策要慎重,力避方向性错误。决策是执行的前提。领导决策具有不可逆性,方向错误可能就会南辕北辙、造成不可估量的后果。习近平总书记强调:"要深入研究、综合分析,看事情是否值得做、是否符合实际等,全面权衡,科学决断。"作决策要紧跟中央大政方针和决策部署,正确认识和遵循事物发展的客观规律,坚持以人民为中心的发展思想,树立正确的政绩观,以全局利益得失作为衡量决策是否可行的根本依据,坚决避免决策中的"个人主义""本位主义"。

4. 一切背离群众诉求和意志的决策都是没有生命的。民心是最大的政治,人民是我们党执政的最大底气,领导干部科学决策必须坚持以人民为中心。作决策,要深刻理解群众路线所蕴含的思维和工作方法,积极听取人民群众意见,坚持方案从群众中来、办法到群众中找、成效在群众中验,确保决策措施科学有效;要积极推动民主决策制度的建设发展,确保人民群众能够有效参与到决策中来。

5. 充分发扬民主、集思广益是决策的重要方法。习近平总书记强调,"作决策一定要开展可行性研究,多方听取意见,综合评判,科学取舍"。要实现决策科学化，必须发扬民主，广开言路，善于倾听，时刻保持谦虚的态度，多深入基层调查研究；与班子成员、上下级拉近相互间的距离，营造"敢言""能言"的氛围；善于总结，及时发现、集中和采纳有参考价值的意见建议，使之成为集体智慧的结晶，确保决策获得人民的广泛参与和支持，让正确的决策能够得到更好的贯彻实施。

6.决策不能朝令夕改、朝三暮四。习近平总书记强调："做到科学决策，首先要有战略眼光，看得远、想得深。"为政之道，切忌朝令夕改。作决策要提高战略思维能力，善于把地区和部门的工作融入党和国家事业大棋局，不断增强工作的原则性、系统性、预见性、创造性，对布置的每一项任务盯着抓实，对承诺的每一件事情盯着办实，稳中求进，稳扎稳打，积小胜为大胜。

十、工作落实

抓落实是领导工作中一个极为重要的环节，也是领导干部的重要职责和基本素质，是我们党执政能力的重要展现。千招万招，不能落实就是空招；千忙万忙，不抓落实就是瞎忙。新时代的领导干部，既要带领大家一起定好盘子、理清路子、开对方子，又要做到重要任务亲自部署、关键环节亲自把关、落实情况亲自督查，确保各项工作扎实推进、顺利实现、卓有成效。作为新时代的领导干部做好工作落实，必须重点掌握好以下8个方面的观点和思想。

1.空谈误国，实干兴邦。成功源于实干，祸患始于空谈。习近平总书记多次强调，"要把抓落实作为开展工作的主要方式"。如果只说不做，再好的思路也是海市蜃楼、镜花水月。抓工作落实，要坚定实干的态度，保持实干的姿态，笃定逢山开路、遇水架桥的决心，以滚石上山、爬坡过坎的意志，披荆斩棘、所向披靡，坚决杜绝表态多调门高、行动少落实差，切实在重实践真实干见实效上下"脚力"，将发展的痛点、难点、堵点变成工作的亮点、特点、闪光点。

2.千条万条，不抓落实就是白条。"一打纲领不如一个行动"。抓落实，本质是解决问题，不解决问题的落实是做表面文章、搞"假把式"、做无用功。党和国家的各项方针政策能不能在改革发展实践中取得实效，领导干部抓落实是关键。天下难事，必作于易；天下大事，必作于细。要牢固树立抓落实的理念，把抓落实当作一种政治责任、一种思想境界、一种工作习惯，真正从思想意识上做到自觉主动抓落实、心甘情愿抓落实。

3. 抓落实必须牢固树立和践行正确政绩观。"民为邦本，本固邦宁。"让人民群众过上好日子，是我们一切工作的出发点、落脚点。习近平总书记指出："我们党没有自己特殊的利益，党在任何时候都把群众利益放在第一位。"抓工作落实，要以人民群众满意不满意作为衡量工作成效的根本标尺，把践行宗旨体现在真抓实干中，把正确政绩观贯穿在干事创业里，用真真切切的行动为群众带来看得见摸得着的实惠。

4. 提高两级想问题，靠前一级抓落实。提高两级想问题是站在更高层次"抬头看"，是仰望星空、是方向问题；靠前一级抓落实是挂帅又出征的"低头干"，是脚踏实地、是方法问题，抓落实应该将正确的目标方向与实干严谨的工作作风结合起来。抓工作落实，要在工作中树立战略眼光和战略思维，善于从局部入手、从当前下手，研究和解决具体实际问题，在实践中实现从"干事者"到"谋事者"、从"谋事者"到"干事者"的相互转变。

5. 把高标准树立起来，把严要求落实下去。标准决定质量，只有高标准才有高质量。标准是尺子、是准绳，任何工作要取得实效，就要高标准启动、严要求推进、高质量落实。抓工作落实，必须不折不扣地遵照执行党和国家的法规制度，坚决杜绝学习实践浅尝辄止、调查研究走马观花、检视问题避重就轻、整改落实虎头蛇尾等形式主义、官僚主义问题，坚持追求卓越的理念，高标准、严要求，做到专门化、专业化、精细化。

6. 下足"绣花功夫"抓落实，切忌"花拳绣腿"。绣花既要整体构思，也要针针精准。抓落实就要拿出"绣花功夫"，必须谋定而后动，下准针、过准线，久久为功，对标对表抓出成效，忌"花拳绣腿"、光喊口号不行动。抓工作落实，要学会从大处着眼、小处入手，科学谋划、精准施策，抓小抓细抓实，针针扎到关键处，招招治到问题上，一个目标一个目标完成，一个问题一个问题解决，一件任务一件任务落实，不贪一时之功，不图一时之名，踏石留印、抓铁有痕、一抓到底。

7. 不当"传声筒"，不做"复读机"，做好结合的文章。"人与人不同，花有百样红"，一地一域有自己的特点优势、资源禀赋、工作基础，这就要求领导干部在抓落实时要善于结合。抓工作落实，要破除"本本"主义、拿来主义，避免"闭门造车""盲人摸象"；要进一步解放思想、实事求是、深入调研，把全局装在心中，把工作落到实处；要吃透上情掌握下情，做好上下结合；要善于取人之长为我所用，做好左右结合；要坚持继承创新，做好前后结合。

8. 努力只能把事情做完，用心才能把事情做好。世上无难事，只怕有心人。用心是一种责任、一种境界、一种精益求精的精神和执着追求的品格，更多的是对工作的投入、专注与痴迷。抓工作落实，不仅要有勤勉尽责的努力态度，也要发扬"安专迷"精神，凝神聚力、精益求精、追求极致，坚定"功成必定有我"的信心，保持"越是艰难越向前"的恒心，以"咬定青山不放松"的耐心和"不破楼兰终不还"的决心，抓具体、具体抓，抓反复、反复抓，不放过一个细节、不心存一丝侥幸，将工作和事情做得尽善尽美。

十一、工作学习化，学习工作化

习近平总书记强调："能力不是一劳永逸、一蹴而就的，必须持续升级、不断扩容。"不具备学习能力的人就不会工作，学不好就工作不好；缺少学习的工作必定是低层次循环，离开工作的学习必定是空洞无物的。学习能力是最核心的竞争力。领导干部的素质和专业化水平不会随党龄的积累而自然提高，也不会随职务的升迁而突然获得。要不断学习、善于学习、有效率地学习，在学习过程中增强工作能力，在工作过程中提高学习水平，不断掌握新知识、熟悉新领域、开拓新视野，全面提高领导能力和执政水平，积极适应世界的变化，有效应对新形势和新任务带来的新挑战。作为新时代的领导干部，加强学习必须重点坚持以下 8 个方面的观点和思想。

1. 坚持把学习作为"第一本领"。学习是进步的原动力,学习力是一个人的核心竞争力。我们党依靠学习创造了历史,更要依靠学习走向未来。领导干部学习不学习不是自己的小事情,而是关乎党和国家事业发展的大事情。改革越往纵深发展,各种问题、矛盾、挑战就越交织叠加、错综复杂,新时代的领导干部必须增强学习本领,时时更新知识体系,优化思想内存容量,扩大知识外延增量,解决好一个个发展中的新问题,夺下一个个发展上的"娄山关""腊子口",适应时代要求,承载历史使命,创造崭新业绩。

2. 学习和工作是融会贯通的整体。古人一直推崇"知行合一"。学习和工作是互相联系、互相促进的有机整体,学习是工作科学化、高效化的重要前提,工作是学习成果的实践体现和转换。抓学习要把学习和工作有机结合起来,防止和克服忙于工作疏于学习的"事务主义"、不学习照样可以干好工作的"经验主义"、夸夸其谈的"空谈主义"和做样子装门面的"形式主义",带着问题学,把解决工作中的问题贯穿于学习的全过程,做到学习工作两手抓、两不误、两推进,相辅相成、相得益彰。

3. 领导干部加强学习,根本目的是增强工作本领、提高解决实际问题的水平。问题是时代的声音、是学习的原点和推动力。领导工作的本质就是发现问题、分析问题、解决问题。学习如果不能解决实际问题,即便"学富五车、才高八斗",也只是个读死书、死读书的书呆子。抓学习要不断强化问题意识,善于抓住时代问题,善于发现解决问题,以学促干、学干相长,任务推进到哪里,相关学习就跟进到哪里,在改革发展的实践中,积极面对和化解前进中遇到的矛盾,推动党和人民的事业不断向前。

4. 读书是学习,使用也是学习,而且是更重要的学习。习近平总书记指出,本领不是天生的,是要通过学习和实践来获得的。读书的目的在于使用,也只有通过使用,才能把感性的东西理性化、把零散的东西系统化、把无形的东西有形化,把学到的东西转化为实实在在的本领。抓学习要发扬理论联系实际的马克思主义学风,把学到的理论和业务知识同自己的实际工作紧密结合起来;要敢于在复杂严峻的斗争中经风雨、见世面、壮筋骨,从实践中获取真知识、修炼硬本领、提升新境界。

5. 学习上知不足，工作上不知足。知不足，然后能自反也。"知不足"是虚怀若谷的谦虚心态，"不知足"是昂扬向上的奋斗激情。只有保持持之以恒、与时俱进的学习态度，才能跟上时代步伐；只有赓续精益求精、追求卓越的工作精神，才能创造一流业绩。抓学习要常怀"空杯心态"，不仅要学专业知识技能，还要学一切与工作有关的理论方法；不仅要学政治理论，还要广泛涉猎科学、经济、历史、文化、社会等多个领域的知识，努力构建完备的知识体系。要对工作保持永不满足的心态，主动走出舒适区，长于自我净化、勇于自我完善、敢于自我革新、乐于自我提高，向外找差距、向内补短板，不断追求干事创业的卓越成效。

6. 在干中学，在学中干。学习和工作是履职尽责的重要支点，只有学习和实践相结合，才能使学习成为常态，工作进入状态。只有把学习转化为干事创业的本领和动力，在干事创业中思考和学习，才能常学常新，做到学思用贯通、知信行统一。要坚持在研究状态下工作，在工作中提高学习总结能力，善于在总结反思中提高认识和运用客观规律的水平，不断在实践中丰富经验、增长才干，在实干中成长进步；要在学习中增强学以致用能力，促进知识转化，把学习与工作紧密结合，在学习研究中探求工作的本质和规律，实现理论和实践的良性互动。

7. 干什么学什么，缺什么补什么。习近平总书记指出，要结合工作需要来学习，不断提高自己的知识化、专业化水平。如果只是泛泛知道基本知识，将难以适应瞬息万变的党情、国情、世情，难以有效应对前进路上的各种问题和挑战。抓学习要有针对性地学习掌握做好领导工作、履行岗位职责所必备的各种知识；要有针对性地补齐知识"短板"、能力弱项、经验盲区，做学习的有心人，把执行每一项任务、完成每一项工作当成学习提高的机会；要坚持急用先学、管用先学，努力用一切科学的新思想、新知识、新经验丰富自己，从而不断提高理论素养、领导水平和精神境界，使自己真正成为行家里手、内行领导。

8. 在战争中学会战争，在游泳中学会游泳。俗话说：要知道梨子的滋味，必须亲口尝一尝。实践是检验真理的唯一标准，也是提升干部能力的最好"课堂"。新时代的领导干部，要坚持实践第一的原则，在应对风险中学会防范风险，在收获真知中增长才干；要在实践中多学多思多悟，以学益智、以学修身、以学增才，把基层当作最好的课堂，把群众当作最好的老师，在向基层、向群众学习中不断提高工作能力，找出破解难题的答案。

第十一节 ｜ 树牢十种理念

理念就是理性化的想法、理性化的思维活动模式或理性化的看法和见解，它是客观事实的本质性反映，是事物内性的外在表征。理念是行动的先导，理念决定一个人的格局，也决定领导工作的成效。当今世界正经历百年未有之大变局，中国特色社会主义进入新时代。习近平总书记指出："发展理念是否对头，从根本上决定着发展成效乃至成败。"面对国际局势风云变幻、国内改革发展稳定任务十分繁重的形势，领导干部只有主动适应和全面把握新时代新要求，坚定不移贯彻新发展理念，才能不忘初心、牢记使命，以新气象新作为更好贯彻党的理论和路线方针政策，奋力谱写全面建设社会主义现代化国家新篇章。这里，列举领导干部必须牢固树立的十种理念。

一、忠诚与担当的理念

忠诚与担当是辩证统一的有机整体，忠诚是为政之魂，担当是成事之要，二者缺一不可。忠诚就意味着领导干部必须同以习近平同志为核心的党中央保持高度一致，深刻领悟"两个确立"的决定性意义，增强"四个意识"、坚定"四个自信"、做到"两个维护"，不折不扣贯彻执行党的基本理论、基本路线、基本方略。担当则意味着领导干部要同违反党的纪律和政治原则的人和事做坚决的斗争，对党的事业要敢于负责、善于创造，撸起袖子、沉下心来真抓实干。

没有对党忠诚，所谓"担当"一文不值。当领导，要才配其位，更要德配其位。"古昔以来，国之乱臣、家之败子，才有余而德不足，以至于颠覆者多矣。"善莫大于作忠。作为党的干部，组织是最大的靠山，人民是永远的上级。没有忠诚的担当,是党和人民的"心腹之患",本事越大,危害也越大。领导干部的忠诚,体现在一言一行、一举一动中,体现在大是大非面前敢于"亮剑",大风大浪中勇于挺身而出。

不担当,半点忠诚都没有。当干部要有真本事,还要有大情怀。没有担当的忠诚,就是"假忠诚""伪忠诚"。群众评价一个领导干部是不是对党忠诚、对人民负责,主要看他敢不敢担当,有没有作为,有没有实绩。领导干部要用好手里的公权,不惧风险、不怕担责,不怕得罪人、不当"老好人",更不能抱有"不求有功、但求无过"的心态。只有老老实实做人、踏踏实实做事、清清白白为官,才是对党和人民最大的忠诚。

以忠诚之心践行担当,用担当之为诠释忠诚。无论担当还是忠诚,都需要放在事上去考验,放到实践中去检验。越是困难大、矛盾多、条件差的地方,越能磨砺品质、增长才干,也越能显出一个人的忠诚与担当。对领导干部而言,不必汲汲于个人职务的晋升,挖空心思搞"自我设计"。要到干事创业的一线去摔打、去锤炼,接一接"烫手山芋",当几回"热锅上的蚂蚁",才能练出"宽肩膀",收获真正的成长。

二、理性与科学的理念

理性与科学,指引人类从蒙昧走向文明。它是逻辑地、客观地、全面地、辩证地认知世界、把握事物本质和规律的能力,也是衡量领导干部能力强弱、素质高低的核心要素之一。新时代的领导干部,既要有充满激情的理性,又要有充满理性的激情。现实中,有的领导干部缺乏理性意识和科学精神,头脑发热、冲动急躁;有的"想当然""拍脑袋""拍胸脯"作决策,想一出是一出,咋咋呼呼,违背常识、南辕北辙,闹出不少笑话来,贻误了事业发展。

拒绝任性,才能保持理性。孔子曾说:"一日克己复礼,天下归仁焉。"做人做事要克制妄念、理性行事,使自己不任性妄为。新时代的领导干部,要摒弃躁动、回归理性。工作要理性,坚持实事求是,遵循规律,对工作想清楚、说明白、干到位;用权要理性,牢记公权为"公",将权力置于阳光之下和群众监督之中；生活要理性，远离不健康的生活方式，不做触碰底线的事。

远离蒙昧，才能走近科学。习近平总书记指出："发展必须是遵循经济规律的科学发展，必须是遵循自然规律的可持续发展，必须是遵循社会规律的包容性发展。"科学精神表现为求真、探索、质疑、实践等。领导干部要树立"知其然知其所以然"的探究精神，学会运用马克思主义世界观和方法论，把握"上情"和"下情"，准确研判发展形势，科学做出决策部署。要树立正确的政绩观，杜绝好大喜功、急功近利，多做打基础、利长远、惠民生的好事实事。

崇尚实践，才能知行合一。"不登高山，不知天之高也；不临深溪，不知地之厚也。"实践是检验真理的唯一标准，所有理性分析、科学决策都要运用到实践中，并由实践来检验。多接地气才能有底气。要使科学、理性的精神发挥现实的、物质的效用，使之变为得心应手的"真知"，关键在于知行合一。领导干部要坚持解放思想、实事求是，一切从实际出发，研究新情况、破解新难题、寻求新对策，确保各项工作健康有序发展。

三、系统与全局的理念

从哲学的角度看，世间万物相联互通，任何事物都不可能孤立存在。这要求我们树立全局观念，立足整体、统筹全局，实现整体的最优目标。俗话说："一着不慎，满盘皆输。"新时代推动改革发展稳定工作，就像下一盘大棋，不会做长远打算的人，是做不好眼前事情的；不能思虑全局的人，也是做不好局部工作的。要"谋全局"就必须有系统思维，把原则性与灵活性有机结合起来，把握全局、抓住要害，不失原则地采取灵活有效的方法。作为新时代的领导干部，更要牢固树立高度自觉的系统观念和全局意识，自觉从大局看问题，把工作放到全局中去思考、去定位、去布局，系统有效地推进各项任务。

不谋全局者，不足谋一域。整体大于部分之和。领导干部看问题、干工作切不可盲人摸象、以偏概全，"只见树木、不见森林"，"只知其一、不知其二"。要学会把每一个要素放在整个系统之中，放在全局之下来考虑，从整体上综合地把握对象，使分析和综合相互渗透、同步进行，着眼于全局来认识和处理各种矛盾问题，实现最优化的总体目标。

抓好"牵一发而动全身"的事。事物是普遍联系的。领导干部考虑问题不能"顾头不顾腚""东向而望，不见西墙"，也不能"见子打子""头痛医头、脚痛医脚"。要学会系统性、全局性、多维度地考虑问题，把此事物跟彼事物联系起来，注意系统与外部环境，以及系统内部之间的关联性，寻找关联要素之间的共性，暂时搁置差异，排除干扰思维，做到有效协调，才能达到"四两拨千斤""治标又治本"的效果。

学会"十个指头弹钢琴"。协同发展才是最好的发展。领导干部的职责就是富一方百姓、保一方平安、优一方环境、正一方风气。要防止和克服"按下葫芦浮起瓢""东一榔头西一棒子"，善于从各个角度、各个侧面、各个层次观察分析事物，把纵向思维与横向思维有机统一起来，将时间和空间有机统一起来，把握事物本质，打开工作思路。既要抓经济发展，又要抓社会治理；既要抓好业务，又要抓好党务，方方面面都要系统考虑、综合施策，突出重点、分步实施，打出一套有效的"组合拳"，达到"一子落而满盘活"的效果。

四、过程与结果的理念

一分耕耘，一分收获。没有过程，就没有结果；没有结果，过程就没有意义和价值。过程到结果，是量变到质变的过程，结果来自过程，过程决定结果。现实中，有的领导干部"官大一级压死人"，高高在上、粗枝大叶，只要结果、不管过程，这种当"甩手掌柜"的做法，看似很有魄力，实则暴露出官僚主义作风；有的不计成本、不择手段，让过程变得不可控，甚至走样变形；还有的只讲过程、不重结果，导致事倍功半、徒劳无功。

没有严谨的过程，就不会有圆满的结果。司马迁写《史记》花了10余年，李时珍编《本草纲目》用了近30年。过程是起决定性作用的，过程是结果的必经之路，对过程的管控是工作质量的保证。领导干部要尊重客观规律，树立全面质量管理理念，对每一个工作项目实施全员、全方位、全过程、全覆盖的质量管理，确保每一个进展都能认认真真、扎扎实实、一丝不苟、绵绵用力、久久为功。

没有良好的结果，再完美的过程只是徒劳。"牡丹花好空入目，枣花虽小结实成。"只有事情做成了，才能产生绩效、体现价值。如果总以"不以成败论英雄"为借口，把"做了"当"做成"、将过程当效果、把痕迹当政绩，那就是典型的形式主义。考核评价一个干部的能力和实绩，既要看他"干没干完"，还要看他"干没干好"。要以发展实绩和实际成效为准绳，以人民高兴不高兴、满意不满意、答应不答应为尺子，把发展成果实实在在体现到人民群众的获得感、幸福感、安全感上。

过程与结果并重，功到自然成。"千淘万漉虽辛苦，吹尽狂沙始到金。"过程与结果同样重要。领导干部要把握好过程与结果的辩证关系，一方面，通过管控好过程，努力达到理想的结果；另一方面，让每一个结果服务于下一个更大的过程。要把功夫下在平常、日常和经常，合理安排、把握节奏、严格标准、总结反思、及时纠偏、不断进步，把过程做细、做实、做完美。

五、现代与超前的理念

现代理念是指立足当前，对形势与时俱进的认知。超前意识是指对未来的洞察和远见。超前理念以现代理念为基础，并在此基础上进行迭代和超越。进入新时代，机遇与挑战并存，老办法解决不了新问题，老套路适应不了新要求，老思想引领不了新发展，"旧船票"已经登不上新时代的"客船"。领导干部要以"而今迈步从头越"的当代视野，以"独上高楼，望尽天涯路"的超前眼光，紧跟时代步伐、赢得发展先机、掌握历史主动。

顺应潮流，不负韶华。当干部，没有一点远见卓识是绝对不行的。邓小平同志曾说："一个党，一个国家，一个民族，如果一切从本本出发，思想僵化，迷信盛行，那它就不能前进，它的生机就停止了，就要亡党亡国。"领导干部是时代潮流的引领者、社会方向的把握者，如果总是习惯在旧轨道上运转，就难以驶向现代化的彼岸。要主动顺应时代潮流，与时俱进创新理念举措，跟上时代发展的脚步，把准社会发展的脉搏。

凡事预则立，不预则废。未知的东西才最可怕。毛泽东同志曾指出，没有预见就没有领导，强调领导干部要学会在"桅杆顶刚刚露出的时候"就掌握它。习近平同志主政正定县时，思想开阔、意识超前，推动落实了很多"超前"举措，带领正定改写了"高产穷县"的历史。思想上的超前必然带来行动上的超前。领导干部作为推动经济社会发展的"领头雁"，不能只管眼前、不顾将来，只埋头拉车、不抬头看路。必须提高预见能力，打好提前量，在思想上先人一步，行动上快人一拍，想在人先，做在人前。

立足当代，着眼未来。习近平总书记指出，领导干部要胸怀两个大局，一个是中华民族伟大复兴的战略全局，一个是世界百年未有之大变局，这是我们谋划工作的基本出发点。领导干部要培养现代与超前思维，将具体工作与实现"两个一百年"奋斗目标联系起来，面向未来、拥抱未来、创造未来，适应潮流、引领潮流，以思想认识的新飞跃打开工作新局面。

六、学习与创新的理念

学习是创新的动力和源泉、基础和保障，创新是学习的目的和效果。新形势新任务新挑战对领导干部能力素质提出了新要求，但有的领导干部新办法不会用、老办法不管用、硬办法不敢用、软办法不顶用，遇到急事难事就吃不下饭、睡不着觉，惊慌失措、忐忑不安，面临"本领恐慌"、能力不足的危险。读万卷书、行万里路，见多识广看问题才能精确。唯有通过学习和创新，拓展视野，知变求变，聚焦国家治理体系和治理能力现代化，才能使各项决策和部署体现时代性、把握规律性、富于创造性。

学习是创新之本源。没有学习和积累，创新就无从谈起。现在努力不等于将来努力，现在优秀不等于将来优秀，活到老就要学到老，成长到老。习近平总书记指出："善于学习，就是善于进步。"领导干部要保持对学习的"饥饿感"，认真学习领会新政策新要求，学习掌握新知识、新信息、新技术，建立起适应工作需要的完整知识体系。要举一反三，增强悟性，克服"拿来主义"，尽快把"卡脖子"的手甩掉，做到人无我有、人有我优、人优我特。

创新是学习之动力。人们常说:"学而知不足,知不足而后进。"创新的需求是学习探究的不竭动力。苹果曾经落在无数人身边,可只有牛顿因此发现万有引力定律,原因就是他的创新思想。领导干部要立足新的实际,不断在思路和办法上进行创新,坚持干什么学什么、缺什么补什么,有什么问题就解决什么问题,善于用党的创新理论指导新的实践,以解决实际问题为导向,打破思想上的"坚冰",走出自己的"舒适区"。

坚持与时俱进,才能始终走在时代前列。没有学习就没有进步,没有创新就没有发展。经历和经验对干部很重要,但如果因循守旧、抱残守缺,终将被历史所淘汰。领导干部要大力弘扬学习精神、创新精神,树立问题意识、求解意识,突破工作思路、工作方法、工作机制等方面的瓶颈,在勤学苦练、革故鼎新中提升自我,创造性地解决各种困难问题。当然,也要反对那种哗众取宠、标新立异的胡乱创新,立足实际、稳扎稳打,做到"先控制再出彩"。

七、目标与责任的理念

目标是追求的目的,是事物在时空中的某种方向性或趋势性。领导工作从本质上讲,就是一个不断选择、寻找和实现目标的过程。责任是一个人应该做的事情和不应该做的事情。"责重山岳,能者方可当之。"责任心是领导力的基础。领导干部只有不断强化责任意识,认真做好自己应该做的事,才有资格带领群众干事创业、攻坚克难。

没有目标的努力,有如在黑暗中远征。俗话说:"有志者事竟成。"目标是我们行动的依据,是方向和动力,成功就是设定并达成目标。没有目标的人,就会随波逐流,把成功的希望交给机遇,瞎忙空耗;没有目标的人生,就会"脚踩西瓜皮,滑到哪里是哪里"。无论做任何事情,我们都应制定明确而具体、大胆而详细、远大而合理、切实而可行的目标,坚持目标导向,运用目标管理,使各项工作始终瞄着目标去、追着目标走。

没有做不好的工作,只有不负责任的人。车尼尔雪夫斯基曾经说过:"生命是和崇高的责任联系在一起的。"责任是工作的灵魂,一个对工作负责任的人，才是对自己真正负责的人；只有勇于承担责任，才有可能被赋予更多的使命。"大事难事看担当，顺境逆境看襟怀。"领导干部既要当循吏，更要当能吏，做到敢担当、能担当、会担当、善担当。

初心与使命共担，目标与责任共存。目标决定方向，责任胜于能力。心态决定一切。所有看似光鲜的成功背后，都经历了许多不为人知的磨难、挫折甚至诽谤。习近平总书记指出："人民对美好生活的向往，就是我们的奋斗目标。"不忘初心，方得始终。今天，船到中流、人到半山，更需要领导干部胸怀中华民族伟大复兴的战略全局和世界百年未有之大变局，保持对党的忠诚心、对人民的感恩心、对事业的进取心、对法纪的敬畏心，做到心中有目标、肩上有责任。

八、高线与底线的理念

生而为人，应该有自己为人处世、干事创业的标准。殚精竭虑，追求达到的目标是为高线；居安思危，防患未然的保障是为底线。新时代的领导干部，志向要大、底线要守。凡事应从最坏处准备，尽最大的努力，努力争取最好的结果，才能有备无患、遇事不慌，牢牢把握工作的主动权。

要敢于跳起来"摘桃子"。古人云："求其上者得其中，求其中者得其下，求其下者无所得。"如果目标定得低，成就肯定不会高。高线就是目标，是需要付出心血去努力争取的最好结果。"百舸争流，奋楫者先。"领导干部要志存高远，以"优秀"的标准要求自己，以"出色"的标准对待工作，既倾力而为，又量力而行，不做则已，做必做好。

治已病不如治未病。消祸于未萌，治乱于未乱。习近平总书记反复强调，当前和今后一个时期，我们在国际和国内面临的矛盾风险挑战都不少，决不能掉以轻心。领导干部要强化风险意识，增强工作的预见性，既要想"一万"，又要想"万一"，保持战略定力，提高风险化解能力，下好"先手棋"，打好主动仗，练好应对和化解风险挑战的高招，牢牢守住政治、经济、科技、社会等领域的风险底线，严防"灰犀牛"和"黑天鹅"，化险为夷、转危为机，避免出现颠覆性的错误。

不失底线，意在更好。高线与底线的统一，实质就是"有为"和"有守"的统一。领导干部必须有舍我其谁的责任担当，该改的要大刀阔斧地改，该闯的要义无反顾地闯，该试的要放开手脚去试，充分挖掘潜力、激发动力、释放活力。侥幸是不幸的开始，要守好自己的本性，不该交的朋友不能交，不该要的钱不能要，不能做的事不能做。要全力避免"坏处"，尽力赢得"好处"，去争取最好的结果。

九、斗争与团结的理念

社会是在矛盾运动中前进的，有矛盾，就会有解决矛盾的斗争，经过斗争，矛盾得到解决，就能达成团结。但旧的矛盾解决了，又会产生新的矛盾，团结和斗争就是在这种矛盾运动的推动下不断发展的。领导干部既要敢于斗争、善于斗争，又要团结一切可以团结的力量，不是为了斗争而斗争，而是要在斗争和团结中不断争取新的胜利。

有斗争才能有进步。伟大事业都是斗争中日益发展。习近平总书记指出，中华民族伟大复兴，绝不是轻轻松松、敲锣打鼓就能实现的，实现伟大梦想必须进行伟大斗争。领导干部要培养和保持顽强的斗争精神、坚韧的斗争意志、高超的斗争本领。要合理选择斗争方式、把握斗争火候，抓主要矛盾、抓矛盾的主要方面，坚持有理有利有节，在原则问题上寸步不让，在策略问题上灵活机动，根据形势需要，把握"时度效"，及时调整斗争策略，不断夺取伟大斗争新胜利。

团结就是力量，团结越紧力量越大。习近平总书记强调："力量不在胳膊上，而在团结上。"要想干好工作，完成任务，必须建立在团结的基础上。工作、生活在一个风清气正、团结和谐、相互信任的环境里，就会心情舒畅、精神愉悦，就可以集中精力做事情、一心一意干事业。对领导干部来说，懂团结是真聪明，会团结是真本领。应把团结作为一种素质来锻炼，作为一种品德来培养，作为一种能力来强化，作为一种境界来追求。

在斗争中增进团结，在团结中敢于斗争。毛泽东同志曾指出："以斗争求团结则团结存，以退让求团结则团结亡。"团结不是"结团"。要搞好团结，就要通过斗争的方式，寻求到双方更多的共同点，达成更多的共识，才有利于促进共为。如果片面强调团结，否定斗争，党的团结就会成为无原则的一团和气；如果片面强调斗争，否定团结，就会出现残酷斗争、无情打击，搞得四分五裂。领导干部要从团结的愿望出发，经过批评和斗争，使矛盾得到解决，在斗争中争取团结、在斗争中谋求合作、在斗争中争取共赢，从而在新的基础上达到新的更大的团结。

十、自律与他律的理念

自律是一个人自警、自省和自我约束、自我完善的能力；他律是来自外部的教育、批评、监督等约束。自律和他律相辅相成，自律是基础，他律是保障，二者缺一不可。习近平总书记指出："法是他律，德是自律，需要二者并用。"纵观近年来查处的违纪违法案件，一些党员干部之所以一步一步走向堕落，无不是放松自我、放松自律所致。事实也充分证明，领导干部越是敢于接受监督，就越能行得端、走得正、站得稳。严格自律、接受他律，是领导干部的终身必修课。

自律者方得自由。德国哲学家康德说过："所谓自由，不是随心所欲，而是自我主宰。"守好自律底线的人，从来不会失去自由，而是自由如常；相反，背弃自律、罔顾法度者，最终往往身心双重不自由。俗话说："没有盆的花朵长不直。"一个人的素质高低主要体现在自觉自律上，私底下、无人时、细微处最检验党性。人的所有懒惰、放纵、自制力不足，根源都在于认知能力受限，善自律者自能安。领导干部要心存敬畏，在防微杜渐上不舍尺寸之功，从内心深处筑牢拒腐防变的精神堤坝，做到台上台下一个样、人前人后一个样。

失去监督的权力必然导致腐败。自律不能代替他律。习近平总书记指出："加强对干部的监督，是对干部的爱护。"所有腐败案件都有一个量变到质变、小错到大错的过程。"贿随权集"，一切有权力的人都容易滥用权力。严是爱，宽是害。他律是使人迷途知返，在悬崖前勒马不可或缺的"安全阀""刹车器"。领导干部要把党和人民的监督视作最大的关心、最好的保护、最真诚的帮助,不断强化严格自律、主动接受他律的意识和能力。

把权力关进制度的笼子。权力是一把双刃剑,在法治轨道上运行可以造福人民,在法律之外运行则会祸害国家和人民。习近平总书记指出:"要加强对权力运行的制约和监督,把权力关进制度的笼子里,形成不敢腐的惩戒机制、不能腐的防范机制、不易腐的保障机制。"法网恢恢,疏而不漏。领导干部必须牢固树立法律红线不能触碰、法律底线不能逾越的观念,依照法定权限和程序行使权力,在自律与他律中走稳自己的从政路、人生路。

第十二节 ｜ 坚持六种导向

导向即指引和方向，是人们行动的思维方向、方法路径和基本遵循。导向鲜明，则思路清晰；导向正确，则行动有力。一个人坚持正确导向，才能坚定正确的人生方向，人生之舟才能行稳致远；一个领导干部坚持正确导向，才能提升思维能力和行动能力，增强工作的预见性、主动性和创造性，最终取得组织放心、群众满意、社会认可的政绩。习近平总书记强调，要把坚持正确导向摆在首位，始终绷紧导向这根弦，讲导向不含糊，抓导向不放松。领导干部作为"关键少数"，无论想问题、作决策，还是办事情、干工作，都应当始终坚持目标导向、问题导向、责任导向、规矩导向、全局导向、结果导向。

一、始终坚持目标导向

目标是指个人、部门或整个组织想要达到的目的。习近平总书记指出："人民对美好生活的向往，就是我们的奋斗目标。"坚持目标导向，就是坚持以目标引领行动，始终瞄准目标持续奋进，最终以实现目标为目的。目标导向不是嘴上空喊的口号，而是具体实在的行动，必须贯彻到实际工作中。领导干部只有坚持强烈的目标意识，始终围绕目标来思考、谋划、推进工作，科学地制定目标、坚定地执行目标，才能真正以目标引领各项工作更加稳健、更有节奏、更可持续地发展。没有伟大的目标，人就会失去动力。伟大的目标产生不竭的动力，不竭的动力产生伟大的实践。但凡成功之人，无不都先有一个明确而宏伟的目标，并能围绕目标坚定而执着地行动、善始善终、善作善成。没有目标而工作，恰如没有罗盘而航行。一个政党、一个国家、一个地方、一个部门、一个干部，如果没有明确的目标，就会丧失前进的方向和动力。

中国共产党甫一成立就把实现共产主义作为最终奋斗目标，为了实现这个目标，在不同历史阶段又提出各种具有号召力的具体奋斗目标，团结和带领人民群众为之奋斗，创造了一个又一个辉煌的成就。目标是领导活动的一个基本要素，有了目标才能认清使命与责任，合理地配置工作资源、有效地分配工作时间、灵活地运用工作战略战术、务实地选择工作方式方法、科学地评估工作进展得失、及时地矫正工作的方向和措施等，切实增强领导工作的前瞻性、预见性、方向性、秩序性、针对性、实效性。工作目标的实现，能够使人提高对自我潜能和价值的认知，能够增加对工作必胜的信心和力量。没有目标，哪来的劲头？领导干部要善于用共同的目标来引领思想的统一、行动的一致，从而把宏伟的蓝图变成美好的现实。没有具体的目标，人就会失去信心。领导干部要把确定目标作为决策制定和方案实施的重要依据。目标一错，就可能会一错再错。因此，目标一旦定好，决策问题就已经解决了一半。目标贵在合理，目标过高，不具备完成目标的能力或条件，便会形同虚设，久而久之就会造成士气低落。目标过低，轻而易举便可完成，没有任何挑战性和激励性，也同样起不到鼓舞士气的作用。

领导干部制定工作目标，一定要坚持一切从实际出发，善于把握好"时"和"势"，科学合理确定工作的总体目标，使目标制定符合发展规律、符合工作实际、符合群众需求，切不能好高骛远、贪大求全，更不能妄想拔苗助长、一步登天。另外，还要善于根据客观实际，进一步细化长远目标、中期目标、近期目标，使实现总体目标的过程稳扎稳打、步步为营，使工作任务更具体、更便于执行、更容易实现。没有坚定的行动，目标就会化为幻影。爱因斯坦曾说："在一个崇高的目标支持下，不停地工作，即使慢，也一定会获得成功。"

习近平总书记强调，"如果不沉下心来抓落实，再好的目标，再好的蓝图，也只是镜中花、水中月。"一分部署，九分落实。规划再美好、目标再明确,没有强有力的措施和执行,就只是纸上谈兵。制定科学、合理、可行的实施措施,时刻保持不达目标不罢休的优良作风,是促进各项目标实现的保证。目标一确定,就要对标对表,制定明晰的工作路线图、任务书和时间表,合理分解目标、细化工作责任、明确时间节点、制定奖惩措施,坚定目标、坚持不懈、克服困难,不折不扣抓好工作落实。另外,还要经常对照目标,加强对工作的检视反思,及时发现和纠正偏离目标的问题,确保工作不停滞、不懈怠、不跑偏、不走样,始终在目标引领下,沿着正确的方向和道路坚定前行。点点努力涓滴成流,积小胜为大胜。领导干部要立足工作岗位,主动对标,进一步明确自身职责任务,按照既定的目标任务、时间节点、工作期限,一抓到底,确保工作有条不紊、高质高效地推进,最终实现目标。

二、始终坚持问题导向

问题是实践的起点、创新的起点,也是发展的起点。人类认识世界、改造世界的发展过程,就是一个发现问题、解决问题的过程。问题导向是马克思主义世界观和方法论的重要体现,是我们党的优良传统和宝贵经验。习近平总书记指出:"问题是事物矛盾的表现形式,我们强调增强问题意识、坚持问题导向,就是承认矛盾的普遍性、客观性,就是要善于把认识和化解矛盾作为打开工作局面的突破口。"我们党领导人民干革命、搞建设、抓改革,从来都是为了解决中国的现实问题。

坚持问题导向,就是要以解决问题为目标,抓准主要矛盾和矛盾的主要方面,切中矛盾的要害,抓住化解矛盾的着力点,从而找到解决矛盾的突破口。领导干部要自觉把发现问题、分析问题、解决问题作为做好领导工作和一切工作的基本要求,特别是抓住关键问题,切实增强工作的主动性和针对性。问题是时代的声音,问题是矛盾的外现。矛盾是事物发展的根本动力,是问题存在的根源,问题是矛盾的具体表现,哪里有矛盾,哪里就有问题。矛盾是不以人的意志为转移的、客观存在的,问题也同样如此。一个时代的发展过程就是一个不断解决时代问题的过程。马克思指出,"主要的困难不是答案，而是问题"，"一个问题，只有当它被提出来时，意味着解决问题的条件已经具备了"。毛泽东同志指出，"什么叫问题？问题就是事物的矛盾，哪里有没有解决的矛盾，哪里就有问题"。习近平总书记指出，"问题是时代的声音，回答并解决问题是理论的根本任务"。还强调，当代中国最大的客观实际，就是我国仍处于并将长期处于社会主义初级阶段，这是我们认识当下、规划未来、制定政策、推进事业的客观基点，不能脱离这个基点。问题之中已包含问题之答案，但问题的答案又不是简单直观、信手拈来的，而是需要领导干部潜心思考，准确研判形势，深入实际调查，认真分析研究，才能在实践中找准问题发生的源头和规律。

领导的本质就是解决问题，为官避事平生耻。问题是客观存在的，回避问题只会造成更大的问题。领导干部是党和人民事业的骨干、人民的公仆，要做到敢于担当尽责，就必须坚持强烈的问题导向、形成积极的问题意识，瞄着问题去，追着问题走，扭住问题做，揪着问题改，善于把化解矛盾、破解难题作为工作的突破口，有什么问题就解决什么问题，什么问题突出就重点解决什么问题，养成坚持问题导向的思想自觉和行动自觉。

要加强理论武装，学习掌握马克思主义立场观点方法，自觉用习近平新时代中国特色社会主义思想武装头脑，做到学思用贯通、知信行统一，提高发现问题的能力。要敢于正视问题，保持高度负责的态度和敢于斗争、善于斗争的精神，做到具体问题具体分析，透过现象看本质，去粗取精、去伪存真，由此及彼、由表及里，科学分析、深入研究、不断解决。要加强调查研究，善于从历史和现实相贯通、国际和国内相关联、理论和实际相结合的宽广视角，把问题找准、把办法研透，问题不解决不松劲、解决不彻底不放手、群众不认可不罢休，切实把党中央重大决策部署落到实处，使各项工作缜密而务实地推进。切不可遇到问题绕着走、躲着拖、"当鸵鸟"、"踢皮球"或企图大事化小、小事化了、不了了之。

三、始终坚持责任导向

人生在世，生一日当尽一日之责。知责任者，大丈夫之始也；行责任者,大丈夫之终也。人一生其实都是生活在责任之中,只有责任才能让一个人有目标有价值,而且变得坚强而勇敢。坚持责任导向,就是把责任意识、责任担当贯穿工作全过程,始终知责、明责、负责、担责、尽责,以责任激发工作积极性、主动性和创造性。

习近平总书记强调,干部就要有担当,有多大担当才能干多大事业,尽多大责任才会有多大成就。不能只想当官不想干事,只想揽权不想担责,只想出彩不想出力。井无压力不出油,人无压力轻飘飘,责任没有"空窗期"。领导干部只有坚持责任导向,强化责任意识,常掂量肩负的使命,常思量承担的职责,在其位谋其政,履其职尽其责,才能为党和人民创造卓越的业绩。岗位就是责任,责任就是能力。有一个岗位,就有一份责任。责任重于泰山,一个人成就的大小,很大程度上取决于事业心、责任感的强弱。苏联作家马克西姆·高尔基曾说:"天才是由于对事业的热爱而发展起来的,天才就其本质而论只不过是对事业、对工作过程的热爱而已。"责任心本身就是一种能力。坚持责任导向,具有强烈的责任意识,再艰难的历程也能渡过,再危险的困难也能克服;反之,就会小事拖成大事,小祸酿成大祸。很难想象一个平时随随便便、马马虎虎、敷衍了事的人,一个对待工作履职不尽责、在位不尽心、身在心不在的人,一个总是想着个人进退得失、名利地位的人,能够高标准高质量完成肩负的使命任务。

习近平总书记指出,要用知重负重、攻坚克难的实际行动,诠释对党的忠诚、对人民的赤诚。当干部不是特权、不是荣耀,而是一种岗位、一份沉甸甸的责任,职位越高责任越大,权力越大责任越重,一定要时刻心中有责,自觉增强事业心责任感、不断提高工作能力、严格践行"三严三实"、力戒形式主义和官僚主义。各自责则天清地宁,各相责则天翻地覆。"士不可以不弘毅,任重而道远。"对党忠诚、为党分忧、为党担责、为党尽责,是共产党人必须始终坚守的政治品质和做人操守。

习近平总书记强调:"我们做人一世,为官一任,要有肝胆,要有担当精神,应该对'为官不为'感到羞耻,应该予以严肃批评。"有权必有责,有责要担当。领导干部必须增强"责任就是使命、责任重于泰山"的意识,始终把心思凝聚到干事业上，把精力集中到办实事上，把本领体现到促发展上，切实做到接受任务不找借口、执行任务不讲困难、完成任务追求圆满。必须始终自觉把工作当事业、当快乐，全身心投入，干一行、爱一行、钻一行，精其术、竭其力、乐其业，真正做到守土有责、守土负责、守土尽责，坚决不做政治麻木、办事糊涂的昏官，不做饱食终日、无所用心的懒官，不做推诿扯皮、不思进取的庸官，不做以权谋私、蜕化变质的贪官。

四、始终坚持规矩导向

"矩不正，不可为方；规不正，不可为圆。"规矩，原指画圆形和方形的两种工具，比喻一定的标准、法则或习惯。规矩是社会秩序的保障，对规矩的崇尚与坚守，彰显的是社会的文明程度。树立规矩意识，是培养现代文明公民、迈向文明社会的必经之途。习近平总书记强调："治理一个国家、一个社会，关键是要立规矩、讲规矩、守规矩。"月盈则亏，水满则溢。领导干部职位越高，越要树牢规矩导向，越要强化规矩意识，对"该做什么，不该做什么"时刻做到心中有数、胸中有谱，真正发挥好表率作用。没有规矩不成方圆，守规矩是对领导干部最基本的要求。"人不以规矩则废，党不以规矩则乱。"

重规矩、守规矩是我们党与生俱来的内在品质，是全党政治生活的根本遵循，是我们党不断从胜利走向胜利、始终赢得民心的重要法宝。党的十八大以来，以习近平同志为核心的党中央高度重视"规矩"的作用，将"立规矩、讲规矩、守规矩"贯穿到管党治党全过程、落实到党的建设各方面，让党风政风为之一新、党心民心为之一振，极大地增强了党的凝聚力、向心力、战斗力，推动党和国家事业发生历史性变革。习近平总书记指出："一个松松垮垮、稀稀拉拉的组织是不能干事、也干不成事的。如果党组织像个大车店、大卖场一样，想来就来，想走就走，那还能有什么核心力量？还能把广大人民群众团结在党的周围吗？"习近平总书记还强调，"我们党的党内规矩是党的各级组织和全体党员必须遵守的行为规范和规则"，"领导干部必须懂规矩，懂党的规矩，懂政治规矩，哪些事能做、哪些事不能做，哪些事该这样做、哪些事该那样做、哪些事该发扬民主、哪些事该请示报告，都得按规矩办"。

身为领导干部，只有坚持规矩导向、切实增强规矩意识，时刻对照警醒、高悬规矩戒尺，把严守纪律和规矩视为生命，作为立身处世之本，才能走得稳、走得远、走得好。举头三尺有纲纪，必须始终把政治规矩放在首位。党的规矩，不仅包括党章、党纪、国法这样的成文规矩，而且包括党的优良传统、工作惯例等软性的未成文的内容。无论是成文的还是未成文的，党员干部特别是领导干部都必须懂得、都必须遵守。古人云："官有所畏，业有所成。"领导干部只有明白严守规矩的重要性和不讲规矩的危害性，才能真正有所敬畏，真正把规矩内化于心、外化于行，做到心有所畏、言有所戒、行有所止，清清白白做人、干干净净做事、坦坦荡荡为官。现代政党都是具有政治性的，都是有政治规矩要求的，没有政治规矩要求不成其为政党。

领导干部守规矩，最重要的就是要坚持把严守党的政治纪律和政治规矩放在首位，带动党的其他规矩全面严起来，把旗帜鲜明讲政治贯穿于工作始终，认真学习党章党纪党规，坚持民主集中制，重大问题该请示的请示、该汇报的汇报，服从组织决定，决不搞非组织活动，做到思想上认同组织、政治上依靠组织、工作上服从组织、感情上信赖组织，深刻领悟"两个确立"的决定性意义，增强"四个意识"、坚定"四个自信"、做到"两个维护"。另外，必须遵守社会规矩，一切按照法律法规办事，让自己既是合格党员，亦是模范遵守社会各项规章制度的好公民。

五、始终坚持全局导向

全局是指事物的整体及其发展的全过程。坚持全局导向就是指从客观整体的利益出发，站在全局的角度看问题、想办法、作决策。善弈者谋势，不善弈者谋子。对领导干部而言，站在全局的高度，正确处理局部和全局的关系，放眼全局，通盘考虑，总揽全局、统筹兼顾，是必须具备的政治素质和基本要求，也是搞好工作的必然要求。

不谋全局者，不足谋一域。世界上任何事物都处于普遍联系之中，一切事物之间，以及每一事物诸要素之间，都是相互联系的，整个世界就是一个由部分组成的有机整体。全局由局部组成，但全局又统率局部、高于局部，局部必须服从、服务于全局。就具体的领导工作而言，相对于全党全国，领导干部从事的工作是局部；相对于自己分管领域的各个部分，领导干部从事的工作又是全局。因此，领导工作都存在总揽全局的问题，而不能片面地以为全局只是"大领导"的事。把握全局可以更好地把握局部，把握好局部又可以更好地服务全局。古人云："先立乎其大者，则其小者不能夺也。"领导干部思考问题、谋划工作只有胸怀全局、具有战略思维，才能高屋建瓴、目通万里，立足现在、把握未来；才能跳出一时一事、一地一己的局限；才能冷静研判趋势、顺应趋势，把准方向、保持定力。全局不活，满盘皆输。如果陷入"本位主义"，被局部利益掣肘，就会迷失方向、罔顾全局、因小失大，连自己"一亩三分地"的活儿也干不好。因此，对领导干部而言，全局里有政治，全局里有担当，全局里有境界。总揽全局，必须统筹兼顾。

毛泽东同志鲜明提出："我们的方针就是统筹兼顾，各得其所。"习近平总书记强调："必须在把情况搞清楚的基础上，统筹兼顾、综合平衡，突出重点、带动全局，有的时候要抓大放小、以大兼小，有的时候又要以小带大、小中见大，形象地说，就是要十个指头弹钢琴。"识大体方能谋大事。领导干部必须站在党和国家事业发展全局的高度思考问题、推动工作。君子致广大而尽精微。要树立"大局观"，思考问题、研究对策，制订方案、推动工作，都必须从党和人民利益的大局出发，自觉把工作放到大局中去思考、定位、摆布，站得高一点、看得远一点、想得深一点，注重顶层设计，坚持谋篇布局"一盘棋"，在顾全大局的前提下做好本职工作，决不能"只见树木，不见森林"。要学会"弹钢琴"，正确处理全局和局部的关系，分清主次、先后、轻重、缓急，做到工作布局点面结合，工作部署有重点难点，工作推进协调一致，工作成效和谐共赢，在协调均衡中实现整体效能最大化。要善牵"牛鼻子"，善于抓住主要矛盾和矛盾的主要方面，把精力放在抓战略问题、全局指导、宏观决策上，从根本的、关键的、主要的环节上着手推动工作，以重点突破带动整体跃升。

六、始终坚持结果导向

所谓结果，通常指事物发展的后续影响或某一阶段所取得的成果。大部分事情，最终都要让结果说话。一个好的结果，就是高质量圆满完成各项任务，让组织认同、同志认可、群众满意、自己欣慰。在实际工作中，人们都愿意看到好的结果。争取好结果，就必须树立起强烈的结果意识，坚持以结果为导向，统领目标任务。

马克思曾说："劳动过程结束时得到的结果，在这个过程开始时就已经在劳动者的表象中存在着，即已经观念地存在着。"领导干部坚持结果导向，就是要把取得好结果贯穿事物发展过程的始终，把主要精力用到履职尽责、提高质效上来，不仅看干了没有、还要看干得怎么样，切实增强工作的针对性、实效性。幸福是奋斗出来的，实践实干方有好结果。实践是人的存在方式，是认识的来源，也是认识发展的动力，是检验真理的唯一标准，是通向成功的必经之路。实践性是马克思主义哲学最重要的特点和理论品质。世界上没有哪项事业不是靠干成就的，没有哪项工作不是干出来的。实践出真知，实干梦成真。梦想如果不去实践，那始终只是个梦而已；有目标而不去实干，目标终究只能"目视"而不能"实至"。

空谈误国，实干兴邦。邓小平同志在改革开放之初曾告诫全党："世界上的事情都是干出来的，不干，半点马克思主义都没有。"干事是干部的天职，担当是干部的使命。习近平总书记指出，干部干部，干是当头的，既要想干愿干积极干，又要能干会干善于干，其中积极性又是首要的。成功没有捷径，梦想不会自成，实干是最靠谱的办法。目标定了，不等于成了，"定了"是思路、是打算、是要求，"成了"是事实、是结果、是评价。没有实绩的干部不是好干部。领导干部干事业谋发展，就得脚踏实地，从实处着眼、用实干考量、靠实绩说话，坚持说实话、谋实事、出实招、求实效，真正用实践实干诠释担当，用实践实干涵养初心，用实践实干托举梦想。要结果更要效果，要效率更要效益。

习近平总书记多次强调，做工作要"把握好时度效"。完成工作固然重要，但倘若是驰于空想、骛于虚声，或是敷衍了事，这样的"结果"不仅没有意义，还白白浪费了时间精力。千忙万忙，没有好结果就是白忙。领导干部干事创业，必须努力做到结果和效果双赢、效率和效益兼得。要实事求是，更要敢于创新。坚持一切从实际出发，理论联系实际，面对困难敢闯、敢试、敢于探索，用创新的思维解决面临的新情况、新问题。要积极主动、更要英勇无畏，面对困难和艰巨任务，敢于冲锋亮剑，只要是组织安排的、研究决定的事项，就要毫不犹豫、不折不扣地贯彻执行，绝不能守株待兔，更不能让领导推着走。既要认真"干"、更要努力"干好"，坚持政治效益、经济效益、社会效益相统一，杜绝"好事蛮办"，摒弃"好事虚办"，警惕"好事滥办"，防止"负溢出效应"。既要高速度更要高质量，只讲速度不讲质量，那就会欲速则不达，甚至贻害无穷；只讲质量不讲速度，则会贻误战机、失去机会。

要努力实现速度和质量两手抓、两手硬，又好又快地推动各项工作。金杯银杯不如群众的口碑，群众说好才是真好。坚持结果导向，最关键的就是要坚持以人民高兴不高兴、满意不满意、答应不答应作为衡量一切工作的标准和尺度，真正把好事办实、把实事办好，不断增强人民群众获得感、幸福感、安全感。当然，任何结果都不是一劳永逸的，需要经常对"结果"进行"回头看"，适时进行回顾、总结、反思，发扬成绩、弥补不足，以求更大更好的成效。

第十三节 | 一定要有志气骨气底气

习近平总书记在庆祝中国共产党成立100周年大会上指出:"新时代的中国青年要以实现中华民族伟大复兴为己任,增强做中国人的志气、骨气、底气,不负时代,不负韶华,不负党和人民的殷切期望。"这不仅是对广大青年的寄语,也是对广大党员的期望,更是对领导干部的嘱托。领导干部肩负历史重任,是推动实现中华民族伟大复兴的建设者,更需要不断增强志气、骨气、底气,胸怀"两个大局",心怀"国之大者",在新征程上不断鞭策、激励、警醒自己,在建设中国特色社会主义伟大事业过程中敢为人先、主动担当、勇毅前行。

一、志气是事业成败的关键,领导干部要有"敢教日月换新天"的凌云壮志

《论语·子罕》有言:"三军可夺帅也,匹夫不可夺志也。"志气,是指心志气力,也就是积极上进或做成某事的志向。志气涵养着理想,志气塑造着人生,志气是支撑一个人克服困难与挫折、进而奔向成功的重要精神力量。领导干部有志气,主要表现在有远大理想和坚定信念,以及为之不懈奋斗的决心和勇气。

志存高远,方能行稳致远;胸无大志,必定一事无成。毛泽东从青少年时代就树立了"改造中国与世界"的宏大志向,最终带领中国人民创造了新民主主义革命、社会主义革命和建设的伟大成就,深刻影响了中国人民和中华民族的前途命运和世界发展的趋势格局。14岁的周恩来斩钉截铁地说出要为"中华之崛起而读书",而后历经磨难仍矢志不渝,为党为国鞠躬

尽瘁、死而后已，青史留名。习近平总书记曾深情回忆："我当年到了正定，看到老百姓生活比较贫困、经济社会发展水平比较落后的情形，心里很着急，的确有一股激情、一种志向，想尽快改变这种面貌。"一个有志气的人，往往有明确的奋斗目标，有坚定不移的意志，越是在艰难困苦、经受挫折的条件下，越是能表现出超乎常人的坚韧与勇气、充满干事创业的激情和热情；一个没有志气的人，就会得过且过、迷茫彷徨，任何一丁点困难和挫折就会把他击垮。习近平总书记曾引用"志之所趋，无远弗届，穷山距海，不能限也。志之所向，无坚不入，锐兵精甲，不能御也"，向领导干部深刻诠释了立身要有志气、做人要有志向的道理。当前，个别领导干部胸无大志，整天浑浑噩噩，工作不在状态；个别领导干部只想着个人升官发财的"小志气"，忘却了为国为民奋斗的"大志气"；还有个别领导干部无知者常立志，瞻前顾后、想法多行动少，终究一事无成，等等。领导干部作为党和人民事业的中坚力量，只有坚定信仰信念信心，方能在实现第二个百年奋斗目标新的赶考之路上克服艰难险阻，在实现中华民族伟大复兴的事业中砥砺前行。

立大事者，不惟有超世之才，亦必有坚韧不拔之志。立志是干好事情的前提，是甘愿为实现理想而奋斗牺牲的决心，是战胜一切难题的必胜信念。新时代领导干部要立鸿鹄伟志，守报国丹心，应当毅然决然、义无反顾地铭记初心使命、承担历史重任、扛起时代重担，为实现人民对美好生活的向往不懈努力，为党和人民争取更大光荣。要立志做大事，不要立志做大官，善于从历史发展中认清形势，不断坚定崇高志向，立志于中华民族千秋伟业，心怀"国之大者"，统筹好中华民族伟大复兴的战略全局和世界百年未有之大变局，深刻认识我国社会主要矛盾变化带来的新特征新要求，时刻心系人民群众，以"为有牺牲多壮志，敢教日月换新天"的大无畏气概，敢于斗争、善于斗争，逢山开道、遇水架桥，在无私奉献、矢志担当中实现人生价值。

二、骨气是刚强不屈的人格和操守，领导干部要有"任尔东西南北风"的铮铮铁骨

骨气是一种顶天立地的气节、一种折不断压不倒的精神，是来自灵魂深处的力度，是理想信仰的凝练，是道德品质的结晶，是孜孜以求的执着，是负重奋进的脊梁。古人云，"富贵不能淫、贫贱不能移、威武不能屈"。对领导干部来说，有骨气就是在名利、权势、利益等面前不弯腰、不屈服、不低头，始终坚持原则、洁身自好、守住底线，在任何时候任何情况下都保持独立人格、崇高品德和高尚风范。

人无刚骨，安身不牢。骨气是做人最起码的尊严，也是一个人立之于世的根本。有骨气才能挺直腰杆做人，失去骨气就会失去支撑自己活在世上的精神力量，就难以立身行事。锻造一身刚骨，这是领导干部安身立命、做人做事的基本要求，也是"打铁必须自身硬"的内在要求。一名领导干部，若没有骨气，在纷繁复杂的社会环境中便会缺乏是非意识，很容易被"糖衣炮弹"击倒，难免会在各类诱惑和干扰面前"妥协"，失去做人为官的气节，理想信念也会随之丧失殆尽，最终只会落得身败名裂、身陷囹圄的下场，贻误党和人民的事业。

山无脊梁会塌方，政无刚骨易腐败。领导干部是党和人民事业的骨干，守一方责任，系一方安危，领一方发展，应有"当官不为民作主、不如回家卖红薯"的为官从政之风骨。有无骨气、骨气如何，直接关系领导干部的影响力、凝聚力和号召力，直接影响领导干部管理下属和团队的领导力，直接影响党风、政风、民风、社风，甚至影响"山清水秀"政治生态的构建。然而，现实中，领导干部面对权、名、利，丧失人格尊严者不时出现，有的面对权力极尽媚态、对自认为"能决定自己命运的大官"，唯其马首是瞻，谄媚奉承、讨好卖乖，总是一副唯唯诺诺、唯命是从的媚态；有的对权势极尽投机钻营、低三下四，甚至奴颜婢膝；有的唯利是图，无所不用其极，在名利面前甘拜下风，乐于被"围猎"，拿原则做交易，拿公权做私用，拿人格当稻草，丢失了做人的基本尊严、做事的基本底线，等等。领导干部只有练就铮铮傲骨，才能在任何时候稳得住心神、管得住行为、守得住清白；才能在诱惑面前保持人格、保持操守、保持高尚；才能始终忠诚于党和人民的事业，保持对人民群众的热爱，坚定理想信念，行稳致远。

刚骨在身，顶天立地。踏上新征程、奋进新时代，领导干部要啃下各种硬骨头，首先自己必须骨头硬。唯有挺直脊梁、立起刚骨，做人才有正气、做人才有底气、干事才会硬气、群众才会服气。要严格要求自己，树立起正确的权力观、利益观和政绩观，牢牢抵挡住金钱关、权力关和美色关，做到薄礼面前慎微、盛情面前慎软、喜好面前慎馋、隐贿面前慎独，时刻严于律己，率先垂范，防微杜渐，自觉挺直自己的"精神脊梁"，防止思想坍塌。要不为外物所惑，不为威武所折，不为名利所驱，牢记"奢则妄取苟取，志气卑辱"的告诫，坚持不忘初心，留守气节，坦然面对进退得失，服从工作需要，服从组织安排和群众选择，对党和人民的事业高度负责，把全部心思放在工作上，在履职尽责中实现人生价值，做到"名节重于泰山，利欲轻于鸿毛"，不断涵养做人为官之骨气。要注重构建清清爽爽的上下级关系，对上做到从道不从上、唯实不唯上、跟理不跟人，对下做到护人不护短、关爱不溺爱、靠团队不靠团伙，讲党性不讲派性，多琢磨事少琢磨人，任何时候都坚持原则、站稳立场、秉公办事，反对丢掉原则、丧失立场、阿谀奉承、趋炎附势、不辨是非、唯唯诺诺。

三、底气是一种信心和力量，领导干部要有"天生我材必有用"的底气

底气原指在说、唱时由胸腔和腹腔共鸣产生的力气，后引申为基本的信心与力量。对领导干部来说，底气是锐意进取、奋发有为，推动高质量发展的锐气；是临危不惧、处变不惊，驾驭复杂形势的大气；是上接天线、下接地气，团结带领群众的和气；是自警自省、向上向善，促进自身完善的元气。现实中有些领导干部，面对歪风邪气不能坚决抵制，面对发展难题无所作为，面对突发事件手足无措，既损害了形象，也降低了公信力，使工作陷入被动局面，给党和国家的事业发展造成不利影响。凡此种种，都是领导干部底气不足的反映。

有底气，才能胸中有丘壑、脑中有招数、做事才有谱。底气不足，则畏畏缩缩、优柔寡断，让人不可信、不放心，必失之于软、困之于力、流之于俗、毁之于形。作为领导干部，有底气才能说话铿锵有力、掷地有声，干事雷厉风行、果断有力，为民服务全心全意、大公无私，做群众的孺子牛；有底气才能面对重大决策，发挥领导作用，成为群众心中可以依赖、可以指望的领导者；有底气才能面对尖锐矛盾，敢抓敢管、敢于碰硬，做群众的贴心人；有底气才能面对复杂问题，发现问题症结，做到奔着问题去、迎着困难上，用果断与智谋，全方位、多角度地发散思考，解决问题，做群众的定心丸。有底气才能在"两个大局"中有效应对重大风险挑战，在危机中育先机，于变局开新局，实现中华民族伟大复兴的中国梦。

增底气，当以信念铸魂、以品德修身、以才略立业。底气不是与生俱来的，领导干部的底气源自坚定的理想信念、良好的道德品质和过硬的能力素质。作为领导干部，必须涵养和增强底气，这既是为自己加分，也是为党添彩，更是为民造福。领导干部涵养和增强自己的底气，要把坚定的理想信念作为为官之要，筑牢信仰之基、补足精神之"钙"、把稳思想之舵。要增强政治意识，不断提高政治判断力、政治领悟力、政治执行力。要不断加强自身的马克思主义理论修养，真正掌握马克思主义的立场、观点和方法。要经受得住各种风险的考验，自觉做到守纪律、讲规矩、知敬畏、明底线、常警醒。要把良好的道德品质作为立身之本，明大德、守公德、严私德。要对党忠诚老实，不当两面派，不做"两面人"，不搞当面一套、背后一套。知荣辱树正气，弘扬传统美德，践行社会公德，恪守职业道德，慎独、慎微、慎初、慎终。始终廉洁用权、敬畏组织、心怀人民，带好头、行得端、走得正，创造经得起实践、人民和历史检验的业绩，做底气十足的领导干部。要把过硬的能力素质作为成事之道，练就非凡本领。领导干部如果肚子里没有"干货"，就会患上"本领恐慌症"，胸中无数、手中无招，就会脑袋一锅粥、手上一团麻。要树立终身学习的理念，把学习当作一种精神、一种责任、一种追求、一种境界，不断增强"八种本领"，提高"七种能力"，防止知识透支、本领恐慌。把心思集中在"想干事"上，把胆识体现在"敢干事"上，把能力展现在"会干事"上，把目标落实在"干成事"上，真抓实干，争创一流。

第十四节 | 担当精神须臾不可少

精神，是指人的信念、意识和思维活动所表现出来的状态。毛泽东同志说过，人总是要有一点精神的。人无精神则不立，国无精神则不强。其中，担当精神是干部必须具备的基本精神，是党对党员干部的一贯要求。邓小平同志指出："没有一点闯的精神，没有一点'冒'的精神，没有一股子气呀、劲呀，就走不出一条好路，走不出一条新路，就干不出新的事业。"是否具有担当精神，是否能够忠诚履职、尽心尽责、勇于担责，是检验每一个党员干部身上是否真正体现了共产党员先进性和纯洁性的重要方面。广大党员干部只有切实强化担当精神，增强政治担当、历史担当、责任担当，才能做到新时代新担当新作为，创造出无愧于新时代的光辉业绩。

一、深入学习领会习近平总书记关于担当作为的重要论述，切实增强担当精神

党的十八大以来，针对一些干部不敢担当、不愿负责，当"太平官""逍遥官"等情况，习近平总书记在不同场合反复强调担当是领导干部必备的基本素质，并身体力行、率先垂范，为广大党员干部树立了榜样。习近平总书记关于担当作为的一系列重要论述，高屋建瓴、思虑深邃，吸纳了中华民族担当文化传统，覆盖了马克思主义关于担当的观点，把担当作为上升到了新的境界，赋予其丰富的时代内涵，具有极强的现实针对性和长远指导性。深入学习领会这些重要论述，对增强广大党员干部主动担当、积极作为意识，更好地推进新时代党和国家事业发展、推动高质量发展具有十分重要的意义。

（一）深入学习领会"干部敢于担当作为，这既是政治品格，也是从政本分"的重要论述，认清"为何要担当"。习近平总书记指出，敢于担当是党的干部必须具备的基本素质。为官避事平生耻，能否敢于负责、勇于担当，最能看出一个干部的党性和作风。干部就要有担当，有多大担当才能干多大事业，尽多大责任才会有多大成就。搞改革、谋发展，比认识更重要的是决心，比方法更关键的是担当。实现第二个百年奋斗目标，需要我们有更加强烈的担当精神，勇于涉险滩、破坚冰、攻堡垒、拔城池。有些问题并非无解，关键在于有没有担当，只要各级领导干部心系使命、扛起责任，就没有过不去的坎。看准了的事情，就要咬定青山不放松，拿出政治勇气来，敢于担当，坚定不移干。学习领会习近平总书记的这些重要论述，就要认识到，担当是作风问题，更是政治问题。不担当就是不忠诚，就没有政德，就不配当干部。党员干部的忠诚之魂在于担当，对党忠诚就要为党分忧，以敢于担当检验绝对忠诚。对党忠诚不能停留在口头上，而是要落实在行动上，落实到工作中。只要是为了党的事业、人民的利益，该做的事顶着压力也要干，该负的责冒着风险也要担，才能永葆共产党人一切为了人民利益、一切忠诚于党和人民的政治本色。

（二）深入学习领会"敢于担当，是为了党和人民事业，而不是个人风头主义"的重要论述，明白"为谁担当"。习近平总书记指出，为什么人、靠什么人的问题，是检验一个政党、一个政权性质的试金石。我们手中的权力是党和人民赋予的，要为人民服务，担当起该担当的责任。要始终把人民放在心中最高的位置，牢记责任重于泰山，时刻把人民群众的安危冷暖放在心上，兢兢业业，夙夜在公，始终与人民心心相印、与人民同甘共苦、与人民团结奋斗。要采取针对性更强、覆盖面更大、作用更直接、效果更明显的举措，实实在在帮群众解难题、为群众增福祉、让群众享公平。要坚持党的原则第一、党的事业第一、人民利益第一，敢于旗帜鲜明，敢于较真碰硬，对工作任劳任怨、尽心竭力、善始善终、善作善成，做时代的劲草、真金。学习领会习近平总书记的这些重要论述，就要认识到，为人民而担当是领导干部的最高责任，要怀着强烈的爱民、忧民、为民、惠民之心，心里始终装着父老乡亲，想问题、作决策、办事情都要想一想是不是站在人民的立场上，是不是有助于解决群众的难题，是不是有利于增进群众福祉，不断增强人民群众的获得感、幸福感、安全感。

（三）深入学习领会"不仅要有担当的宽肩膀，还得有成事的真本领"的重要论述，知道"用什么来担当"。习近平总书记指出，干部干部，干是当头的，既要想干愿干积极干，又要能干会干善于干。无论是干事创业还是攻坚克难，不仅需要宽肩膀，也需要铁肩膀；不仅需要政治过硬，也需要本领高强。要勇于挑最重的担子，敢于啃最硬的骨头，善于接最烫的山芋，到条件艰苦的基层、国家建设的一线、项目攻关的前沿，经受锻炼，增长才干。要增强学习新知识、掌握新本领的自觉性和紧迫感，不断掌握新知识、熟悉新领域、开拓新视野，全面提高领导能力和执政水平。要注重培养专业能力、专业精神，针对干部的知识空白、经验盲区、能力弱项，开展精准化培训，突出针对性和实用性，补齐本领上的短板、能力上的不足。要做起而行之的行动者，不做坐而论道的清谈客，要当攻坚克难的奋斗者，不当怕见风雨的"泥菩萨"，在摸爬滚打中增长才干，在层层历练中积累经验。学习领会习近平总书记的这些重要论述，就要认识到，真担当要有真本事，既要有想干事、真干事的自觉，又要有会干事、干成事的本领，没有本事的担当说到底就是花架子。要增强能力不足的危机感，练就"几把刷子"，增强八种本领，使自己的能力素质跟上时代节拍、与岗位职责相匹配。

（四）深入学习领会"既敢于出招又善于应招"的重要论述，清楚"怎么样担当"。习近平总书记指出，面对急难险重任务，必须豁得出来、顶得上去，绝不能畏缩不前。做人一世，为官一任，要有肝胆，要有担当精神。要拎着乌纱帽为民干事，不要捂着乌纱帽为己当官，不能只想当官不想干事，只想揽权不想担责，只想出彩不想出力。对突出矛盾要有责任意识，主动去解决而不是回避推卸，努力做到发现在早、处置在小。对突发事件要临危不惧、沉着冷静、敢于负责，关键时刻要亲临现场、靠前指挥、果断处置。要发扬求真务实、真抓实干的作风，以钉钉子精神担当尽责，树立"功成不必在我"的精神境界和"功成必定有我"的历史担当，一件事接着一件事做，一年接着一年干，脚踏实地把既定的行动纲领、战略目标、工作蓝图变为现实。学习领会习近平总书记的这些重要论述，就要认识到，当干部如果干了两三年还是"涛声依旧"，一个地区、一个单位没发生新变化，面临的困难和问题还是一大堆，得不到解决，发展没有目标、方向、成效，就不是一名合格的领导干部。要真刀真枪、脚踏实地，多做打基础、利长远的事，摒弃"等靠要"思想，破除"安贫乐道"的陋习，苦干实干、主动作为，变不可能为可能，在新一轮竞争中赢得主动。

（五）深入学习领会"组织敢于担当，干部才会有底气"的重要论述，学会"怎样激励干部担当"。习近平总书记指出，探索就有可能失误，做事就有可能出错，洗碗越多摔碗的几率就会越大。要把干部在推进改革中因缺乏经验、先行先试出现的失误和错误，同明知故犯的违纪违法行为区分开来；把上级尚无明确限制的探索性试验中的失误和错误，同上级明令禁止后依然我行我素的违纪违法行为区分开来；把为推动发展的无意过失，同为谋取私利的违纪违法行为区分开来。要为敢于担当者担当、为敢于负责者负责，让有为者有位、吃苦者吃香、流血流汗者流芳。要在选人用人上体现讲担当、重担当的鲜明导向，把敢不敢扛事、愿不愿做事、能不能干事作为识别干部、评判优劣、奖惩升降的重要标准，把干部干了什么事、干了多少事、干的事组织和群众认不认可作为选拔干部的根本依据，选拔任用敢于负责、勇于担当、善于作为、实绩突出的干部。学习领会习近平总书记的这些重要论述，就要认识到，干部只要负责干事，其他的都交给组织。要敢抓善管、精准施策，体现组织的力度；要撑腰鼓劲、关爱宽容，体现组织的温度，真正把敢于担当的干部发现出来，使用起来。要宽容在改革中可能出现的失误，解除他们的后顾之忧；保护那些作风正派又敢作敢为、锐意进取的干部，最大限度调动广大干部的积极性、主动性、创造性。

二、担当是当干部题中应有之义

《共产党宣言》指出，"无产阶级的运动是绝大多数人的，为绝大多数人谋利益的独立的运动"，展现出无产阶级政党无私无畏的担当精神。《中国共产党章程》规定,"党的干部是党的事业的骨干,是人民的公仆,要做到忠诚干净担当""党的各级领导干部必须信念坚定、为民服务、勤政务实、敢于担当、清正廉洁",这就明确要求当干部就必须要担当。《党政领导干部选拔任用工作条例》特别强调要"大力选拔敢于负责、勇于担当、善于作为、实绩突出的干部"。担当是共产党人从历史中继承的优良品质,是党对领导干部提出的政治要求,是党的干部必须具备的基本素质。干部干部,干字当头,不干,就半点马克思主义也没有、就是不担当、就不可能履职尽责。

(一)回顾历史,担当是中国共产党人鲜明的政治品格。中国共产党自成立起就自觉把对国家、对民族、对人民的责任牢牢扛在肩上。百余年来,我们党之所以能够团结带领全国各族人民取得了革命、建设、改革的伟大胜利,正是因为无数党员干部凭着这份担当精神,历经千难万险,付出巨大牺牲,敢于面对曲折,勇于修正错误,攻克了一个又一个看似不可攻克的难关,创造了一个又一个彪炳史册的人间奇迹。特别是党的十八大以来,面临具有许多新的历史特点的伟大斗争,我们党以巨大的政治勇气和强烈的责任担当,提出一系列新理念新思想新战略,出台一系列重大方针政策,推出一系列重大举措,推进一系列重大工作,解决了许多长期想解决而没有解决的难题,办成了许多过去想办而没有办成的大事,开拓了治国理政的新境界,党和国家事业取得新的辉煌成就。纵观历史,从来没有哪一个政党或群体,像我们党这样,在艰难中奋力前行,在曲折中不屈不挠,从胜利走向胜利,谱写了气吞山河的担当史诗;从来没有人像我们共产党人这样,从入党的那一刻起,就自觉把为共产主义奋斗终身、随时准备为党和人民牺牲一切作为矢志不渝的使命担当。可以说,党领导中国人民进行革命、建设、改革的历史,就是一部无数党员干部为党和人民事业担当的历史。

(二)着眼现实,担当是干部面对新形势迎接新挑战的迫切需要。新时代是奋斗者的时代,也是担当者的时代。面对新形势,迎接新挑战,迫切需要更多的干部勇挑重担、奋发有为。可以说,具有强烈担当精神的干部越多,推动新时代强国伟业就越有力量。当前,越来越多的干部能够做到责任在心、担当在肩,越来越多的干部能够做到本领高强、堪当重任,但少数干部不担当不作为的问题仍然存在,这严重影响了全省改革发展稳定大局。不担当,就不配当干部。干部作为"关键少数",身处关键岗位、关键领域、关键环节,组织和人民寄予厚望,干部不干,谁干?干部不担当,谁来担当?在新的历史条件下,立足当下、把握机遇、克难攻坚,迫切需要每一名领导干部不断锤炼担当精神,在其位谋其政,带头在主动服务和融入国家发展战略中担当作为,在实现高质量发展中担当作为,在投身新时代强国伟业中担当作为,在推进全面从严治党向纵深发展中担当作为,接好历史的接力棒,在新一轮竞争中占据先机、赢得优势。

(三)面向未来,担当是干部奋力实现中国梦的使命所在。"纷繁世事多元应,击鼓催征稳驭舟。"党的十九大作出了中国特色社会主义进入了新时代的重大论断,明确提出了实现中华民族伟大复兴中国梦的历史使命。新征程召唤新使命,新使命需要新担当。伟大梦想不是等得来、喊得来的,而是拼出来、干出来的。实现梦想的每一步都不可能轻而易举,未来必定会面临这样那样的风险挑战,甚至会遇到难以想象的惊涛骇浪。需要广大干部以"横刀立马、舍我其谁"的胆识,"锲而不舍、金石可镂"的意志,切实增强对党忠诚、为党分忧、为党尽责、为民造福的政治担当,在面对世情、党情、国情的深刻变化中,始终坚定政治信仰,真正扛起共产党人肩上的使命担当。切实增强时不我待、只争朝夕、勇立潮头的历史担当,以永不懈怠的精神状态和一往无前的奋斗姿态,撸起袖子加油干、甩开膀子大胆干,创造出无愧于历史的业绩。增强守土有责、守土负责、守土尽责的责任担当,敢啃硬骨头、打硬仗、挑大梁,扎实干好每一项工作。每一名干部都要倍加珍惜新时代新使命新机遇,以更加饱满的热情、更加昂扬的斗志、更加务实的作风投身工作,实现新时代新担当新作为。

三、有格局有境界有情怀才会有担当

所谓格局,是指人们对局势、态势的理解和把握,往往影响乃至决定一个人能行多稳、走多远,能干多大的事、挑多重的担。所谓境界,是指人们在修养、学识和道德上所能达到的高度和水平,一个人有什么样的境界,就拥有什么样的人生目标和行动追求。所谓情怀,是指人们的某种感情心境,是对特定事物、特定地方的特定情感。习近平总书记指出,"担当大小,体现着干部的胸怀、勇气、格调,有多大担当才能干多大事业"。一个人的格局境界情怀,决定着担当的"宽度""高度"和"深度"。

（一）格局境界情怀决定担当的"宽度"。井冈山革命斗争时期,毛泽东同志站在黄洋界哨口问战士,从这里你看到哪儿？战士回答,可以看到江西和湖南。毛泽东同志说,站在井冈山,还要看到全中国、看到全世界。一个自觉把自己的命运与国家、民族的命运联系在一起的人,做到胸襟宽、视野宽、思路宽,就能在任何情况下始终以国为重、以民为重,胸怀天下、心系百姓,才算得上是有格局境界情怀的人,才算得上一个有担当的人。一要胸襟宽。海纳百川,有容乃大。决定自己上限的,往往是做人做事的胸襟。胸襟宽是大格局大境界大情怀的综合反映,是干部做人为官的美德和必备素质,也是担当的内在要求。只有做到胸襟宽,才能总揽全局、协调各方,善于从战略的层面谋思路、作决策、出计划、抓落实;才能坚持以事业为重,大公无私,摒弃私心杂念,抛弃个人恩怨,不计个人名利得失,大度容人容事;才能解难事、做好事、办实事,不推诿、不拖拉、不讲空话、大话,不做表面文章;才能始终自警、自律、自省、自励,把纪律和规矩挺在前面,遵纪守法,光明磊落,襟怀坦荡。二要眼界宽。"不识庐山真面目,只缘身在此山中。"眼界宽才能谋大计、抓根本、顾大局,才能担当作为。做到眼界宽,才能做到登高望远,提高政治站位,高出两到三个层次,自觉从大局出发看问题;才能有不甘落后、奋发进取的精神状态,准确地认识自己的优势和不足,认识面临的机遇和挑战;才能冲破狭隘思想观念束缚,克服狭隘的经验主义、事务主义、地方主义倾向,用发展的眼光看待问题,联系实际,放眼未来。三要思路宽。思路决定出路。有多宽的思路才有多"宽"的担当。只有思路宽,才能打开思维空间,破除思维定势,以小见大、由远及近看问题,多角度、全方位审视复杂多变的情况,克服墨守成规、生搬硬套、凭经验办事;才能坚持一切从实际出发,"不唯书","不唯上",吃透"上情",把握"下情",做到"上下"结合;才能解放思想,开拓创新,使各项工作体现时代性、把握规律性、富于创造性。

（二）格局境界情怀决定担当的"高度"。干部的理想信念、党性修养、道德情操的高度和水平直接影响到干部的担当状况。干部只有理想信念坚定，永远同人民群众心连心，时刻以党的事业为重，讲党性、讲原则，有气量、有修养，才能始终保持共产党人的蓬勃朝气、昂扬锐气和浩然正气，才能做到敢担当能担当。一是革命理想高于天。对马克思主义的信仰，对中国特色社会主义的信念，对实现中华民族伟大复兴中国梦的信心，是共产党人的根和魂，是最大的格局境界情怀，是最"高"担当的本源。没有信仰的人是不幸福的，立不住，也走不远。干部只有坚守初心使命，始终追求革命理想，把有限的生命投入无限的为人民服务中去，才能永葆工作激情和昂扬斗志，不畏艰难、奋勇向前。特别是只有深入系统地学习马克思主义和中国特色社会主义理论体系，自觉用习近平新时代中国特色社会主义思想武装头脑，筑牢信仰之基、补足精神之钙、把稳思想之舵，才能经得住考验、守得住根本、抵得住风浪、担得起重任。二是党性强觉悟高。"修其心治其身，而后可以为政于天下。"党性是干部格局境界情怀的本质要求，党性强则格局境界情怀大，格局境界情怀大则有担当。但党性又是阶级性最高和最集中的体现，具有鲜明的时代特征。干部的党性不是与生俱来的，也不是一成不变的，必须与时俱进不断加强修炼，担当起时代赋予的历史使命。最重要的是始终牢记入了党的门就是党的人，尊崇党章、捍卫党章、维护党章，维护好党的形象，始终保持对党唯一的、彻底的、无条件的、不掺任何杂质的绝对忠诚，时时事事处处当先锋、作表率、显本色。最根本就是要深刻领悟"两个确立"的决定性意义，增强"四个意识"、坚定"四个自信"、做到"两个维护"，自觉在思想上政治上行动上同以习近平同志为核心的党中央保持高度一致，坚决维护党中央权威和集中统一领导。三是品德正涵养好。国无德不兴，人无德不立。做人做事第一位的是崇德修身。德是首要、是方向，也是担当作为的内生动力。习近平总书记强调："一个人只有明大德、守公德、严私德，其才方能用得其所。"修德，既要立意高远，又要立足平实，踏踏实实修好公德私德。伟大时代呼唤伟大精神，立德修身同样需要榜样引领。干部必须带头培育高尚的道德情操、保持谦虚谨慎的心态、树立诚信诚恳的做人风范。只有具备自强不息的优秀品质,无论工作生活中遇到什么样的困难和挫折,才能不畏惧不放弃,坚定不移开辟新天地、创造新奇迹。只有身居要职而不显摆,有真本事而不狂傲,取得成绩而不炫耀,作出贡献而不张扬,不忘乎所以、不盛气凌人,才能始终以平静、平和、平淡的心态对待成绩和赞誉,经得起考验、抵得住诱惑、抗得了围猎,行稳致远。只有把诚信作为安身立命的基本规范和行为准则,才能做到"言必信,行必果",敢作敢担,取信于民,推动工作。

(三)格局境界情怀决定担当的"深度"。对干部而言,格局境界情怀就是对自己国家和人民的深情大爱,是对国家富强、人民幸福所展现出来的不懈努力,是担当作为的理想追求。习近平总书记指出:"坚持党的原则第一、党的事业第一、人民利益第一,敢于旗帜鲜明,敢于较真碰硬,对工作任劳任怨、尽心竭力、善始善终、善作善成。"只有真挚的家国情怀,才能担当起为党工作、为民服务的重任。其具体体现在爱国、爱民、爱家上。一要有爱国之心。习近平总书记指出,"国家好,民族好,大家才会好"。爱国是一个干部干事创业、担当有为的情感的重要体现。我们每个人的前途命运都与国家和民族的前途命运紧密相连。每个干部在纷繁复杂的社会中都应该将个人价值与社会价值联系起来,将个人志向投入党和国家的事业中,把爱国之心体现在建设富强民主文明和谐美丽的社会主义现代化强国的具体行动中,体现在履职尽责做好本职工作中。二要有爱民之情。"当官不为民做主,不如回家卖红薯。"这就是最朴素的为民情怀。老百姓是天,老百姓是地。我党来自人民、植根人民,人民始终是我们的衣食父母,是我们党的执政根基,更是我们担当作为的力量源泉。必须始终把人民放在心中最高位置,把人民对美好生活的向往作为奋斗目标,深怀爱民之心,善谋富民之策,多办利民之事,脚踏实地工作,厚道本分做人,淡化"官念",拒绝"特权",为了人民敢啃最硬的骨头、敢挑最重的担。三要有爱家之行。家是最小国,国是千万家;家和万事兴,家齐国安宁。习近平总书记指出:"不论时代发生多大变化,不论生活格局发生多大变化,我们都要重视家庭建设，注重家庭、注重家教、注重家风。"家庭是国家发展、民族进步、社会和谐的重要基点。对干部来讲，担当负责，首先体现在对家的责任上。一个连家风建设都搞不好的人，不可想象他怎么会爱岗敬业，会担当作为。家风，不是个人小事、家庭私事，而是干部作风的重要表现，是事关国家兴衰的大事。干部家风坏，误国害民，那是极大的不担当。每一个干部都要把家风建设摆在重要位置，廉洁修身、廉洁齐家，在管好自己的同时，严格要求配偶、子女和身边工作人员。

四、唯有责任才能使一个人持续担当

责任，就是分内应做的事情、应承担的过失和应尽的义务。人都是活在责任中。如果每个人都能认真地承担起自己的责任，社会就能和谐发展。习近平总书记指出，当干部"该承担的责任必须承担""担当就是责任，好干部必须有责任重于泰山的意识"。当干部必须清楚，岗位就是责任，履职尽责是工作需要、事业需要、国家需要、党的需要，如果责任没尽好，连基本的要求都没达到，更不要说做合格的党员、当称职的干部。干部履职要靠责任，成长要靠责任，坚持要靠责任，奉献要靠责任，担当就要尽好责任，而且必须是不讲条件、始终如一地尽好责任，决不能提拔前就认真尽责了、担当了，提拔后就不负责、不担当了；受到表扬了就尽责了、担当了，被批评受委屈了就不负责、不担当了。干部要持续担当就必须始终履责尽责，担好该承担的责任。

（一）岗位就是责任，有责就要担当。"肩扛千斤谓之责，背负万石谓之任。"党和人民把干部放在岗位上，既是对干部的信任，更是赋予其责任。任何干部不论年龄大小、资历长短、职务高低，一旦走上了岗位，就意味着责任在肩。而且干部职务越高，要求也就越高，责任也就越大，就更需要勇担当、善担当，真正做到在其位、谋其政、尽其责、成其事。我们衡量一个干部称职不称职、优秀不优秀，不光是看其能力，更要看他是否敢于担当、勇于负责。实际工作中，有的干部只想当官不想干事，只想揽权不想负责，只想出彩不想出力，平平安安占位子，浑浑噩噩过日子，见了好

处就上、遇到困难就让,追逐权力多多益善、承担责任越少越好,精力不集中、工作不在状态,既对不起岗位职责,更辜负了党和人民的重托,无异于依附于党的肌体上的"寄生虫",是名副其实不担当的"官油子"。其根本原因就是忘记了责任,把职务当成了待遇、当成了享受、当成了炫耀。不担当就是不忠诚。干部的忠诚之魂在于担当,对党忠诚就要为党分忧,以敢于担当检验绝对忠诚。习近平总书记强调,党员干部首先要明白自己是一名在党旗下宣过誓的共产党员,要用入党誓词约束自己。要有担当意识,遇事不推诿、不退避、不说谎,向组织说真话道实情,勇于承担责任。只要有利于党的事业,该做的事顶着压力也要干,该负的责冒着风险也要担,不管面临什么艰难险阻,不管遇到什么大风大浪,都要始终坚持党的领导,始终坚守共产党人的精神追求,永葆共产党人一切忠诚于党的政治本色。为官一任就要造福一方。习近平总书记常说,领导干部要拎着乌纱帽为民干事,不要捂着乌纱帽为己做官。对人民负责,为人民服务,始终是共产党人责任观的出发点和归宿。干部要做到持续担当,就必须始终把人民放在心中最高的位置,坚持以人民为中心的发展思想,把人民对美好生活的向往作为奋斗目标,把改善群众生活、维护群众利益作为一切工作的出发点和落脚点,把关系群众切身利益的事当作大事要事,实实在在帮群众解难题、为群众增福祉、让群众享公平,让人民群众更有获得感、幸福感、安全感,真正做到守土有责、守土负责、守土尽责,尽显全心全意为人民服务的担当。

(二)在岗一分钟,战斗六十秒。履行责任是义务,尽心尽责显担当。习近平总书记强调,干部要"以钉钉子精神担当尽责"。钉钉子不是一锤子就能钉好的,只有一锤接着一锤敲,才能钉实钉深钉牢。尽责就要发扬钉钉子精神,锲而不舍、持之以恒、常抓不懈、久久为功。但在实际工作中,有的干部认为自己把问题提出来,把工作布置下去,就觉得责任尽到了,不管落实的效果;有的把说了当成做了,做了当成做好了;有的工作顺利就进一步,遇到困难就退两步;等等。甘当不思进取的"庸官"、推诿扯皮的"躲官"、作风漂浮的"看官"、办事拖沓的"懒官"、装聋作哑的"木官",最终的结果就是失职失责,辜负组织和群众的重托。干部要想真正做到持续担当，就必须始终担起担好该担的责任，尽心尽责干好每一项工作，决不让机遇在犹豫中丧失、发展在彷徨中停滞、差距在喟叹中拉大。说得好不如干得好。幸福是奋斗出来的。干部干部，就要先干一步。不干，再好的规划也是空中楼阁，再美的蓝图也是废纸一张。不管是甘于担当、敢于担当还是善于担当，最后都要靠实绩来检验。每一名干部都要有"只争朝夕"的精神，坚决摒弃"等靠要"思想，破除"安贫乐道"的错误观念，爱岗敬业、夙夜在公，做到"朝受命、夕饮冰，昼无为、夜难寐"，做到人在岗上、身在事上、心在责上，集全部心思于工作，倾一切才智于事业，不因碌碌无为而悔恨。没有最好只有更好。持续担当就不能停留于眼前的成绩，必须以不满足的精神去奋斗、去追求、去超越，才能善作善成。干部要树立"功成不必在我"的精神境界和"功成必定有我"的历史担当，一件事接着一件事做，一年接着一年干，脚踏实地把既定的行动纲领、战略目标、工作蓝图变为现实。要有工匠精神，下好"绣花"功夫，养成严肃严格严谨对待工作的习惯，绝不忽视任何一个细节，绝不放过任何一个疑点，树立细节意识、精品意识，一丝不苟、精益求精，在勇挑重任中展现持续担当。

五、有真本事才能有真担当

干部的本事和担当是辩证统一、相互支撑、相辅相成的，如果没有本事，谈担当，就像痴人说梦、纸上谈兵，如"镜中花""水中月"，终将一事无成，也只是假担当；如果没有担当，谈本事，只会满足于自己的"一亩三分地""声望名利""蝇头小利"，不仅算不上真本事，甚至会做出有损党和人民利益的事情来。习近平总书记指出，干部不仅需要宽肩膀，也需要铁肩膀。干部要有担当的勇气，更要有担当的能力和方法。

（一）软肩担不起硬担子，有勇气才能"敢担当"。勇气是一种敢作敢为毫不畏惧的气魄和胆略，是人的精神力量。担当是需要勇气的，难事大事才显担当的勇气。党的好干部焦裕禄，敢于"在困难面前逞英雄"，以"拼上老命大干一场，决心改变兰考面貌"的精神，为广大党员干部树立了不畏艰难、勇于担当的典范。然而在现实中，有的干部"怕"字当头，怕丢乌纱帽、怕得罪人、怕惹麻烦、怕"丢选票",怕别人给自己下绊子、找毛病,从而甘当尸位素餐的"公堂木偶"、无所事事的"政坛摆设";有的干部奉行"无为"哲学,能绕就绕,能拖就拖,绕不过拖不过就应付了事;有的干部打"太极拳",瞻前顾后、畏首畏尾,遇到难题上推下卸,左推右挡,踢皮球;有的干部斗争精神缺失,当"好好先生",到处说好话、唱赞歌、当老好人,对错误行为不抵制、不批评,任何得罪人的事情都不干;有的干部自己不干净,遇事心里发毛、腰杆不直,不敢碰硬、不敢较真;等等。这都是不敢担当的真实表现。"志不求易者成,事不避难者进。"习近平总书记强调:"历史只会眷顾坚定者、奋进者、搏击者,而不会等待犹豫者、懈怠者、畏难者。"领导干部要做到"敢担当",必须增强"狭路相逢勇者胜"的锐气,始终保持朝气蓬勃、干事创业的良好精神状态,培养出勇往直前的昂扬之气和舍我其谁的豪迈斗志,敢闯敢试、敢为人先,乘风破浪、披荆斩棘,敢于直面艰难困苦、敢于投身大风大浪、敢于应对风险挑战,以为党和人民事业赴汤蹈火的姿态,破桎梏、抓机遇、闯新路。必须树立"敢教日月换新天"的豪气,顶得住压力、扛得住重担、打得了硬仗、经得住磨难,始终保持勇攀高峰、敢于胜利,永不言败、越挫越勇的坚韧品格,为党和人民事业义无反顾、勇往直前,夺取胜利。必须坚持偏向虎山行的正气,坚持原则、认真负责,敢碰硬、动真格,做到面对大是大非敢于亮剑,面对矛盾敢于迎难而上,面对危机敢于挺身而出,面对失误敢于承担责任,面对歪风邪气敢于坚决斗争,不被任何困难所吓倒,始终保持一身正气。

(二)没有金刚钻揽不了瓷器活,有本领才是"能担当"。责重山岳,能者当之。本领是担当有为的客观保证,是能否把事情干成干好的关键。习近平总书记指出,与今天我们党和国家事业发展的要求相比,我们的本领有适应的一面,也有不适应的一面。特别是随着形势和任务不断发展,我们适应的一面正在下降,不适应的一面正在上升。领导干部不仅要有担当的宽肩膀,还得有成事的真本领。当今时代是一个"知识爆炸"的时代,知识快速更新的时代,世事日新月异、飞速发展,各种新情况新问题新矛盾层出不穷,更需要干部练就过硬的本领,如果空有一腔担当的热血,却没有干事创业的"几把刷子",就会心有余而力不足,"担当"就成了粉饰面孔,就是无本之木、无源之水,说到底就是假担当、虚担当,不仅成不了事,甚至还会坏事。我们看一个干部,既要看他愿不愿干、敢不敢干,还要看他能担什么、能担多少。现实中,有的干部乐于玩假担当,对新时代新挑战新情况,熟视无睹、麻木不仁,不主动接受新事物,不善于掌握新知识,不出思路、不想办法、不会干事;有的干部守着过去的功劳簿,既无担当之能、更无担当之志,偏安一隅、自甘落后;有的干部遇到急事难事就抓瞎,看不清形势,抓不住重点,找不到对策;有的干部自我感觉良好,能力驾驭不了目标,只会蛮干、乱干。这些干部不仅不能担当党和人民赋予的职责和使命,而且会贻误或危及党和人民事业的发展。真将帅才有真担当。真担当必须练就真本领,掌握能担当的"十八般武艺"。必须时刻警惕"本领恐慌",深刻感知我们党实现中华民族伟大复兴中国梦的历史使命,深刻认识新时代发展的新形势新任务新要求,树立不提高本领就会不适应、不提高本领就是不负责、不提高本领就是不忠诚、不提高本领就会被淘汰的观念,切实增强学习新知识、掌握新本领的自觉性和紧迫感,努力增强学习本领、政治领导本领、改革创新本领、科学发展本领、依法执政本领、群众工作本领、狠抓落实本领、驾驭风险本领。必须养成勤学善思的习惯,坚持在研究状态下工作,重视学习、善于学习,自觉把学习作为一种神圣职责、一种精神境界、一种终身追求,向书本学、向实践学、向同事学、向人民群众学,不断掌握新知识、熟悉新领域、开拓新视野;要注重加强总结反思,坚持在学中思、干中思,加强对事物客观规律的分析、归纳和判断,切实把学习成果转化为思维能力和工作水平,做到大总结有大收获,小总结有小收获。必须锤炼知行合一的作风。能力是学出来的,更是干出来的。要主动到基层去摔打、去"接地气"、去"墩墩苗",勇于挑最重的担子、啃最硬的骨头、接最烫的山芋,在干事中长本事、在历练中变老练,特别要到那些矛盾多、困难大、任务重的地方,多经历一些大事要事、急事难事,真正使知识弱项、能力短板、经验盲区得到弥补,全面提高领导能力和执政水平。

(三)方向正确后方法便为王,有方法才会"善担当"。方法得当事半功倍，方法失当事倍功半。方法是为达到某种目标而采取的手段和行为方式，是人类认识和改造客观世界的明灯和路标。能力决定着一个问题能不能解决，而方法决定着在具备能力前提下，能不能最高效解决问题。科学的方法能够促进能力提高，而能力的提升又可以改进方法，实现方法的科学性与多样性。它们之间相辅相成、相互支撑、辩证统一。我们只有坚持科学的思想方法和工作方法，严格按照客观规律办事，才能真正抓住机遇，办成一些事情，不断把党和人民的事业推向前进。干部是事业的决策者、领导者、组织者和落实者，既要勇担当、能担当，更要善担当。没有方法的担当，就是有勇无谋、意气用事，往往会事与愿违，甚至做出南辕北辙的事情来。现实中，有的干部想担当、能担当，但仍然经常出现老办法不管用、新办法不会用、硬办法不敢用、软办法不顶用等问题，就是因为没有掌握担当的正确方法。干部要"善担当"，必须掌握马克思主义哲学，认真学习马克思主义基本原理，特别是学懂弄通做实习近平新时代中国特色社会主义思想，学会和掌握马克思主义的理论认识方法和社会实践方法，自觉运用马克思主义立场、观点和方法认识问题，努力提高运用战略思维、历史思维、辩证思维、系统思维、创新思维、法治思维、底线思维观察事物、判断形势、分析问题的能力。必须坚持"两点论""重点论"相统一，一切从实际出发，树立问题导向，善于运用辩证的、联系的观点分析问题，既看普遍性、又看特殊性，既看当前、又看发展，既善于抓住主要矛盾、又善于抓矛盾的主要方面，既要会"弹钢琴"、又要会"放风筝"，使工作符合规律，以"最优方程式"解决问题，切实增强工作的系统性、创造性、实效性。

第十五节 ｜ 应当具备的思想方法

党的十九大报告指出："增强政治领导本领，坚持战略思维、创新思维、辩证思维、法治思维、底线思维，科学制定和坚决执行党的路线方针政策，把党总揽全局、协调各方落到实处。"思想是行动的先导。巴尔扎克曾经说过："一个能思想的人，才真是一个力量无边的人。"人们无论做任何事情，都是先有思想、后有行动。事实告诉我们：有正确的思想才有正确的行动，有积极的思想才有积极的行动，有统一的思想才有统一的行动。科学的思想方法是领导才能的灵魂，是领导能力结构中最基本、最重要的要素。对领导干部而言，思想方法上的关口是最重要的"闸门"，如果"闸门"打不开，行为做派就会受到羁绊，工作就会事倍功半。因此，掌握正确的思想方法对每一名领导干部都是十分重要的。

一、多些道，少些术

所谓"道"，指的是道路、方向、事物发展的内在规律；而"术"，则是技术，是一件事情的具体方法，是指发展的外在具体方式。道是术的基础，术是道的表现，道为上，术为下；道为本，术为末；道是思想，术是方法，道术合二为一才是正道。"有道无术，术尚可求也。有术无道，止于术"。说的是，掌握了事物发展的内在规律，即使不熟悉方法，也可以学会并不断优化；但如果只掌握了一些具体方法却不了解内在规律，"知其然不知其所以然"，那么仅靠方式方法是行不通的。缺少了道，再多的术也无益。这就要求领导干部，必须多在道上下功夫，少在术上花心思。

大道至简，大象无形。最有价值的道理其实是最朴素的道理，"世界潮流,浩浩荡荡,顺之则昌,逆之则亡"。顺应规律做事的人才能取得成功,违背规律行事,终将以失败告终。现实中,领导干部不按规律办事的现象并不少见,有的搞"拍脑袋决策、拍胸脯保证、拍屁股走人"那一套,对规律"明知故犯",凌驾于客观实际之上;有的办事稀里糊涂,不分轻重缓急,瞎干盲干,抓不住本质、重点和关键,在细枝末节上浪费了时机、耽误了全局;有的人云亦云,机械化执行,不会具体问题具体分析,凭经验、吃老本,思维固化。领导干部把握不了规律,就会思路上拎不清、行动上常"跛脚",工作就难以顺利推进;只有坚持按客观规律办事,才能做到从实际出发,实事求是,工作才能得心应手、事半功倍。要学会观察思考,提升洞悉事物的能力,善于透过现象看本质,把平时工作中零碎、肤浅、表面的感性认识,上升为全面、系统、本质的理性认识,提升认识规律、找准规律、运用规律的水平,在具体工作中切实增强针对性和有效性,做到善作善成。

自作聪明终会"聪明反被聪明误"。俗话说:"偷鸡不成反蚀把米。"一个人如果精于算计、尽耍小聪明,难免会搬起石头砸自己的脚,"机关算尽太聪明,反误了卿卿性命"。少数工于心计的领导干部,有的好动"歪脑筋"、搞"小动作",哄组织、欺群众,实功虚做;有的不琢磨事、光琢磨人,喜欢打"小算盘",走旁门左道、邪门歪道;有的好大喜功、偷奸耍滑,干实事不见身影,却总爱抢功劳。诸如此类,都有耍"小聪明"、搞"小九九"之嫌,短期来看也许有讨巧之功,但偏重术容易只顾眼前,看不到长远。受制于术而疏于谋道只能算是自作聪明,谙熟于道才是大智慧,有谋略才能谋大计、抓根本、顾大局。这就要求领导干部不能搞小聪明,要在掌握大智慧上苦下功夫。必须加强对马克思主义科学真理的学习掌握,学会寻找登高望远的思想阶梯,在实践中检验和提高自己,培养战略眼光、形成战略思维,不断悟出为官从政之道、事物发展之道,做一个有大境界大情怀大智慧的人,做一个光明磊落、坦坦荡荡的人。

二、当官就应当不易

古人说:"做官都是苦事,为官原是苦人。官职高一步,责任便大一步,忧勤便增一步。"为官肩挑千钧担，无官才能一身轻。为官是责任是重托，也是一种担当。倘若领导干部拿着俸禄不干事、高高在上不管事、欺压群众干坏事，毛泽东同志曾说，这样的干部是会被老百姓用扁担打的。我们要清醒地认识到，在新的形势下，群众期盼更高、从政标准更严、肩上担子更重，要努力成为一名党和人民需要的好干部，的确不是也不应当是一件容易的事情。

职务就是责任。人的一生都活在责任之中。一个人承担的责任越多，其人生价值就越大。领导干部的职务不是一种待遇，不是一种享受，也不是一种炫耀，而是一种责任。职务越高，责任就越大，要求也越高，本事也要越大。肯干事、干成事的干部越多，党和人民的事业就越有希望。首先要知责。权力就是责任，权责必须对等。不同的岗位有不同的职责，对领导干部的能力素质也有不同的要求，必须加强学习，不断深化对自己所处岗位职责的认知，对工作存在什么问题，面临的困难等要了然于胸，努力使自身能力素质与岗位职责相匹配。其次要担责。为民负责担当是领导干部的应有品德，有多大担当才能干多大事业，尽多大责任才会有多大成就，不能只想当官不想担责，只想揽权不想担责，只想出彩不想出力。要敢挑最重的担子、敢啃最硬的"骨头"，做到不避事、不误事、不出事，还要能干成事。最后还要揽责。不能只揽功不揽过，既要有敢闯敢干的勇气，也要有直面失误的胸怀，面对失误敢于承担责任，不讳疾忌医，敢于认错，主动揽责，及时纠正。

为官从政必须适应全面从严治党环境。习近平总书记强调："我们不舒服一点、不自在一点，老百姓的舒服度就好一点、满意度就高一点，对我们的感觉就好一点。"既然当了领导干部，就要付出比一般人更多的心血，就要受到比一般人更严的道德纪律约束，这是天经地义的。现在，随着全面从严治党的持续深化，"为官乱为"受到一定遏制，但有些干部有了"为官不易"的感慨，深陷"干事越多风险越大"的思想顾虑，不想为、不敢为、不会为；更有甚者说"当官是高危职业"，感叹"官不聊生"。这些都是把全面从严治党作为"为官不为""当官不易"的借口。严管就是厚爱。信任不能代替监督,越是管得严,越是对干部的保护;越是管得松,越是对干部的不负责。全面从严治党,不仅没有束缚领导干部干事创业的手脚,反而为领导干部营造了风清气正的政治生态和干事创业的从政环境。要端正认识、摆正态度,保持良好心态,自我提高要求,更好地适应全面从严治党下新的从政环境;要审慎用权、严以用权,不能以权谋私、为所欲为;要切实增强规矩意识,懂规矩讲规矩守规矩,时刻把纪律和规矩挺在前面,自觉按原则、按规矩办事。

三、始终牢牢掌握工作的主动权

牢牢掌握工作的主动权,既是一种掌控能力,也是一种工作方法。俗话说,自己爱挑的担子不嫌重;一等二靠三落空,一想二干三成功。主动的人,能保持一种积极的工作状态,往往能赢得比别人多的机会,快速找准工作的切入点,有效破解问题难题;被动的人,往往受到环境或者他人的牵制,情绪消极、抱残守缺,谈不上把握控制局面,更谈不上创造性地开展工作。最好的防守是进攻,只有掌握主动权,才能"运筹帷幄之中,决胜千里之外"。唯有真正掌握了主动权,才有可能得心应手、顺风顺水。

要善于把握大局大势,活在当下才能放眼长远。"兵无常势,水无常形"。领导干部必须善于把握形势。什么是形势?形势就是当时当下所处的方位和基点。"形"即已经呈现的状况,是当时当下的具体实在;"势"即还没有出现、将要出现的形状及趋向。形中有势、势寓于形。看"形"容易,看"势"则需要水平。人无远虑、必有近忧。莫为浮云遮望眼,风物长宜放眼量。领导干部做任何事情,都要善于把握形势,预判未来。习近平总书记指出,"要牢固树立大历史观,以更宽广的视野、更长远的眼光把握世界历史的发展脉络和正确走向"。这就是告诉我们,只有立足当前、着眼长远,才能将工作主动权牢牢掌握在手中。立足当前,就是我们通常讲的要活在当下,现在的时间最重要、现在做的事情最重要、现在跟你一起工作的人最重要;着眼长远,关键是要学会提升两三个层次看问题,立足全国,放眼世界,跳出本单位看本单位、跳出本地看本地,县里的工作放在全市、全省来看，市里、省里的工作放在全国来看，审时度势，争取主动，乘势而上，顺势而为。我们既要立足当下、真抓实干，又要着眼长远、未雨绸缪，明确要做的事；既要掌控好进度和节奏，长计划、短安排、立即做，一桩一桩地做，又要发扬钉钉子精神，一件事不做则已，做必做到底，做到最后胜利。

要发挥人的主观能动性，但需力避主观主义。认识世界和改造世界是人类创造历史的两种基本活动。但事物的本质和规律隐藏于现象之中，事物也不会自动沿着人的需要发展，只有充分发挥主观能动性，才能揭示事物的本质和规律，利用规律和条件，达到认识世界、改造世界的目的。发挥主观能动性不能凭主观想象、一时的热情，不能仅凭感觉、经验、意识、观念等个人主观意志去认识、判断。毛泽东同志说："在斗争中，由于主观指导的正确或错误，可以化劣势为优势，化被动为主动；也可以化优势为劣势，化主动为被动。"这就是告诉我们，发挥正确的主观能动性，不能无视客观规律和条件，陷入唯心主义错误，也不能片面强调客观规律和条件的制约，陷入机械的唯物主义。要做到按客观规律和客观实际条件出发发挥主观能动性，关键是要坚持用科学的理论武装头脑、指导实践，不断解放思想，与时俱进，以求真务实的精神探求事物的本质和规律，在实践中检验和发展真理。领导干部一方面要认真学习马克思主义理论，切实学深悟透马克思主义哲学的基本原理；另一方面则要善于开展深入细致的调查研究，摸清底数掌握实情，学会"解剖麻雀"，真正抓住事物的本质规律。

四、诚实无破绽

"诚者，天之道也；思诚者，人之道也。"诚实，就是要忠于事物的本来面貌，不虚伪，为人处世坦荡荡。诚实是面明镜，能洞察出一个人表里不一的地方。无数事实告诉我们，如果说出去一个谎言，就必须要编织更多的谎言来弥补。领导干部唯有坚持诚实守信，才能无懈可击，不出破绽。组织对诚实的人委以重任，一般来说都出不了大的偏差。

要做老实人，不当"两面人"。诚实应是任何一个人必备的品格，作为党的干部更要率先垂范。有些干部表里不一、言行不一，台上台下两个形象，人前人后两种表现。许多落马的领导干部都属于此列,他们极善于搞"两面派"、当"两面人"。现在,有的干部热衷于"面子工程",喜欢做"水分"文章;有的台上大谈对党忠诚、廉洁奉公,唾沫星子满天飞,台下政治野心膨胀,大搞团团伙伙、中饱私囊,违法违纪的事没少做。这些就是不老实的表现,就是"两面人"。"纸糊的鲜花怕雨水""刷金的菩萨不经擦"。"两面人"表现在行为上是"两面"的,说到底,其内心其实是"一面"的。他们"苦心"营造的"光辉形象"和"金玉良言"无非是在掩饰和隐藏黑暗、肮脏的内心,根子上是为己而非为公,本质上就是自私自利。"两面人"不仅给组织脸上抹黑,损害人民群众利益,更会挫伤那些踏实干事的干部的积极性,败坏党内政治生态。"两面人"终究经不住组织和人民的严格检验,终究走不远。洋洋千言不如躬行一事,遮遮掩掩不如坦诚相待。做老实人不吃亏,说老实话不丢人,办老实事不屈才。领导干部要把"说老实话、办老实事"作为底线来坚守,作为党性来锤炼,作为境界来追求,站稳立场、保持定力,任何时候都要依本色做人,按角色办事,言行一致,表里如一,真正做到台上台下一个样,人前人后一个样,做一个诚实守信、襟怀坦白的人。

最大的诚实是对党绝对忠诚。对党忠诚是好干部的首要品质,是对党员干部的基本要求。对党绝对忠诚要害在"绝对"两个字,就是唯一的、彻底的、无条件的、不掺任何杂质的、没有任何水分的忠诚。习近平总书记指出:"如果哪天在我们眼前发生'颜色革命'那样的复杂局面,我们的干部是不是都能毅然决然站出来捍卫党的领导、捍卫社会主义制度?"这一问值得每一名党员干部警醒、反思。对党忠诚,不是抽象的而是具体的,不是有条件的而是无条件的,不能停留在口头上,要体现在实际行动上,要倍加珍惜组织的信任和培养,对党绝对忠诚老实,诚实对待一切,做人、做官、做事上不欺骗组织,下不欺骗群众,在真中见境界、实中显作风、干中出成果,真正赢得党和人民的信任。

五、不卑不亢成常态

古语讲:"真山真水堪游历,不卑不亢好做人。"不卑,就是要不畏强权、坚持原则，遇到事情能够不退让不胆怯，不卑躬屈膝。不亢，就是不以领导心态自居，要接地气，对待群众要谦和，怀有一颗仁者之心。正所谓"不卑不亢、有理有节"，不卑不亢是一种为人之道、处世哲学。

身居高位也应保持一颗平常心。有平常心的人，既积极主动、尽力而为，又顺其自然、不苛求事事尽善尽美。在领导干部身上，平常心就体现在不以物喜、不以己悲，对事业保持从容淡定的自信和乐观。一旦失去平常心，就会"乌纱略戴心情变，黄阁旋登面目新"，自我膨胀，认为自己身份地位高人一等，不知不觉趾高气扬起来。毛泽东同志曾说："官气是一种低级趣味，摆架子、摆资格、不平等待人、看不起人，这是最低级的趣味，这不是高尚的共产主义精神。"这就告诫我们，要树立正确的权力观。大道至简，有权不可任性，任何人都没有法律之外的绝对权力，必须树立"公器"不能"私用"的理念，官越大、权越重，越要干出更好的成绩，越要把人民群众利益放在行使权力的最高位置，把人民群众满意作为行使权力的根本标尺。要淡泊名利、宠辱不惊。"非淡泊无以明志，非宁静无以致远"。做官一阵子、做人一辈子，得一官不荣、失一官不辱，任何一个职务、任何一个岗位都是党和人民事业的需要，要正确看待个人进退留转和环境变迁，服从工作需要，服从组织安排和群众选择。要正确看待一时的成败得失。"胜败乃兵家常事"，事物的发展本来就是前进性和曲折性的统一，凡事要抱最大的希望，做最坏的打算，尽最大的努力，留最小的遗憾，"但行好事，莫问前程"。凡事不可刻意，一刻意就会扭曲自己，就会弄虚作假。

领导干部要一辈子坚守共产党人的精神家园。事贵以专、贵以恒。一个人做点好事并不难，难的是一辈子做好事。同样，领导干部树立正确的理想信念不难，难的是一辈子坚持不懈地付诸实践；对党的事业付出努力不难，难的是做到生命不息奋斗不止；为群众做几件好事不难，难的是一辈子全心全意为人民谋幸福；公私分明、不谋私利不难，难的是一辈子大公无私、公而忘私。杨善洲的伟大就在于数十年如一日，始终坚守共产党人的精神家园，以超然物外的思想境界，一辈子不为子孙积财，一辈子不为自己"留后路"，一辈子淡泊权力、名利、地位，一辈子真心实意地为人民服务。一辈子坚守共产党人精神家园，树牢共产党人世界观、人生观、价值观，是一种境界、一种眼界、一种责任、一种操守。所以，领导干部坚守共产党人精神家园，要真正守得住清贫、耐得住寂寞、坐得住"冷板凳"，始终保持一种定力，有一股恒心、恒劲、恒功，持之以恒坚定共产主义理想信念，真诚信仰马克思主义，始终践行全心全意为人民服务的根本宗旨；持之以恒加强党性锻炼，时刻用党性原则对照自己，处处用党章党纪规范自己；持之以恒改进作风，克服"过关"心态，使反"四风"成为常态，做到慎权、慎独、慎微、慎友；持之以恒树立正确政绩观，保持干事创业激情，努力创造经得起实践、人民和历史检验的实绩。

六、办法总比困难多

"世上无难事，只要肯登攀。"任何事物的发展都是螺旋式上升和波浪式前进的，在发展过程中免不了遇到各种各样的问题与矛盾。领导干部面对困难和挑战，是做"缩头乌龟"，还是"迎难而上"？是为失败找借口，还是为成功想办法？这直接关系到问题能否有效化解。俗话说，只要精神不滑坡，办法总比困难多。

当干部，就要有一股积极向上的"精气神"。毛泽东同志曾提出一个著名论断：人总是要有一点精神的。人活在世界上不仅是物质的存在，还得有精神生活。对干部而言，"精气神"实质上是干部是否在状态的一种外在表现。"精气神"好，干部就会在状态，始终保持一股昂扬向上的斗志和锲而不舍的恒心，就会有激情，就会千方百计想办法，就没有翻不过的"火焰山"，就没有跨不过的"流沙河"，就能够在排除万难、战胜挑战中取得主动、赢得未来。"精气神"不好，干部就不会在状态，整天浑浑噩噩，"当一天和尚撞一天钟"，遇到困难和挫折不会主动思考，主动出击，有的甚至会自暴自弃。这样的干部，不可能做好工作，更指望不了推动发展。不在状态的干部不能用，状态时有时无的干部也要不得。良好的精神状态，是做好一切工作的重要前提。要保持适度的紧张感，增强危机感、责任感、使命感，始终保持内在动力和革命激情，以时不我待的紧迫感、昂扬向上的精神状态，创造性地做好本职工作，推动事业进步发展；要发扬逢山开路、遇河架桥的精神，树立狭路相逢勇者胜、百舸争流奋楫者先的理念，争创实实在在的业绩。

领导工作的实质就是发现问题、研究问题、解决问题。习近平总书记强调，要"以重大问题为导向，抓住关键问题进一步研究思考，着力推动解决我们发展面临的一系列突出矛盾和问题"。这就是要求我们要强化问题意识，遇到矛盾不绕道，碰到问题不回避，善于发现问题，研究分析问题，有效解决问题。历史是矛盾问题的消亡和解决，现实是矛盾问题的存在和发展。问题矛盾无处不在、无时不有，我们就是生活工作在问题之中。实践证明，谁能更好发现问题、把握问题并且解决问题，谁就能赢得发展的先机和主动。问题其实是导向。矛盾问题出现时，只要有所作为，主动去找方法解决，而不是找借口回避，问题就不再是问题。重视发现问题，关键是要克服习惯性思维，学会用逆向思维、辩证思维、底线思维和创新思维，用全面的、发展的、联系的眼光看待工作。坚持在研究状态下工作，正确认识问题，把研究作为分析问题一种习惯，作为一种工作理念、工作方法，多研究少臆断，多思考少浮躁，在研究中把握矛盾问题的本质和规律，在研究中提出解决问题的办法和措施。解决问题是领导工作的最终目的，就是要所有的办法和措施都必须紧紧围绕解决问题这个目标展开。领导干部要努力提高解决矛盾和问题的能力水平，直面矛盾，敢碰问题，勇于担当，再难再复杂的问题也要发扬钉钉子精神，坚决"啃下来"。

七、方略是谈出来的

何谓方略？具体说来就是方法和策略，是分析和解决问题的思路。治国安邦要讲究方略，为官从政也需要方略。如何制定科学正确的方略？海纳百川听诤言，政由民意出真知。领导干部要学会听取各方面的意见建议，从而拥有科学正确的方略。

思想的火花往往是在碰撞中产生的。思路决定出路，好思路是形成科学正确方略的前提。一个好的方略要靠集思广益之后的凝聚与升华才得以实现。萧伯纳曾说："你有一个苹果，我有一个苹果，我们交换一下，一人还是一个苹果；你有一个思想，我有一个思想，我们交换一下，一人就有两个思想。"人的思想如同"火石"，若发生交流、碰撞就会迸出"思想的火花"。从春秋战国时的"百家争鸣"，思想界百花齐放，繁花似锦，到明末清初黄宗羲、王夫之、顾炎武等的大彻大悟，再到中国近代的思想解放运动，无一不是在"碰撞""论战"中产生；欧洲的文艺复兴运动，在大家云集、思想争鸣中唤醒了沉睡在中世纪的欧洲人。由此可见，思想需要碰撞，没有经过碰撞的思想，仅是"一家之言"，仅代表个人看法，往往带有局限性、片面性。只有不断地与他人进行思想交流与"交锋"，让不同的思想能发出不同的声音，才能得以改进与完善。领导干部更要重视思想的交流和"碰撞"，不仅要与机关干部交心谈心，更要深入基层、深入一线、深入群众，在调查研究中知民情、察民意，在听取意见中找不足、改作风，在实践锻炼中学方法、长才干。

党内民主是党内政治生活积极健康的重要基础。毛泽东同志指出，我们的目标，是想造成一个"又有集中又有民主，又有纪律又有自由，又有统一意志、又有个人心情舒畅、生动活泼，那样一种政治局面"。这种局面，是我们开展党内政治生活的要求所在，也是我们党凝聚干部群众智慧力量的正确方式方法。营造民主讨论的环境，需要一个很好的交流平台，一个自由平等、宽松包容的舆论和对话的环境。只有在这样一个平台上，才能各抒己见，可以作比较充分的交流；才能以海纳百川的宽大胸怀，虚心倾听不同的声音。允许别人说话，允许别人说不同意见的话，甚至允许别人说错误的话，才能言者无忌，闻过则喜，闻过则省。也只有在这样的民主空间里，才能开启智慧，放开想象，从而激发出新的思维、新的观念。由此可见，营造积极健康的党内政治生活氛围，充分发扬党内民主，广泛听取各方意见，多沟通多商量，集思广益，择善而从，集体讨论决定，既可以防止"家长制"、"一言堂"、个人说了算，又可以"谈出"解决问题的理想方案和办法。

八、力求高标准，接受缺憾性

领导干部在工作中一方面要高标准严要求，不断追求更高的目标和境界，这是组织和群众的要求，也应当是自我追求；但常言道"人生不如意十之八九"，不可能事事称心如意，另一方面领导干部也要努力做到"不思八九，常想一二"。只有这样，许多事情才能想得通、抓得实、干得好。

不断追求高线，才能真正守住底线。目标决定高度，态度决定成效。古人说："取法其上，得乎其中；取法其中，得乎其下；取法其下，法不得也！"为人做事一定要不断追求高线，朝着"最优"目标去努力，工作才能经得起检验，才能让组织放心、群众满意，即便在这个过程中实现不了"最优"，结果往往也不会太差。如果我们只追求"过得去"，总是在底线上方一点徘徊，甚至打"擦边球"，肯定会掉到底线以下。领导干部不断追求高线，朝着最优目标去努力，就要立标杆、明方向，对标先进、见贤思齐，善于"取他山之石，为我所用"；就要强化能力不足的危机感，不断提升自身能力素质，以新眼光把握新机遇、以新方法解决新问题、以新思路谋求新发展，真正成为领导经济社会发展的行家里手；就要强化"没有最好，只有更好"的认识，以更高的标准、更严的要求对待工作，用心、用情、用力去做事，不断适应新形势新任务的需要，努力推动各项工作在现有基础上"百尺竿头、更进一步"，永不自满、永不懈怠、永不止步，努力创造经得起实践、人民和历史检验的业绩。

过于追求完美，容易导致更大的不完美。对领导干部来说，敢于较真就是对工作要有"打破砂锅问到底"的执着、"咬定青山不放松"的韧劲和"欲与天公试比高"的自信。做事敢于较真、追求完美可以理解，但物极必反，过于较真、求全责备则会陷入完美主义，这样反而会耽误工作。在领导干部队伍中，有一些完美主义者事事要求尽善尽美，却常常因为追求不得而陷入失望、自责、怨天尤人、止步不前的境地。"人有悲欢离合，月有阴晴圆缺，此事古难全"，就蕴含着一种"缺憾性"的美学，这启发我们要正确认识人生和工作中的缺憾。因为一个人不管能力有多强、本事有多大，总会有自己的短板,我们不能因为一个人的不足而否定其优点长处。同样,谁都做不到在工作中永远不出瑕疵,不能"鸡蛋里挑骨头",更不能因为工作的一点疏漏就把工作全盘否定、把人"一棍子打死"。"知不足,然后能自反也;知困,然后能自强也",关键是要能正视错误并努力改正,重要的是能及时吸取教训不贰过。同时,对待失败,要能够区分失败的主客观原因,合理划定容错的边界,允许试错,给干事者以总结经验、重整旗鼓的机会,推动形成能够容错的良好工作氛围。

九、公生正,廉生威

公正、廉洁是一个有机统一的整体,公正是核心,廉洁是保证。习近平总书记强调,作为党的干部,就是要讲大公无私、公私分明、先公后私、公而忘私,只有一心为公、事事出于公心,才能坦荡做人、谨慎用权,才能光明正大、堂堂正正。领导干部只有"历其公义,塞其私心",才能摒弃私心杂念,做到不以个人好恶为标准,不让亲疏关系为羁绊,事事出于公心,处处依照公心,只有这样,才能在干部群众中扬威立名,赢得群众的信赖。

领导干部要坚守正道。习近平总书记指出,中央政治局的同志必须有天下为公的宽阔胸襟,摒弃任何私心杂念,把为全中国人民谋利益作为自己唯一的追求,为党的事业和人民利益鞠躬尽瘁。这也是对全体党员领导干部提出的要求。领导干部是人民的公仆,本质姓"公",天职就是服务,为公履职、为民请命,公器绝不私用,更不能搞"一人得道,鸡犬升天",七大姑八大姨齐上阵。对领导干部来说,有天下为公的情怀首先就是要做到公道正派,这是行使权力必须秉持的基本原则,更是群众寄予的厚望。以"公"为"道",不偏不倚;持"正"为"派",不歪不斜,才称得上"公道正派"。公道正派是履职之要、正气之源,如果公道正派上出了问题,再能干也不会赢得民心。只要心在人民,无论大事小事,均利归天下,那何必争多得少得?要把公道正派作为立身之本,内化于心、外化于行,大兴公道正派之风,谨慎用权、秉公用权、科学用权、按制度办事,保持崇高的理想追求,正确对待是与非、公与私、真与假、实与虚,心系万家忧乐、民生冷暖,时时想着老百姓的疾苦，惦记着千千万万人民的幸福，而不是狭小的、自私的、有限的快乐。

自己不打倒自己，谁也打不倒你。人间正道是沧桑，长风破浪会有时。从政为官的正道是什么？就是为民服务、清正廉洁、光明磊落，不搞歪门邪道。这既是领导干部做人做事的道德底线，也是从政为官的纪律红线。有落马干部在悔过书中写道："廉洁是1，事业、功名、地位、财富、尊严都是0。廉洁出了问题，一切都等于0。"这个用惨痛教训得出的"政治生命公式"，值得每一名领导干部深思。侥幸是不幸的开始，当官就不能想着发财，"手莫伸，伸手必被捉。"组织上培养一名干部十分不容易，如果过不了廉洁这一关，本事越大，对党和人民的事业危害越大。思想上一尘不染，行动上才能一身正气。一个人能否廉洁自律，最大的诱惑是自己，最难战胜的敌人也是自己。管住自己、战胜自己，关键是筑牢思想防线，做到自警自律、慎独慎微慎初，不慕虚荣、不谋私利、一尘不染、一身正气。

十、智慧加勇气，所向披靡

《孙子兵法》中说，"将者，智、信、仁、勇、严也。"智勇双全者，才能攻坚克难。知识是力量，智慧更是力量；勇气是气势、是气概、是担当。领导干部作为管党治党、改革发展的中坚力量，肩负着带领、引导广大干部群众朝着既定目标奋勇前行的重大使命，就必须具有智慧加勇气这种过硬的综合素质。

想干事、敢干事、能干事的干部才是好干部。习近平总书记强调："为了党和人民事业，我们的干部要敢想、敢做、敢当，做我们时代的劲草、真金。"好干部身上的智慧和勇气，就像硬币的两面，一面是聪明才智，一面是勇气担当，既要想干事、敢干事，也要能干事、会干事，才能当好领头雁。想干事，就是要有干事的意识。从政为官，是一种特殊的职业，在其位、谋其政，司其职、尽其责，天经地义，否则就是虚食俸禄，尸位素餐，就是最大的失职，不但会受到道德谴责和良心拷问，也会受到党纪国法追究和制度惩处，履职尽责是应尽的本分，干事创业理当义不容辞。敢干事，就是要有干事的勇气。敢干就要敢当，担当意味着付出、奉献，甚至牺牲，领导干部敢作敢为，主要是敢啃最硬的骨头、敢挑最重的担子。要牢固树立"新官要理旧账"的正确政绩观,一张蓝图绘到底,不搞"兜底翻",继承发扬过去的好思路、好做法、好经验,积极主动有作为。能干事,就是要有干事的本领。干事是一种作风,也是一种能力。没有金刚钻,别揽瓷器活。领导干部只有拥有过硬的本领,才能在纷繁复杂的形势中廓清迷雾,审时度势,见人所未见;才能带领群体或组织制定科学的目标,谋划正确的道路,避免徒劳无功。

只有内心强大,才能无私无畏。内心强大,并非能战胜世界的一切,而是所遇到的各种困难和问题,能够勇于面对,能够想办法攻坚克难。一个内心强大的人,在临危关头、危急时刻、复杂严峻时刻,面对逆境、困难和挫折,敢于直面现实,依然能够科学判断,临危不惧。内心不够强大,就很容易受到外界的影响,要么特别在意别人的看法,要么活在他人的眼目口舌之中,失去独立判断能力,变得摇摆不定和坐立不安。政治定力是内心强大的根基。如果政治上出了问题,能力再强也会犯糊涂,就算智勇双全也会迷失方向,误入歧途。保持定力的根本是增强"四个意识",始终在思想上政治上行动上同以习近平同志为核心的党中央保持高度一致,坚持和加强党的集中统一领导,坚决维护党中央权威。做出实绩是内心强大的有力支撑。有实力,腰杆才硬,在干部群众面前说话才有人听、做事才有人跟。对领导干部而言,最大实力的体现就是兢兢业业、踏踏实实干事,创造经得起实践、人民和历史检验的实绩。自身过硬是内心强大的关键。平生不做亏心事,半夜不怕鬼敲门。一个干部如果该守的底线没守住,该坚持的原则没坚持,一身铜臭气,底子不干净,在干部群众面前腰杆就不硬,说话、办事就会失去底气。所以,领导干部一定要增强政治定力、纪律定力、道德定力、抵腐定力,真正做到挡得住诱惑、经得起考验,崇廉拒腐,清白做人,干净做事。

十一、未雨绸缪,才能防患于未然

"君子以思患而预防之。"出自《周易·既济》,指的是:君子总是想着可能发生的祸害,预先作出防范。居安思危,是成功者的必备素质。对于祸害，如果预先能够想到，能够作出防备，就能加以杜绝，或在祸害发生时采取应变措施比较顺利地克服它。否则，祸害突然降临，仓促应付，后果不堪设想。

凡事预则立，不预则废。古时候有这样一则故事。有一个过访的客人，看见主人家的烟囱是直的，旁边还堆着柴草。于是客人建议主人改造烟囱，并把柴草搬至远离烟囱的地方。可是主人不仅自己没有预见到危险，也没有采纳客人的意见。后来，还真发生了火灾。这个故事告诉我们，做任何事情都要想在前、做在前。当干部如果缺乏前瞻性和预见性，势必会陷入"脚踩西瓜皮，滑到哪里算哪里"的无章可循，或者"头痛医头、脚痛医脚"的事务主义，导致工作效率、效益低下，问题频发。风起于青萍之末。蝴蝶效应提示我们，只有从细微的反常信息中抓住带有倾向性的全局发展问题，才能窥一斑而知全豹，及时预测事情的发展状况，运筹帷幄，周密部署，引导、指挥其向预定方向发展。未雨绸缪、防患于未然体现的是一种战略思维和大局意识。领导干部必须始终保持清醒的头脑，居安思危，顺时忧逆，学会透过纷繁复杂的表面现象把握事物发展的方向，不随波逐流、随遇而安，要"智者见于未萌"，防微杜渐、有的放矢。

见微知著，才能防微杜渐。应急管理集中体现在妥善处置突发事件和危机事件上，而突发事件和危机事件最能考验一个干部的心理素质和应变能力。当前，社会多元化，矛盾问题复杂化，各种突发事件、危机事件发生概率明显上升。一些领导干部一遇突发事件、危机事件就慌神，不知所措，出了事总想躲着、捂着、盖着。"怕"不是办法，"躲"也不是办法，有些事你越怕它越来。一方面，要立足现实，思虑将来，对于工作潜在的各类隐患要见微知著，防微杜渐，周密安排，把一切保障措施及防范措施都做在平时。只有这样，当洪水袭来，雪灾肆虐和社会公共危机突发时，才能有对策，有措施，有预案，而不至于乱了方寸。另一方面，领导干部是群众的主心骨，面对突发事件，必须稳住阵脚、沉着应对，切不可自乱阵脚。要尽快摸清情况，分析问题，找出对策，对符合法律法规和政策规定的，要当场表明解决问题的态度，坚决付诸行动；对无法当场明确表态解决的，可以责成有关职能部门限期研究解决；对因决策失误或工作不力而侵害群众利益的，要公开承认失误；对不合理要求，要表明态度，坚决拒绝。要坚持灵活性和原则性的统一，善用法治思维和法治方式，不能因为事态紧急就忘了法治，甚至用灵活性破坏原则性。

十二、和谐不是和稀泥，团结不是一团和气

讲团结是大智慧，会团结是大本事，团结好是大境界。现实中，一些领导干部"歪嘴和尚念经，越念越歪"，错误理解团结的意义。讲团结不是要搞一团和气，讲和谐不是要"和稀泥"。领导干部在大是大非问题上一定要有正确立场和鲜明态度，敢于站出来说话，敢于表明自己的态度。

讲团结不能"出卖原则"。团结不仅出战斗力、出生产力，而且也出效率、出政绩、出干部。作为领导干部，必须视团结如武器，把团结作为政治担当，在政治生态中激浊扬清、砥砺前行。需要注意的是，领导干部团结干事，是为了达到某一特定正确目标而结合在一起，有共同的方向和信仰，不能无原则地妥协，到处和稀泥，更不能不讲纪律，"出卖"原则。团结必须是建立在原则、纪律基础上的团结，是对错误的东西开展斗争、开展批评前提下的团结。要明白，批评人不是干部的缺点，而是严肃党内政治生活的客观需要。有的同志无原则无立场，判断是非对错仅凭个人好恶，对错误思想行径不言不止不批，搞"一团和气"，这样只会是温水煮青蛙，让错误的人和事越陷越深，让已经发现的问题更加根深蒂固，最终贻误事业发展。真团结应该是凝聚各方智慧，调动一切积极力量，克己奉公、勤政为民，坚持立场原则，不夹带私利，在信任理解包容中共同前行。

用好民主集中制这个有力武器。"互相补台，好戏连台；互相拆台，一起垮台"。民主集中制是马克思主义政党的根本组织制度和领导制度，也是最重要的组织纪律和政治纪律。对于一个领导班子，用好民主集中制这个武器，处理好集体领导与个人分工负责的关系非常关键。遗憾的是，有的地方和部门民主发扬不够的问题和正确集中不够的问题仍然同时存在。有的"一把手"发扬民主不够，擅权专断，集体决策形同虚设，不按规则办事；有的

领导干部该担当的不担当,对不同意见不敢集中、不善集中,导致议而不决、决而不行、行而不实;有的班子闹不团结,甚至争权夺利,矛盾公开化。这些问题,违背了民主集中制原则,削弱了干部队伍的凝聚力和战斗力。邓小平同志指出,"民主集中制执行得不好,党是可以变质的,国家也是可以变质的,社会主义也是可以变质的。干部可以变质,个人也可以变质"。凡是"三重一大"项目,都要充分发扬民主,广泛听取意见,集思广益,绝不能搞一言堂、个人说了算。要勇于担当,敢于拍板决断。要抓好班子带好队伍,经常对下属咬耳扯袖,敢于较真碰硬,敢于批评人,及时指出下属的错误,防止小病拖成大病。要把团结作为一条政治纪律要求,作为一种政治境界、思想境界来追求,形成心齐、气顺、风正、劲足的生动局面。

十三、将心比心,以心换心

爱人者,人恒爱之;敬人者,人恒敬之。只有将心比心,才能换取真心,才能找到解决问题、推动工作的良策。这就要求领导干部,要学会站在他人的角度思考问题,凡事多为别人着想,诚以待人。

为人处世要善于换位思考。纵观中外,从孔子的"己所不欲,勿施于人",到《马太福音》的"你们愿意别人怎样待你,你们也要怎样待人",不同时代,不同地域,换位思考都是人们所奉行的道德教谕。对领导干部而言,换位思考是运用唯物辩证法的一种有效的思维方式和工作方法,是一把凝聚人心、化解难题的"金钥匙"。现实中,有的领导干部,摆不正自己的位置,不会换位思考,特别是做群众工作时,求得群众理解不易,明明是为群众好,却得不到群众支持。磨破了嘴皮子,跑断了腿,群众却不领情。而有的干部如鱼得水,和群众打成一片,以什么样的状态打开为官之路,自然会有什么样的结果回证。领导干部越是身居高位,越是要在看问题、想问题、做事情上,设身处地站在对方的角度、立场和观点上分析判断,时时事事处处考虑到他人的需求和利益,换位思考、将心比心,增进沟通与理解,减少误会与争辩,提高工作效率,解决实际问题,实现与群众与下属关系的和谐相处。

多一些真诚，少一些城府。习近平总书记强调，要引导党员干部"堂堂正正做人、老老实实干事、清清白白为官"。这就教育我们为人处世都要光明磊落，坦坦荡荡，堂堂正正，始终保持一颗纯净之心、真诚之心。真诚，是人与人交往中最珍贵的赠品。唯有真诚，才有信任。对领导干部来说更是如此，只有以诚相待，才能团结同志、凝聚人心，才能卓有成效地开展好各项工作。切不可偏信厚黑之学，以世故为得体、以推诿为明哲，遇人遇事工于心计，把简单的工作关系搞得很神秘，把正常的人际关系弄得很复杂，把"城府深"当作为人处世的哲学。领导干部待人处世要真诚、坦荡，不能表里不一、阴阳怪气，要从自己做起，旗帜鲜明抵制和反对关系学、厚黑学、官场术、潜规则等庸俗腐朽的政治文化。无论对上级、对下属、对群众都要推心置腹，以诚待人、以情动人、以心交人，不偏袒任何人任何事，不分高低贵贱，不分亲疏远近。要学会尊重，尊重群众、尊重同志，用平等信任的心态对待所有的人，尊重他人的人格和权利，认可他人的创造性，珍惜他人的劳动成果，重视他人的意见。应重视协商、学会沟通，学会非暴力沟通。遇事能多思考、冷静处理，在干事创业中团结他人，平等交往中宽容别人，汇聚众人智慧和力量。

十四、求大同、存小异，寻求最大公约数

最大公约数本是一个数学术语，可引申为"求大同"。寻求最大公约数的过程就是求大同的过程。习近平总书记要求"把最大公约数找出来"，"做事就能事半而功倍"。这就告诉领导干部，思想认识不统一时要找最大公约数，善于求大同、存小异。这是在根本利益一致的前提下，处理矛盾的有效途径。

维护全局求大同，尊重包容存小异。大同是中华民族从古至今共同的社会政治与道德理想，"求大同"，是一种基本原则，同时也是群体秩序和目标实现的起点，没有大同就寸步难行，如果背离方向、背离原则，就无同可求、无异可存、无体谅包容可言。但求同不意味着消灭差异，而是指要承认区别，这既符合唯物辩证法，也是领导干部胸怀、格局的体现。君子和而不同，

只要不违背原则，在争取大的方面或原则问题上谋得共识的基础上，在小的方面或具体问题上可以保留不同意见。当不好选择的时候，坚持原则是唯一正确的选择。领导干部要树立高度自觉的大局观念，放眼全局，把工作放到大局中去思考、定位，权衡利弊得失，正确认识大局、自觉服从大局、坚决维护大局，做到在大局下思考，在大局下行事，才能手中有办法，尽全力达成一致。同时要坚持大事讲原则，小事讲风格，对于工作生活中不妨碍大同的个性，不能采取限制或者打击的办法，要懂得尊重和欣赏别人的个性，允许差异的存在，允许有不同意见，允许保留自己的见解。有欣赏他人能力的人，是有本事的人。

民心是最大的政治，群众认可才是真正的政绩。"政之所兴在顺民心，政之所废在逆民心"。习近平总书记强调："群众路线是我们党的生命线和根本工作路线。"这就要求领导干部，要坚持从群众中来、到群众中去，把群众公认作为做好各项工作的最大公约数。金杯银杯不如群众的口碑，金奖银奖不如群众的夸奖。老百姓是永远的检查组，领导干部开展任何一项工作，自己说好不算好，百姓说好才是好。要以百姓心为心，始终把人民利益放在心中最高位置，把实现好、维护好、发展好最广大人民根本利益作为一切工作的出发点和落脚点，把人民满意不满意，人民答应不答应，作为衡量一切工作的标准；要始终保持与人民群众的血肉联系，做到与人民同呼吸共命运的立场不能变，全心全意为人民服务的宗旨不能忘，群众是真正英雄的历史唯物主义观点不能丢；要把民心作为最大的政治，部署工作、制定政策、推动经济发展、改善社会民生，都牢牢坚持人民立场这一根本政治立场，始终坚持发展为了人民、发展依靠人民、发展成果由人民共享，让人民群众有实实在在的获得感。

十五、学习工作化，工作学习化

"学者非必为仕，而仕者必为学"。读书学习不一定非要当干部，但当干部必须重视学习。人对学习的追求应当是无止境的，领导干部更应如此，只有把学习当作一种神圣职责、一种精神境界、一种终身追求，在学中干、在干中学，在学习上不断攀登更高的山峰，才能真正做到干在实处、走在前列。

学习力是干部的核心竞争力。"刀不磨会生锈，人不学会落后"。当今时代，知识爆炸、信息裂变，如果我们不提高自身的学习能力，就会老办法不管用、新办法不会用，毫无竞争力。有人说，在农耕时代，一个人读几年书，就可以用一辈子；在工业经济时代，一个人读十几年书，才够用一辈子；到了知识经济时代，一个人必须学习一辈子，才能跟上时代前进的脚步。习近平同志从青年时代就注重读书学习，躬身实践，在陕北农村插队时，习近平同志曾经走30里路去借书。如今我们不用"30里取书"，但必须具备"30里取书"的求知精神。干部是干出来的，也是学出来的。如果我们不注重学习，不自觉学习政治理论和科学文化知识，不主动加快知识更新、拓宽眼界视野，思想就容易僵化、庸俗化，"以其昏昏，使人昭昭"，必定贻误工作、贻误事业。必须一刻不停地加强学习，让学习成为习惯，在学习中增强自信、赢得主动，做一个有竞争力的人，依靠学习走向未来。

学习的目的在于运用。宋代学者朱熹曾说："为学之实，固在践履。苟徒知而不行，诚与不学无异。"一切学习都不是为学而学，学习的目的全在于应用。领导干部加强学习，根本目的是为了增强工作本领、提高解决实际问题的能力。学而不用，只是个书橱、书柜、书虫而已。要带着问题学，结合工作学。要养成边学习边研究的习惯，在学习研究中探求工作的本质和规律，努力防止和克服"忙于工作、疏于学习的事务主义"和"不学习、不研究照样可以干好工作的经验主义"，不能工作学习两张皮，要把工作与学习紧密结合，坚持干什么学什么、缺什么补什么，在工作中总结学习方法和经验。要坚持学而思、学而信、学而用、学而行，做到融会贯通、举一反三，把学习成果体现到素质能力的提高上，体现到主观世界的改造上，体现到工作能力和水平上，把党章和习近平新时代中国特色社会主义思想学深学透，深入、全面、系统地掌握蕴含其中的马克思主义立场观点方法，切实做到真学、真懂、真信、真用，用推动工作的实践检验学习的成效。

十六、实践出真知

"纸上得来终觉浅,绝知此事要躬行。"习近平总书记强调:"学习掌握认识和实践辩证关系的原理,坚持实践第一的观点,不断推进实践基础上的理论创新。"温室里长不出参天大树。实践才能出真知,实践才能长才干,实践是提高领导干部能力的根本途径,是推动各项工作落实的有效办法。

干部是干出来的。实践就是实干,当干部就得"干"字当头,不干,半点儿马克思主义也没有;不干,再好的规划也是空中楼阁,再美的蓝图也是废纸一张。当前有的领导干部不思干,看不到自己肩上的职责;有的不愿干,觉得"多一事不如少一事",只做和尚不撞钟,不求有功,但求无过;有的不会干,能力欠缺,工作无招,干事无方,发展无策;有的不敢干,怕担风险,怕干不好出问题、惹麻烦、得罪人,缩手缩脚。无功就是过,平庸就是错。领导干部要切实做到"朝受命、夕饮冰,昼无为、夜难寐",爱岗敬业、夙夜在公,做到人在岗上、身在事上、心在责上,集全部心思于工作,倾一切才智于事业,多为群众办实事、办好事,不辜负组织和群众的重托,也不辜负自己对人生价值的追求。要把选人用人的目光更多地投向基层、投向一线,及时把实践锻炼成熟的好干部选出来、用起来,让干部不仅在实践锻炼中长见识、增才干,而且在实践锻炼中受关注、有平台,真正使"一线出干部"成为一种导向,带动注重实践、投身实践蔚然成风。

总结反思是进步的阶梯。大总结有大收获,小总结有小收获,不总结就没有收获。这是一条重要的工作规律,也是干部提升能力水平和工作成效的有效途径。"我是靠总结经验吃饭的",毛泽东同志一语道破总结反思工作的极端重要性。孙悟空西天取经,长路漫漫,每次跟妖魔鬼怪打得天昏地暗,打完以后都要腾云驾雾飞到天上,看看远方妖怪又在何方,思考下一步怎么做。这虽是个神话故事,但也给我们深刻启示,只有经常对工作进行梳理、总结、反思,才能掌握工作的主动权。一方面,领导干部要自觉地吸取经验教训，在总结反思中既要看到自己的优势长处，也要看到自己的缺点和问题，要有刀刃向内的勇气，主动地克服自身错误，"在战争中学习战争"，提高边实践边总结的能力；另一方面，要防止见子打子，在繁忙的事务中静下心来踱方步、想问题，确保工作年年有发展、不断上台阶。

十七、统筹兼顾

所谓统筹兼顾，就是要协调好各方面关系、平衡好各方面利益，使得各项事业能够健康协调可持续发展。统筹兼顾是我们党一贯坚持的科学有效的工作方法，也是我们党在长期社会主义建设实践中形成的重要历史经验。领导干部必须运用好统筹兼顾这一科学方法，不断提高领导水平和领导效能。

要学会十个指头"弹钢琴"。"不谋全局者不足以谋一域，不谋万世者不足以谋一时。"毛泽东同志强调弹钢琴要十个指头都动作，不能有的动，有的不动，就是讲看问题要注重系统性、全局性，必须通盘考虑、齐头并进，不能顾此失彼，就像一架钢琴的"琴键"，少了一个键就弹不出应有的曲调。领导干部学好"弹钢琴"的工作方法就要胸怀大局、把握大势、着眼大事，努力培养、锻炼和不断提高战略思维能力、综合决策能力、驾驭全局能力，善于从全局和长远观察、思考和处理问题，牢牢掌握工作主动权，不断开创工作新局面。要树立协调发展理念，强化全面系统思想，防止畸轻畸重、顾此失彼，在抓好重点工作、紧急工作、事关全局工作的同时，还要兼顾一般工作的进展情况，把"千条线"拧成一股"绳"，才能有效避免"长短腿""缺漏项"问题，努力实现全面协调可持续发展。

辩证法是解决问题的"金钥匙"。毛泽东同志说过，没有重点就没有政策。这就告诉我们，抓工作要分清轻重缓急，处理好短期与长期、当前与长远、局部与全局的关系，使各项工作相辅相成、相得益彰，协调发展。要抓本质，善于透过现象看本质，知其然更要知其所以然，坚持打破砂锅问到底；要抓重点，能分清主次，提纲挈领，不能"眉毛胡子一把抓"，上下一般粗，处处平均用力，"好钢要用在刀刃上"；要抓关键，把握"关键少数"，掌控关键环节，"射人先射马，擒贼先擒王"，集中精力，扭住不放。面对改革发展的繁重任务，领导干部更应临繁不乱，学会运用辩证法，区分工作的主要矛盾和矛盾的主要方面，有重点、有层次地抓住本地区、本部门工作的主线，把工作的着力点真正放在牵动全局的重点工作和事关整个大局的重大问题上，放在人民群众迫切需要解决的问题上。

第十六节 | 在工作中需要掌握的三十六种方法

当今世界面临百年未有之大变局，面对错综复杂的国内外形势和艰巨繁重的改革发展稳定任务，迫切需要领导干部掌握科学的世界观和方法论，以科学的思想方法和工作方法推进工作。这里，提出领导干部在日常工作中需要掌握的三十六种方法，与大家共同探讨。

一、政治是灵魂、是统帅、是根本

习近平总书记强调："政治问题，任何时候都是根本性的大问题。"党的政治建设是党的根本性建设，决定着党的建设方向和效果。旗帜鲜明讲政治是我们党作为马克思主义政党的根本要求，是我们党不断发展壮大、从胜利走向胜利的重要保证。新时代领导干部旗帜鲜明讲政治，对于团结带领全国各族人民群众决胜全面建成社会主义现代化强国、实现第二个百年奋斗目标，以中国式现代化全面推进中华民族伟大复兴具有十分重要的意义。

始终把旗帜鲜明讲政治摆在首位。"没有正确的政治观点，就等于没有灵魂。"如果不讲政治，对政治问题麻木不仁，无视党的政治纪律和政治规矩，也就失去了作为党的干部的基础和前提。领导干部必须深刻领悟"两个确立"的决定性意义，增强"四个意识"、坚定"四个自信"、做到"两个维护"，把准政治方向、站稳政治立场、严守政治纪律、加强政治历练、提高政治能力、强化政治担当，立政德、守规矩，养正气、固根本，始终做到政治上过得硬、靠得住。

讲政治是具体的、一以贯之的。讲政治从来都不是空喊口号，也不能泛泛而谈，而是要体现在行动上、落实到工作中。领导干部必须把讲政治贯穿党性锻炼全过程，遇事多想政治要求，办事多想政治规矩，处事多想政治影响，成事多想政治效果，善于从政治上谋划、部署和推动工作，下定决心做一名忠诚干净担当的好干部，切实担负起党和人民赋予的政治责任。

二、民心是最大的政治

"水可载舟，亦可覆舟。""政之所兴在顺民心，政之所废在逆民心。"我们党来自人民、植根人民、服务人民，党从诞生到发展壮大的光辉历史，就是一部来自群众、植根群众、依靠群众、发动群众，为了群众、服务群众的生动历史，就是一部全心全意为人民服务的奋斗历史。只要我们始终坚持以人民为中心的发展思想，时刻把群众的冷暖挂在心上，永不脱离群众、永远代表最广大人民群众的利益，就能赢得人民群众的支持，就能无往而不胜。

永远以实现人民对美好生活的向往为奋斗目标。领导岗位是一份沉甸甸的责任。要紧扣民心这个最大的政治，紧紧围绕人民群众新期待，把赢得民心民意、汇集民智民力作为重要着力点，以造福人民作为最大政绩，从解决人民群众最关心、最直接、最现实的利益问题入手，让改革发展成果更多地惠及广大人民群众，不断增强人民群众的获得感、幸福感、安全感。

始终警惕脱离群众这个"最大危险"。"民为邦本，本固邦宁。"习近平总书记指出，"我们不舒服一点、不自在一点，老百姓的舒适度就好一点、满意度就高一点，对我们的感觉就好一点"。对长期执政的中国共产党来说，要时刻警惕从"最大政治优势"到"最大危险"，从"密切联系群众"到"脱离群众"。领导干部必须不忘初心、牢记使命，始终站稳人民立场，深怀为民情怀，同人民干在一起、想在一起，坚决反对形式主义、官僚主义，始终贯彻党的群众路线，保持党同人民群众的血肉联系。

三、让历史告诉现在，让现在启迪未来

以史为鉴可以知兴替。习近平总书记强调："历史、现实、未来是相通的。历史是过去的现实，现实是未来的历史。"历史是最好的教科书，也是

最好的清醒剂。以史可以正人，以史可以化风。作为世界上唯一历史记载不曾间断的文明古国，5000多年文明史是中国人骨气和底气的精神源泉。中华民族历史中蕴含着十分丰富的治国理政经验，只有重视历史、研究历史、借鉴历史，才能知道从哪里来、往哪里去，才能从纷繁复杂的社会现象中认知和把握社会发展的客观规律，不断坚定道路自信、理论自信、制度自信、文化自信。

一切真历史都是当代史。历史是所有事物的来源，任何事物都不是凭空产生的，必有其渊源。历史没有终结，初心必须铭记。领导干部要善于通过学习历史，特别是党史、国史，了解历史上治乱兴衰规律，不断丰富头脑、开阔眼界、提高修养、增强本领。

过去未来皆是现在。世界大势浩浩荡荡，顺之者昌、逆之者亡。一代人有一代人的责任，只有把握好现在，才能赢得光明的未来。领导干部要从当下的实际出发，与当前的形势俱进，把握好当下的时间、当下的人，做好正在做的事，同时把眼光放远、视野延伸，敢于放下过去、面向未来，将自己的人生与国家的命运、民族的未来紧密联系起来，努力创造无愧于时代、无愧于人民的业绩。

四、依靠学习走到今天，依靠学习走向未来

学习成就伟业，学习创造未来。当下，各种新知识、新情况、新事物层出不穷，知识更新的速度也越来越快。拒绝学习必然导致知识老化、思维固化、能力弱化。勇于向下扎根，才能更好地向上生长，好学才能上进。领导干部只有重视学习、善于学习、坚持学习，才能适应时代的发展和岗位的要求。

梦想从学习开始，事业靠本领成就。立身百行，以学为基。做好领导工作，不仅要德配其位，也要才配其位；不仅要政治过硬，也要本领高强。要坚持理论联系实际，全面、系统、深入地学习，盘活知识存量、优化知识增量，学以致用、用以促学，在"学"与"干"的良性互动中不断增强本领，努力成为政治强、懂专业、善治理、敢担当、作风正的领导干部。

以学习力提升领导力。腹有诗书气自华，学习力是核心竞争力。要激发学习的内生动力，多一些书卷气，少一些烟酒气，活到老、学到老，勤学不辍、苦学不止。要提高批判鉴别力，打破格式化、套路化的惯性思维，不唯上、不唯书、只唯实。要提高转化力，独立思考、联系实际，把理论知识转化为分析、处理问题的能力，转化为工作的水平和本领，转化为自身的修养和修为，从而更好地拥抱未来、赢得未来。

五、谦虚使人进步，骄傲使人落后

古人说："事者，生于虑，成于务，失于傲。"谦虚是一种美德，骄傲是成功的天敌。"满招损，谦受益。"谦虚的人有自知之明，故能积极进取，不断进步，从善如流；而骄傲自满是一个可怕的陷阱，人一旦坠入其中，就容易孤芳自赏、敝帚自珍，孤陋寡闻、不思进取，甚至狂妄自大、自取灭亡。

要有"空杯心态"，才能不落"优势陷阱"。当一个杯子装满水的时候，再放进别的东西，水就会漫出来。人的心态亦如此，如果迷信自己已有的经验和知识，就会落后于这个时代。领导干部要以虚怀若谷、海纳百川的气度和雅量，像海绵吸水一样接纳新事物、新知识，不断扩大自己的知识半径，切实跟上时代发展的步伐。

要优秀，但不要优越。领导干部要看清自己，任何时候对自己都要有正确的认知，杜绝权力上、地位上的优越感，学会把别人的"高看一等"化作"技高一筹"，把别人的"敬畏三分"化作"三省吾身"，看重责任和操守，看轻官职和名利，多谋公利，多做实事，始终保持一颗公仆之心、平常之心、质朴之心，做优秀的干部，不做优越的干部。

六、得道多助，失道寡助

合乎正义者就能得到多方的支持和帮助，违背正义者会陷入孤立无援的境地。"得道"，就有人格魅力和威望，如夏日之荫、冬日之炉，不求亲人而人自亲之，就会得到组织的信赖和群众的拥护；"失道"，就会被群众鄙视，得不到拥护和支持，甚至众叛亲离、人人得而唾之、弃之、诛之。对领导干部而言,"道"不仅是立身之本、为官之基,而且是治世之策。

组织是最大的靠山,人民是永远的上级。领导干部是人民的公仆,第一职责是为党工作。要忠诚于组织,任何时候都与党同心同德,始终相信组织依靠组织。要以人民满意为最高标准,善于把决策措施拿到人民中间去检验,努力把党的正确主张转化为群众的行动自觉,做到让组织放心、让群众满意。

凝聚最大公约数。路虽远行则将至,事虽难做则必成。当干部就必须恪守本分,以信念、人格、实干立身,得到人民的信赖和支持,靠真理的力量、思想的力量、人格的力量感染人、带动人。大力弘扬社会主义核心价值观,找到全体社会成员在价值观念上的最大公约数,为实现中华民族伟大复兴而共同奋斗。

七、局部利益服从大局利益,小道理服从大道理

先立乎其大者,则其小者不能夺也。有些事情站在局部看似乎有道理,而放在大局中就没有道理,这时局部就要服从于全局。邓小平同志讲:"个人利益要服从集体利益,局部利益要服从整体利益,暂时利益要服从长远利益,或者叫做小局服从大局,小道理服从大道理。"凡事从大局出发,在事关大局和自身利益的问题上,抓住主要矛盾和矛盾的主要方面,是做好领导工作的精髓所在。

谨防本位主义思想作祟。本位主义,实际上就是个人主义的扩大,相似于小团体主义和个人主义。领导干部如果只盯着自己的一亩三分地,片面强调本地区本单位或分管部门的利益,就会只见树木、不见森林。要学会把"小我"归入"大我"、"小局"归入"大局"、"小利"归入"大利",跳出一时一事、一地一己,以更加宽广的眼界审时度势、权衡利弊,把握现在、透视未来。

自觉服从服务于大局。"不谋全局者不足以谋一域。"建成社会主义现代化强国、实现第二个百年奋斗目标就是党和国家的大局。领导干部做任何事情,都要立足这个大局、把握这个大局,自觉把工作放到党和国家大

局的发展和需要中去思考、定位、布局，不讲条件、不打折扣，众人同心、众力同向，形成共同为大局奋斗的强大合力。

八、小心驶得万年船

小心得天下，大意失荆州。小心谨慎、思虑周全，才能有备无患、防患于未然。倘若马虎大意、心存侥幸，不仅无法做好工作，还容易阴沟里翻船，一失足成千古恨。从古至今，举大事必慎其始终。领导干部要谨言慎行做人、深思熟虑做事、克己奉公做官，不逾矩、有原则，知敬畏、有底线，才能让从政之舟避开礁石和险滩，行稳以致远。

审慎则必成，轻发则多败。"马谡失街亭""关羽失荆州"，都是刚愎自用、马虎大意造成不可挽回的错误。凡事多看一步、多想一层，三思而后行，找准方向、看清风险。既要想好进路，也要留好退路，不急躁冒进、不鲁莽草率，多方论证、谨慎决策，把控过程、稳中求进，牢固树立底线思维，才能求得最好的结果。

百舸争流，奋楫者先。在竞争激烈、百舸争流的新时代，不进则退，慢进也是退。领导干部要有"争创一流"的进取精神和"比学赶超"的竞争意识，始终在岗在状态，面对机遇敢于抢抓，面对艰险敢于探索，面对落后敢于奋起，面对竞争敢于拼搏，干一流工作、创一流业绩，久久为功、善作善成。

九、身体是革命的本钱

蔡元培先生说过："有健全之身体，始有健全之精神。"健康的身体是履职尽责、服务人民的前提。领导干部应当选择科学正确的生活方式，保持身心健康。

没有健康就没有一切。健康是生命的保障，是成功的资本。就个人而言，健康是1，其他的一切都是0，如果没有这个1，其他的0再多也没有任何意义。面对日益繁重的改革发展任务，一些领导干部身心负荷过载，很多健康指标都亮起"红灯"，亟须引起重视。领导干部要保持良好生活习惯，合理饮食、规律作息、科学锻炼、强健体魄,"健康工作五十年,幸福生活一辈子"。

好心态带来好身体。积极健康的心态能帮助我们正确面对工作、生活、社会的多重压力,化解负面情绪,清扫情绪垃圾,保持昂扬向上、乐观豁达的健康心态。要学会自我调节,遇事往好的方面想、往好的方面做,根除"红眼病"和"嫉妒症",克服阴暗潮湿心理,才能避免患"焦虑症""抑郁症",神清气爽、轻装上阵地工作。

十、不懂得休息就不懂得工作

当今社会,工作、生活节奏越来越快,一些领导干部为了赶任务、抓进度,常常是"白加黑""五加二",耗费了大量时间,工作效果却不尽如人意。至刚易折、弓满易断。不会休息就不会工作。没有人能够永远集中精力持续工作输出。工作越忙越需要缓一缓,休息调整,理清思路再出发。

一张一弛乃文武之道。无论从事什么工作,不能总是只消耗不休息,如果长期处于紧张状态,人的身体就会亏损,生命力就会提前耗尽。刀钝了要磨,人累了要休息,这是自然规律。领导干部要张弛有度、劳逸结合,缓冲情绪、释放压力,走可持续发展之路。

高效休息才能高效工作。磨刀不误砍柴工。休息是为了更好地工作,科学合理地安排工作和休息时间,才能有效提高工作效率。在一次次冲刺之后,要学会高效休息,给身体和精力"蓄电",恢复体力、积蓄精力,为再出发再冲刺做足准备。

十一、细节决定成败

把每一件简单的事做好就是不简单,把每一件平凡的事做好就是不平凡。无论生活也好、工作也罢,一些看似不起眼的微不足道的"小事",如果没能处理好,往往就会因小失大,甚至使得本来可以成功的事情归于失败。现实中,一些领导干部只愿抓所谓"大事",结果往往是小事不愿做、大事又做不好。

小细节蕴含大文章。九层之台,起于垒土;千里之行,始于足下。细节虽然都是一些具体的、烦琐的,甚至是鸡毛蒜皮的事情,但要想干好事业,必须注重做好这些细节。"魔鬼藏在细节里"。点滴小事中蕴含着大事之机。眼高手低,看不见细节直奔宏大叙事,那是无本之木、海市蜃楼;不拘小节、胆大妄为,必将走向深渊,在镜花水月里迷失。

天下大事必作于细。凡事不做则已、做必做到最好。注重细节是一种精神,关注细节是一种态度。成功者既要具备壮志凌云的理想,也需脚踏实地积尺寸之功,努力做到宏观与微观、战略与战术都重视,不做"甩手掌柜"。落实工作任务要善于从全局出发抓住关键细节,改变心浮气躁、浅尝辄止的毛病,落细落小,精益求精,善于从"小切口"入手实现大突破。

十二、能出则出,不出则守

古人云,"祸莫大于不知足,咎莫大于欲得"。人皆有进取之心。领导干部政治上追求进步,希望有更高更大的工作平台施展才华,这是可以理解的。但如果只知进、不知止,过度纠结职务升迁,则不可取。当下,仍有一些领导干部心浮气躁,专谋人不谋事,一心为自己设计升迁路线;有的投机钻营、四处讨好,总想搞出一些动静来;有的苦心攀比职务晋升的速度,被提拔了认为是"该得的",没有被提拔认为是组织"亏欠"了自己,甚至向组织讨价还价、伸手要官。领导干部要以平常心对待职务升迁,淡泊名利、珍惜岗位,把心思和精力用在干事创业上。

要立志做大事,不要立志做大官。"权责相谐则兴利,权责不符则贻害。"领导干部要坚守自己的本分,牢记权力与责任是对等的,掌其权、负其责、尽其职,不采华名、不务虚事,在不张扬中干大事,靠品行立德,靠实干立身,自觉把党和人民的信任转化为忠诚履职、干事创业的动力。

升迁留给组织,干事留给自己。"月盈则亏,水满则溢,静则得之,噪则失之。"要正确对待个人的进退留转,不能过分计较个人的职务升迁,不能过分强调自己的资历和贡献,不能过分褒贬自己的长处和别人的短处,既吃得了苦又吃得了亏,既能受累又能受气,防止心理失衡、言行失度、党性失规,坦然接受组织和人民的挑选。总而言之,作为党的干部,就应当自觉服从组织安排,接受组织挑选。当组织需要时愉快接受,奋发有为;当职务未变动时,沉下心来踏踏实实做好自己的事,尽心尽力为党工作。

十三、本色做人,角色做事

本色做人就是要回归人性的本源,回到自己的本真,实实在在,本本分分;角色做事就是要立足角色本身,找准职责定位,主动履职尽责。当下,有的领导干部在人前、在会上信誓旦旦高谈阔论,私下里却立场摇摆、态度暧昧;有的心浮气躁、心猿意马,这山望着那山高。领导干部掌握着权力和整体利益,要按本色做人、按角色办事,守土有责、守土尽责,做好新时代"答卷人"。

表里如一才是真君子。最非凡的成功,不是超越别人,而是战胜自己;最可贵的坚持,不是久经磨难,而是永葆初心。领导干部理应表里如一、言行一致,做老实人、讲老实话、做老实事,对上不阿谀奉承、阳奉阴违、虚报浮夸,对下不伪善、不蒙骗、不欺诈,对同事不虚伪,坦诚相见,胸怀坦荡。

摆正位置才能履好职。领导干部答好从政之题,要在其位谋其政、任其职尽其责,有清醒的角色意识,知道自己的位置在哪里,知道自己的权力、责任和义务是什么。要把工作放在大局中把方向、谋思路,抓协同、促整合,做到贴得紧、跟得上。要立足当下、专注眼前,扎扎实实干好本职工作,盯住问题攻坚克难,奋发有为、建功立业。也就是说,既然当了领导干部,就要对自己严格要求,坦坦荡荡,尽心尽责,不卑不亢。

十四、将军赶路,不追小兔

成功的人之所以成功,是因为将有限的精力专注到一个领域,专心做好一件事,日积月累成就伟业;而那些朝三暮四、三心二意的人,最终往往一事无成。领导干部如果缺乏长远眼光、全局观念,见到什么都跃跃欲试,"吃着碗里的看着锅里的",或东一榔头西一棒子,零敲碎打、杂乱无章,就可能"乱花渐欲迷人眼",工作成效就会大打折扣。必须保持定力、锁定目标,抓住全局性根本性问题,排除外界干扰,把该做的事情做好,不达目的誓不罢休。

心有定力,行不偏移。"心不专一,不能专诚"。要时刻保持清醒的头脑,在纷繁复杂的形势任务面前分得清大小、拎得清轻重,在形形色色的诱惑面前耐得住寂寞、坐得住冷板凳,精其术、竭其力、乐其业,一锤接着一锤敲,一茬接着一茬干,咬定青山不放松,确保各项任务一项一项落到实处。

锁定目标,抓大放小。无目标的努力,犹如在黑暗中远征。领导干部一定要学会选择,善于分清轻重缓急,回到原点抓工作、矢志不渝攻难题,聚焦突出问题,紧盯关键节点,找准切入点和着力点,以点带面,全面推进。要学会牵住"牛鼻子",不贪多求全,不大包大揽,不舍本逐末,不在细枝末节、鸡毛蒜皮的小事上纠缠不清。

十五、真将帅一定拥有真担当

习近平总书记多次强调,干部就要有担当,有多大担当才能干多大事业,尽多大责任才会有多大成就。然而,有的领导干部干事创业精气神不足,奉行"既不落后头,也不出风头""多干多错、少干少错、不干不错"的思想,往往是"只听楼梯响,不见人下来",怕决策失误,不敢拍板定事,干工作推诿拖延,这不仅妨碍了党的事业发展,而且损害了党和政府形象。

责重山岳,能者当之。领导干部是一个地方经济社会发展的决策者、引领者,责任重于泰山。要改进工作作风,做到守土有责、守土尽责,同时要具备敢闯敢拼的勇气和魄力、直面失误的胸襟,把全部心思和精力用在干事创业上。要加快知识更新,加强实践锻炼,练就"几把刷子",使专业素养和工作能力跟上时代节拍,具备担当的宽肩膀、成事的真本领。

事不避难,义不避责。沧海横流方显英雄本色,做难事方能成大业。畏难苟安不是共产党人应有的品质。当领导干部就一定要承担与职务相对应的责任,没有担当的干部就不是真正意义上的干部。因此,"反腐败让干部不作为"是个伪命题,不能成为一些干部碌碌无为、懒政怠政的借口,担当作为是当干部的题中应有之义。领导干部要敢于担当、勇于担责,以"燕子垒窝""蚂蚁啃骨""老牛爬坡"的劲头,逢山开路、遇水架桥,不畏险阻、奋勇搏击。要耐得住寂寞、受得了委屈,以"功成不必在我"的精神境界和"功成必定有我"的历史担当,把新时代宏伟蓝图变为现实。

十六、为人不做亏心事,半夜不怕鬼敲门

堂堂正正、坦坦荡荡,不心存侥幸、不搞小动作,不做违背良知道义的事,这是为官做人的基本道理。现实中,有的领导干部喜欢搬弄是非、藏藏掖掖、遮遮掩掩,打"小九九"、搞"小名堂",这些人表面看起来很平静,其实内心惶惶不安、极度恐惧,总担心东窗事发、恶行暴露。"举头三尺有神明"。纸是包不住火的,邪念终究会露马脚,最终聪明反被聪明误,搬起石头砸自己的脚。

心底无私天地宽。政在去私,私不去则公道亡。领导干部要襟怀坦白、光明磊落,自觉摒除私心杂念,从大局出发想问题、抓工作,自觉按原则办事、按规则办事、按程序办事,做到秉公用权、公私分明、公而忘私、大公无私。要始终把人民放在心中最高位置,真心诚意融入群众、体贴群众、造福群众,从群众的理解和信任中获得支持。

身正不怕影子斜。诚实无破绽,遮遮掩掩不如坦诚相待。无数事实告诉我们,如果说了一个谎言,就要编织一百个谎言来掩盖。领导干部要把踏踏实实办事、干干净净做人作为底线来坚守、作为党性来锤炼、作为境界来追求,做到台上台下一个样、人前人后一个样。正气充盈,邪气就无法近身。要崇德向善、严以律己,不履邪径、不欺暗室,慎独、慎微、慎言、慎行。

十七、自觉掌握唯物辩证法

在列宁看来,唯物辩证法既是世界观,又是方法论;既是认识方法论,又是实践方法论。辩证唯物主义是中国共产党人的世界观和方法论。自觉坚持和运用辩证唯物主义世界观和方法论,学会从唯物辩证法中汲取智慧

和力量，才能不断提高运用科学方法观察和分析问题的能力。现实中，有的领导干部拍脑袋决策、拍胸脯表态，有的蛮干乱干，热衷于铺摊子、上项目，有的工作一团乱麻、没有头绪，归根结底就是没有掌握好唯物辩证法。面对新时代新征程，领导干部要自觉运用辩证唯物主义世界观和方法论认识问题、分析问题、解决问题，尊重客观规律，增强战略思维、历史思维、辩证思维、系统思维、创新思维、法治思维、底线思维，在改造主观世界和客观世界中推动事业发展。

掌握唯物辩证法这一看家本领。领导干部要深入学习唯物辩证法的基本观点，掌握好"联系和发展"这一总特征，领悟好"普遍联系和永恒发展"的基本主题，消化好"对立统一"这一实质和核心，把唯物辩证法中的"三大规律""五大范畴"等内容真正入心入脑，在实际工作中把握好现象和本质、形式和内容、原因和结果、偶然和必然、可能和现实、内因和外因、共性和个性的关系，提高辩证思维能力，让唯物辩证法真正成为提高思想水平、工作水平的重要法宝。

运用唯物辩证法解决实际问题。领导干部要坚持从客观实际出发研究制定政策，推动各项工作。要坚持问题导向，承认矛盾的普遍性、客观性，把握好新时代社会主要矛盾的新变化新特点，在查清矛盾冲突性质和根源中，把握矛盾发展的趋势，分清轻重缓急。要坚持"两点论"，善于处理局部和全局、当前和长远、重点和非重点的关系，既抓好重点工作，又抓好其他工作，学会"十个指头弹钢琴"，在权衡利弊中趋利避害，使各项工作更好地增强政治性、体现时代性、把握规律性、富于创造性。

十八、正义之怒不可无

正义是指公正、公平、正直、没有偏私，正义是人类追求美好生活的永恒主题。"正义之怒"，体现的是斗争精神，源于对工作的极端负责、对人民群众的深厚感情。当下，一些领导干部奉行好人主义和庸俗哲学，不讲原则、不辨是非；遇见问题绕道走、处理事情和稀泥；讲求一团和气、明哲保身，事不关己高高挂起，面对歪风邪气不敢斗争。这些做法，与领导干部坚守正道、维护正义、弘扬正气的要求格格不入。

要坚持真理、明辨是非。领导干部一切行动的出发点和归宿,都应以人民为中心,以合乎最广大人民群众最大利益为最高准则。对涉及立场原则的问题要坚守底线,即使有再大的压力,冒再大的风险,也不能退缩、逃避。要摈弃私心杂念,只要是符合广大人民利益的事,就要大胆干;只要是人民群众拥护和赞成的事,就要大胆做。要敢于"路见不平一声吼",自觉抵制不良风气的侵蚀,自觉维护社会公平正义。

要敢于亮剑、敢于碰硬。俗话说,"邪不压正"。乌云遮不住太阳。领导干部要有英雄气概,保持铮铮铁骨,保持共产党人的风骨、气节、操守、胆魄,不怕鬼、不信邪,做到真理真话敢讲、歪风邪气敢管、硬事难事敢抓。面对重大政治考验,必须旗帜鲜明、挺身而出,发挥"头雁效应";面对歪风邪气,必须坚持原则、敢于抵制;面对急难险重任务,必须豁得出去、顶得上来。

十九、公生正,廉生威

古语云:"公,则民不敢慢;廉,则吏不敢欺。"公正廉洁是领导干部的正气之源和为政之基,是政治生命和政治本色。当下,有的领导干部"有权任性",利用手中权力搞等价交换、利益输送;有的"被利用""被围猎""被投资"。作为党的领导干部,只有一心为公、事事出于公心,才能坦荡做人、谨慎用权,才能光明正大、堂堂正正。

做人公为本。大道之行,天下为公。"人人好公,则天下太平;人人营私,则天下大乱。"领导干部要把公道正派作为立身之本,大公无私、公私分明、先公后私、公而忘私,事事出于公心、时时怀着公心、处处依照公心,不因私事误公事,不用公权谋私利。

从政廉为先。廉洁自律是为官从政的底线。领导干部必须时刻强化自我约束,心存敬畏,手握权力而不自我膨胀,身居要职而不自我放纵。要筑牢思想防线,把"红灯"亮在"越轨"前,习惯在监督下用权,从内心深处筑牢拒腐防变的精神堤坝,练就"金刚不坏之身"。

二十、没有调查就没有发言权

习近平总书记强调,"调查研究是谋事之基、成事之道,没有调查就没有发言权,没有调查就没有决策权"。当下,有的领导干部热衷于搞官僚主义、形式主义,习惯于文山会海、纸上谈兵,满足于看材料、听汇报,关起门来作决策;到基层调研隔着玻璃看一看、坐着小车转一转,走马观花、浅尝辄止。正确的决策离不开调查研究,正确的落实同样离不开调查研究。面对新时代新任务新要求,领导干部必须掌握和运用好调查研究这一传家宝,学会在研究状态下工作。

既要调查,又要研究。"涉浅滩者得鱼虾,入深水者得蛟龙。"要从一些无谓的事务中解脱出来,扑下身子、沉到一线,问计于民、问需于民,增强看问题的眼力、谋工作的脑力、察实情的听力、走基层的脚力。要坚持实事求是,将调查与研究有机结合起来,将获得的信息、材料提炼加工处理,去粗取精、由表及里,潜心研究解决问题之道,找到化解矛盾的"金钥匙"。

既要"身入",又要"心至"。领导干部要深入困难多、情况复杂、矛盾尖锐的地方,少走指定路线,多走自选路线,少看"前院"和"盆景",多看"后院"和"死角",拓展调研渠道、丰富调研手段、创新调研方式,接触基层群众、掌握第一手材料,出实招、破难题,谋良策、办实事,推动事业不断向前发展。

二十一、见多识广看问题才精确

站得高才能看得远,见多识广看问题才精确,这是认清事物、识别事物的基本规律和科学方法。当下,一些领导干部不深思、不善谋,闭目塞听、孤陋寡闻,坐井观天、盲人摸象,不善于向实践学习、向群众学习,不会从生动的社会实践和鲜活的经验中汲取营养、融会贯通、指导实践。

读万卷书,行万里路。新时代的领导干部必须眼界宽、思路宽、胸襟宽,成为见多识广的"博学家"。常识比知识重要。要做工作上的用心者和生活中的有心人,多读有字之书和无字之书,提高自身素养,改善知识结构,成为工作上的行家里手。"吃一堑，长一智。"善于总结、"不贰过"是一种智慧。要从别人的教训中吸取教训，从别人的经验中总结经验，举一反三、触类旁通，一切从实际出发，知行合一、以知促进、以行求知。

知得真切，行得笃实。问题就是实际、就是方向，就是"有的放矢"的靶子。精确看问题，是解决问题的开端。领导干部要尊重客观事实，摸清事物固有的规律，从中把握时代发展变化的脉搏，透过现象看本质，知其然还要知其所以然，科学把握发展的未来走势，牢牢把握工作主动权。

二十二、开局比收局更重要

俗话说，"万事开头难，秧好一半谷"。习近平总书记指出，"决胜要有决心，开局重在开头"。开局往往能够直接影响结局。一些领导干部在工作中"心中无数""本领恐慌"，理不清思路，把不准方向，打不开局面；一些领导干部落实工作能拖则拖，能躲即躲，搞"半拉子"工程，既不能很好地贯彻上级的部署，又不能谋划好本地区本部门的工作。首战必胜，开局起势见精神。只有开局良好、起步顺利，才能信心满满、顺势而为，确保工作稳中有进、稳中求进。

良好的开端是成功的一半。风物长宜放眼量，思路一新天地宽。领导干部要统筹兼顾、运筹帷幄，抓住开局这一关键环节，高瞻远瞩，谋篇布局，坚持目标导向、问题导向、效果导向相统一，对全局作出全面、系统的分析，准确找到切入点，精准把握落脚点，有效掌控局势，做到方向不变、道路不偏、力度不减。

蹄疾更需步稳。新官上任三把火。新任领导干部大都有抱负、有激情，想干事、干成事的愿望强烈。但在"烧火"的同时，更应"浇水"。既要敢闯敢试，又要积极稳妥，保持冷静头脑，避免盲目决策，一张蓝图绘到底，以坚如磐石的信心、只争朝夕的劲头、坚忍不拔的毅力，确保"开门红""步步高"。

二十三、善于观察，慎于选择，敢于出手

"危"与"机"是同生共存的，只有增强眼力、魄力、定力，顺应历史

潮流，积极应变、主动求变，才能抓住机遇、把握主动，积极稳妥地化危为机、转危为安。领导干部要增强因势而谋、应势而动、顺势而为、趁势而上的本领，防止和克服工作中的不谋而断、少谋武断，或谋而不断、优柔寡断，前怕狼后怕虎。

知形识势，谋定而动。只有观大势、谋大局，才能成大事。要自觉提高站位，从政治高度看问题，从大局大势看问题，透过现象看本质，不断提高洞察力、预见力。要发扬民主，遇事多商量、多沟通、多碰撞，广开言路，力求把各方面意见掌握全、掌握准，反复研究、反复比较、择善而从，作好战略谋划。

泰然自若，当机立断。要厚积薄发，增强多谋善断、临机决断的能力。当讨论重要议题出现较大意见分歧时，要深入调研、充分论证、把握机遇，慎重决策，看准了的事就要大胆干，该出手时就出手，做到胆要大、心要细、头要冷，防止拍脑袋的异想天开和灵机一动的主观臆断，更不能犯战略性、颠覆性错误。

二十四、不能争到的就必须放弃掉

老子说："大成若缺，其用不弊。大盈若冲，其用不穷。"凡事都要尽最大努力，争取最好结果。但鱼和熊掌不可兼得，争取不到时就得学会放弃。推动工作、追求进步，就要学会顺其自然、争其必然，得之坦然、失之淡然。只知"进"而不知"止"，很容易碰得头破血流，甚至走上"邪路""不归路"。

有所为有所不为。面面俱到难免顾此失彼。要抓重点、抓关键、抓要害，集中精力办好最主要的事。要突出本地区特色优势，找准推动发展的切入口，有比较、有选择、有标准、有质量，防止"捡到篮里的都是菜"。要多做为后人做铺垫、打基础的好事，不逞一时之能、不争一时之利。要把问题看得深一些、把困难估计得足一些，防祸于未萌，图患于将来。

有舍才能有得。舍是一种态度、一种美德，更是一种人生智慧。领导干部要正确认识处理公和私、义和利、是和非、正和邪、苦和乐、亲和清的关系，尤其需要从政治上作出决断和取舍。要看轻名利，把职位当作为党和人民作贡献的平台，正确看待进退留转，在干事创业中实现人生价值。

二十五、时刻警惕自己出危险

"君子安而不忘危，存而不忘亡，治而不忘乱，是以身安而国家可保也。"从政之路上随时都可能遇到危险，稍有疏忽差池，就可能被危险缠身。善于运用底线思维，保持高度警惕，是一种很重要的领导艺术。

人无远虑，必有近忧。"祸兮，福所倚；福兮，祸所伏。"居安思危是人类生存的重要智慧，意识不到危险便是最大的危险，有了危机感才可以避免危机出现，没有危机感则恰恰表明正处于危机之中。如果目光短浅、缺乏"远虑"，那么"近忧"就会自动找上门来。缺乏忧患意识的干部，往往更容易"出事情""栽跟头"。只有增强忧患意识，居安思危、知危图安，保持清醒头脑，才能确保自己不出危险。

自己不打倒自己，谁也打不倒你。"忧劳兴国，逸豫亡身。"即使危险产生的概率不大，但终究有发生可能，必须做足防范和化解的功课。面对风险和考验，领导干部必须如履薄冰、如临深渊，时刻保持高度警觉；必须慎终如始，不断增强定力，绝不越雷池半步；必须下好先手棋、打好主动仗、掌握主动权，最大限度把风险化解在萌芽状态，任凭风浪起、稳坐钓鱼船。

二十六、多点看问题，就不会有死路

问题是时代的声音。马克思主义辩证法要求领导干部学会多角度、多方向思考，多层面看待问题。"一千个读者心中，有一千个哈姆雷特。"领导干部如果只从一个角度去看问题，自然难以发现问题或是看不到问题全貌，画地为牢，甚至还会钻"牛角尖"、进"死胡同"。

横看成岭侧成峰，远近高低各不同。领导干部如果站位不够高、视野不够开阔，就容易产生"当局者"心态，掉入问题陷阱，死盯一点不及其余，找不到出路。"见骥一毛，不知其状；见画一色，不知其美。"对事物的片面认知，必然导致偏于一隅，暗于大理，头痛医头、脚痛医脚，甚至"坐以待毙"。只有善于从不同角度、不同侧面去观察分析问题，才能够找到解决问题的突破口。

跳出问题看问题，办法总比困难多。领导干部要坚持用联系、发展、一分为二的观点看问题，善于"跳出庐山看庐山"，努力发散思维，一分为二看问题，多个角度想事情。要强化全局思维、整体意识和大局观念，提高层次看而不是总在低处看，全面看而不是片面看，深入看而不是浅显看，从更宽广的视野中去发现问题的突破口，从不同角度大胆设想以谋求出路，才会"山重水复疑无路，柳暗花明又一村"。

二十七、两利相权取其重，两害相权取其轻

任何事物都有两面性，"利"与"害"相互对立又相互依存，有一利必有一害。趋利避害是人之常情，权衡准确、恰到好处，处理事情就会得心应手。领导干部经常面临比较、选择与取舍，如何趋利避害、实现工作效益最大化，考验着领导干部权衡利弊的智慧。

正确地判断价值。要学会分清孰优孰劣、孰轻孰重、孰缓孰急，准确判断可不可行、能不能做、要不要做、什么时候做，进而使一项工作、一个决策所能产生的效益达到最大化。"利民之事，丝发必兴；厉民之事，毫末必去。"领导干部手握公权，要正确把握价值判断的标准，坚持党和人民利益高于一切，把人民满意不满意、高兴不高兴、答应不答应、赞成不赞成作为衡量利弊得失的根本标准。

理性地作出选择。"是故智者之虑，必杂于利害。"利中有弊、弊中有利，一定条件下二者还会相互转化。领导干部作出重要抉择必须极为审慎，始终兼顾"利"与"害"两个方面，不仅要知道利在哪里、害在何处，还要注意利中之害、害中之利，冷静分析、统筹兼顾、扬长避短，从而作出最为有利的选择。

二十八、单丝不成线，独木不成林

俗话说："人心齐，泰山移。"习近平总书记指出："一个手掌，摊开是'多个指头'，握紧就是'一个拳头'。"只有靠'众人拾柴'和'三个臭皮匠'

之力，靠大家帮衬，工作才能做好。"领导干部要讲团结、想团结、懂团结、会团结。

群之所为事无不成，众之所举业无不胜。整体永远大于个体。个人的力量终究是渺小的，团结一切可以团结的力量、调动一切可以调动的积极因素，才能为事业不断发展创造有利条件。讲团结既是党对各级领导干部的最基本要求，又是领导干部必须具备的政治素质和思想境界。

懂团结是真聪明，会团结是真本事。领导干部要把讲团结、善团结作为自身修养的必修课，认真执行民主集中制，正确处理集体领导和个人分工负责的关系，始终到位而不越位，既明白所在岗位的职权界限，不推诿、敢担当，又自觉摆正位置，有效避免越位。要坚持公道正派，凡事出于公心，把党和人民的利益看重一些，把个人得失看淡一些，"小我"服从"大我"，个人服从组织，努力做维护团结的表率。

二十九、不打无准备之仗

常言道："居安思危，思则有备，有备无患。"打有准备之仗、有把握之仗，才可以避免祸患。领导干部要善于用全局和长远眼光把握事物发展的趋势和方向，客观辩证地思考和处理问题，谋定后动、有备而为，绝不能"脚踩西瓜皮，滑到哪里算哪里"。

凡事预则立，不预则废。人的意识在反映客观世界时具有目的性计划性，固然在实施行动之前要预先制定蓝图、目标、行动方式和行动步骤。"没有事先的计划和准备，就不能获得战争的胜利。"领导干部如果缺乏计划性和预见性，临时抱佛脚，当"无头苍蝇"，出现意外就会无招架之力、应对之策，结果事没办好，还浪费人力物力财力。尤其是出台重大政策、决定重大事项之前，要广泛听取意见，评估风险、做好预案，慎重决策。

宁未雨绸缪，勿临渴掘井。有"一叶知秋"的敏锐，还要有"未雨绸缪"的智慧。领导干部要增强战略思维，认清形势、把握趋势、预判形势，把握事物发展方向；要周密谋划、精准研判，提前预知可能出现的问题困难，做到眼睛亮、见事早、行动快；要增强忧患意识，注意"保底""托底""守底",既要有防范风险的先手,也要有应对和化解风险挑战的高招,既要打好防范和抵御风险的有准备之战,也要打好化险为夷、转危为安的战略主动战。

三十、做敢于斗争的勇士,不做爱惜"羽毛"的绅士

社会是在矛盾运动中前进的,有矛盾就会有斗争。新时代坚持和发展中国特色社会主义是一场伟大社会革命,必须时刻进行具有许多新的历史特点的伟大斗争。敢于斗争是共产党人必须具备的鲜明政治品格。领导干部要发扬斗争精神,做敢于斗争的"战士",而不应做"爱惜羽毛"的"绅士",不能一团和气、你好我好大家好。

培养斗争精神,增强斗争本领。敢于斗争、善于斗争是党的光荣传统和宝贵经验,我们正是靠斗争精神才不断从胜利走向新的胜利。领导干部要保持共产党人的风骨、气节、操守、胆魄,敢于承担风险、敢于迎难而上,不断增强斗争勇气、讲求斗争策略、提高斗争艺术、积累斗争经验,做一名扶正祛邪、激浊扬清的先锋战士。

既敢于斗争,又善于斗争。"宝剑锋从磨砺出,梅花香自苦寒来。"进入新时代,领导干部只有敢于同各种违背原则、违反党规党纪、损害党中央权威的现象作坚决斗争,同境内外敌对势力的捣乱破坏作坚决斗争,不回避疑难杂症,不惧怕矛盾问题,才能担负起新的历史使命。

三十一、一个行动胜过一打纲领

"这能力那能力,不落实就等于没能力;千忙万忙,不抓落实就是瞎忙。"反对空谈、强调实干、注重落实,是我们党的优良传统,也是我们党能够在革命、建设和改革中不断带领人民夺取新胜利的关键。领导干部不仅是科学的决策者,还是决策的执行者,更是落实的示范者。要树立正确的政绩观,发扬求真务实、真抓实干的优良作风,防止徒陈空文、浮光掠影。

光说不做假把式。"良弓在手,贵在速发。"党的事业是靠实干干出来的,而不是靠"喊口号"喊出来、"放空炮"轰出来的。落实与否、落实的

效果如何，是执政能力的重要体现，也是对领导力的重要检验。干事创业不能夸夸其谈、坐而论道，关键在于付诸实践、落到实处。只有将思路变成具体行动，化为实际效果，才能不断推动经济社会发展。相反，如果"嘴上说得好、脚下没行动"，只能是纸上谈兵、虚谈废务、空言无补。

做好方显真本事。马上行动是最有力的宣言，落地见效是最有效的担当。但光做还不行，做了还要做好、做出效果。如果只是机械执行、生搬硬套、落不到点子上，这样的"马上做"是没有意义的。"做好"强调工作标准和效果，既要讲效率，也要有实绩。领导干部不仅要有遇事不拖、雷厉风行的工作作风，还要注重"速度＋效率"的结合，态度上不折不扣、不讲条件，行动上抓实抓细、做出效果。

三十二、牵牛要牵牛鼻子，打蛇要打七寸

古人云："举网以纲，千目皆张；振裘持领，万毛自整。"任何事物都有一个关键部位，抓住它，再凶猛的牛、再狡猾的蛇，也只能乖乖就范。习近平总书记指出，抓住重点带动面上工作，是唯物辩证法的要求，也是我们党在革命、建设、改革进程中一贯倡导和坚持的方法。领导干部要善于抓住重点，从根本的主要的方面着手，从关键的重要的环节着力，不断取得工作的新进展。

既抓主要矛盾，也抓矛盾的主要方面。在事物的发展过程中，既存在主要矛盾和次要矛盾，也存在矛盾的主要方面和次要方面，这两对关系相互依赖相互影响，在一定条件下可以相互转化。问题有大小，矛盾有主次，主要矛盾和矛盾的主要方面占主导地位，决定事物的发展方向。把握发展的主要矛盾，才能产生"牵一发而动全身"的效应；抓住矛盾的主要方面，才能取得"一子落而满盘活"的效果。领导干部要善于抓主要矛盾和矛盾的主要方面，切实做到"打鼓打到重心处、谋事谋到要害上"。

既抓"关键环节"，也抓"关键少数"。一项复杂繁重的工作由很多环节构成，但每个环节的权重不一样，击破关键困难，抓住关键环节，就把握了发展的方向，往往势如破竹，"可传檄而定也"，"万里长风起云端"。领

导干部是干事创业的主心骨,是政治生态的风向标,抓住"关键少数",就能作出表率、起好示范。要分出轻重缓急,理清工作思路,抓住"关键环节"与"关键少数",而不能"眉毛胡子一把抓"。

三十三、兼听则明,偏听则暗

唐太宗李世民问宰相魏征:"人主何为而明?何为而暗?"魏征对曰:"兼听则明,偏听则暗。"意思是要同时听取各方面的意见,才能正确认识事物;只相信单方面的话,必然会犯片面性的错误。领导干部把方向、作决策,一个重要的方法就是善于听取多方面意见,不断分析研究对比,进而作出正确的判断。

广开言路是重要的领导方法。我们党来自人民,广泛听取人民意见是我们党不断发展壮大的一个重要原因。习近平总书记指出:"对中国共产党而言,要容得下尖锐批评,做到有则改之、无则加勉。"领导干部要避免少犯错误、少走弯路,一个重要方法是广开言路、开门纳谏,拜人民为师,广泛听取群众意见建议。

兼听必须想听、真听、全听。想听,即听意见必须自觉主动,有抛开面子、揭短亮丑的勇气,有动真碰硬、敢于交锋的精神,有深挖根源、触动灵魂的态度,闻过则喜,从善如流;真听,即听意见必须真诚坦荡、开诚布公,不能左耳进右耳出,也不能听风就是雨;全听,即听意见必须全面广泛,不能只爱听恭维话,不爱听逆耳言,只能听委婉的建议,不能听尖锐的批评,反对的声音要听得进去,批评的话有则改之、无则加勉,别有用心的吹捧之词要头脑清醒、避而远之。

三十四、既要听其言,更要观其行

用人权是最重要的领导权。选准人用好人,精准考察识别是基础和前提。古人讲,"识人识表不识心"。古今中外,识人的方法很多,其中重要一条就是透过现象看本质,既听其言、更观其行,既察其表、更析其里,既看"唱功"、更看"做功"。

言行一致，行重于言。对于那种只承诺不践诺，当面一套、背后一套、口头一套、行动一套，装得很正、藏得很深的人决不能用。特别是要谨防那种"口言善、身行恶"的"两面人"，以及那些台上信誓旦旦，而私底下态度暧昧、丧失立场；口口声声忠诚干净担当，一遇到个人名誉地位就牢骚满腹、消极懈怠的人。

重实干更要重实绩。要靠真本事立身，靠干实事吃饭，脚踏实地，在不张扬中干大事。要坚持事业为上，注重选拔埋头苦干、踏实工作、不事张扬的老实人，不找关系、不走路子、不跑门子的规矩人，将那些油腔滑调、溜须拍马、见风使舵、左右逢源的"巧官"挡在"门外"。

三十五、当断不断，反受其乱

法国哲学家布利丹讲过一个寓言：一头饥饿至极的毛驴站在两捆完全相同的草料中间，可是它始终犹豫不决，不知道应该先吃哪一捆才好，结果被活活饿死，这就是管理学上著名的"布利丹效应"。决断力是指快速判断事物发展趋势并做出一个长远眼光的决策能力，是领导干部应当具备的基本能力。

要熟虑，不要犹豫。"举棋不定，不胜棋耦。"那些优柔寡断、左顾右盼、徘徊不前者，即使自身条件再优越也难以成功。进入新时代，面对矛盾叠加、风险隐患增多的严峻挑战，领导干部必须审时度势，深谋远虑，科学决策，行动利落，尤其是在发展机遇面前，在遇到各种风险和挑战面前，更要当机立断、果断行事，坚决防止"议而不决""谋而不断"。要决断，不要武断。干事创业光有志向和勇气往往会南辕北辙，不能盲目决策、莽撞行事，更不能随意决策、瞎乱指挥。尤其是在应对复杂局面的关键时刻，必须善于决断、做好决断。要突出重点、合理确定目标，对决策的目标、任务和举措进行合理取舍，科学确定目标任务和优先顺序，确保决策事项务实可行。

三十六、面向未来，拥抱未来，创造未来

马克思主义认为，一切事物总是在不断地发展变化之中。一切事物都有

一个即将到来的"未来"。未来的意义在于不曾被经历、不断地被更新,对未来的思考带给我们无尽的启发。进入新时代,机遇前所未有,挑战也前所未有。领导干部必须立足时代之基、回答时代之问、引领时代潮流,以新状态踏上新征程,以新担当展现新作为。

未来长于过去孕于现在。习近平总书记指出:"历史不能选择,现在可以把握,未来可以开创!"领导干部要立足时代、不忘本来、吸收外来、着眼未来去推动发展。当然,任何发展之路不可能总是一帆风顺,有顺境也有逆境,有鲜花也有荆棘。但无论过去、现在,还是未来,都要坚定对马克思主义的信仰、对中国特色社会主义的信念、对实现中华民族伟大复兴中国梦的信心。

奋斗是迎接未来的最好姿态。习近平总书记指出:"历史总是要前进的,历史从不等待一切犹豫者、观望者、懈怠者、软弱者。只有与历史同步伐、与时代共命运的人,才能赢得光明的未来。"新时代是追梦者的时代、奋斗者的时代,唯实干才能创造辉煌的未来。百舸争流,奋楫者先;千帆竞发,勇进者胜。领导干部要永远把人民对美好生活的向往作为奋斗目标,以永不懈怠的精神状态和一往无前的奋进姿态,站在改革开放再出发的历史新起点上,干在实处、走在前列,朝着全面建成社会主义现代化强国、实现第二个百年奋斗目标,以中国式现代化全面推进中华民族伟大复兴的目标奋勇前进。

第十七节 | 年轻干部特别需要遵循的三项基本原则

所谓原则,是指说话或行事所依据的法则或标准。做人有做人的原则,做官有做官的原则。做官先做人,好人未必能做官,但做官一定要做好人。努力做好人,就须宽阔胸怀,具有积极心态,拥有助人情怀,正确看待得失,自觉珍惜友情,常存诚信之心、怜悯之心、感激之心、敬畏之心,并且能够不断完善自我。努力做好官,最为重要的要有正确的动机、科学的思想和能够付出与担当。做人也好,做官也罢,总而言之,必须始终向前向上向善,这是根本原则、重大原则,也是人类共通的指向。所以说,既然当了干部就得永远向前向上向善。

一、何谓向前向上向善

古今中外关于向前向上向善的论述数不胜数,不同的时代、不同的阶级对向前向上向善的看法和认识也不尽相同,见仁见智,但概括来讲,共性的认识就是面向未来、追求进步、品行高尚。具体来说,又都有各自的内涵和外延。

(一)关于向前

"前"是方向,向前是指向前看、朝前走,就是向着既定的目标努力前行,不纠结于过往,不困惑于眼前,始终着眼长远、面向未来。做任何事情都要先搞准方向,有了方向,就有了奋斗的目标,生活才不会迷失。方向不对,努力也白费。人生是一场没有回程的旅行,不能彩排,更不能"倒带",不会因个人喜悲而停下脚步,始终以现场直播的状态不断向前。历史总是向前进的,它从不等待一切犹豫者、观望者、懈怠者、软弱者,成功者从来都是想尽一切办法向前走,哪怕只有半步。正如我们的国歌所唱的那样:"前进!前进!前进!"又如我们的军歌唱的那样:"向前,向前,向前!"只有向前,我们才能进步,才能胜利;只有向前,才能赢得光明的未来,才能真正屹立于世界民族之林。事物发展的总趋势是前进的,但向前的道路则是迂回曲折的,因此以什么样的姿态向前,值得每一位干部用心把握。这就需要始终坚信前途是光明的,对未来充满信心,不忘初心,向着目标前行,最终到达理想的彼岸。遇到困难和挫折,不屈不挠地拼搏奋斗,直至走出困境,是一种不畏艰难、奋勇争先的向前;犯了错误,能够吸取教训,及时改正,是一种错而能改、正视自我的向前;为了梦想不断努力,朝着目标一步步接近,是一种心怀理想、与时俱进的向前;风物长宜放眼量,拿得起、放得下,是一种勇敢生活、着眼未来的向前。

(二)关于向上

"向上"从字面看就是朝向较高或最高的位置,就是积极进取、向好的方向不懈努力。向上是一种心态,就是不满足于过去和现在,有所追求;向上是一种精神,不畏艰险,勇攀高峰;向上更是一种品质,是激活其他一切的优良品质。1951年9月,毛泽东同志接见安徽参加国庆观礼的代表团,送给渡江小英雄马三姐一个笔记本,并在扉页上题词:好好学习,天天向上。向上的原动力,无非就是"好好学习",学习的目的就是掌握向上的知识和本领。阅读古今中外一些杰出人物的传记,他们的成长轨迹和人生经验有一个共同的特点,就是永远怀着一颗积极向上的心。其实,向上并不玄乎,很直观、很直白,也很容易理解。一棵幼苗扎根土壤、吸收阳光雨露,不断茁壮成长,直至长成参天大树,是一种从矮小到高大的向上;一个登山者拾级而上,从山脚到山腰再到山顶,是一种从低处到高处的向上;一个人从不知道学习到知道学习再到努力学习,是一种从无知到有识的向上;一位同学从幼儿园到小学到中学再到大学,身材不断长高、心智不断成熟、学业不断精进、学识不断丰富,是一种从幼小到成熟的向上。一个干部从不太成熟到有经验、能胜任再到优秀和卓越，也是一种向上。

（三）关于向善

"善"就是心地仁爱、品质醇厚，就是好的行为和品质。可以这样说，在一切道德品质之中，善良是世界上最高的道德品质，它是一种世界通用的语言，是灵魂深处最美的音符。只有善良，才能战胜人心的自私与贪婪，为社会和谐留出足够的写意空间。善与恶的取舍，也是区分好人与坏人的最直接标准。古人曾说，君子莫大乎与人为善，至乐莫若行善。向善有什么好处呢，《太上感应篇》有云：人皆敬之，天道佑之，福禄随之，众邪远之，神灵卫之，所作必成，神仙可冀。简单地说，人行善，福未至，祸已远；人行恶，祸未至，福已远。人有善愿，天必佑之。向善并不是遥不可及、虚无缥缈，而是随处可见、触手可及。哪个群众有困难，能够及时伸出援助之手慷慨相助，这是一种助人为乐、关爱弱者的向善；忠于职守，尽职尽本分，不投机取巧，这是一种崇尚诚信的向善；看到违法违纪行为，勇敢地站出来制止，敢于斗争，这是一种正义凛然、侠肝义胆的向善；看到他人成功了、富裕了、健康了、快乐了，不嫉妒、不眼红、不猜忌、不刁难，真心诚意地为他人祝福，这是一种心地纯正的向善。当然，向善并不是绝对的，虽说不能一概而论，但可以用一个简单朴素的标准衡量，那就是大多数人认为是向善的，那就应该是向善的。

二、向前向上向善意义重大

向前向上向善是人类最高且永恒的追求，是国家民族生生不息、昂扬奋进的力量源泉，是个人成长进步的意志基础，也是干部应当具有和必须承担的突出特点和时代使命。向前向上向善的力量是一种巨大的正能量，像太阳的光芒照亮全社会，照亮每个干部的人生之路。

（一）向前向上向善是推动人类文明进步的积极力量

大家知道，在人类文明的发展演变中，向前向上向善是一种不可缺少的推动力量。可以说，人类文明的起源史、发展史就是一部向前向上向善的奋斗史、奋争史。回顾人类历史，原始社会的人类为了求生存，过着抱团取暖、集体狩猎的群居生活，既与天斗又与地斗，既改造客观世界又改造主观世界，整个社会简单而和谐。进入阶级社会后，人性恶的一面膨胀，欺骗、阴谋、屠杀等各种"毒素"在人类蔓延，直至今日仍有不小市场，但必须承认，无论是哪一种社会形态，人性向前向上向善的本质都贯穿始终，不管是封建社会"以天下为己任"的士大夫，还是资产阶级追求人类自由平等的启蒙思想家，或是为人类求解放的马克思主义者，都把向前向上向善作为自己的毕生追求和价值理念，并最终形成广泛的共识。正是在向前向上向善的思想和行动影响下，我们有了"仁义礼智信"，懂得了"温良恭俭让"，从原来的世代奴隶永世不得翻身进步到了现在的人人平等，从原始社会、奴隶社会、封建社会前进到了今天的社会主义社会。我们今天平和安逸的幸福生活，是人类文明进步的表现，更是向前向上向善的结果。如果缺少向前向上向善的动力，人类也就停滞了文明的进程。

（二）向前向上向善是社会进步的动力

社会进步是指社会运动变化和发展过程中呈现的一种前进的、上升的，由低级向高级演进的历史趋势。历史反复表明，哪个时期的人们向前向上向善，哪个时期就最有活力、最有希望、最有竞争力，无论是先秦时期的"诸子百家""百家争鸣"，还是汉唐时期的几个盛世，都无可辩驳地证明了这一点。反之亦然，清朝后期不思进取、故步自封，"万马齐喑究可哀"的社会风气也直接导致了鸦片战争以来的百年国耻。历史是最好的老师，从"洋务运动"到"百日维新"，从"辛亥革命"到"五四运动"，从新中国成立之初到改革开放，尽管时代形势各异，但向前向上向善历来是我们坚定不移的时代追求。我们党是这个世界上最有天下情怀、最有理想抱负、最具生机活力的执政党，从新民主主义革命时期的建党精神、井冈山精神、长征精神、延安精神、西柏坡精神等，到新中国成立后的"两弹一星"精神、大庆精神等，再到新时代的脱贫攻坚精神、科学家精神等，共产党人始终以向前向上向善的特质推动国家进步、社会发展。一件件振奋人心的实绩告诉我们，国家的文明富强离不开向前向上向善，社会的进步更离不开向前向上向善。面对老人跌倒不敢扶、碰瓷频发、歪风邪气盛行等现象，如果大家都无动于衷，甚至处之泰然，只会使劣币驱逐良币，不断侵蚀向前向上向善的土壤，好人、好官没有市场，坏人、贪官庸官就会越来越多，在这样的社会环境下我们每个人最终都会是受害者，更会导致社会的倒退。党的十八大以来，习近平总书记先后在多次重要讲话中谈到"中国梦"，深刻阐述了"中国梦"的丰富内涵、基本特征、圆梦途径，更加清晰地明确了我们的奋斗目标。我们每一个人，特别是年轻干部一定要以主人翁精神积极投身这个伟大的时代、投身经济社会发展的伟大实践，把自身的前途命运同国家民族的前途命运紧紧联系在一起，实现自身价值的最大化，为社会进步贡献力量。

（三）向前向上向善是个人成长成才的关键

成长成才是党和国家、社会、家人对年轻干部的热切期盼，更是我们自身的主动追求。一个人要想成长成才，须臾离不开向前向上向善。没有向前向上向善的价值观，是永远立不起来的，再光鲜亮丽的外表也只是浮华。美国的巴顿将军有句名言："衡量一个人成功的标准，不是看这个人站在顶峰的时候，而是看这个人从顶峰上跌到低谷时候的反弹。"我们也可以将其理解为不竭的向上追求。一个人有了明确的目标，并愿意为之付出艰辛的努力，那么他就一定会有所成就；同样，一个人一心向善，愿意为他人为社会付出，那么他的精神世界一定是丰富平和充实的，做到了这些，他也一定会是成功、幸福的。有信念、有梦想、有奋斗、有奉献的人生，才是有意义的人生。铁人王进喜"宁肯少活20年，拼命也要拿下大油田""有条件要上，没有条件创造条件也要上"，用身体搅拌泥浆的壮举感染了一代又一代人。雷锋甘愿做一颗小小的"螺丝钉"无私奉献，自己活着就是为了使别人活得更美好，成了我们永远学习的榜样。从风雨如晦的革命年代到筚路蓝缕的建设时期，从开拓奋进的改革开放到全面小康的决胜进军，一代又一代共产党人在救亡图存、振兴中华的历史洪流中谱写了一曲曲感天动地的乐章,把向前向上向善融入了血液、融进了骨髓、熔铸成了信仰信念,无愧于时代,成就了自己。

三、实现向前向上向善的途径

影响一个人价值取向和努力方向的因素很多,既有其所处的家庭、社会等环境因素的影响,也有其所受教育的影响,当然,最重要的还是自我选择、自我修炼的结果,三者相辅相成、相互促进,促使人向前向上向善。

(一)靠环境

古语有云:"近朱者赤,近墨者黑",意思是说和什么样的人在一起,你往往也会变成什么样的人,我们常说的环境改变人,也是这个意思,可见环境对人的影响不可低估。环境包括很多方面,既有家庭的、社会的,还有学校的、单位的,都在或多或少地影响着我们。首先,家庭环境对一个人至关重要,它甚至会决定一个人一生的价值取向,左右一个人对人生观、幸福观的评判标准。父母是孩子最好的老师,也是第一任老师,父母的言行、性格、处理问题的态度会潜移默化地影响着自己的孩子,一般来说,父母向前向上向善,带出来的孩子也差不到哪里去。其次,社会环境的影响也不可小觑,"孟母三迁"的故事之所以广为流传,原因也就在这里。人是社会关系的集合,上学会有同学、工作会有同事,都不可能脱离社会环境,当今社会正处于转型期,泥沙俱下、鱼龙混杂,一些干部正处在世界观、人生观、价值观真正形成的重要阶段,容易受到一些不良的社会风气的影响,要特别注意甄别。各级党委、政府和有关部门要大力营造向前向上向善的社会风尚,唤醒每个人心中的前进动力和"道德律令",每个人也要积极行动起来,因为你就是他人的环境,这样整个社会就会形成见贤思齐、崇德向善的良好氛围。

(二)靠教育

"教",上所施,下所效也。"育",养子,使作善也。中华民族是一个特别重视教育的民族,尊师重教一直被认为是我们的传统美德,从最初的"天地国亲师"到后来的"知识改变命运",几千年的沧海桑田、世代变迁,教育的重要性一直为世人所普遍接受,教育最本真的目的和意义也从未变过,那就是帮助被教育的人,使其能发展自己的能力,完善自己的人格和身心,精练一点说,就是传道授业解惑,培育正确的世界观、人生观、价值观,使人向前向上向善。礼之所存,人心向善;礼之不存,人心不古。存与不存、善与不善,很大程度上要靠教育,一人教十人,十人教百人,最后散作满天星。良好的教育,既能学到科学文化知识,又能培养道德品质,能够让人明辨是非、心有所向,最重要的是有了选择的机会,可以主动去追求真善美。从某种意义来说,好干部是教出来的。要始终加强对年轻干部的教育培训,尤其是理想信念的培训、世界观和方法论的培训,并且努力提高教育培训的针对性和实效性。

（三）靠自身努力

外因是发展变化的条件,内因是发展变化的根本,外因只有通过内因才能起作用。每个人所面临的家庭环境、社会环境可能会有差别,但这都不是决定因素,最重要的还是要靠个人努力。自古英雄多磨难,从来纨绔少伟男。自身努力是一个人获得成功的最主要因素,一切成功者和失败者都直接或间接证明了这点。要做到向前向上向善,首先自己内心要有做个好人的意愿,善良厚道有爱心、本分老实有同情心,不能总是心里阴暗潮湿,看不得别人好、看不得社会好。"善人者,人亦善之"。爱心和善举如同微笑,是可以相互传递的,你在这个过程中也是受益者。命运掌握在自己手中,首要的是做好自己,向比自己优秀的人看齐,向品德高尚的人看齐,通过自己的努力,真正做到向前向上向善。

四、向前向上向善应当成为好干部的基本特质

年轻干部要想成长成才,必须具有向前向上向善的特质,向前是努力方向,就是认清目标,脚踏实地不断向梦想靠近;向上是实现路径,就是积极进取，创新创造创业；向善是人格力量，就是修身做人，凝聚正能量，放大正效应。如果说向前是人生的横坐标，向上是人生的纵坐标，那么向善就是二者结合的延长线，顺着这条线达到至善至美的境界，三者是努力方向、实现路径和人格力量的统一，是党员干部皆应遵循的普遍价值。

（一）向前是干部成长成才的努力方向

世界大势，浩浩荡荡，顺之者昌，逆之者亡。人类历史总是处在向前的发展变化之中，我们也只有不断向前，才能跟得上形势，不落伍，不被淘汰。判断一个人是否向前，笔者以为主要有以下四点。

一是有远大理想。理想是行动的先导，有什么样的理想和追求，就会有什么样的行动和作为。没有理想的人，没有远大目标的人，是很难成就伟业的。当今世界更是如此，科学技术飞速发展，新概念新理论新知识层出不穷，没有远大的理想和追求，就会在日新月异的变化中迷失自我，找不到前进的方向，更无法胜任繁重复杂的领导工作。因此，青年时期牢固树立远大理想，人生才会有目标、有追求，就能不忘初心、继续前行，也唯有如此，人生的道路才能越走越宽广。当然，远大的理想也不是说要立志做大官，而是要立志做大事，要脚踏实地朝着自己认准的方向努力。同时也要明白，理想有多高，计划就要有多远，要能把远大的理想，细化为一个又一个阶段性的目标，不然，理想就会变得遥不可及，也就是说，要有长计划、短安排，要着眼明天、着眼未来、着眼长远，不为一时的困难所阻，不为一时的胜利而得意忘形，始终胸怀大局、放眼长远，朝着既定的目标努力前行。

二是有发展眼光。唯物辩证法告诉我们，运动是绝对的，静止是相对的，世界上的事物都处于发展变化之中，切不可"刻舟求剑"，用静止的观点看问题。事实上，客观事物都是一个不断发展的过程，都有过去、现在和将来，要想了解一个事物，不但要观察它的现状，还要了解它的过去，尝试预测它的未来。只有这样，我们的思想才能符合不断变化着的客观实际，适应形势的发展变化。苟日新，日日新，又日新。世上唯一不变的就是变，世界在变，中国在变，我们自己也无时无刻不在变化着，因此，看人看物都应树立发展眼光，就是要用未来的眼光看待现在的问题，进而能够知形识势，准确把握事物的发展方向。"山中方七日，世上已千年"讲的是时间的变化；"物换星移""沧海桑田"讲的是事物的变化；"士别三日，当刮目相看"讲的是人的发展变化。发展是当今世界的主题之一，也是我们党执政兴国的第一要务，党员干部一定要善于用发展的眼光看待新变化，主动接受新观点新思想，破除思想僵化、安于现状的旧观念，努力培养创新精神，看清主流发展方向，促进新事物的成长，积极应对新变化带来的新问题。得意的时候，不忘记过去，失意的时候，不忘记还有将来。既立足现实，"有多大脚穿多大鞋"，量力而行，又登高望远，"跳一跳摘桃子"，奋力前行。

三是能与时俱进。所谓与时俱进，就是能准确把握时代特征，始终站在时代前列和实践前沿，在大胆探索中继承发展，观念、行动和时代一起前进。实践发展永无止境，我们认识真理、进行理论创新就永无止境。当今社会日新月异，只有在实践上大胆探索，与时俱进才能跟上时代发展，才能实现自身价值。青年人朝气蓬勃、积极进取，这既是青年的真实写照，也是青年干部应有的特点，更是"向前"的应有之义。对干部来说，要想从容前行，就必须与时俱进，我们国家革命、建设、改革的历史也充分说明了这一点，不与时俱进，终会被时代所淘汰。干部唯有正视自己所处的时代，始终保持奔涌不竭的创新精神和源源不断的创造激情，长怀"赶考"之心，"争先恐后"，"创先争优"，为向前发展注入强大的动力，在人生的考试中取得优异的成绩，进而创造出无愧于这个时代的辉煌业绩。

四是能坚毅前行。人生道路上充满磨难、诱惑、抉择，要想坚持到底、不断前进，离不开过硬的定力修为，需要在纷繁复杂的现象及变化中掌控自己，历艰险而不动摇，有所成而不自满。要练就坚毅前行的定力，持之以恒、矢志不渝地追求理想、达成目标。古人十分推崇有定力的人，赞美他们"每临大事有静气""泰山崩于前而面不改，麋鹿兴于左而目不瞬"。有了定力，人就会专注，就不会偏离目标，就会静下心来做一件事，没有定力，人就会变得浮躁、坐立不安、无所适从，不知道自己要做什么，也就会抵制不住世俗的诱惑以及自身欲望的驱使，随波逐流。广大干部一定要定心定性定行，面临人生选择的时候，跟从心的召唤，选择一条适合自己的正确道路，咬定青山不放松，以水滴石穿的精神，下得苦功夫，求得真学问，将正在做的工作做细做精，向着前方将坚守的正确道路一步一个脚印走扎实走稳当。当然，向前行的同时也懂得"向后看"，不断总结反思，这样才会更好地前行。一切向前走，都不能忘记走过的路；走得再远，走到再光辉的未来，也不能忘记为什么出发。

（二）向上是干部成长成才的实现路径

广大干部要想担当历史重任，必须付出艰辛的努力，也就是要向上。看一个人是不是向上，主要看什么呢？

一是有家国情怀。家是最小国，国是千万家。家国情怀是一个人对自己国家和人民所表现出来的深情大爱，是对国家富强、人民幸福所展现出来的理想追求。家国情怀是广大读书人延续千年的人文理想，自古知识分子追求的就是修身、齐家、治国、平天下，这其中，既有范仲淹的"先天下之忧而忧，后天下之乐而乐"、张载的"为天地立心，为生民立命，为往圣继绝学，为万世开太平"，也有顾炎武的"天下兴亡，匹夫有责"、林则徐的"苟利国家生死以，岂因祸福避趋之"，更有在社会主义革命、建设和改革中奋勇报国的数万万中国共产党人，都体现出个人对国家的一种高度认同感、归属感和责任感。梁启超说："人必真有爱国心，然后方可以用大事。"五四运动以来的中国历史告诉我们：个人的前途命运，都和国家与民族的前途命运密切相关。只有把个人价值寄托在对国家和人民的大爱奋斗中，主动融家庭情感与爱国情感为一体，感念个人前途与国家命运的同频共振，才能描绘大写的人生、成就不凡的生命意义。不要问国家能为你做什么，要问你能为国家做什么。一个人对社会、对国家只有回馈大于索取，始终把国家富强、民族振兴、人民幸福作为努力方向，自觉使个人成功的果实结在爱国主义这棵常青树上，回报国家、回报社会，用"青春梦"托起"中国梦"，我们才得以从一个胜利走向另一个胜利。

二是有信仰信念。信仰信念是人们对于自身及国家和民族未来发展所持有的坚定不移的态度，是人们的世界观、人生观和价值观的集中反映，是思想和行动的"总开关"。古人说："志之所趋，无远弗届，穷山距海，不能限也。志之所向，无坚不入，锐兵精甲，不能御也。"青年有信仰，民族有力量，国家有希望。信仰信念是人的灵魂，是人生的指路明灯，没有灵魂的人生如同行尸走肉。信仰信念的培育和坚定，离不开组织的教育，但关键还是要靠自身的不断激励和内省，志存高远，以更加从容、自信、淡定的姿态去面对世界、面对竞争、面对未来，自觉把个人理想、中国特色社会主义共同理想和共产主义最高理想辩证统一起来，在波澜壮阔的社会实践中，在实现"中国梦"的征程中成长成才。

三是有求知欲望。求知欲望是人的一种内在的精神需要，人在生活、学习和工作中面临问题或任务，感到自己缺乏相应的知识时，就会产生探究新知识或扩大、加深已有认知的倾向，这种倾向就是求知欲。知识是无穷无尽、无休无止的，越学习就会越感到知识的匮乏、自己的渺小，越学习就会越有求知欲。抛弃学生时代求知识的欲望，也是一种堕落。正所谓："人生有终点，求知无止境。不求人生走多远，不图财产肥流油，只求学识富五车，但愿学海任自由。"

四是有实干思想。世界上最遥远的距离是"想到"和"得到"之间的距离，因为中间隔了一条万水千山的"做到"。世界上有多少重要的事，想着想着就想算了。同样，世上也有多少重要的事，干着干着，就能干成了。习近平总书记要求我们坚持"干字当头"。脚踏实地干，坚持不懈干，在实干中提高能力，在实干中解决问题，在实干中实现理想。干事是一个人成长的前提，要想干事、会干事、干得成事，在干事中增长才干。想干事是从思想上说的，就是积极主动，有什么活动或安排，自己都能主动站出来去参与、去实践，不怕苦、不怕累，把每一次付出都当作自己锻炼的机会。会干事是从能力上讲的，就是要有干事的本领，没有能力，干事也是发虚的，这个就要靠我们多学习、多实践，掌握技巧方法。干成事是从结果上说的，是想干、会干的延续和必然结果，是干事的最终体现和要求，事情干成了，才能证明你确实能干。莫等闲，白了少年头，空悲切。一万年太久，只争朝夕。

(三)向善是干部成长成才的人格力量

"大学之道,在明明德,在亲民,在止于至善。"而衡量一个人是不是向善,到底有哪些标准呢?

一是有是非标准。"是非"是指事理的正确与错误。正确的是非观是做人做事的标尺。生活中的许多事情都离不开价值判断,都要讲一个好坏是非。正确的是非标准首先是要有正确的价值观这个根本。价值观的丧失就意味着是非判断能力的丧失,造成的后果无法估量。现在国际形势复杂,一些居心叵测的敌人利用网络等便捷通信方式,在青年群体中大肆宣扬"西方优越论",肆意丑化我党我国形象,从意志上动摇我国的主体价值观。这是一些西方国家搞和平演变、颜色革命的惯用伎俩,我们要高度警惕,坚定道路自信、理论自信、制度自信、文化自信,分得清是非黑白,不然就会重蹈历史的覆辙。

二是有助人意识。助人为乐作为中华民族的传统美德,已经传承并发扬了数千年。它作为一种社会公德、一种良好的品质,一直是人们推崇的行为规范。人的一生中不如意事常八九,如果能在他人危难时伸出援助之手,无疑是济困解危、雪中送炭,既成就了他人,也增加了自己人生的厚度。这个世界需要爱心、需要帮助,如果你已经取得了良好的成就,你应该更多地去帮助那些需要帮助的人,因为你现在的成就也一定离不开别人的帮助。如果你正在努力拼搏着,也一样要帮助那些落入困境的人,爱心是互换的,只要你乐于助人,那么在你遇到困难时一定会有很多人帮你渡过难关。研究发现,给予别人帮助,可以降低早亡风险。因为常做好事,心中会产生一种难以言喻的愉快和自豪感,进而降低了压力激素水平,促进了"有益激素"的分泌。

三是有奉献精神。简单来说,奉献就是把自己所拥有的给予他人和集体。奉献精神是社会责任感的集中表现,是助人为乐的更高层次。奉献既是一种高尚的情操,也是一种平凡的精神。每个人不论职位高低,不论在什么岗位,都应该尽自己的所能做出奉献。常怀奉献之心的人才真正懂得人生的快乐,心拥奉献之念的人才真正懂得人生的真谛。

四是有道德情操。百行德为首，百业德为先。人无德不立，家无德不兴，国无德不威。道德情操是道德情感和操守的结合，是一个人世界观、人生观、价值观的集中反映，是做人的基本准则，是灵魂的净化器。中华民族是一个有着悠久尚德传统的民族，历来讲究"道德当身，不以物惑"，无论是以孔子为代表的儒家思想，还是以老子为代表的道家思想，无不都以高尚的道德作为它们的至高境界。早在春秋时期，管仲就提出了"礼义廉耻，国之四维，四维不张，国乃灭亡"的思想。虽然时光在流逝，时代在变迁，但是道德情操的重要性不仅没有消减，反而与日俱增。年轻干部切记"不以恶小而为之，不以善小而不为"，积跬步以至千里，汇小溪以成江海，最终成为一个"高尚的人，纯粹的人，有道德的人，脱离了低级趣味的人，有益于人民的人"。

五、努力做一名向前向上向善的优秀干部

向前向上向善不仅是一种精神追求，更应是一种实际行动；不仅是世界观，也是方法论。

（一）提高学习力，活到老学到老

梦想从学习开始，事业靠本领成就。天下第一等好事是读书，读书被誉为"生命的美容"，惟书有色，艳于西子；惟书有华，秀于百卉。书卷气是最好的气质。年轻干部要如饥似渴、孜孜不倦地学习，既多读有字之书，也多读无字之书，注重学习人生经验和社会知识，把学习作为一种时代责任、一种精神追求、一种生活方式。一个干部进步的快慢，从某种角度上讲，是学习力高低所决定的。而作为一名现代领导者，主要应从以下几个方面下功夫：一要提高理论水平，二要提高专业化能力，三要完善知识结构，四要优化思维方式，五要坚持终身学习。

（二）提高判断力，把握大局大势

一要看得清历史方向。历史有其自身发展的客观规律，要想正确认识历

史，必须以宏观的角度来看待历史，透过现象看本质，去探究一些本真本源的东西，进而准确把握历史的走向。从社会历史进程去看形势，从取得的主要成就和当前存在的问题去看形势，善于总结正反两方面的经验教训，善于看主流、看主要方向，切不可逆潮流而动，犯方向性、原则性的错误。二要把得住时代脉搏。一代人有一代人的使命。我们每个人都处在特定的历史时空里，既不能太超越历史，也不能开倒车。在特定的时空里，我们想问题、做事情，都只能立足于当时的客观条件，立足于此时此地的人生，充分发挥主观能动性，创造出无愧于时代的业绩。也就是说，要准确把握时代脉搏，与时代同呼吸共命运，始终走在时代前列，走在祖国和人民前进的行列中。三要认得准目标方向。年轻干部要有清醒的自我认识和自我定位，找准自己的目标和方向。自觉把个人追求和个人的成长发展与国家和民族的发展结合起来，在国家发展、民族复兴的大局大势中认清自己的前进方向，找准自己的发展目标。

（三）提高行动力，实现知行合一

"纸上得来终觉浅，绝知此事要躬行。"所有知识要转化为能力，都必须躬身实践、知行合一。一要提升实际工作能力。二要提升适应能力。三要提升抗压能力。四要提升自控能力。

（四）提高自省力，注重总结反思

学而不思则罔，思而不学则殆。总结反思能力对个人的发展至关重要，可以让我们深刻理解问题、把握分寸、悟出真理、最大限度地趋利避害。聪明者不在于不走错路和弯路，而是在走错路、弯路后懂得反思总结，及时回头，从而少走错路和弯路。总结是一种能力，反思是一种自信。一要坚持问题导向。总结反思的过程其实就是发现问题、正视问题、反思问题、解决问题的过程。反省首先是对自身所作所为、一言一行进行思索和总结，放任自己的言行、漠视自身的弱点、混混沌沌地野蛮成长，这不是负责的人生，正如苏格拉底所说的"未经审视的生活是不值得过的"。二要借鉴他人和历史。"以铜为镜可以正衣冠,以史为镜可以知兴替,以人为镜可以明得失。"个人的经验教训虽然直观真切,但其广度和深度有限,要善于从历史、他人的经验教训中反思自我、得到启示。过去的成功是我们的财富,过去的错误也是我们的财富;自己的经验是经验,别人的经验也是经验;自己的教训是教训,别人的教训也是教训。要有一点研究精神,时时、事事、处处反思总结,改变日复一日"推磨式"的应付心态。三要付诸实践。总结反思还是一个整改升华的过程,是世界观和方法论统一的过程,是从认识到实践的过程。尤其年轻干部处于风华正茂的黄金期,还有很长的路要走,更要注重总结反思。反思每一天都做了些什么,做的每一件事是否正确、是否有意义?学会把它作为一种习惯来坚守、作为一种行动去终生践行,时刻检视自己的言行、敢于直面自身的弱点、积极主动修正完善,使大脑不至于懈怠、思想不至于荒芜、工作学习不至于停滞不前,从而在不断的总结反思中提高境界。

(五)提高创新力,勇于超越自我

一要有自信和勇气。信心和勇气比黄金还重要。在追求创新超越的过程中,我们不可避免地要遇到各种失败和打击,信心和勇气就是"速效救心丸"。有时候,我们失败就失败在害怕失败。最强的对手不一定是别人而可能是我们自己,在超越别人之前先得超越自己,要告诉自己:我可以,我办得到!见过蝉蜕壳的人都知道,要破茧新生,关键在于震裂蝉壳时使出了多大的力气,倘若力气不够或半途而废,蝉最终会窒息而死。二要有毅力和决心。日日行,不怕千万里;常常做,不怕千万事。从出生的那一刻起,我们就在一天天走向死亡。如果没有一点毅力和恒心,三天打鱼两天晒网,还奢谈什么创新超越。三要敢于质疑和否定。质疑和否定是创新和超越的关键点,是打开未知领域大门的思想钥匙,是创造性思维的前提。生活从不眷顾因循守旧者、满足现状者。要增强创新意识,敢于做先锋,敢于走前人没有走过的路。

（六）提高道德力，锤炼良好品行

小成靠智，大成靠德。德为才之帅，才为德之资。习近平总书记说过："做人做事第一位的是崇德修身。""一个人只有明大德、守公德、严私德，其才方能用得其所。"知识可能陈旧，技能可能过时，但良好的品德永远使人受益无穷。锤炼道德品行非一时一事之功，而是一生中时时刻刻、事事处处都要面对的课题和考验。一要孝老敬亲。百善孝为先。二要感恩奉献。党员干部要怀有一颗感恩奉献的赤子之心，感恩父母、尊敬组织、甘为人梯、回报社会，以不怕吃苦不怕吃亏的精神，燃烧自己、奉献真情。三要诚信做人。身不正，不足以服；言不诚，不足以动。党员干部要有"君子一言，驷马难追"的承诺，要有"言必信、行必果"的万丈豪情，做诚实守信的君子，不当尔虞我诈的小人。四要富有正义感和同情心。同情心是正义感的基础，没有一颗感知万物的怜悯之心，就没有惩恶扬善的正义之为。党员干部尤其年轻干部应该是最热血也是最充满正能量的，不要吝啬自己的爱心、同情心，既要关心关爱弱者，也要疾恶如仇、爱憎分明，对社会上各种不良现象和不法分子，敢于对峙敢于抵抗，不屈服不软弱。

（七）提高人格力，拓展格局境界

人格力是一个人智商、情商、德商、逆商、胆商、志商等的综合反映，是一种具有强大吸引力和感染力的特殊气质。怎么修炼自己的人格魅力呢，我想有以下几点。一要保持阳光心态。心中有阳光，脚下就有力量。狄更斯说："一个健全的心态，比一百种智慧都更有力量。"无论一个人学识多么渊博、经历多么丰富，如果没有一个健康阳光的心态，他的智慧都不能带他走向成功。年轻干部不要老是遇到点事就"心塞"抱怨，谁都有"心塞"的时候，要将平和阳光的心态作为自己的人生取向和价值追求，得意淡然，失意坦然，凡事既尽最大的努力，又平静地接受结果，始终以乐观的态度对待世间的人、事、物。二要提高表达能力。表达能力包括口头表达能力和文字表达能力，简单地说就是说的能力和写的能力，是文化知识和个人阅历的综合反映，是个人才能和魅力的体现。表达能力一直是古今中外比较重视的一种才能，那些杰出人物基本上是开口能说、说得到位，提笔能写、写得通透。三要追求健康情趣。情趣是否健康不仅关系个人事业发展，也影响身体健康、家庭和谐。要结交真挚的朋友，善交益友，乐交净友，不交损友，多结交那些情趣健康、志趣相投、志同道合的朋友。要养成良好的习惯，让追求健康情趣成为生活习惯，让锤炼道德品格成为修身习惯，让善于超越自我成为奋斗习惯，在习惯中获取力量，凭借力量收获成功。四要不怕吃亏。吃亏不但是一种胸怀、一种风度，更是一种达观、一种超逸。吃亏是福，能够吃亏的人往往幸福坦然；不能吃亏的人，常常在是非纠纷中斤斤计较，蒙蔽双眼一味求"得"，反而失去更多。党员干部应当学会吃亏，甘于吃亏，乐于吃亏，把吃亏当作一笔宝贵的人生财富。

向前向上向善是一种积极的精神状态，广大干部理当永远向前向上向善！

下篇
好干部是不断修炼出来的

第一节 | 努力做一名可堪大用能担重任的好干部

习近平总书记在2021年秋季学期中央党校（国家行政学院）中青年干部培训班开班式上，对年轻干部提出"信念坚定、对党忠诚""注重实际、实事求是""勇于担当、善于作为""坚持原则、敢于斗争""严守规矩、不逾底线""勤学苦练、增强本领"重要要求，勉励年轻干部努力成为可堪大用、能担重任的栋梁之才，不辜负党和人民期望和重托。习近平总书记的重要讲话，充分体现了对年轻干部的厚爱关怀和殷切希望，为培养什么样的年轻干部、怎样培养年轻干部，划出了重点，指明了方向。"48字"重要要求不仅是对年轻干部提的，也是对各级党政干部讲的。必须牢记习近平总书记的殷殷嘱托，加强理论学习，提高党性修养，砥砺政治品格，锤炼过硬本领，努力做一名可堪大用、能担重任的好干部。

一、当干部必须持续成长

可堪大用、能担重任的好干部，要把持续成长作为终身课题。成长是一辈子的事，一个正常的人，不管是否愿意，都得接受持续成长、终身成长，并且需要从行动上加以体现。当干部更是如此。

1.增添正能量不可间断，始终做最好的自己。领导干部保持正能量，可以产生"裂变效应"，给事业发展增添动力，给社会进步树立标杆，给自身发展提供活力。要以永不停息的精神和从零开始的态度，持之以恒追求卓越，始终朝着更好的方向去努力，永远保持在最好的状态。

2.不断开拓视野，拥有强大的学习力，建立健全自身的知识体系。看问题如果局限于小范围、本专业，思维就僵化，方法就单一，遇事就慌张。

成为履职尽责的多面手,靠的是强大的知识体系做支撑,这就需要领导干部具备善学习、会学习的能力,学习力是领导干部最核心的竞争力。

3. 持续提升自身的基本素质和综合素质,学会等待和积累。干部的成长就是不断地历练自己、提高自己、奉献自己,脚踏实地往前走,接受组织考验、挑选。等待是一种积累的过程,是一种积极上进的过程,是一种不断提高自身基本素质和综合素质的过程。

4. 内心要强大,任何时候都不惧怕。当官不担责,当"庸官""油官",那不是领导干部。要在实践中经受各种考验并善于自我激励,坦然面对成功、经受挫折、临危不惧、勇往直前、攻坚克难。

5. 懂得"从现在做",而不是"明天再说"。事情接了就要办,办就要办好,绝不能拖拖拉拉。拖延是一种慢性自杀。要树立强烈的时间观念和效益观念,今日事、今日毕、不拖延,保持快节奏、追求高效率,又好又快抓落实。

6. 多总结、勤思考、常反思,努力做到"不贰过"。毛泽东同志说:"我是靠总结经验吃饭的。"一个干部不善于总结,就得不到提高。人非圣贤,孰能无过。撞一次南墙可以理解,再撞南墙就是愚蠢。要学会独处静思,静下来学习、静下来梳理、静下来思考。

7. 比靠山更可靠的是自己的价值。最大的靠山永远是党、是人民、是自己。腹中空空,缺乏知识储备,既无能力、又不努力,上蹿下跳找关系,找这个靠山,找那个靠山,永远不可能有靠谱的底气,也没有干部的尊严。要练就真功夫,指哪能打哪、干啥能成啥,才能得到组织和群众认可。

8. 不要试图掩盖自己的失误和错误。骗得了一时,骗不了一世。犯错误不可怕,可怕的是掩饰错误。工作中出现失误和错误,不能心存侥幸隐瞒逃避,把小错误酿成大错误。有错误就改正,坦坦荡荡,自己舒畅,也会赢得尊重。

9. 诚实无破绽,不走捷径、不讨巧。诚实,就是要说老实话、办老实事、做老实人,这是共产党员先进性的内在要求,也是领导干部官德的外在表现。要树牢"行不由径、事不讨巧、惟诚实至上"的理念,不搞两面派,不做"两面人"。

10. 跌倒了不要紧，要及时站起来。谁都有挫折，但为此一蹶不振，只能说明你的底气实力不够、格局不够、抗挫力不够。要有正视失败的勇气、总结失败的能力，努力在总结中进步，在反思中提高。

11. 做事不由东，累死也无功。干部是公家的人，一心为公就是围绕中心、服务大局，尽自己的聪明才智去完成组织交办的任务，而不是自说自话、另起炉灶。

12. 领导赏识、同事认可、群众拥护，才能立得住、走得远。任何人的成长都离不开领导、同事、群众的支持。领导干部在学识能力上要服众，既要博又要专，做工作上的"行家里手"；胸襟胸怀上要服众，不断培养容人容事、凝心聚力的能力和水平；道德品行上要服众，不断在严于律己、慎独慎微中砥砺品格、成就事业。

13. 干啥琢磨啥，缺什么补什么，让实力和政绩说话。为官一任、造福一方。干什么就研究什么，缺什么就补什么，坚持在学中干、干中学，全力推动工作出新出彩出色，用实绩说话。

14. 身体力行当好深刻领悟"两个确立"的决定性意义，坚决做到"两个维护"的表率。身体力行是最有效的示范，以上率下是最有力的引导。要以身示范、做好表率，发挥好"领头雁"作用，以己之身正正人，以己之自治治人，以己之作风影响人，以己之管理管理人，把深刻领悟"两个确立"的决定性意义，坚决做到"两个维护"融入一言一行。

15. 自觉在"国之大者"中找准坐标，把工作放在"国之大者"中思考。全局决定局部，整体决定部分。要胸怀"两个大局"、心系"国之大者"，舍弃"小我"、追求"大我"，胸中时刻装着"全局图画"，学会从政治上看问题。

16. 准确识变、科学应变、主动求变，永远要与时俱进。苟日新，日日新，又日新。世界上唯一不变的是变化。不能仅凭经验办事，要与时俱进，在深刻把握时代发展大势、科学预测未来发展趋势中捕捉和创造机遇，实现凤凰涅槃、浴火重生的新飞跃。

17. 忠诚是为政之魂，干净是立身之本，担当是成事之要。没有忠诚，能力再强也不能用；没有干净，一切都等于零；没有担当，就不可能成事。要永葆对党忠诚的政治品格，坚守清正廉洁的为官底线，牢牢扛起担负的责任和使命，创造出经得起实践、人民、历史检验的业绩。

18. 害人之心不可有，防人之心不可无。为官从政，要有度量、有胸怀，不能有害人之心。要守住底线、防腐拒变，始终保持"赶考"的清醒，增强廉洁自律的自觉性和防腐拒变的免疫力，提高辨别是非曲直、抵御风险的能力。

19. 履好职，尽好责，做好正在做的事情。有多大担当才能干多大事业，有多大责任才会有多大成就，干部是活在责任当中的。要强化责任意识，知责于心、担责于身、履责于行，以"功成不必在我，功成必定有我"的责任担当和顽强拼搏的奋进姿态干好手中的事。

20. 记住自己也是百姓，自觉远离特权。党的干部来自老百姓，本身就是老百姓，只有不忘自己手中的权力是百姓所赋予的这个根本，才能消除特权观念，心里装着群众，凡事想着群众，工作依靠群众，自觉摒弃"官本位"思想，做到公私分明。

21. 越乐观越会有所成长。每个人面对挫折困难，只有试着调整心态，接受现实，保持乐观向上的人生态度，才能从逆境中解脱出来，专注当下工作并取得成功。要时刻保持乐观的心态，积极面对工作中遇到的问题，不断提升工作获得感，增长自己的人生阅历。

22. 有意识地保持最佳状态，工作生活始终在状态。"在状态"是工作和生活达到平衡的理想状态，是对工作有激情、对生活有热情的外在精神风貌。只有保持"好心态"，才能有"好状态"。要善于调节生活工作压力，让自己身心始终保持在最佳状态，养成积极向上的阳光心态，以充沛的精力全身心投入当下工作，愉快生活。

23. 活到老，学到老，改造到老。学、思、才对一个人很重要，不断地学习，而后才有见识，才有判断，才有才华，才有能力。只有不断进行自我革命，加快知识更新，优化知识结构，才能占据优势，始终立于不败之地。

24. 设法建立自信，信心贵如金。自信的人，无论做什么事，往往能变不可能为可能,创造意想不到的成绩。成长路上,信心不可或缺,要加强理论学习和实践锻炼,不断增强本领,夯实自信底气,塑造强大的自我。

25. 养成积极的思维方式,学会正面思考。思想是行动的先导。有什么样的思维方式就会有什么样的工作方法。为官从政,会遇到各种意想不到的新情况、新问题、新矛盾、新挑战,要养成积极的思维方式,从正面思考问题,找准解决问题的方向,逐一攻破各种难题和挑战。

26. 公款姓公,一分一厘不能乱花;公权为民,一丝一毫都不能私用。当干部要永远记住公道正派、公私分明。"公生明,廉生威",不贪不占、谨慎用权,才能得到群众拥护和支持。要事事秉持公心,公平公正办事,绝不贪占便宜、徇私舞弊,始终严以律己、严以用权。

27. 处事不以聪明为先,而要以尽心为急。不要耍小聪明,要有大智慧,聪明反被聪明误。只有把尽心尽责放在第一位,才能始终执着于追求,用心投入,工作总能干出成绩。

28. 做工作贵在精准、重在精准,成败之举在精准。学习工作都要讲究定量,不能大而化之,效率从精准中来。对待每一件事,要一丝不苟、精益求精,工作中用心用情用力,多点"讲究",少点"将就",把手中的事情做精细、做精准、做精深,宁肯"千虑一得",决不"百密一疏"。

29. 想群众之所想,急群众之所急,一枝一叶总关情。民生问题无小事,群众利益大于天。党的根基在人民,能不能解决好民生问题,关乎人心向背,关乎党的执政之基。领导干部是人民群众的公仆,要以群众的呼声为第一信号,把群众的小事当作自己的大事,想群众之所想,急群众之所急。

30. 未退休时,要把工作当作生活来做;退休后,要把生活当作工作来做;保重身体,保住晚节。身在岗位,像热爱生活一样热爱工作,工作就充满阳光和希望,哪怕艰苦也能以苦为乐;离开岗位,像对待工作一样对待生活,生活总是认真而严谨,每一天都不会白白度过。

二、当干部必须干成事

可堪大用、能担重任的好干部,要把干事担事作为价值所在。干部干部,

"干"字是当头的。当干部就得要干事,"不干,半点马克思主义都没有"。仅仅有想干愿干的想法还不够,还要把活干好,解决"桥"和"船"的问题,顺利"过河"。

1. 一口吃不成胖子,所有事情的成功都是久久为功、不断累积的结果。罗马不是一天建成的。有了量变才会有质变。欲速则不达,万不可急于求成,妄想一蹴而就,要持续发力、跬步以进,驰而不息、善始善终。

2. 只有方向对头,方法才可能为王。方向不对,努力白费。南辕北辙、背道而驰,做的都是无用功。方向比速度重要,方法比努力重要。方向对了,事半功倍;方向错了,事倍功半。要在把握正确方向的基础上,学会运用科学的思维方法、思想方法、工作方法,提升工作境界和水平,提高工作效率和效果。

3. 不干则已,要干就要干好。决策是能力,实干是水平。纸上谈兵、坐而论道都不行。莫让决心在嘴上、行动在会上、落实在纸上。要说了算、定了干、干必成、成必优。不干则已,干必一流。

4. 既要有大目标,更要有小目标;完成小目标是实现大目标的前提。大目标是由若干个小目标组成的,大目标教人干事业,小目标教人抓工作。要逐个实现,循序渐进,日积月累就会达到事业的新高度。

5. 立足自身看自身,跳出自身看自身。正确认识自己非常重要,既不能妄自尊大,也不能妄自菲薄,要找准自己的定位。"不识庐山真面目,只缘身在此山中",要学会以旁观者的角度看待自己,找出自身差距和优势,自我激励、自我坚定。

6. 提倡不设限,但万万不可大而化之。工作不设限、研究不设限、探索不设限,就能创造无限。当干部需要撤掉心里的墙,打破思想禁锢,面对政策,多想"未禁止",少想"被禁止";面对障碍,多想"有可能",少想"不可能"。不设限不代表无所顾忌。干工作不能光说大道理、光讲大原则,要克服"宏观无边,微观无缘",切实做到任务分解、责任明确、落实精准。

7. 众人拾柴火焰高,成大事需要有一个强大的团队。有人把我们共产党比作一个最厉害的团队,从无到有、从小到大、从弱到强,建立了一个新中国，还要建成一个社会主义现代化强国。这是组织的作用、团队的作用。要构建齐心协力的"共进"团队，以理想信念、初心使命、美好愿景凝聚人、团结人、成就人，做到心往一处想凝聚共识、劲往一处使形成合力。

8. 预则立不预则废，不计划就等于计划失败。毛泽东同志曾说，"不打无准备之仗，不打无把握之仗，每战都应力求有准备"。成功始于计划，胜利属于有准备的人，机遇留给有准备的人，没有完不成的计划，只有不会计划的人。要加强工作的前瞻性、计划性，明白方向、明晰目标、明确部署、明了底线，做足充分准备。

9. 凡事都要先作价值判断再作事实判断，尽量避免做无用功。价值判断是对主客观之间价值关系的肯定或者否定，事实判断是对事物本身事实的描述。说话办事唯有先以价值判断分析其合理性，学会从政治上看问题，掌握正确的方向，选取有价值的方面，找到突破口，通过认识、实践、再认识，再进行事实判断，解决怎么做、做到位的问题，从而做到知行合一。

10. 抓住问题的根本，分清矛盾的主次，才能做到事半功倍。物有本末，事有始终。根本是指事物最基础、最重要的部分。凡事抓根本。要力求抓住主要矛盾和矛盾的主要方面，避免看问题、作决策、办事情不分主次，眉毛胡子一把抓，就事论事，见子打子。

11. 要高两三个层次看问题，见多识广看问题才精确。有些事局限于一个小范围看好像是正确的，放到更大范围是不太正确的。"欲穷千里目，更上一层楼"，一个人能走多远，取决于他的见识和眼界。开拓视野，看得更多，就会产生规律性的认识，能够抓住问题的本质和关键。

12. 历史问题一定要历史地看，树立"大历史观"有益无害。用现在的眼光看以前的人，就会迷茫，就会得出错误的结论。培养"大历史观"，就是要秉持一种整体化的思维与意识，在立足中国、环顾世界、纵贯古今的视野中，提炼出历久弥新、值得借鉴的历史意义和时代价值，做到让历史告诉现在、让现在启迪未来。

13. 既要对上负责，也要对下负责，归根结底要对历史负责、对人民负责。对上负责和对下负责是一致的。干部对下负责，百姓就满意了；百姓满意了,"全心全意为人民服务"就落到了实处,就是对上负责。要牢固树立正确的政绩观,吃透上情,摸清下情,做到矛盾不往上交、责任不往下推,努力在组织满意与群众满意之间画上一个等号,决不做自以为领导满意却让群众失望的蠢事。

14. 危中有机,敢于面对,善于应对,努力把危转为机。危与机是辩证统一的,除掉了危就是机,丢掉了机就是危,没有危机意识,一个干部就恰恰处在危机当中。面对危机要增强机遇意识和风险意识,临危不惧、临危制变。

15. 人一之,我十之,努力定能补拙。欧阳修的《卖油翁》说:"我亦无他,惟手熟尔。"勤能补拙、笨鸟先飞。实践证明,多投入、多花功夫,工作越勤奋,实践锻炼的机会就越多,工作经验就越丰富,就越容易增长个人的才干。只有比别人多一些付出、多一些吃苦,遵循"一万小时定律",才能弥补自己的短板弱项。

16. 反对投机,鼓励取巧。"投机"的突出表现是不讲原则、不分是非、不按规律办事,用结果来衡量一切。"取巧"则是在合适的时机善用恰当的方法做合适的事。要善用巧劲,把苦干、实干、巧干结合起来,着力提升工作效率。

17. 重要的事情要靠自己,关键的时刻要靠自己,一味地做甩手掌柜后患无穷。领导干部虽不需要事必躬亲,但也不能当甩手掌柜,很多工作还要亲力亲为,特别是重要的事、关键的事要靠自己。要抓住关键环节,把大事要事始终抓在手上,深度介入,全过程参与,全流程监督,种好自己的"责任田"。

18. 盯紧高线,守住底线。只有从"底线"出发,才能向"高线"进军。要严守底线不逾越,瞄准高线干事业。牢固树立原则意识、边界意识、小节意识,树牢底线思维,从最坏处着想,向最好处努力,以"百分之百"的准备应对"百分之一"的可能。

19. 部分是整体的一部分,什么时候都要围绕中心服务大局。要善于登高望远,站一隅而谋全局,处以一时而谋万世,学会处理好整体与局部、当前与长远、横向与纵向、内部与外部的关系，既围绕中心全面整体关注，又紧盯重点局部跟踪突破，做到既为一域争光，又为全局添彩。

20. 具体问题具体分析，一切从实际出发。不同事物的矛盾具有不同的特点，要善于针对不同情况、不同实际、不同问题，具体分析、精确研判，做到接地气、察实情，从实际出发谋划工作，不刻舟求剑，不闭门造车，不异想天开，确保主观与客观相符合、理论与实践相统一。

21. 要有精品意识和成本意识，尽量不留遗憾和包袱。善于精耕细作，把每一件事都做到极致，力求每项工作都是"优质品""一等品""顶级品"，以"精"字作风创出"金"字成效。善于算大账、算总账、算长远账，潜心静气做实功，多留财富、少留包袱，多留风范、少留遗憾。

22. 谋要众，断要寡；当断不断，反受其乱。既要注意发挥集体的智慧，又要敢于拍板，敢于负责；既要发扬民主，又要善于集中；既要有"集众智"的胸襟，又要有"善决断"的魄力。决断时要对客观情况充分掌握，对事物矛盾准确判断，当机立断，当断则断，不畏首畏尾、不患得患失。

23. 既要扬长也要避短，最为重要的是想办法把长处做长。尺有所短，寸有所长。每个人都有自己的长处和短处，关键在于如何取长补短。要认清自己和他人，了解有什么长处、有什么缺点，想做什么、能做什么，发挥好长处，挖掘出潜能，让长处更长。

24. 有些事情要举重若轻，有些事情则要举轻若重，世上没有统一的模式。举重若轻是从容不迫，是在战略上藐视困难；举轻若重是态度，是注重细节，防微杜渐，追求完美。二者相辅相成、缺一不可，是辩证统一的。要具体问题具体分析，做到科学认识、辩证把握、灵活运用。

25. 解放思想并不是说可以胡思乱想，敢干敢闯并不是说可以蛮干乱干。解放思想永远在路上，但它不是主观臆断、奇思怪想。敢干敢闯是大胆创新、一往无前，不是罔顾实际、莽撞乱来。要争当"循吏"，尊崇理性、遵循规律、尊重客观实际，把上情与下情相结合，三思而后行。

26. 关注此事物与彼事物的联系，形成整体观。整体观就是从全局考虑问题，不能头疼医头、脚痛医脚。万事万物总是存在某种内在联系。要善于观大势、谋全局、掌握事物间的普遍联系规律，形成整体观、系统观，做到"既见树木，也见森林"。

27. 经验是经验，教训也是经验，总结反思任何时候都必不可少。"前车之鉴，后事之师"，成功的经验和失败的教训都是宝贵财富。千万不能好了伤疤忘了痛，更不能看别人的笑话，要学会把自己摆进去，反躬自省、扬长避短，做到吃一堑、长一智。

28. 拖延就是慢性自杀，许多事情要干起来再说。想到与得到之间还有一个做到。事情无限往后推迟，往往会把小事拖大、把大事拖炸。等不是办法，干才有希望。要雷厉风行、以干为先、说干就干，急事急办、特事特办、要事快办。

29. 善于借力借势也是一种好办法。因势而谋，应势而动。要敢借力借势，把自己不擅长、做不好的事，交给合适的人来做；要善借力借势，协调各种力量，整合各方资源，做到事半功倍；要勤于借力借势，经常性地审时度势，预判未来，把握大局大势，乘势而上，顺势而为，借势而起。

30. 干无定法，活学活用，适宜便好。干事创业没有现成的"教科书"，关键在于活学活用、学以致用。要发扬理论联系实际的马克思主义学风，立足实干，带着问题学，从群众需要、实际条件出发，因时制宜、因地制宜、因人制宜，把前人的经验、先进的做法、真理的指导，外化为实干、实践、实效。

三、当干部必须悟其道

可堪大用、能担重任的好干部，要把遵规明理作为从政之道。为政之道，是说为官从政过程中应知晓的道理、谨记的根本、遵循的规律。悟其道，明其理，则可走稳走远。

1. 革命理想高于天，忠诚永远胜于能力。没有理想就等于死亡，缺乏忠诚就会缺失灵魂。崇高革命理想是基本底色，对党绝对忠诚是第一操守。必须把忠诚作为第一政德，始终忠诚于党、忠诚于人民、忠诚于国家、忠诚于组织、忠诚于事业。

2. 理论武装需到位，政治一定要过硬。掌握马克思主义理论的深度，决定着政治敏锐的程度、对党忠诚的纯度。要把学习党的创新理论当作一种神圣职责、一种精神境界、一种终身追求，努力把理论的力量转化为过硬的政治能力。

3. 做官先做人，好人不一定能做好官，但做官一定要做好人。做人是做官的基础，也是做官的保证。要把做人与做官统一起来，先做人后做官，努力把自己培养成"一个高尚的人、一个纯粹的人、一个有道德的人、一个脱离了低级趣味的人、一个有益于人民的人"。

4. 德要配位，才要配位，便可避灾殃。为官从政，德是根本，才是基础，两者相辅相成，缺一不可。德才兼备，方堪重任；德不配位，才不配位，必有灾殃。要主动对标"好干部标准"，既要明大德、守公德、严私德，又要不断增强"八种本领""七种能力"，努力做到德才兼备、政治过硬、本领高强。

5. 老百姓是天，老百姓是地，要始终以百姓之心为心。人民的信任和支持是为政者最大的底气，是我们党的执政根基，更是我们担当作为的力量源泉。人民向往什么，干部就应当干什么。要站稳人民立场，以干部的"辛苦指数"不断提升群众的"幸福指数"。

6. 为官避事平生耻，视死如归社稷心。领导岗位不是一种待遇、一种享受，而是一种责任、一种奉献。如果当干部"太舒服"，其实就是对初心的背叛、对职务的亵渎、对岗位的糟践。要做燃烧自己、照亮别人的蜡烛，心甘情愿为党和人民的事业奉献自己，努力修炼"我将无我，不负人民"之大境界。

7. 为政意味着担责任、担风险，从一开始就要有这样的思想基础和心理准备。自觉扣好从政路上的"第一粒扣子"，时刻扭紧思想发条，始终扛牢肩上责任，敢字当头、干字在前，担责不推、担事不躲、担难不怯、担忧不惧。

8. 切实做到明事理、靠得住、有本事、敢担当、作风硬。为官从政，最基本的就是要具备科学的世界观和方法论，确保认知上清楚、行动上能干。

干事创业，明事理是基础，靠得住是底线，有本事是关键，敢担当是决心，作风硬是保证，五位一体、衔接闭环、缺一不可。

9. 把工作作为第一兴趣，干什么都要力求成什么。培养兴趣并不难，有了兴趣就会产生习惯，习惯就会成为自然。领导干部无论在什么岗位，多要增强工作的神圣感、庄严感、使命感，在履行职责中收获工作带来的愉悦，让工作成为自己割舍不下的最大兴趣。

10. 从政是难度甚大的特殊职业，一定要有几把刷子，没有金刚钻，不要揽瓷器活。领导岗位有限，不是人人都能当领导；人的能力有差异，未必人人适合当领导。领导干部如果空有激情但没本领，"成事"说到底就是假把式、空架子。必须持续学习磨炼，把能力"利器"修炼好，不仅要有担当的宽肩膀，还要有成事的真本领。

11. 全面地、历史地、辩证地看问题，合情合理合法做事情。领导干部看问题、办事情都要坚持两点论和重点论的统一，既要全面，又要抓重点，防止静止地、片面地看问题，机械地、僵化地做事情，要坚持原则性和灵活性相统一。在不好选择的时候，坚持原则是唯一的选择。

12. 积极主动、无怨无悔，既要尽力而为、又要量力而行。领导干部既要积极作为，用尽一切力量、倾尽一切才智去干事创业，克服"不想为、不去为"的庸政懒政思想，又要科学合理地设定发展目标和推进措施，量体裁衣，结合客观实际办好事情，不急于求成、贪多求大。

13. 既要有充满激情的理性，又要有充满理性的激情。理性和激情都是成事之要，不可偏颇。没有激情就会尸位素餐，让人走向死板僵化；缺乏理性则会盲目冲动，胡乱折腾。领导干部要学会将理性和激情相融合，以理性驾驭激情、以激情拉动理性，在锐意进取、科学理性中行稳致远。

14. 识时务者为俊杰，识势之变、顺势而为。根据形势变化顺势而为，如同顺水推舟，事半功倍；不顾潮流趋势逆势而为，则如逆水行舟，不进反退。要自觉把历史、现实和未来发展贯通起来审视，真正研究政策、学习政策、运用政策，把谋事和谋势、谋当下和谋长远统一起来，及时调整战略策略，准确把握战略方向。

15. 掌握技巧，把握规律，始终掌握工作主动权。任何事物都有特点和规律，抓住事物的本质、重点、关键，集中精力、持续用力，才能主动作为、善作善成。要学会用好辩证法，遵循和运用规律，把握关键环节，找准重点突破，合理布局力量，做到"牵住牛鼻子，打蛇打七寸"。

16. 坚持问题导向、目标导向、结果导向。发现问题，才能解决问题；锚定目标，才会行有所向；注重结果，才有标准质效。领导干部无论想问题、作决策还是抓工作，都应当始终紧绷问题导向这根弦，讲目标导向不含糊，抓结果导向不放松，不断提升思维能力和行动能力，增强工作的预见性、主动性和创造性，干出让党和人民满意的成绩。

17. 既顶天又立地，善于做好结合大文章。顶天就是掌握党和国家的要求，立地就是了解实际情况、解决实际问题。要坚持对上负责和对下负责相统一，理论联系实际，大处着眼、小处入手，把吃透上情和摸准下情相结合，统筹兼顾、协调各方，实现局部与整体的协同推进。

18. 到危机时须放胆，当平安时要小心。狭路相逢勇者胜，居安思危求奋进。惧怕风浪的航船永远不能出港，关键时刻以非凡的见识胆识，临事不避、果断决策，才能化危为机；平常时候以高度清醒的头脑，谨小慎微、未雨绸缪，才能临危不乱、从容应对一切。

19. 抓班子带队伍是永恒的主题，努力实现思想的领导、文化的领导、哲学的领导。抓班子就是抓思想，带队伍就是带人心。笔者认为，思想的领导是领导力的基础，文化的领导是领导力的灵魂，哲学的领导是领导力的保证。要切实履好职尽好责，以思想上的影响、文化上的引领、哲学上的启迪，凝聚共识、汇聚合力，不断提升队伍的整体凝聚力、向心力和战斗力。

20. 求和求同是根本，团结是种大本事。干事创业不是"独角戏"，而是多种力量的"协奏曲"。领导干部作为事业发展的"关键少数"，要带头识大体、顾大局，容人、容言、容事，以高山大海般的开阔胸襟，团结一切可以团结的力量，调动一切可以调动的积极因素，凝聚推动伟大事业不断发展的磅礴力量。

21. 实事求是，推进共识，变成共为。实事求是是党的思想路线，是做好一切工作的前提。干任何事情，只有实事求是，共识才有正确方向；也只有推进共识，才能形成共为，从而勠力同心、步调一致向着正确方向前进。要始终坚持实事求是，善于发扬民主、凝聚共识、推进共为，确保工作同心同德、同向同行。

22. 将心比心，以心换心，产生共情。善于换位思考，既是高尚道德品质，也是重要领导方法。做任何工作，只有将心比心才能体会他人冷暖、知晓群众诉求，只有以心换心才能收获情感认同、赢得群众支持。要注重设身处地为他人着想，以心换心、达成理解、引发共鸣、产生共情。

23. 敢于斗争，善于斗争，不当老好人。有矛盾就会有斗争，有斗争才会有胜利。面对新形势新任务新挑战，如果遇到斗争直打摆子、碰到矛盾茫然无措，必将贻误伟大事业，必将有负党和人民。要始终把党和人民的利益放在最高位置，勇于直面斗争、敢于较真碰硬、善于善作善成。

24. 从政为官，是在使用公器；而公器万万不可私有，心中时刻要有戒、有畏，始终做到有底线。权力姓公不姓私。为官从政者，手握公权，若起私心、谋私利，就会以权谋私、公权私用，就会滥用权力走向腐败犯罪，最终坠入灭亡的深渊。要时刻牢记"权为民所赋，权为民所用"，存戒惧知敬畏守底线，始终依法用权、秉公用权、廉洁用权。

25. 坦坦荡荡、光明磊落，正直方能走得远，诚实才能无破绽。政从正来。一个人只有养就一身光明磊落的浩然正气，拥有忠诚守信的品格，才能具备起码的从政资本。君子坦荡荡，小人长戚戚。老老实实做人、堂堂正正做事，就能问心无愧、行稳致远。

26. 拿得起，放得下，平常心很重要。做人做事做官，都必然会有得有失，关键是能够保持平常心，"得"时不得意忘形，"失"时不一蹶不振。要正确对待进退得失，处优而不养尊，受挫而不短志，不被人生起伏所左右，使顺境逆境都成为人生的财富，而不是人生的包袱。

27. 思虑要落远，言行要平常。做任何事，最可怕的是"短视"，才开始做就已落后，做成了也是劳民伤财；最可气的是"作怪"，打着开拓创新的幌子，不寻常规、不按常理、不合常情，掩耳盗铃、哗众取宠。领导干部做工作，既要有超前眼光、前瞻意识，也要遵循客观规律、有板有眼、稳扎稳打。

28. 如履薄冰、战战兢兢，小心才能驶得万年船。工作生活中，往往就是一件小事、一个小节，成为压垮人的最后一根稻草。领导干部经常会面临矛盾风险，也经常会面对各种诱惑挑战，更要时刻保持"如履薄冰、战战兢兢"的清醒和谨慎，严防诱惑之"微"、蜕变之"渐"，在私底下、无人时、细微处做到慎初慎独慎欲慎微。

29. 远离浮躁，谦虚谨慎，慎重交友，管好家人。稳重沉静，就会头脑清醒、耳聪目明，从而谦虚谨慎、行为有范；心浮气躁，往往会乱心乱智、急功近利，做出悔不当初甚至胡作非为之事。要谦虚谨慎、严格自律，自觉净化"三圈"，管好"枕边人"，教好"膝下人"，带好"身边人"，以好作风促好党风、好政风、好民风、好家风。

30. 做官本是苦差事，身心健康是本钱。身体是革命的本钱，对任何人而言，健康是第一，没有健康，就没有一切。官职高一步，责任便大一步，忧勤便增一步。领导干部要注重劳逸结合、有张有弛，注重排解压力、避免透支，始终保持精力充沛，这样才能有"可堪大用、能担重任"的身体基础，才能为党和人民作出更大贡献。

第二节 | 怎样做一名新时代的党员干部

万事万物皆有其源、皆有其本。"衣不举领者倒,走不视地者颠。"从某种意义上来说,为官从政是一项崇高的事业,也是一种高难的职业。现实中想当领导的人很多,但并非人人都能成为领导,也未必人人都适合做领导。要做一名称职的乃至优秀的新时代党员干部就必须始终掌握从政之大要。"大要",意指要旨、概要、事情的关键。从政大要,即领导工作必须具备和掌握的最基础的、最重要的、最关键的、最根本的条件和要求。从政大要主要包括从政之基、从政之本、从政之源、从政之魂四个方面主要内容。党员干部只有夯实从政之基,才会有机会踏入从政的"门槛";只有筑牢从政之本,才有胜任领导岗位的"资本";只有丰富从政之源,才能保持从政履职之源活水长流;只有始终坚守从政之魂,才能不忘初心、牢记使命、奋勇前行、担当作为。

一、夯实从政之基

墙高基下,虽得必失。习近平总书记强调,"基础不牢,地动山摇"。不是什么人都适合当党员干部,也不是所有的人都能成为党员干部。成为一名党员干部的前提和基础条件就是必须拥有基本素养、基本操守、基本能力、基本方法。

一是基本素养。"素养"指的是平日的修养,它是一个人品德、思维、心理等素质的综合性体现。素养是党员干部为官从政不可或缺的基础条件。党员干部必须具备良好的道德素养、人文素养、政治素养、理论素养、法治素养等。

——国无德不兴，人无德不立，官无德不为，必须有良好的道德素养。2004年，时任浙江省委书记的习近平同志就指出："人而无德，行之不远。没有良好的道德品质和思想修养，即使有丰富的知识、高深的学问，也难成大器。"党员干部具备基本的道德素养，最基本的就是要明大德、守公德、严私德。

——有知识不等于有文化，有情感不等于有情怀，必须有良好的人文素养。人文素养是指做人应具备的基本品质和基本态度，其核心为"人文精神"，是对人类生存意义和价值的关怀。党员干部只有具备"以人为本"的人文素养，才能成为一个有温度、有温情的人，才能与百姓心连心、手拉手，同呼吸、共命运，才能坚决摒弃"官本位"意识，善行为民谋利之实，善效为民解忧之举。

——唯有政治过硬，才能赢得百姓口中的"靠谱"，必须涵养良好的政治素养。政治素养是党员干部参与政治活动、行使政治权利和义务必不可少的基本素养，只有具备良好的政治素养，才能在政治生活中行稳致远、永葆政治青春、延续政治生命。提升政治素养是党员干部的必修课，要不断提高政治判断力、政治领悟力、政治执行力。

——思想上的追随是最内在的追随，理论上的认同是最根本的认同，必须涵养良好的理论素养。习近平总书记强调理论修养是党性修养的基石，广大干部特别是年轻干部要在常学常新中加强理论修养。理论上清醒，政治上才能坚定。党员干部必须把厚实理论素养作为人生必修课，把马克思主义特别是习近平新时代中国特色社会主义思想深植灵魂血脉，真正成为马克思主义政治灵魂的"守望者"。

——法治是政治走向成熟的重要标志，法治素养是政治生命走向成熟的重要标志，必须涵养良好的法治素养。法治素养是涵盖法律知识、法治意识、法治观念、法治思维、法治信仰和法治实践能力等的综合体。党员干部要自觉增强法治意识，自觉尊崇和敬畏宪法法律与党章党规党纪，牢固树立权由法定、依法用权等法治观念，坚持法治思维，严格依法决策，恪守法规制度、谨遵法定程序，坚决扛起维护社会公平正义的神圣使命，积极营造权利公平、机会公平、规则公平的法治社会。

二是基本操守。操守指的就是人的品德、气节以及行事的准则，它既是做人的标准，也是检验灵魂的"试金石"。习近平总书记强调，党员干部要"重品行、正操守、养心性，做到以信念、人格、实干立身"。党员干部只有坚守最基本的政治操守、工作操守、生活操守、作风操守等，才能做人有骨气、做事有硬气、做官有正气。

——政治纪律和政治规矩是党最重要最根本最关键的纪律和规矩，是党生存和发展的生命线，必须坚守严格的政治操守。政治操守是指一个人的政治品德和操行，是调节人们政治关系及行为的规范和准则。党员干部的政治操守如何，关系个人品行，关系共产党人整体形象，更关系党的事业兴旺发达。只有始终坚守政治操守，才能永葆本色，矢志不移为党和人民事业而奋斗。要时刻端正世界观、人生观、价值观，敢于亮剑、敢于碰硬、敢于攻坚，讲纪律、守规矩、听招呼。

——岗位就是"战位"，职务就是"服务"，必须坚守严格的工作操守。工作操守是指人们在从事职业工作过程中必须遵从的最低的道德底线和行业规范。党员干部是行使公权力的特殊职业群体，必须时刻保持公仆情怀，真真切切为人民群众办实事、办好事；必须怀着对工作高度负责的使命感和责任感，把全部精力奉献到为国为民的事业当中；必须坚守高标准高要求高质量，严格按政策办事、按程序办事、按规矩办事，做到用权有原则、办事守规矩。

——生活纪律非小事，勿以廉小而不为，必须坚守严格的生活操守。生活操守是一个人在日常生活和社会交往中应当遵守的行为规则。2007年，时任浙江省委书记的习近平同志指出："一名领导干部的蜕化变质往往就是从生活作风不检点、生活情趣不健康开始的，往往都是从吃喝玩乐这些看似小事的地方起步的。"党员干部必须自觉净化生活圈、朋友圈、工作圈，管好自己人、身边人、自家人；必须讲纪律守规矩，养成积极健康的兴趣爱好；必须带头践行社会主义道德，做社会主义核心价值观的坚定倡导者和践行者。

——没有好作风，就没有好作为，必须坚守严格的作风操守。习近平总书记指出："党的作风是党的形象，是观察党群干群关系、人心向背的晴雨表。党的作风正，人民的心气顺，党和人民就能同甘共苦。"党员干部要大力弘扬真抓实干作风，推进工作、解决问题、面对难题要见底见效、敢抓敢管；要深入开展调查研究，把功夫下到察实情、出实招、办实事、求实效上；要大力弘扬工匠精神，力求更好，追求最好。

三是基本能力。能力是人们顺利完成某种活动所必需的素质与特征，总是和人的某种活动相联系并表现在活动的全部过程之中。领导能力是指能激发被领导者的活力并使之转化为领导活动的能力，简言之就是领导做工作的本领。衡量一名党员干部是否合格、工作开展得好不好，也要看其基本能力的高低。党员干部必须不断增强七种能力"。

——政如农功，日夜思之，要不断增强"脑力"。"思"是做好领导工作的一个重要环节，多思才能善辩，集思才能广益，深思才能熟虑。思考的过程就是将知识条理化、系统化，更好地消化吸收，转化为思维的过程。党员干部既要学会思考、分析、研究问题，做到"三思而后行"，又要经常地对工作进行梳理、总结和反思，做到"行后有三思"，使自己的能力阶梯式上升，推动工作质量不断提高。

——视力决定眼前，眼力决定未来，要不断增强"眼力"。习近平总书记强调，要"准确识变、科学应变、主动求变"，"善于在危机中育先机、于变局中开新局，抓住机遇，应对挑战，趋利避害，奋勇前进"。取胜之道，就是"因势而变、因势得势、趁势而为"。党员干部要能因势利导而驾驭时势，化"危"为"机"，化干戈为玉帛，变被动为主动，变窘迫为自如。

——兼听则明，偏信则暗，要不断增强"耳力"。党员干部要有容言之气度、纳谏之雅量。必须练好"听八方、采众智"的"耳力"，"掏空耳朵"全听，广泛听取各方面的意见尤其是反对意见；"拉长耳朵"细听，既了解台面上多数人的肯定性意见，又了解背后少数人的否定性看法；"竖起耳朵"恭听，多倾听基层"呼声""怨言""骂声"，从中找到加强工作的着力点、解决问题的破解点、制定政策的出发点。

——言为心声，相通则共进，要不断增强"口力"。话须通俗方传远，语必关风始动人。党员干部担负着宣传引导群众、教育鼓励群众、动员组织群众的重任，话讲得好，就很容易打动人心、引起共鸣。党员干部要常讲大白话，讲群众听得懂、记得住、用得上的话；要讲真话、实话，不能口不择言、信口开河地"胡说""乱说""瞎说"，并说到做到；要讲有自己独到见解的话，少讲或不讲正确的废话，让群众入耳听进去、入脑装进去。

——草摇叶响知鹿过，松风一起知虎来，要不断增强"嗅力"。灵敏的"嗅力"是一名党员干部政治眼光、政治头脑、政治觉悟、政治能力的综合反映。党员干部要想把工作做好，必须具备分清楚好与坏、对与错、有用与无用、真相与假象的好"嗅力"。同时，练好"嗅力"，抵制住金钱、物质、美色等诱惑，做到不为利动、不为威劫，自觉抵制各种干扰诱惑，自觉抵制形形色色"病菌"的入侵。

——动笔是思想的磨刀石，笔下自有千斤力，要不断增强"笔力"。党员干部的"笔力"是其政治素质、理想情怀、知识水平、文化修养和专业功底等的集中表现。历史上具有战斗力的除了武器，还有檄文，笔所具有的战斗力尤甚武器。党员干部要通过动笔写作，多出创新的思想，多谋创新的办法，多提创新的对策，提升自己的思考能力；要用活跃的形式反映真实的情况，用简短的篇幅容纳丰富的内容，用朴实的语言表达深刻的道理，做到不虚不假、不冒不夸、不空不泛、不乏不钝。

——有路就有方向，站哪就是立场，要不断增强"脚力"。"脚力"，既是坚定立场、站稳方向、保持定力的能力，也是迈开双腿、调查研究、掌握实情的功力。习近平总书记指出："基层跑遍、跑深、跑透了，我们的本领就会大起来。"党员干部练好脚力，必须旗帜鲜明讲政治，站稳政治立场；必须深入基层一线，了解真实情况，促进调研成果转化为正确的政策建议，推动各项工作落地落实。

四是基本方法。做任何事情、干任何工作都需要方法，大到治国理政，小到烧菜煮饭，方法得当，事半功倍；方法不当，南辕北辙。得法者事半功倍，不得法者事倍功半。党员干部必须在实践中练就科学的思维方法、坚持正确的思想方法、选择管用的工作方法等，才能真正把党的各项路线、方针、政策落到实处。

——思维观念高于实践经验，科学的思维犹如万能钥匙，必须掌握科学的思维方法。党员干部要努力学习掌握科学的思维方法，以科学的思维方式保证改革发展稳定各项任务顺利推进。改革任务越是繁重，党员干部越需要运用科学的思维方法保证各项改革顺利推进。要掌握、运用战略思维、历史思维、辩证思维、系统思维、创新思维、法治思维、底线思维。

——思想是行动的指南，行动上的失范源于思想上的偏离，必须掌握科学的思想方法。习近平总书记指出，"实事求是，是马克思主义的根本观点，是中国共产党人认识世界、改造世界的根本要求，是我们党的基本思想方法"。党员干部掌握运用科学的思想方法，就要学习马克思主义的基本原理，一切从实际出发，摸清实情、担当作为；要坚持解放思想、实事求是、与时俱进，研究新情况、总结新经验。

——工作千难万难，方法对头就不难，必须掌握正确的工作方法。工作方法是人们在工作过程中为达到一定目的和效果所采取的手段和程序。做事不由东，累死也无功。党员干部唯有掌握工作方法，才能运筹帷幄，担当起时代赋予的重任。要学会统筹兼顾，加强调查研究，狠抓工作落实。

二、筑牢从政之本

"本"的本义是指草木的根，后又引申为根本的、本源的、重要的事物。顾名思义，从政之本就是党员干部担任职务、履行职责所应具备的最根本要求。具备了政治过硬、禀赋优秀、本领高强、身心健康，就拥有了丰厚的从政"资本"，就能避免"本领恐慌""能力不足"的窘境。

一是政治过硬。习近平总书记强调，"我们党要始终成为时代先锋、民族脊梁，始终成为马克思主义执政党，自身必须始终过硬"，其中最重要的一个"过硬"就是"政治过硬"。党员干部政治过硬，就是要始终把政治能力作为第一位能力，深刻领悟"两个确立"的决定性意义，增强"四个意识"、坚定"四个自信"、做到"两个维护"。

——政治过硬是党员干部最大的"不动产"。习近平总书记强调:"作为党的干部,不论在什么地方、在哪个岗位上工作,都要增强党性立场和政治意识,经得起风浪考验。"身为党的干部,只有政治过硬,才能增强政治意识,坚定政治立场,把握好政治方向;才能自觉加强政治历练,满怀深情地投入到党和人民的事业中;也才能在治党治国的实践中发挥主观能动性,自觉增强为人民服务的本领。

——政治过硬不是抽象的,而是具体的。政治过硬不是大而化之的,停留在口头上。要自觉在思想上政治上行动上全方位向党中央看齐,做到表里如一、知行合一;要在理论上有深度,对党的创新理论钻得深,对习近平新时代中国特色社会主义思想理解得透,对共产党执政规律、社会主义建设规律、人类社会发展规律认识得准;要在行动上有高度,始终做到"国之大者"心中有数,始终把认识大局、把握大局、服从大局摆在第一位;要在情感上有厚度,对党和人民充满深厚情感,做到权为民所用、情为民所系、利为民所谋。

——始终做政治上的明白人,对党绝对忠诚。对党忠诚是共产党人的政治灵魂、精神脊梁。做政治上的明白人,首先就要做到对党绝对忠诚,而且这种忠诚是唯一的、彻底的、无条件的、不掺任何杂质的、没有任何水分的忠诚。要始终牢记自己的第一身份是共产党员,任何时候、任何情况下,都忠诚于党的基本理论、基本路线、基本方略,忠诚于党的信仰、忠诚于党的组织、忠诚于党的事业。要把忠诚落实到具体行动中,不做思想上的"糊涂虫",不做政治上的"墙头草",不做行动上的"两面人"。

——刀在石上磨,人在事上练,要自觉淬炼过硬的政治能力。政治能力是在实践中砥砺磨炼出来的,要在复杂的斗争实践中、大风大浪考验中、急事难事锻炼中不断铸造政治判断力;要不断锤炼政治领悟力,强化学习习近平新时代中国特色社会主义思想、党中央重大决策部署和习近平总书记重要指示批示精神,完整准确领会其政治内涵、政治要求,抓好贯彻落实;不断磨砺政治执行力,经常同党中央精神对标对表,坚决做好贯彻党中央精神的组织者、推动者、落实者。

二是禀赋优秀。"禀赋"指先天赋予一个人的综合条件。不同的人禀赋不同，造成能力倾向也存在差异，但这种差异并不是绝对的，可以在实践中不断地挖掘和培养完善。对党员干部而言，禀赋是其从政的重要基础，只有认清自身的优势，依托自身的禀赋特质制订合适的人生规划，同时在实际工作中充分发掘自身潜力潜能，努力弥补先天不足，才能真正成长为一名优秀的领导者。

——没有"好食材"，就没有"好菜品"。为官先做人，做人先立德。为官从政之人首先要是个好人，是个有德之人。禀赋有高低，但人格不能小、人品不能低。品德不是生来就高尚、就一成不变，是需要不断陶冶、不断砥砺、不断修炼的。身在领导岗位，就要始终牢记做人不任性、做官不妄为，不管当多大官，都要增强自己的品德修养，洁身自好、不断修炼，努力做一个好人好官。

——闻一知十是灵性，举一反三是悟性。悟性，就是对事物的认识和理解能力。悟性高者，往往具有良好的观察力、判断力和执行力。在实际工作中的悟性，主要表现为领会意图、总结经验、探索规律、触类旁通、举一反三的能力。做领导工作，必须深学细悟习近平新时代中国特色社会主义思想，把握好这一重要思想的世界观和方法论，坚持好、运用好贯穿其中的立场、观点和方法，从而真正掌握看事物、想问题、办事情的"金钥匙"；必须善于透过现象看本质，做到"走一看二想三"，触类旁通、举一反三。

——善良是人生最好的风水，一善染心千里通明。法国作家雨果说："人世间最宝贵的是善良。善良即是历史中稀有的珍珠，善良的人便几乎优于伟大的人。"善良是生而为人最宝贵的禀赋。对党员干部来说，中国共产党人没有自己的私利，要做到无私奉献，更要具备善良的品行。

——人生最好的武器是知识，人生最好的美德是忠诚。忠诚敦厚，人之根基也。民心是最大的政治。我们党是马克思主义执政党，党性和人民性是一致的。对党员干部来说，忠诚于党和忠诚于人民是一致的，忠诚和仁爱也是统一的。当党员干部，必须忠于党和人民事业、忠于党的宗旨，牢记人民公仆身份，把人民至上的理念融入血液中、深入骨子里，忠于党和人民一辈子、奉献一辈子。

三是本领高强。习近平总书记指出,"我们党既要政治过硬,也要本领高强"。党员干部只有自身"本领高强",才能在面对日益复杂的局面和各种纷繁复杂的工作任务时更加游刃有余,掌握工作中的主动权和突破点,从而更好地为人民群众服务。

——要揽瓷器活,得有金刚钻。党员干部手握公权,是推动经济社会发展的中坚力量,必须拥有与其职务相称的本领。心中有点子,手中有刷子,工作才能驾轻就熟、游刃有余、出新出彩。党员干部只有在持之以恒的知识更新和实践锻炼中练就一手"绝活"、几把"刷子",成为行家里手、内行领导,才能胜任繁重的工作任务,挑起硬担子,肩负起时代重任。

——本领不换代,早晚被替代。党员干部最大的挑战是能力的挑战,最大的恐慌是本领的恐慌。本领恐慌在党内相当一个范围、相当一个时期都是存在的。真本事是学出来的、干出来的,不会随着职务的提升而自然提高。面对日新月异的发展形势、复杂多变的社会生活,党员干部要应对本领恐慌,关键还是要把学习与实践贯穿领导工作全过程各方面,自觉把学习作为一种神圣职责、一种精神境界、一种终身追求,积极主动到群众最需要的地方、急难险重现场去摸爬滚打、砥砺磨炼。

——在干事中提能力,在学习中强本领。习近平总书记强调,"领导干部加强学习,根本目的是增强工作本领、提高解决实际问题的水平"。党员干部要加快知识更新、优化知识结构、拓宽知识视野、扩大知识存量、优化知识增量、打牢知识功底,才能更好地面向未来、迎接挑战。

四是身心健康。身心健康就是身体无病痛、心灵无纷扰。习近平总书记强调,"健康是促进人的全面发展的必然要求"。当前,在高强度的压力之下工作,很多党员干部患病率较高,"亚健康"很普遍,在一定程度上透支了身体,甚至倒在了工作岗位上,长此以往,不利于工作的开展。只有保持精神和身体的平衡,才能更好更有效地开展工作。

——健康身体是实现目标的基石,没有健康,一切都是浮云。身体是革命的本钱。健康不是一切,但一切都需要健康。党员干部只有拥有健康的身心，才能保证工作质量和工作效率，有一个好身板、一份好心情，才能以良好的精神状态，全身心投入为各地区各领域谋划发展中，有效地促进各项事业向前推进。

——文明其精神，野蛮其体魄，养成好习惯就是储存健康。健康是生命的基础，也是党员干部履职的前提。健康来自良好的生活方式，党员干部要爱惜自己，保持良好的生活习惯，不断提高身体素质；要根据个人身体情况合理锻炼身体、强健体魄，为高质高效工作提供保障；要懂得爱惜，少一些无节制的挥霍，少参加无谓的应酬，少透支身体。不会休息，就不会工作。要学会科学合理地安排自己的工作和生活，有张有弛，松紧适度，该工作就认真工作，该休息就好好休息，保证以充沛的精力投入工作。

——人生最大的错误是用健康换取身外之物，每个人都是自己最好的医生。但凡事业有突出业绩、取得成就的人，都襟怀坦荡、宽宏大量、心胸豁达。党员干部要学会顺其自然，做一个快乐的人、一个心胸开阔的人，成功时稳得住得意，失意时经得起挫败，赢得起也输得起。要多为心理健康"把脉"，时刻关注自身的心理健康，不断调适自己的心理状态，真正做到以立德之心励己、以平常之心待己、以公仆之心律己、以包容之心慰己、以奋进之心悦己。

三、丰富从政之源

水有源、树有根，世间万物，皆有其源。"求木之长者，必固其根本；欲流之远者，必浚其泉源。"党员干部必须不断强化理论武装、坚持终身学习、胸怀"国之大者"、练就强大内心、坚持知行合一、勇于自我革命，保持履职之水源源不断。

一要不断强化理论武装。习近平总书记指出："理论修养是干部综合素质的核心，理论上的成熟是政治上成熟的基础，政治上的坚定源于理论上的清醒。"新时代党员干部必须加强马克思主义理论武装，做到真学真懂真信真用，才能在重大原则问题和大是大非面前立场坚定、旗帜鲜明、行动有力。

——解其言知其意，才能悟其理，要做到"真学"。马克思主义理论基础扎实了，广大党员干部才能全面认识和把握各类复杂的矛盾和问题，敏锐地识别各种错误的观点和思潮，科学地制定各项政策和措施，也才能在各种复杂的局面中坚持正确的政治方向，保持政治定力。新时代的党员干部要把学习习近平新时代中国特色社会主义思想作为首要政治任务，及时跟进学习习近平总书记重要讲话、重要指示批示精神，涵养正气、淬炼思想、升华境界，不断提高马克思主义思想觉悟和理论水平。

——知其然知其所以然，才能知必然，要做到"真懂"。对待马克思主义理论，光学还不够，还必须真懂。党员干部要自觉用党的创新理论武装头脑，掌握其完整的思想体系、主要观点和思维方法，提高运用马克思主义立场观点方法判断形势、分析问题、化解矛盾的能力，努力做到在基本的理论信仰上清澈，在主要的理论观点上清楚，在复杂的理论问题上清晰，在具体的理论运用上清新。

——入心入脑，才能历久弥新，要做到"真信"。信仰信念不是没有根基的空中楼阁，需要建立在深厚的理论修养基础上。习近平总书记强调，"崇高信仰、坚定信念不会自发产生。要炼就'金刚不坏之身'，必须用科学理论武装头脑，不断培植我们的精神家园"。党员干部要带着信念学、带着感情学、带着使命学，切实把深刻领悟"两个确立"的决定性意义，增强"四个意识"、坚定"四个自信"、做到"两个维护"融入灵魂和血液，矢志不渝为共产主义远大理想和中国特色社会主义共同理想而奋斗。

——知之而不行，虽敦必困，要做到"真用"。毛泽东同志曾说："对于马克思主义的理论，要能够精通它、应用它，精通的目的全在于应用。"学习的目的全在于应用，思考的成果要转化应用。党员干部要坚持和发扬理论联系实际的马克思主义学风，紧密联系思想上的困惑、工作中的难点，更加自觉地运用党的创新理论指导解决实际问题，切实把学习成效转化为推动党和人民事业发展的思想自觉、行动自觉。

二要坚持终身学习。学习是文明传承之途，是人生成长之梯，是国家兴盛之要。重视学习、善于学习是我们党的优良传统。习近平总书记强调："中国共产党人依靠学习走到今天，也必然要依靠学习走向未来。"党员干部要强化"活到老、学到老"的思想,把学习从外在要求转化为内在自觉,把学习成果转化为全面建设社会主义现代化国家、实现中华民族伟大复兴中国梦的强大力量。

——鸟欲高飞先振翅,人求上进先读书。党员干部如果不读书,不管做多大的官,也只是一介俗吏。必须更加崇尚学习,强化终身学习的理念,把学习作为安身立命、履职尽责的内在需求。必须积极改造学习,每天挤出一点时间沉下心来学习,积少成多、聚沙成塔,求得真学问、练就真本领,使自己的知识更新跟上时代的步伐。

——吃饭不嚼不知味,读书不想不知意。有位著名经济学家曾说:"学习与钻研要注意'两个不良',一个是'营养不良',一个是'消化不良'。"防止"消化不良",就是对书本知识,无论古人今人或某个权威的学说,都要深入钻研、过细咀嚼、独立思考。从事领导工作,必须养成深度学习的习惯,坚持在研究状态下工作,多一点学习思考和体悟,努力搞清楚事情的全貌,由表及里、拨云见日,探寻事物的缘由、问题的症结、事物的本质和规律。

——博观而约取,厚积而薄发。习近平总书记指出,"学习就必须求真学问,求真理、悟道理、明事理,不能满足于碎片化的信息、快餐化的知识"。党员干部必须拥有强大的知识体系,全面系统学、辩证思考学、结合实际学,既要系统学习党的基本理论、基本路线、基本方略,也要广泛涉猎经济、政治、文化、法律、科技、历史等各方面知识,成为"一专多能"的复合型人才。

——一语不能践,万卷徒空虚。习近平总书记指出:"读书是学习,使用也是学习,并且是更重要的学习。"党员干部加强学习,根本目的在于增强工作本领、提高解决实际问题的能力和水平。从事领导工作,要坚持学习、学习、再学习,坚持实践、实践、再实践,既向书本学习,又向实践学习,向人民群众学习;既读有字之书,又读无字之书,真正做到学以致用、用以促学、学用相长,把知识切实转化为解决各种复杂问题、应对各种风险挑战的能力,转化为奋进新征程、实现中国梦的具体行动。

——生命不止，学习不止。学校教育只是人生学习的一个阶段，而自我学习则贯穿了人的一生。2004年，时任浙江省委书记的习近平同志指出，"面对我们的知识、能力、素质与时代要求还不相符合的严峻现实，我们一定要强化活到老、学到老的思想，主动来一场'学习的革命'，切实把外在的要求转化为内在的自觉"。仁者寿，智者乐。党员干部要真正把学习当成一种责任，树牢终身学习的理念，自觉养成学习的习惯，真正做到生命不止、学习不止。

三要胸怀"国之大者"。所谓"国之大者"，就是事关全局、事关根本、事关未来、事关党和国家事业兴衰成败的大事。做工作如果不知道"国之大者"是什么，就辨不明方向、找不到方位。党员干部要胸怀"国之大者"，才能从讲政治的高度，围绕中心、服务大局，担当作为、善作善成。

——政治是灵魂、是统帅，胸怀"国之大者"就要讲政治护核心。习近平总书记强调，要自觉讲政治，对国之大者要心中有数，关注党中央在关心什么、强调什么，深刻领会什么是党和国家最重要的利益、什么是最需要坚定维护的立场，切实把深刻领悟"两个确立"的决定性意义，增强"四个意识"、坚定"四个自信"、做到"两个维护"落到行动上，不能只停留在口号上。党员干部要加强政治历练，增强政治担当，提高政治能力，善于从政治高度去思考问题、发现问题、分析问题、解决问题，做到观察分析形势考虑政治因素、出台政策措施重视政治影响、部署推进工作把握政治要求、处置敏感问题防范政治风险。

——大局是方向、是旗帜，胸怀"国之大者"就要观大势谋大局。习近平总书记指出，领导干部想问题、作决策，一定要对国之大者心中有数，多打大算盘、算大账，少打小算盘、算小账，善于把地区和部门的工作融入党和国家事业大棋局，做到既为一域争光、更为全局添彩。党员干部要坚定不移把"两个维护"作为最高政治原则，自觉站在党和国家的战略全局、政治大局上想问题、作决策、办事情。要胸怀"两个大局"，牢固树立全国一盘棋思想，善于从战略全局谋划推动工作，坚定维护党和国家重大原则、重大立场和重大利益。

——责任是动力、是担当,胸怀"国之大者"就要敢担当善作为。习近平总书记强调,对国之大者要心中有数,强化责任担当,不折不扣抓好中共中央决策部署和政策措施落实。"国之大者"体现在一个个重大部署上、一项项重大任务上。党员干部要强化责任意识,切实肩负起推动实现高质量发展的时代重任;要强化执行力,坚决做到党中央提倡的坚决响应,党中央决定的坚决执行,党中央禁止的坚决不做;要务求实效,不断提高把握新发展阶段、贯彻新发展理念、构建新发展格局的能力,切实把党中央精神和工作实际结合起来,创造性开展工作。

四要练就强大内心。身之主宰便是心。古人讲:"修身者,必先修心,心至,则无往而不利。"强调的是内心对个人成长和干事创业的重要作用。当干部既要能任劳,又要能任怨。而要做到任劳任怨,就必须具备强大的承受力,时刻保持豁达的心胸、昂扬的斗志、饱满的激情,有耐力、有韧性,也就是拥有一颗强大的内心,没有这个本事就当不了党员干部。

——真正伟大的力量存在于我们的内心。习近平总书记指出:"'本'在人心,内心净化、志向高远便力量无穷。"拥有强大内心,并不是说我们可以压倒一切,而是要敢于面对一切。有了强大的内心,即使摔倒也能毅然站起,即使失败也能败而不屈,即使遭遇苦旅也能咬牙坚持,如此距离前途光明和心中目标也就不远了。强大的内心是实实在在、刻入灵魂的,是一个人思想深度、格局宽度、境界高度、情感温度的集中体现,装不出来,也演不出来。

——心不清则无以见道,志不确则无以定功。党员干部每天身处事中,无论大事、要事、难事,还是小事、杂事、琐事,总是充斥着工作和生活。当党员干部,就要扛责任、纾民意、解难题。正如一句老话,没有做不好的事,只有过不去的心。党员干部要有立大志、做大事的追求,有担其责、尽其事的担当,有宽容人、包容事的豁达,无论遇到何种情况,都始终波澜不惊、淡定从容。

——内心深处存芳草,人生天天是春天。心狭为祸之根,心旷为福之门。党员干部要始终保持共产党员的本色与忠诚,不忘为人民服务的初心,顺境时"心底无私天地宽",逆境时"岁寒方知松柏之后凋",积极面对、妥善处理困难挫折。要锻造成熟的心理素质,在大风大浪、急难险重任务中涵养内心力量,处变不惊、镇定冷静,"任凭风吹浪打,我自岿然不动"。要始终保持谦虚、从容、淡然的心态,不计较一时得失、一事成败、一职高低,内安于心,外安于目,不迷惘、不迷茫、不迷失、不迷途。

五要坚持知行合一。知行合一,就是要求理论和实践相统一、认识和行动相统一。习近平总书记指出,"努力做到知行合一、以知促行、以行求知"。党员干部既要在"知"上下功夫,加强理论学习,走在前列;又要在"行"上见行动,付诸实践,干在实处。

——知者行之始,行者知之成。实践性是马克思主义哲学的显著特征。只有做到知行合一,才能更深刻地体会真理的力量,解决思想和实践中的各种难题,不断走向新的胜利。党员干部必须掌握马克思主义理论武器,提高马克思主义理论水平和运用能力,共同把党的创新理论转化为推进新时代中国特色社会主义伟大事业的实践力量。

——学而不知等于不学,知而不行如同不知。知和行一旦分离,要么成为悬空思索者,要么成为冥行妄做者,不仅给党的形象造成不良影响,还会给党和人民的事业造成难以挽回的损失。只有从理论和实践的结合上把问题搞清楚,弄清理论源泉是什么、实践基础是什么、战略考量是什么,在常学常新中加强理论修养,学思用贯通、知信行统一,才能充分释放真理的力量,真正担起推动事业发展的重任。

——博学而不穷,笃行而不倦。知行合一,强调认识上的提升和实践上的自觉,要求在学中干、在干中学。要以新的思想认识推动实践,以新的实践深化思想认识,把学习的成效转化为干事创业的不竭动力,用知重负重、攻坚克难的实际行动,诠释对党的忠诚、对人民的赤诚。要做起而行之的行动者,不做坐而论道的清谈客,系统总结提炼有效经验,将其上升为规律性认识,从实践中获得真知,不断深化思想认识,提升工作本领。

六要勇于自我革命。党的自我革命实质是党的自我扬弃和辩证否定,这是我们党革弊立新、永葆先进、长期执政的重要法宝。广大党员干部是党的肌体的细胞。只有让每个细胞都保持先进性、纯洁性，充满活力、战斗力，我们党才能始终充满蓬勃朝气、浩然正气。党员干部必须坚持真理、修正错误，直面矛盾、刀刃向内，勇于探索、开拓进取，不断自我净化、自我完善、自我革新、自我提高。

——能胜强敌者，先自胜者也。勇于自我革命是我们党的鲜明品格和最大优势，是党和国家事业兴旺发达的"不二法宝"。船到中流浪更急，人到半山路更陡。越是长期执政，越不能丧失自我革命精神。在新的征程上，我们党要永葆先进性和纯洁性，始终走在时代前列、得到人民衷心拥护、经得起各种风浪考验，就必须永远保持自我革命的精神，把党的自我革命推向深入。

——共产党人是永远的自我革命者。党员干部的自我革命，是推进党的自我革命的关键。习近平总书记强调："党员干部以刀刃向内的自我革命的精神，广泛听取意见，认真检视反思，把问题找实、把根源挖深，明确努力方向和改进措施。"党员干部必须以身作则、率先垂范，带头践行"三严三实"，带头解决自身问题，带头彰显中国共产党人强烈的自我革命精神。

——永葆刀刃向内勇气，炼就金刚不坏之身。习近平总书记强调："'四个自我'，既有破又有立，既有施药动刀的治病之法又有固本培元的强身之举。"党员干部保持自我革命精神，要经常照镜子、正衣冠、洗洗澡、治治病，对照党章党规、对照初心使命，及时端正行为、纠偏祛邪，自觉向体内顽瘴痼疾开刀。要不断深化对适应新发展阶段、贯彻新发展理念、构建新发展格局的理解把握，大胆探索探路，主动创新创造，坚决破除一切不合时宜的思想观念和体制机制弊端。

四、坚守从政之魂

灵魂是指思想深处的东西，对人的发展产生决定性的影响。人们常常用"魂"来形容和表示事务发展中处于深层次起决定性作用的因素。人无魂不活，政无魂不立，国无魂不强。为官从政，只有始终坚持对党绝对忠诚、坚定理想信念、坚持人民至上、敢于担当作为、拥有博大胸襟、保持清正廉洁的从政之魂，才能自觉校准思想之舵，补足精神之钙，筑牢信仰之基，在求知中净化心灵，在事业中升腾信念，在初心中健康成长，在前进中把准方向，在使命中奋勇前行。

一要始终对党绝对忠诚。"人之忠也，犹鱼之有渊。鱼失水则死，人失忠则凶。"忠诚是人成为人的内在依据，若失去了忠诚，就如同一个没有灵魂的人，只不过是一个行尸走肉而已。对党员干部来说，从政之魂，首在忠诚，对党绝对忠诚是生命线、是做好工作的根本点。有了对党的绝对忠诚，才能发自内心地爱党、忧党、兴党、护党，一生一世、矢志不渝跟党走。

——忠诚之心，人之大德。古往今来，忠诚都是人们心中的至德。曾子说"吾日三省吾身"，其中"为人谋而不忠乎"就是"第一省"。习近平总书记强调，领导干部要忠诚干净担当，忠诚始终是第一位的。对党忠诚是一名共产党员的起码要求，也是看一个党员干部当得怎么样的主要衡量标准。善莫大于作忠，恶莫大于不忠。党员干部必须时刻牢记忠诚是最大的善行，对党忠诚是最大的德，对党忠诚是根本政治担当。

——对党忠诚，独一无二。习近平总书记指出："对党绝对忠诚要害在'绝对'两个字，就是唯一的、彻底的、无条件的、不掺任何杂质的、没有任何水分的忠诚。"忠诚只能对党，不能有二心；忠诚必须彻底，不能有所保留；忠诚必须纯洁无瑕，不容讨价还价。党员干部任何时候都要对党高度信赖、与党同心同德，不改其心、不易其志、不毁其节，永葆对党表里如一、始终如一、知行合一的忠诚，真正对党忠诚到极致。

——以忠诚论党性，以实干见忠诚。习近平总书记强调："对党忠诚不是有条件的而是无条件的，不是抽象的而是具体的。"对党忠诚既是政治标准、更是实践要求，既看政治态度、更看实际行动，必须落实到一言一行、体现在一点一滴、贯穿于一生一世。党员干部唯有以实际行动诠释对党忠诚，不断提高政治判断力、政治领悟力、政治执行力，对"国之大者"了然于胸，做到知责于心、担责于身、履责于行，勇于担苦、担难、担重、担险，才能真正铸牢忠诚之魂。

二要始终坚定理想信念。理想信念是信心之源、初心之源、力量之源、定力之源，是人生和事业的灯塔，决定我们的方向和立场，也决定我们的言论和行动。坚定理想信念，坚守共产党人的精神追求，始终是共产党人安身立命的根本。

——理想指引人生方向，信念决定事业成败。理想信念是共产党人的精神支柱。习近平总书记指出："我们党之所以能够经受一次次挫折而又一次次奋起，归根到底是因为我们党有远大理想和崇高追求。"革命战争年代，多少革命先烈抛头颅、洒热血，靠的就是一种信仰，为的就是一个理想。身处和平年代，虽然少了血与火的洗礼、生与死的考验，但我们为之奋斗的理想和事业没有变，唯有时刻拧紧理想信念这个"总开关"，才能经得起思想冲击、利益诱惑、风险考验，创造出辉煌的业绩。

——铸牢理想信念之魂，把正思想行为之舵。一个政党是否坚强有力，既要看全党在理想信念上是否坚定不移，更要看每一名党员在理想信念上是否坚定不移。习近平总书记强调："我们共产党人的根本，就是对马克思主义的信仰，对共产主义和社会主义的信念，对党和人民的忠诚。立根固本，就是要坚定这份信仰、坚定这份信念、坚定这份忠诚。"党员干部要永远保持对远大理想和奋斗目标的清醒认知和执着追求，在立根固本上下足功夫，做到"风雨不动安如山"。

——坚定理想信念，炼就钢筋铁骨。习近平总书记强调："党的干部必须坚定共产主义远大理想，真诚信仰马克思主义，矢志不渝为中国特色社会主义而奋斗，坚持党的基本理论、基本路线、基本纲领、基本经验、基本要求不动摇。"党员干部要做马克思主义的坚定信仰者，在真学真信中坚定理想信念，在学思践悟中砥砺初心使命；要做马克思主义的忠实实践者，用实际行动为坚持和发展中国特色社会主义、为实现共产主义远大理想而不懈奋斗。

三要始终坚持人民至上。《中华人民共和国宪法》规定："中华人民共和国的一切权力属于人民。"党员干部要牢固树立人民至上的理念，将人民利益置于心中最高位置，把人民立场作为根本立场，以不负人民践行初心使命，紧紧依靠人民、不断造福人民，牢牢植根人民、一切为了人民。

——依靠人民战无不胜，脱离人民寸步难行。民惟邦本，本固邦宁。人民是历史的剧中人，也是历史的剧作者，得民心者得天下，失民心者失天下，这是亘古不变的道理。马克思、恩格斯指出："历史活动是群众的活动，随着历史活动的深入，必将是群众队伍的扩大。"党员干部必须正确认识、坚决拥护人民的历史地位，以人民至上的理念来指导权力观、政绩观、事业观。

——江山就是人民，人民就是江山。毛泽东同志曾说，"我们共产党人好比种子，人民好比土地"。只有同人民结合起来，种子才能发芽、开花、结果。回望我们党的百年历史，为了人民利益，无论面临多大挑战和压力，无论付出多大牺牲和代价，我们都毫不动摇、在所不惜。党员干部要永葆初心使命，坚持权为民所用、情为民所系、利为民所谋，切实服务好人民，心甘情愿地消耗自己。

——人民对美好生活的向往，就是我们的奋斗目标。习近平总书记指出："检验我们一切工作的成效，最终都要看人民是否真正得到了实惠，人民生活是否真正得到了改善，人民权益是否真正得到了保障。"民之所望，施政所向。只有始终把人民放在心中最高位置、把人民对美好生活的向往作为奋斗目标，才能拥有牢固的执政基础。面对人民过上更好生活的新期待，党员干部不能有丝毫自满和懈怠，必须再接再厉，使发展成果更多更公平惠及全体人民，朝着共同富裕方向稳步前进。

四要始终敢于担当作为。习近平总书记指出，"干部敢于担当作为，这既是政治品格，也是从政本分"。对党员干部而言，担当是为党工作、为民服务的信念，有多大担当才能干多大事业，尽多大责任才能有多大成就。领导职务不是享受，也不是炫耀。有职就有责，有责要担当，责任无处不在，担当义不容辞。

——担当重在实干，干事是最好的担当。习近平总书记强调："社会主义是干出来的，幸福是奋斗出来的。"干部就要干事，领导必须担当。党员干部绝不能只想当官不想干事，只想揽权不想担责，只想出彩不想出力。新时代新征程，党员干部必须以"撸起袖子加油干"的实干精神，把全部心思放到谋发展上，奋力干出新业绩、开创发展新局面，实实在在地为老百姓干事。

——担当离不开能力，真担当要靠真本领。习近平总书记指出，"干部不仅要有担当的宽肩膀，还得有成事的真本领"。事业发展永无止境，能力提升也永无止境。不愿担当、不敢担当折射的是"不能担当"，反映的是能力不足、水平不高、本领恐慌。党员干部既要有想干事、真干事的自觉，又要有会干事、干成事的本领，要不断增强"八个本领"，提升"七种能力"，以底气去担当、靠能力去作为。

——担当就要斗争，事不畏难责不避险。领导工作，不可能总是一帆风顺，更多的时候，是沟沟坎坎。在困难、危机和矛盾面前，如果我们畏首畏尾，就会陷入困境、一事无成，如果知难而进，就能够危中寻机、化险为夷。党员干部作为创业发展的"主心骨"，唯有遇到矛盾不怕事，碰到问题不回避，面对困难不胆怯，敢啃硬骨头，发扬为民服务孺子牛、创新发展拓荒牛、艰苦奋斗老黄牛的"三牛"精神，才能更好地艰苦奋斗、开拓创新、为民服务。

——担当贵在无私，无私才能无畏。中国共产党的"官场"不是升官发财的名利场，而是干事创业、为民造福的奋斗场。党员干部的职务和权力都是为人民服务的工具，而不是谋取私利的道具。只有一心为公，才能面对大是大非敢于亮剑，面对矛盾敢于迎难而上，面对危机敢于挺身而出，面对失误敢于承担责任。要把干净和担当、勤政和廉政统一起来，树立正确的权力观、事业观、地位观，做到大公无私、公私分明、先公后私、公而忘私。

五要始终拥有博大胸襟。党员干部拥有博大胸襟，主要体现在格局境界情怀方面。"格局"是一个人的眼光、胸襟、胆识等心理要素的内在布局；"境界"是在修养、学识和道德上所能达到的高度和水平；"情怀"是对特定事物、特定地方的特定情感。这三者之间是相辅相成、密不可分的，往往决定着一个人能走多远路、能挑多重担、能干多大事。

——格局决定结局。格局决定一个人的命运。胸有格局立天地，胸无格局事难成。党员干部若格局大，则能立大志、做大事；若格局小，心中只有"一亩三分地",必将难以"走远"。要心中常怀大局,登高望远、知形识势,自觉把工作放到大局中去思考、定位和摆布,应势而动、顺势而为、乘势而上。要涵养大气,能容人,团结一切可以团结的力量;能容言,有虚心倾听不同意见的胸怀和气度;能容事,拿得起、放得下,不断超越自我。

——境界成就作为。一个人有什么样的境界,就拥有什么样的人生目标和行动追求。党员干部作为党的事业的领导者、组织者、推动者,在境界上必须有更高的标准和追求。要加强自我修养,自觉超越自然境界、功利境界,牢固树立正确的政绩观,多做为后人做铺垫、打基础、利长远的好事,多做惠民生、利发展的好事,不贪一时之功、不图一时之名,追求人民群众的好口碑、经过历史沉淀后真正的评价。

——情怀造就高度。情怀是一种独特而深厚的感情,是对美好事物的憧憬和向往。习近平总书记指出:"江山就是人民,人民就是江山,人心向背关系党的生死存亡。"党员干部要树立"位卑未敢忘忧国"的报国志向,涵养家国情怀,涵养人民情怀,把爱国之情、报国之志融入血脉灵魂、化为实际行动,把人民对美好生活的向往作为奋斗目标,努力做到"我将无我,不负人民"。

六要始终保持清正廉洁。"廉者,政之本也。"清正廉洁是马克思主义政党的内在要求,是中国共产党人与生俱来的价值取向和一以贯之的政治本色。习近平总书记提出的"信念坚定、为民服务、勤政务实、敢于担当、清正廉洁"二十字好干部标准中,清正廉洁是最基本的要求。党员干部理当清正廉洁作表率,清清白白为官、干干净净做事、老老实实做人。

——廉非为政之极,而为政必自廉始。清正廉洁是中国吏治文化的核心,历代统治者都把清正廉洁作为对官员的评判标准,历代老百姓所称颂的也是清正廉洁的官员。党的性质和宗旨决定了党员干部必须干干净净为国家和人民工作。历史和现实都一再表明,始终保持清正廉洁的政治本色,是我们党战无不胜、攻无不克的制胜法宝。党员干部是否做到清正廉洁,关系党的形象,关系人心向背,关系党和国家的生死存亡。

——物必先腐而后虫生,自律胜于他律。习近平总书记深刻指出:"一个人能否廉洁自律,最大的诱惑是自己,最难战胜的敌人也是自己。"面对形形色色的诱惑,党员干部如果定力不强,很容易萌生各种歪念,最终沦为阶下囚。只有严以律己,不断强化自我修炼,才能做到慎独、慎初、慎微、慎欲。要知敬畏、存戒惧、守底线,时刻把党规党纪牢记于心,要自觉净化生活圈、社交圈、朋友圈,注重家庭家教家风,抓早抓小、防微杜渐。

——万恶皆由"私"字起,千好都从"公"字来。习近平总书记指出,作为党的干部,就是要讲大公无私、公私分明、先公后私、公而忘私,只有一心为公、事事出于公心,才能坦荡做人、谨慎用权,才能光明正大、堂堂正正。党员干部要存公心、行公事,脚踏实地为人民群众办实事,真正做到为官一任造福一方。要牢记权力姓"公"不姓"私",只能用来为人民服务,一丝一毫都不能私用。要依法用权,自觉把权力关进制度的笼子,把自己置于社会和群众监督之下,任何时候都不搞特权、不以权谋私。

第三节 ｜ 领导干部之修炼

领导干部作为"关键少数",是党和人民事业的骨干,是人民的公仆,肩负时代重任,责任重大、使命光荣。当领导干部,不仅要有品德、素养、格局、境界、情怀、智慧、本领、方法,更要把不断修炼作为终身课题。修炼是什么?本义是指一个人修身、炼性,即心理更加积极向上,身体更加强壮健康。领导干部的修炼是什么?是指领导干部不断自我净化、自我完善、自我革新、自我提高的过程,就是不断改造自己的主观世界,不断锤炼自己忠诚、干净、担当的政治品格,不断提高自己的能力素质,以应对严峻挑战,更好地履行领导职责,推动经济社会发展,适应新时代党和人民事业发展需要的过程。领导干部的修炼不是可有可无的,也不是一劳永逸的,必须贯穿领导干部的一生。根据实践和思考,从以下十二个方面归纳梳理出了领导干部需要坚持和不断加强的修炼。

一、当领导干部就得修炼好"八种武功"

武功又称武术、功夫,现多引申为本领、技艺、"身手"等。从事任何行业都必须具备一定的功夫,说相声要会"说、学、逗、唱",唱京剧讲究"唱、念、做、打",做中医需要"望、闻、问、切",当干部也要有一身高强的"武功"。领导干部作为党和人民事业的骨干,必须"政治过硬、本领高强",不断修炼好"头功""心功""身功""眼功""耳功""口功""手功""腿功"。

一是必须不断修炼好"头功"——武装头脑,增长智慧。善思则睿智。具备动脑筋思考问题、用智慧解决问题的"头功",是每个人认识和改造世界的前提。领导干部应当加强"头功"修炼,努力使自己具备政治家、理论家、创新家的思维和智慧。应当具备政治家的思维,遇事多想政治要求,办事多想政治规矩,处事多想政治影响,成事多想政治效果。应当具备理论家的思维,坚持用党的创新理论特别是习近平新时代中国特色社会主义思想武装头脑、指导实践、推动工作,勇于推进实践基础上的理论创新。应当具备创新家的思维,强化创新意识,储备创新知识,锻造创新胆识,不断适应新形势、应对新变化、研究新情况、迎接新挑战、解决新问题,推动工作创新发展。

二是必须不断修炼好"心功"——任凭风浪起,稳坐钓鱼台。"身之主宰便是心",心胜则胜。领导干部只有"心功"强,才能始终充满自信,有勇气、有智慧应对一切挑战,不畏艰难、一往无前。领导干部加强"心功"修炼,重点要增强自信心、进取心、平常心。要增强自信心,不断激发战胜困难和成就事业的内生力量,对行为、目标、希望等抱有必胜信念,临危不惧、勇往直前。信心贵如金。要永葆进取心,坚定理想信念,守初心担使命,时刻保持一种昂扬向上、发愤图强、不断自我扬弃、勇于迎接挑战的精神追求,积极担当作为、勇于奉献自我。要保持平常心,乐观豁达、顺其自然、从容淡定,不畏惧艰难、不回避挑战,面对得失心境淡然、面对困难处之泰然、面对失意心境豁然,做到不为私心所扰、不为名利所累、不为物欲所惑,永葆洁身自好。

三是必须不断修炼好"身功"——以身作则,率先垂范。古语云:"律己足以服人,量宽足以得人,身先足以率人。"领导干部作为一个地方、一个单位发展的"领头雁",必须自觉强化"身功"修炼,做干事创业的引领者、示范者、实干者,充分发挥"头雁效应"。要当好引领者,在思想上、政治上、行动上,教育引导各级党组织和广大党员干部不断深刻领悟"两个确立"的决定性意义,增强"四个意识"、坚定"四个自信"、做到"两个维护",始终听党话、感党恩、跟党走。要当好示范者,以身作则、率先垂范,吃苦在前、享受在后,多用"身影"指挥、少用"声音"指挥。要当好实干者,坚持"实践是检验真理的唯一标准",从客观实际出发,具体问题具体分析;

坚持实字当头、干字优先，发扬求真务实、真抓实干作风；坚持正确的政绩观，为人民群众办实事、办好事。

四是必须不断修炼好"眼功"——眼观六路，洞彻世事。修炼"眼功"就是要提高观察事物现象、本质、规律的能力。领导干部只有练强"眼功"，做到识"势"、识"世"、识"时"、识"事"，精准认识和把握事物的现象、本质和规律，才能提高工作的科学性、预见性、主动性，使领导工作体现时代性、把握规律性、富于创造性。要修炼识"势"的"天眼"，认清历史趋势、当前形势、民意态势，在不断变化发展的形势中化被动为主动，牢牢把握工作主动权。要修炼识"世"的"慧眼"，知世情、党情、国情、域情，做到"秀才不出门，全知天下事"，"纷繁世事多元应，击鼓催征稳驭舟"。要修炼识"时"的"明眼"，认清时局、服务大局，与时俱进、把握当下，不主观臆断、不逆时而为，紧跟时代步伐、答好"时代之卷"。要修炼识"事"的"亮眼"，认清和抓住"事"的本质，把握"事"的变化发展规律，不被"事"的表象所迷惑，按客观规律办事。

五是必须不断修炼好"耳功"——耳听八方，博采众智。"耳功"就是听取提醒、批评和意见的功夫。多闻者智，拒谏者塞，专己者孤。邓小平同志曾说过："一个革命政党，就怕听不到人民的声音，最可怕的是鸦雀无声。"领导干部必须修炼一双"听八方、采众智"的"顺风耳"，不断提高决策的科学性和工作的实效性。耳要"聪"，努力做到"掏空耳朵"全听，"拉长耳朵"细听，"竖起耳朵"恭听，潜听基层"呼声"，聆听下级"怨言"，常听群众"骂声"，从中找到加强工作的着力点、解决问题的破解点、制定政策的出发点。耳要"硬"，学会甄别，保持主见，信忠言不信谗言、信真言不信谣言，坚持原则、保持清醒，不能入耳即当真、听风就是雨，始终保持强大定力。耳要"顺"，广纳净言，闻过则喜，择是而从，有容言之气度、纳谏之雅量，做到"能用众智，则无畏于圣人矣"，绝不能得"耳背"之疾，否则就会导致"纳谏不诚、进谏无门"。

六是必须不断修炼好"口功"——能言善道，言之有理。震天下者必震之于声，导人心者必导之于言。管理就是5%的指令和95%的沟通。2005年，时任浙江省委书记的习近平同志指出："语言的背后是感情、是思想、是知识、是素质。"领导工作有很大一部分是在"说"中进行、"道"中开展的，必须努力修炼过硬的"口功"，不断提高领导力。要锤炼"善于辞令"之功，练就"三寸不烂之舌"，掌握正确的说话方式，做到遇事得心应"口"，侃侃而谈，"言"之有据，"言"之有物。要锤炼"沟通协调"之功，增强沟通意识，掌握沟通艺术，求得思想上的统一、谋得行动上的一致，展现自信与能力、思想与视野、智慧与艺术。要锤炼"讲话像话"之功，重视自己的每次讲话，活学活用群众语言，为用而讲、讲必有用，使听之者众、闻之者然，使人愿听想听乐听，听了如沐春风，让群众听得懂、记得住，心向党、跟党走。

七是必须不断修炼好"手功"——能"文"能"武"，善作善成。所谓"手功"，就是指动手干的能力，主要表现为"写"和"做"两个方面。毛泽东同志曾说："自己动手，丰衣足食。"说一千，道一万，关键还是在于"动手干"。领导干部必须炼就"多面手"。拥有"秀才手"，不畏其难、敢写愿写，多读勤思、想写乐写，以写为乐、乐中写作，让写作成为锻炼思维、提高认知、思考问题、谋划工作的重要"法宝"，不断提高"用笔领导"的能力。练就"绣花手"，坚持严肃、严格、严谨，力求细致、精致、极致，既能肩挑千钧担，又能手捏"绣花针"，于细微之处见精神、见水平、见功力，把工作做到位、做过硬，出精品、创一流。成为"快刀手"，出手快、行动快、反馈快，凡事雷厉风行，保持快节奏、追求高效率，今日事今日毕、此时事此时毕，日清月结、案无积卷，"事情定了就办、办就办好"。争做"主攻手"，增强"主攻"之愿，提振"主攻"之勇，砥砺"主攻"之能，冲锋在前、带头攻坚、勇于担事，绝不当"二传手"，绝不当"指挥将军""摆手先生""甩手掌柜"。

八是必须不断修炼好"腿功"——勤勉务实，行稳致远。"腿功"就是指工作中脚踏实地、勤勉务实、行稳致远的能力。俗话说，"官勤民少忧"。自古到今，大凡有作为的官员无不"勤"字当头。领导干部践行"立党为公、执政为民"，必须加强"腿功"修炼，切实为党和人民事业勤"跑腿"。要炼就"飞毛腿"，做到腿"勤"、腿"快"，勤向"上"跑，勤往"下"走，勤与同事沟通，勤向"外面"学习，凡事先行一步、快人一拍抓落实。要愿做"泥腿子"，脚踩一路泥、身落一层灰，多往基层一线跑，多往群众家里跑，到基层接地气，拜群众为师，为人民服务，决不能"足不出户"、甘做"大家闺秀"。要磨出"铁脚板"，增强"踏平坎坷成大道"的信心，保持"千磨万击还坚劲"的意志，坚定"不破楼兰终不还"的决心，逢山开路、遇水架桥，敢踏无人涉足的"盲区"、敢闯矛盾交错的"难区"，不断向前、向上登攀，真正走得稳、走得正、走得久、走得远。

二、为政之要是做好官德的修炼

古人云："才者，德之资也；德者，才之帅也。"我们党一路走来，始终坚持德才兼备的干部路线，把官德摆在干部队伍建设的重要位置。党的十八大以来，习近平总书记高度重视领导干部官德，提出好干部标准，突出干部要"以德为先"，强调，什么样的人该用，什么样的人重用，都要把德放在首位。领导干部要讲政德。政德是整个社会道德建设的风向标。立政德，就要"明大德、守公德、严私德"。领导干部要坚持以德为先，把加强官德修炼作为为官从政之要，勤于学习、学以明德，善于反思、思以正德，加强实践、行以修德，做到明大德、守公德、严私德。

一要明大德，"铸牢理想信念、锤炼坚强党性"。习近平总书记指出，明大德，就是要铸牢理想信念、锤炼坚强党性，在大是大非面前旗帜鲜明，在风浪考验面前无所畏惧，在各种诱惑面前立场坚定，这是领导干部首先要修好的"大德"。对领导干部来说，最大的德莫过于对党绝对忠诚，始终忠诚于党的信仰、忠诚于党的组织、忠诚于党的事业，始终铸牢理想信念、补足精神之钙。坚定马克思主义的信仰、坚定中国特色社会主义的信念、坚定实现中华民族伟大复兴中国梦的信心，这始终是领导干部安身立命之本。必须带头做共产主义远大理想和中国特色社会主义共同理想的坚定信仰者和忠实实践者，保持对远大理想和奋斗目标的清醒认知和执着追求；必须把理想信念融入具体工作，增强实现理想的坚定信念和百折不挠的进取精神。不断锤炼坚强党性，忠于党忠于人民。领导干部来自组织，第一身份是共产党员，第一职责是为党工作。绝对忠诚于党是领导干部最高的政治原则和最根本的政治纪律。必须深刻领悟"两个确立"的决定性意义，增强"四个意识"、坚定"四个自信"、做到"两个维护"，始终在思想上政治上行动上同以习近平同志为核心的党中央保持高度一致；必须把坚定拥护"两个确立"、坚决做到"两个维护"切实落实到具体行动上，体现在坚决贯彻党中央决策部署的行动上，确保党中央政令畅通、令行禁止；必须为推进党和人民事业发展履职尽责、勤政务实，自觉做到为党工作、为民服务，敢作敢为、勇于担当，锲而不舍、狠抓落实，干一行、爱一行、专一行、成一行。

二要守公德，"立党为公、执政为民"。习近平总书记强调，守公德，就是要强化宗旨意识，全心全意为人民服务，恪守立党为公、执政为民理念，自觉践行人民对美好生活的向往就是我们的奋斗目标的承诺，做到心底无私天地宽。对领导干部来说，守公德重点是坚持立党为公、执政为民。用权如衡，唯公唯平。领导干部手中的权力是党和人民赋予的，权力具有公共属性，绝不能公权私用，必须为党工作、为民服务，用于实现国家和民族的公共利益、全体人民的共同理想、全社会的公共事务。要珍惜权力，时刻以人民利益为重，珍惜每一次为民用权、为民谋利的机会，在岗一分钟，战斗六十秒；要敬畏权力，有敬畏之心，"战战兢兢"、如临深渊、如履薄冰，心有所畏、言有所戒、行有所止；要慎用权力，慎言慎行，无论是决策、管理，还是指挥、协调，都要慎之又慎、三思而行，谨记权本法授、权依法使，自觉恪守权力边界。一切为了人民，一切依靠人民。我们党除了工人阶级和最广大人民群众的利益，没有自己的特殊利益。全心全意为人民服务是党的根本宗旨，领导干部无论职务高低、权力大小，都是人民的公仆，所掌握的都是公权力，只能用于为人民服务。要坚持以人民为中心的发展思想不动摇，把人民对美好生活的向往作为奋斗目标，把改善群众生活、维护群众利益作为一切工作的出发点和落脚点，让人民群众更有获得感、幸福感、安全感；要把人民群众作为最大的"靠山"，坚持人民群众的主体地位，践行群众路线，坚持群众观点，站稳人民立场，充分尊重人民群众首创精神，自觉拜人民为师，不断从人民群众中汲取智慧和力量。

三要严私德，"严格操守、规范言行"。习近平总书记强调，严私德，就是要严格约束自己的操守和行为。所有党员、干部都要戒贪止欲、克己奉公，切实把人民赋予的权力用来造福于人民。要把家风建设摆在重要位置，廉洁修身，廉洁齐家。对领导干部来说，严私德，重点就是管好自己、管好家人。始终把政治纪律和政治规矩挺在前面，管好自己。要坚持品德操守，严以律己。锤炼品质修养，坚守精神追求，多积尺寸之功，从小事小节做起，见贤而思齐，处理好公和私、义和利、是和非、正和邪、苦和乐的关系，不断自我净化、自我完善、自我革新、自我提高。要严守纪律规矩，心中有戒。纪律规矩是每位领导干部的戒尺，是一条不可逾越的红线。强化底线思维，增强戒惧之心、纪律意识，自觉尊崇党章，严守党纪党规，在任何时候、任何情况下都不越界、不越轨、不越线。加强家庭、家教、家风建设，管好家人。要注重家庭，涵养家国情怀，弘扬爱国主义、集体主义、社会主义精神，继承发扬优秀的家文化，建设幸福、和睦的家庭；要注重家教，加强对家庭成员的品德教育，充分发挥家庭是人生的第一所学校、父母是孩子的第一任老师的作用，引导家庭成员特别是下一代热爱党、热爱祖国、热爱中华民族；要注重家风，把清廉家风作为重点，算好人生政治账、经济账、名誉账、家庭账、亲情账、自由账、健康账，廉以修身、廉洁齐家，坚持严管就是厚爱，教育督促亲属子女和身边工作人员走正道，做到"恋亲不为亲徇私，念旧不为旧谋利，济亲不以公济私"。

三、领导干部必须不断修炼自己的"精气神"

俗语说："天有三宝——日、月、星，地有三宝——水、火、风，人有三宝——精、气、神。""精气神"通常用来指人积极健康、昂扬向上的精神状态。"精气神"是生命之本、成长之力、成功之道。习近平总书记强调，"要充分调动广大干部积极性，不断提升工作精气神"。领导干部有了"精气神"，才有"愿做事""敢扛事""做成事"的内在动力。"气可鼓而不可泄。"新时代领导干部应重点修炼十种"气"，不断提振干事创业的"精气神"。

一要不断修炼志气。卡耐基说："朝着一定目标走去是'志'，一鼓作气中途绝不停止是'气',两者合起来就是'志气'。一切事业的成败都取决于此。"胸有凌云志,无高不可攀。领导干部要有"山至高处人为峰,海到尽头天是岸"的志向,立志做大事,不要立志做大官,自觉地把个人志向与国家前途、民族命运、党的事业和人民利益联系在一起,做事"尽美矣,又尽善也",让生命在推进党和人民崇高事业中闪光,在为党和人民的事业奋斗中实现人生的价值。

二要不断修炼朝气。毛泽东同志曾号召,要有朝气,就是要有蓬勃向上发展之气。有朝气生命才旺盛。一个政党,最宝贵的是历尽沧桑,还怀有一颗赤子之心,百年恰是风华正茂。一个人只要始终奋发进取、斗志昂扬,即使耄耋百岁,依然朝气蓬勃。领导干部修炼朝气,必须永葆年轻人的心态、奋斗者的姿态、有为者的状态,乐观自信,心怀梦想,不负韶华,敢于创新,积极进取,奋发作为。

三要不断修炼大气。凡大气者,皆有大境界、大格局、大情怀,亦能挑大梁、干大事、成大业。欲成"大器",必修"大气"。领导干部修炼大气,必须培育"我将无我"的高境界、"胸怀天下"的大格局、"忧国忧民"的大情怀。必须自觉把"小我"归入"大我","小局"归入"大局","先天下之忧而忧,后天下之乐而乐"。必须海纳百川、豁达洒脱,能容人容言容事。必须无私无畏,"计利当计天下利,求名应求万世名","心底无私天地宽"。

四要不断修炼静气。古语云:"夫君子之行,静以修身,俭以养德,非淡泊无以明志,非宁静无以致远。"修身治学需要平心静气,干事创业同样需要平心静气。"简默沉静者,大用有余;轻薄浮躁者,小用不足。"领导干部必须从容淡定,"猝然临之而不惊,无故加之而不怒",鉴天地之精微,察万物之规律,寻觅成事之道。必须宠辱不惊,保持"不以物喜,不以己悲"的平和心态,摆脱"心为物役"的烦恼,不被得失所左右,不被利害关系所苦恼。必须沉着理性,审时度势,以不变应万变,做到"谋定而后动""三思而后行"。

五要不断修炼勇气。古希腊政治学家伯利克里曾说,真的算得勇敢的人是那个最了解人生的幸福和灾患,然后勇往直前,担当起将来会发生的事故的人。越是艰难越向前。习近平总书记指出,中华民族伟大复兴,"我们还有许多'雪山'、'草地'需要跨越,还有许多'娄山关'、'腊子口'需要征服"。狭路相逢勇者胜。领导干部必须不断修炼勇气,直面困难、攻坚克难,不负使命,敢于斗争,勇往直前、越挫越勇,以"万折必东不回头"的勇毅、"赴百仞之谷而不惧"的无畏,为党和人民创造优异的业绩。

六要不断修炼豪气。孟子曾说:"如欲平治天下,当今之世,舍我其谁也?"为官避事平生耻。领导干部是党和人民事业的"骨干"、改革开放的"闯将"、攻城拔寨的"尖兵",尤其需要修炼一股"我将无我、不负人民、舍我其谁"的冲天豪气。只有树立"自信人生二百年,会当水击三千里"的豪情壮志,才能事不避难、义不避责,关键时刻站得出、危难关头豁得出,敢于涉险滩、破坚冰、攻堡垒、拔城池,不做"庸官""懒官"。

七要不断修炼才气。才气就是才华、能力、本领和水平。领导干部"政治过硬、本领高强",才能当非常之时、行非常之责、尽非常之力、奏非常之功,把党和人民的事业不断推向前进。如果空有一腔担当的热血,却没有干事创业的"两把刷子",就不能担当时代重任。才华是刀刃,学习和实践是磨刀石。领导干部必须把学习作为终身追求,把实践作为最好的学校,在干事中长本事、在历练中变老练,不断增强"八种本领",使自己的能力素质跟上时代节拍、与岗位职责相匹配,全面提高领导能力和执政水平。

八要不断修炼正气。"政者,正也。""正"是"政"的根本和源泉,"政"是"正"的躬行和实践。"子率以正,孰敢不正?"领导干部带头做到守正理、走正道、做正事、当正人,才能以正服人、以正资政。正气源于端正的操守、高尚的道德、坚定的信仰、深厚的学养。领导干部要不忘初心、牢记使命,明大德、守公德、严私德;要公正用权、依法用权、廉洁用权;要弘扬正气、压制邪气,破除潜规则、强化明规则,做营造风清气正政治生态的推动者、实践者、示范者。

九要不断修炼和气。古人云,和,顺也,谐也。天地之气,莫大于和,和乃生,不和不生;和则成,不和则飖。君子如玉,和气致祥。领导干部只有不断修炼和气，才能吸引人、团结人、凝聚人。要修德如玉，加强政德修炼，大度包容，容言容事容人。要寻求最大公约数，画好最大同心圆，团结一切可以团结的力量；要讲党性不讲私情、讲真理不讲面子，用好批评和自我批评这个锐利武器，做到圆融而不圆滑、和谐而不和稀泥、团结而不结团。

十要不断修炼骨气。古人云，"富贵不能淫，贫贱不能移，威武不能屈"。习近平总书记强调，要增强做中国人的骨气和底气。"人无刚骨，安身不牢。"领导干部要炼就"铮铮傲骨"，就要坚持原则、站稳立场、秉公办事，注重构建清清爽爽的上下级关系，对上做到从道不从上、唯实不唯上、跟理不跟人，对下做到护人不护短、关爱不溺爱、靠团队不靠团伙，讲党性不讲派性。就要树立正确的名利观，摆脱名缰利锁的羁绊，在名利诱惑面前保持定力，情系百姓、甘于奉献，清清白白做官、干干净净做事。

四、领导干部要不断修炼好"五行"品质

中国古人认为，金、木、水、火、土是大自然的最基本物质，这五种物质相生相克的运动变化就构成了宇宙万物，简称"五行"学说。"五行"学说是我国古代先民认识世界的重要方法，是一种原始的系统观，"五行相生"体现了事物普遍联系与永恒发展的规律，"五行相克"又体现了事物对立与统一的规律，闪烁着朴素的唯物主义和辩证法思想。习近平总书记指出："中国传统文化博大精深，学习和掌握其中的各种思想精华，对树立正确的世界观、人生观、价值观很有益处。"领导干部修身立德、为官从政应当从中华民族传统文化的"五行"思想中，汲取有益的营养和智慧，不断修炼"五行"品质。

一要品德如"金"。黄金具有稳定性，不易与其他金属发生反应，经得起时间考验而不变质；具有纯粹性，纯度高，不含杂质；具有抗腐性，不易被氧化，表面亮丽夺目而不变色；同时金较为稀有、开采提炼不易，使它十分珍贵，拥有不凡价值。其不变质、不掺杂、不变色的特性正像人的品德一样。领导干部当修德如金，加强思想淬炼、政治历练、实践磨炼，把

信念坚定得像"金"一样稳定，永不变质。要表里如一、始终如一，把忠诚锤炼得像"金"一样纯粹，永不掺杂。要严以修身、严以律己、严以用权，把廉洁净化得像"金"一样干净，永不变色。

二要做人如"木"。"合抱之木，生于毫末。"木，生生不息，一粒小种子，就可以长成参天大树。《说文解字》解释："木，冒也。冒地而生。东方之行，从屮（同"草"），下象其根。"意思是说，木冒出地面向上生长，向着东边太阳的方向发展，并不断向下延伸它的根系。树木，总是专注一个方向、瞄准一个目标，扎根土壤、根深蒂固，面向阳光、栉风沐雨，从而固秀挺拔、顶天立地，成为栋梁之材。领导干部当不断修炼"木"的品质，历经风雨，茁壮成长，积极进取，奋发向上；脚踏实地，深入大地，扎根实际、扎根基层、扎根群众；枝繁叶茂，遮风挡雨，心中有民、为民造福。

三要格局如"土"。土，是滋养万物成长之源，构建万厦拔地之基。《尚书》曰："土爰稼穑。"稼穑，指土有种植和收获农作物的作用。引申为具有生化、承载、受纳作用的事物，均归属于土。土是人类和所有生灵生存的场所，是人类安身立命的根本。它承载万疆而不言，化生万物而无怨，土疆广袤、土性敦厚，平凡真实、厚重深沉。领导干部当格局如"土"，不断修炼像"土"一样的品质，拥有大格局、大境界、大情怀，气象博大，胸怀天下；永远厚重实在，质朴无华，纯朴做人、勤朴做事、俭朴生活；始终深沉不语，无怨无悔，为民甘于奉献、乐于奉献、矢志奉献。

四要心境如"水"。《尚书》曰："水曰润下。""润"即滋润，指水能够营造舒适的环境，以滋润万物；"下"即向下，指水柔顺，从高处往低处流，融汇成江海。水从容大度，川泽纳污，不问出处都愿融为一体；水贵人贱己，滋润万物，不与万物发生矛盾冲突；水刚中柔外，执着坚韧，不舍昼夜穿山凿石奔流归海。领导干部一定要历事炼心，修炼像"水"一样的心境，常怀"海纳百川"的包容之心，容人、容事、容言；常怀"避高趋下"的谦逊之心，低调做人、谦逊做事、低调为官；常怀"滴水石穿"坚韧之心，以柔克刚，持之以恒，干事创业立恒志、有恒心、用恒力。

五要行事如"火"。《说文解字》解释："火，燬也。南方之行，炎而上。"

意思是说，火，可以烧毁一切的东西，火光熊熊气势向上。"五行"中"火曰炎上"。"炎上"，指的就是火这种炎热、光明、上升的特性。火，给人光明，常常被誉为希望的火种，象征着希望；炙热升腾，人们常说热火朝天、风风火火，代表着旺盛激情。火还是一个给人温暖、传导热量的能量之源，温暖人心、鼓舞人心。"爝火燃回春浩浩，洪炉照破夜沉沉。"领导干部行事就应当像"火"一样，做一团不甘熄灭的星星之火，对党和人民的事业，始终满怀希望；做一团熊熊燃烧的激情之火，感知使命、担负责任，始终对工作热情洋溢；做一团催人奋进的力量之"火"，燃烧自己，照亮别人，温暖人间。

五、自觉修炼些"书卷气"

"腹有诗书气自华。"书卷气自然采自书卷，得益于孜孜不倦地读书。"书卷气"不是"书生气"，是一个人学识底蕴的深刻展现、人品才华的自然流露，是社会风气的精神标杆、良治善政的重要基石。荀子曰："学者非必为仕，而仕者必为学。"毛泽东同志也说过："饭可以一日不吃，觉可以一日不睡，书不可以一日不读。"书卷气不是与生俱来的，而是日积月累沉淀下来的。领导干部应养成终身读书学习的习惯，坚持在研究状态下工作，处理好"学"与"思"、"专"与"博"、"虚"与"实"、"知"与"行"的关系，学习、学习、再学习，实践、实践、再实践，不断增强自身的才气、底气、朝气、正气、大气、静气、地气，形成独具魅力的"书卷气"，进而转化为领导力。

一要涵养底蕴深厚的才气。曾国藩曾说，人之气质，由于天生，很难改变，唯读书可以改变。读书可以让人保持思想活力，得到智慧启迪，增强知识才干。不管做多大的官，不读书便不过是一介俗吏。曾国藩一生半天办公，半天读书。毛泽东同志博览群书，才有"掌上千秋史，胸中百万兵"的雄才伟略。读书打通了人生的大俗和大雅。领导干部要永怀读书和思索的慧根，孜孜不倦、博览群书，涵养党和人民事业发展所需要的才气。

二要积蓄扎实沉稳的底气。"人无底气，生无根据。"读书是一个人最大的底气。心中有信仰，脚下有力量。习近平总书记指出："学习马克思主义基本理论是共产党人的必修课。"领导干部要坚定对马克思主义的信仰、对社会主义和共产主义的信念，不断深刻领悟"两个确立"的决定性意义，增强"四个意识"、坚定"四个自信"、做到"两个维护"。"工欲善其事，必先利其器。"要保持能力不足的危机感，不断通过学习着力提高科学思维能力，提高治理能力和治理水平。

三要激发蓬勃向上的朝气。苏格拉底说过："我唯一所知的是我一无所知。"正是读书学习让智者保持了一种对知识的永恒求索和热情。中流击水，奋楫者进。进入新时代，我们比历史上任何时期都更接近、更有信心和能力实现中华民族伟大复兴。但是如果在一片喝彩声、赞扬声中丧失革命精神和蓬勃朝气，就会"一篙松劲退千寻"。领导干部坚持学习不放松，激发工作热情，改革创新、奋发进取、一往无前，才能"百尺竿头更进一步"。

四要弘扬大道为公的正气。"不要人夸颜色好，只留清气满乾坤。"读书学习是修得清正之气的重要路径。不正则不立。领导干部必须加强读书学习，不断正"心"，常怀执政为民的公心、洁身自好的清心、待人以诚的真心；不断正"言"，在党言党，与党同声，坚决与错误思想、错误言论作斗争；不断正"行"，以身作则，要求别人做到的自己首先做到，要求别人不做的自己首先不做。

五要培育海纳百川的大气。书读得多了，人的心胸和视野也就开阔了。心有多大，舞台就有多大。当领导干部，就要不断地加强学习，开阔眼界，提升格局、境界、情怀，始终坚持以党和人民的事业为重，讲党性、讲原则，与人民同呼吸、共命运、心连心；拥有海纳百川、有容乃大的宽广胸襟，襟怀坦白，光明磊落，志存高远，虚怀若谷；大事讲原则，小事讲风格，公道正派、公私分明，严以律己，宽以待人。

六要涵养淡定从容的静气。心浮则气躁，气躁则神难凝。领导干部只有把读书学习当成一种习惯、一种乐趣，才会在心中种下"静气"的种子，才会长出淡泊、奋进、无畏的幼苗，结出"咬定青山不放松"的坚韧之果，呈现"泰山压顶我自岿然不动"的淡定之实，最终收获的是廉洁、安宁和幸福。知足常乐，可以长久。沉得住气才能拿得出手，要守得住清贫、耐得住寂寞、经得起诱惑、稳得住心神，以平常心对待得失，把岗位当作干事的平台，精心谋事、潜心干事、专心做事、坦荡处事。

七要厚植亲民爱民的地气。"源浚者流长，根深者叶茂。"领导干部来自群众、植根群众，只有为了群众、依靠群众，才能获得力量之源。"千淘万漉虽辛苦，吹尽狂沙始到金。"在地方工作的习近平同志曾感慨知青岁月："我们读了很多书，但书里有很多水分，只有和群众结合，才能把水分蒸发掉，得到真正的知识。"一枝一叶总关情。要拜群众为师、向群众学习，把群众呼声作为第一信号，诚心诚意为群众办实事，尽心竭力解难事，坚持不懈做好事。

六、领导干部修身的精髓在于修心

《礼记》有云："古之欲明明德于天下者，先治其国；欲治其国者，先齐其家；欲齐其家者，先修其身；欲修其身者，先正其心。"心正则身正，身正则影直，修身与修心是辩证统一的。心是"本"、身是"道"，修心决定着修身的方向；心是"里"、身是"表"，修心决定着修身的状态；心是"因"、身是"果"，修心决定着修身的成效。领导干部要把修心正身作为必修课，格物致知，诚意正心，改造主观世界，在小事小节上严格要求自身，在日常点滴中不断完善自己。

一要始终保持对党"忠心"。天下至德，莫大于忠。忠诚比能力更重要。对领导干部来讲，忠心是第一操守、第一要求，是检验一个干部成熟与否的"试金石"，也是决定一个干部成长的"压舱石"。习近平总书记指出："对党绝对忠诚要害在'绝对'两个字，就是唯一的、彻底的、无条件的、不掺任何杂质的、没有任何水分的忠诚。"领导干部要始终百分之百忠诚于信仰、忠诚于组织、忠诚于人民，不做"两面派"，不搞"伪忠诚"。

二要始终饱含对群众"真心"。为中国人民谋幸福，为中华民族谋复兴，是中国共产党人的初心和使命。得民心国家必安，失民心国家必危。民心是最大的政治，对群众饱含"真心"是领导干部干事创业题中应有之义。领导干部要牢固树立群众观点、站稳群众立场、走实群众路线、做好群众工作，以"人民对美好生活的向往"为奋斗目标，让以人民为中心的发展思想刻进骨子里、融入血液中、落到行动上。树立"改善民生是最大公务"的理念，以百姓心为心，以群众事为事，始终把"人民拥护不拥护、赞成不赞成、答应不答应"作为工作和行动的第一准则，为群众办实事、办好事、解难事。

三要始终恪守对权力"公心"。习近平总书记强调，"我们的权力是党和人民赋予的，是用来为党和人民做事的，只能用来为党分忧、为国干事、为民谋利"。"公器"不能私用。领导干部任何时候都必须秉公用权，不搞特权，不以权谋私。"公者千古，私者一时。"凡事出于公心，方能走得实、走得远。无私者无畏，公道自在人心。"政声人去后，民意闲谈时。"领导干部只有常怀天下为公之心，大公无私，才能从容无畏敢干事、干成事、不出事。

四要始终追求对事业"专心"。古人云："守少则固，力专则强。"一般化、大呼隆、粗放型的领导方式和领导方法，已不能适应新时代的发展要求。习近平总书记指出，专业化水平是专业知识、专业思维、专业方法、专业能力、专业精神的综合。领导干部要"在其位、谋其政"，干一行、爱一行、钻一行、精一行，加快知识更新、加强实践锻炼，无论何时何地，都必须拥有满腔热情、矢志创新的精神状态，以严肃认真的态度对待自己的工作，精益求精，努力成为本职岗位上的行家里手。

五要始终常怀对纪律"戒心"。人不以规矩则废，党不以规矩则乱。严守纪律，关键在于心中有戒。所谓"戒"，就是禁戒，即管束自己的行为、语言、思想，不出现过失。共产党人心中的"戒"，是其为人处世、干事创业必须坚守的理想信念和道德法律底线。这个"戒"，不是一时之戒、一事之戒，而是在心中扎根的"戒"。有多自律，就有多自由。从政贵在自律，自律才能保廉。领导干部只有心有所"戒"，才能行有所止，只有不断增强政治定力、纪律定力、道德定力、抵腐定力，才能在权力、金钱、美色的诱惑面前不为所动，始终保持共产党人清正廉洁的政治本色。

六要始终严守对自己"清心"。人到无求品自高。古往今来，凡志存高远者，都"无求"于名利，却"有求"于大道。党员、干部一定要自我警醒、自我约束、自我克制，把满足个人贪欲、一味追求个人享受视为祸害，自觉做到防微杜渐，努力避免摔大跤、栽跟头。领导干部手握重权，当"不畏人知畏己知"，将修身自律的功夫放在平常，时时修葺自己的思想园地，锄去多余的丛生杂草，纯净自己的心灵家园。贪婪是走向毁灭的开始。若心存贪念、私欲膨胀、利字当头，必然就会城门洞开、防线失守，害人害己。要牢记"手莫伸，伸手必被捉"的警言，慎独、慎初、慎微、慎欲，永葆共产党人的政治本色。

七、努力修炼自己的人格魅力

习近平总书记指出，人格魅力是领导干部人品、气质、能力的综合反映，也是党的干部所应具有的公正无私、以身作则、言行一致优良品质的外在表现。人格魅力是领导干部的立身之本、权威之源、形象之魂、效能之基。面对新时代复杂多变的形势和艰巨繁重的改革发展任务，领导干部必须具有品德魅力、思想魅力、才华魅力、情怀魅力、形象魅力，增强政治领导力、思想引领力、群众组织力、社会号召力，团结带领干部群众不忘初心、牢记使命，砥砺前行。

（一）"心中有信仰，脚下有力量"——要以坚定的理想信念引领人格魅力。信仰是人类对崇高价值目标的敬仰和追求，它关乎一个人的精神境界、一个政党的目标指向、一个民族的兴衰存亡。信仰是暗夜里的灯，是催人奋进的鼓。习近平总书记指出，领导干部要把理想信念时时处处体现为行动的力量，树立起让人看得见、感受得到的理想信念标杆。革命理想高于天。对每一名领导干部来说，坚定信仰是最重要的党性修养，只有坚定信仰，才能在纷繁复杂的情况中保持航向，保持共产党人的本色，对党忠诚、向党负责、为党分忧，践行好全心全意为人民服务的根本宗旨。

（二）"人无德不立，官无德不为"——要以高尚的道德品质塑造人格魅力。古人云："以力服人者，非心服也，力不瞻也；以德服人者，中心悦而诚服也。"为官先做人，做人先立德。习近平总书记强调，领导干部要讲政德，政德是整个社会道德建设的风向标。领导干部要把做人的过程看作完善自我人格、夯实从政基石的过程，把做官的过程看作提升政治品德的过程。德高才能率众，以德才能服人。"德不厚者不可以使民。"只有具备高尚的道德素质，才能增强自身影响力，团结带领广大干部群众实现各项目标，以道德的力量赢得人心、赢得事业。

（三）"腹有诗书气自华"——要以持之以恒的学习提升人格魅力。名声与尊贵，永远来自真才实学。知识决定底蕴，见识决定水平。只有把学习当作一种良好的习惯，融入自己的生活和工作，才能将学到的知识转化为自己的能力素质和人格魅力。习近平总书记指出，我们的党政领导干部都应该成为复合型干部，不管在什么岗位工作都要具备基本的知识体系。领导干部要激发学习的内生动力，多一些书卷气，少一些烟酒气，活到老、学到老，勤学不辍、苦学不止。坚持干中学、学中干，知行合一，学以致用，做到政治强、懂专业、善治理、敢担当、作风正。

（四）"没有金刚钻，揽不了瓷器活"——要以出色的才能展现人格魅力。领导干部只有具备高强本领，工作才能驾轻就熟、游刃有余、出新出彩。领导就要带领大家干、引导大家走，有能力的领导才会受爱戴。领导干部要时刻保持"本领恐慌"，面对工作中的各种风险、压力、挑战，注重在持之以恒的知识更新和实践锻炼中不断补足知识弱项、能力短板、经验盲区，在总结反思中不断求实、求变、求优，练就一手"绝活"、几把"刷子"，成为行家里手、内行领导，挑起硬担子，肩负起时代重任。

（五）"喊破嗓子，不如做出样子"——要以强烈的使命担当彰显人格魅力。有多大担当才能干多大的事业，尽多大责任才会有多大成就。权力就是责任，责任就要担当。选择了当共产党的干部，就是选择了吃苦和奉献。职位越高，责任就越大，要求也越高，本事也要越大。肩扛千斤谓之责，背负万石谓之任。领导干部要爱岗敬业、履职尽责、担当作为，为民造福、为党分忧，做到在岗一分钟、战斗六十秒，在履职尽责中体现价值。

（六）"我将无我，不负人民"——要以真挚的为民情怀诠释人格魅力。感人心者，莫先乎情。谁把人民扛在肩上，人民就把谁装进心里。凡联系群众、作风民主、体察下情、待人宽厚、平易近人的领导干部，自会因强烈的感召力而深得人心、树立威信。习近平总书记指出："人民对美好生活的向往，就是我们的奋斗目标。"领导干部要始终不忘初心、牢记使命，树立正确政绩观，始终把人民放在心中最高位置，时刻把群众的冷暖放在心上，多做雪中送炭的事，不搞劳民伤财之举，把工作做到群众的心坎上，不厌其烦、不畏其难，不断增强人民群众的获得感、幸福感、安全感。

（七）"当官就要有当官的样子"——要以廉洁自律的形象焕发人格魅力。领导个体的形象，就如一个单位的"品牌"。古希腊哲学家泰勒斯说过，做什么事情最难，管理好自己最难。要想领导他人，必先管好自己。领导干部要以科学的世界观修己、以正确的人生观立身、以鲜明的价值观明志、以干净的权力观为官、以务实的政绩观行事。领导干部要以廉洁的形象，给人以正义感；以公正的形象，给人以公道感；以勤政的形象，给人以楷模感；以民主的形象，给人以信任感。通过修炼强大的人格力量，更好地带领人民群众为实现以中国式现代化全面推进强国建设、民族复兴伟业努力奋斗。

八、注重修炼好从严治家的基本功

天下之本在国，国之本在家。习近平总书记指出，"领导干部的家风，不仅关系自己的家庭，而且关系党风政风"，"不论时代发生多大变化，不论生活格局发生多大变化，我们都要重视家庭建设，注重家庭、注重家教、注重家风"。一家仁，一国兴仁；一家让，一国兴让。优良家风是领导干部干事创业的"软实力"、修身齐家的"必修课"、作风状况的"晴雨表"、抵御贪腐的"防火墙"。坚定理想信念是树立好家风之根本，强化党性修养是树立好家风之重要法宝，增强公仆意识是树立好家风之思想基础，弘扬优良作风是树立好家风之内在要求，自觉接受监督是树立好家风之外部条件。家风如春雨，润物细无声。领导干部必须从十个方面修炼好从严治家的基本功。

一是必须有家国情怀。家是最小国，国是千万家。领导干部必须做到"君子检身，常若有过"，常修为政之德，练就"计利当计天下利，求名当求万世名""我将无我,不负人民""但愿苍生俱饱暖,不辞辛苦出山林"的家国情怀;"天下兴亡,匹夫有责"的崇高责任;"位卑未敢忘忧国"的深沉情愫和"苟利国家生死以,岂因祸福避趋之"的决绝担当,把个人进退荣辱、家庭兴衰成败与国家前途命运紧紧联系起来,把治家与治国统一起来,把家庭梦融入中国梦,以对党和人民的绝对忠诚,担负起实现中华民族伟大复兴的历史使命。

二是必须正确处理事业与家庭的关系。《了凡四训》中有四句话:"上思报国之恩,下思造家之福,外思济人之急,内思闲己之邪。"领导干部既要讲亲情,更要明大义。"从官重公慎,立身贵廉明。"工作的事再小也是大事,家庭的事再大也是小事。要正确对待和处理公与私的关系,做到"内无杂念,外无妄举"。平安就是对家人最好的回报。要始终清正廉洁、勤政为民,不让家人为自己担惊受怕,不让家人因自己的错误而蒙羞,留一生廉洁给自己,送一份幸福给家人。

三是必须做到"欲当清官,先理好家事"。家庭是弘扬社会主义核心价值观的重要载体,是价值观的传播渠道,是人生的第一课堂。"一屋不扫,何以扫天下。""治大国如烹小鲜。"对领导干部而言,必须坚持内外兼修、齐家治政,真正安好家庭成长摇篮、守好家庭廉洁堤防、建好家庭幸福港湾。"妻贤夫祸少,子孝父心安。"领导干部必须不让原则在亲情面前变通、不让底线在亲情面前失守,用清清白白、干干净净、堂堂正正的品性充盈家风、熏陶家人、默化家庭,以家风涵养官德,以官德淳化家风。

四是必须爱家有度,治家有方。礼义兴家,诗书传家;严是爱,宽是害。古人云,"爱子,教之以义方","爱之不以道,适所以害之也"。领导干部必须从身边人身边事严起,看好家门、管好家人、理好家事。要划清公与私分界线,吃透严与爱辩证法,对家属子女爱之有度、教之有方,管好自己不出事,管好家人不添乱。要算清"政治账""经济账""名誉账""家庭账""亲情账",不为一己私利和儿女情长所羁绊,过好家庭关、亲情关,真正成为引领社会风尚、弘扬社会正气的好榜样和导向标。

五是必须以勤俭为家风之本。生活清简是领导干部应追求和保持的境界，要乐于把节俭作为培育良好家风的行为准则。大道至简，居敬行简；勤于持家，俭以养德。要把节俭持家与勤俭兴业结合起来，发扬艰苦奋斗的精神。由俭入奢易，由奢返俭难。要自觉远离奢侈欲的诱惑，不仅自己要以俭为荣、以奢为耻，还要教育子女摒弃"衙内"思想，克服优越感、纨绔气，力戒大手大脚、浪费挥霍。良好家风才是留给子女的最大遗产。要教会子女自立自强，遵纪守法、艰苦朴素、自食其力，成为有理想、有本领、有担当的时代新人。

六是必须尽孝道、崇厚道、行正道。"积善之家，必有余庆；积不善之家，必有余殃。"真善美是做人的高境界，求善行善是家风的高标尺。百善孝为先。"老吾老，以及人之老。"领导干部要有孝顺父母的孝心、善待妻儿的爱心。要坚持厚道为人、友善待人。厚道之人让人信赖、让人踏实，做朋友可交、为长辈可敬、当领导可从、居下属可用。人间正道是沧桑。必须坚定理想信念，坚持以实干立身，时刻保持清醒头脑，防微杜渐过好"诱惑关"，洁身自好过好"自律关"，从善如流过好"监督关"。

七是必须克己奉公，公私分明。"政在去私，私不去则公道亡。"权力只能用来为党分忧、为国干事、为民谋利，决不能异化为牟取私利的工具。计利当计天下利，求名当求万世名。习近平总书记指出："作为党的干部，就是要讲大公无私、公私分明、先公后私、公而忘私，只有一心为公、事事出于公心，才能坦荡做人、谨慎用权，才能光明正大、堂堂正正。"心底无私天地宽。领导干部要掌权为公、用权为民，"清风两袖朝天去，不带江南一寸棉"，"捧着一颗心来，不带半根草去"。阳光是最好的"防腐剂"，监督是有效的"防火墙"。领导干部要自觉接受组织、群众和舆论的监督，慎独慎微慎欲，筑牢清白为官的"防火墙"。

八是必须摒弃"官本位"思想。"官本位"是一种以官为本、以官为贵、以官为尊的价值观，是中国封建专制文化的"糟粕"。曾国藩曾说："做人一定要像人，做官不可太像官。"春秋时期宋国大夫正考父在家庙的鼎上铸上铭训："一命而偻，再命而伛，三命而俯。循墙而走，亦莫余敢侮。"说的就是人不能因为升了官就得意忘形、颐指气使、嚣张跋扈，反而应该更加谨慎，甚至"诚惶诚恐""夹着尾巴做人"。领导干部要本色做人、角色做事，履职尽责，切忌有权任性、"官升脾气涨"、"错把平台当本事"。

九是必须做到"门无杂宾"。干净的生活必源自干净的圈子。领导干部交友，不仅是个人小事，也是事关干部作风建设和党的形象的大事。君子之交淡如水。领导干部应自觉净化自己的朋友圈，保持精神上的净土，守好内心的精神家园。领导干部手握公权，很容易成为被攻关甚至"围猎"的对象。苍蝇不叮无缝的蛋。要自觉疏远小人，交友有方、交往有度，从思想上守住第一道防线，行为上把住第一道闸门。要加强党性修养，坚定理想信念，提升道德境界，远离低级趣味，追求高尚情操，自觉抵制歪风邪气，谨防在"爱好"上栽跟头。

十是必须防止"后院起火"。家庭是领导干部工作生活、成长进步的"大后方"。廉洁守家是领导干部从政的"护身符"、子女成长的"助推器"、家人平安的"保护伞"。一人不廉，全家不圆，正己才能正亲。身行一例，胜似千言；将教天下，必定其家，必正其身。领导干部首先要廉洁修身、清白传家，做家风建设的表率，既看好"前厅"，更管好"后院"。良好家风是抵御腐败的重要防线。领导干部要善于治家，清正齐家，严肃家规，从最近身的地方构筑抵御贪腐的防护网，管好"枕边人""膝下人""身边人"，让家人成为"廉内助"、当好廉洁"守门员"。

九、切实加强思考力的修炼

法国著名哲学家布莱士·帕斯卡说过："人是能够思想的芦苇。""人的全部的尊严就在于思想。"思考是思维的一种探索活动，是人类借助心智对信息内容的加工过程，而思考力是在思维过程中产生的一种具有积极性和创造性的作用力，可以将"死"的知识变成"活"的智慧。拿破仑曾说："世界上有两种东西最有力量，一是剑，二是思想，而思想比剑更有力量。"对领导干部而言，思考力是领导力的前提、决策力的基础、竞争力的核心、创造力的关键。新时代的领导干部应当勤于学习，勇于实践，善于总结，重点修炼十种思考力。

一是别具慧眼、卓尔不群的独立思考力。《史记》中说:"千人诺诺,不如一士谔谔。"人是靠思想站立的。思想领先是最具优势的领先,思想领导是最根本的领导。独到的眼光比知识更重要。爱因斯坦说过:"学会独立思考和独立判断比获得知识更重要。"拥有独立思考的能力,视角会更宽广,思维也会更缜密,更善于发现、分析、解决问题。俗话说,一人独处慎于思,与人相处慎于言。领导干部要有一点孤独感,学会适当让自己从社交网络上"离线",有意"孤立"自己,远离喧嚣,回归宁静,学会专注,让自己的思维不断增值,不做人云亦云的"八哥鸟"。

二是追根究底、入木三分的深度思考力。深度思考就是要充分调动大脑里的信息来把一个问题想透彻,让思维具有洞察力和深刻性。知其然,还要知其所以然。领导干部要发扬"打破砂锅问到底"的精神,形成一套完整的链式思维习惯,像"剥洋葱"一样层层逼近问题核心,直至完全解决问题。思想深度决定未来高度。思想越深邃,内心就会越强大。要勇于克服畏难情绪,拾级而上,带着深刻的思想去顺应时代的潮流。只有深入,才能深刻。要学会深入浅出、连线成片,任何工作任务都不能浮在面上、挂在口头,要在"深"和"实"上下功夫,培养凡事深入思考的习惯。

三是另辟蹊径、与时俱进的创新思考力。古人云:"苟日新,日日新,又日新。"过去有效的方法,现在未必行得通;过去符合实际的制度,现在却未必合时宜;过去不可逾越的思想,现在则需要突破。有破才有立,不日新必日退。思想率先破冰,创新才能突围。"问题是创新的起点,也是创新的动力源。"新时代领导干部要树立创新思维,以"敢为天下先"的勇气,勇于破除陈规旧俗,克服思维惯性和惰性,突破思维定式和观念障碍,打破路径依赖和利益藩篱,坚持问题导向,准确把握创新、科学推进创新、主动追求创新,不断增强工作的系统性、预见性和创造性。

四是举一反三、反观内照的自省思考力。有哲人说:"'过往'最大的价值不是缅怀,而是提取经验。"工作中的经验是财富,工作中的教训也是财富,关键在于是否善于总结。大道至简,悟在天成。领导干部要学会回顾目标、重演过程、反思探究、分析原因、总结规律,善于将复杂问题简单化、将抽象问题具体化、将理论问题通俗化。要修好反省必修课,在工作"热运行"中来点"冷思考",利用静下心"踱方步"的时机,回顾和总结自己以往的工作,从中吸取经验与教训,并进行思维上的"二次加工",通过反思自省,悟出独到的东西,校正自己的缺点和错误,避免冲动和盲目,不在同一个地方跌倒两次。

五是实事求是、科学理性的辩证思考力。辩证思维是把握认识事物的本质与规律的一种方法,强调用发展的、联系的和全面的眼光看问题,防止静止、孤立、片面地看问题。领导干部要掌握对立统一的原理,坚持"两点论""重点论",学会"一分为二"地分析问题。要掌握质量互变原理,重视量的积累,注意事物细小的变化,不可揠苗助长、急于求成,对于消极因素,要防微杜渐;同时又要根据事物的发展进程,不失时机地促使事物由量变到质变转化。要正确认识事物发展的曲折性和前进性,掌握否定之否定规律,坚持在辩证否定中修正错误、不断前进。

六是纲举目张、条分缕析的系统思考力。世界上的万事万物都是相互联系的,系统与外部环境、系统内部各要素之间都是相互关联的。整体永远大于部分之和。整体不是多个部分的简单堆砌,而是各部分、多要素科学组合而成的有机系统,各部分之间相互作用、形成合力。系统不是以平面的形式存在的,而是纵向和横向的统一。领导干部要构建立体系统思维,学会多维度、多层面、多层次看待、思考、分析事物和问题。要把每一个要素放在整个系统之中、放在大背景之下来考虑,从整体上综合地把握对象,使分析和综合相互渗透、同步进行,着眼于全局来认识和处理各种矛盾问题,实现最优化的总体目标。

七是高瞻远瞩、运筹帷幄的战略思考力。北宋文学家苏洵曾说:"彼不先审天下之势而欲应天下之务,难矣。"不畏浮云遮望眼,只缘身在最高层。从"山顶"视角看问题,才能极目远眺,才能"一览众山小"。领导干部要坚持全局思维,学会跳出自身看自身,做到登高望远、俯瞰全域、胸怀大局,无论是决策还是执行都要通盘考虑,既考虑局部、顾及局部,又坚持服从全局、顾全大局。要锻炼超前思维,既立足当前又着眼长远,预见趋势、把握趋势，见微知著、准确研判、抓住重点、有条不紊，有步骤、有计划、有策略地推进各项工作，不断提升工作的前瞻性、预见性、主动性。

八是法律至上、公平正义的法治思考力。只有让法治思维成为领导干部履职履责的内在自觉，才能高效、公正地解决问题、推动发展。必须树立法律至上的意识，心中要真正敬畏和尊重法律，行动上要真正服从和落实。必须树立"将权力关进制度的笼子"的法治思维，依法用权、秉公用权、廉洁用权。必须善于将制度优势转化为发展优势，增强制度意识，自觉维护制度权威，坚持和完善好、巩固和发展好各方面制度，善于在制度的轨道上推进各项事业。

九是居安思危、防患未然的底线思考力。古人说："人无远虑，必有近忧。"只有坚守底线思维，才能做到"明者防祸于未萌，智者图患于将来"。习近平总书记指出，我们党是生于忧患、成长于忧患、壮大于忧患的政党。忧患就是在"治平之事"中看到"不测之忧"。知其可为而为之，知其不可为而不为。领导干部要学会用底线思维来"说话办事""为人处世"，思有所"虑"、心有所"戒"、行有所"惧"，做到从底线出发，不断逼近顶线。要既"想一万"、又"想万一"，从最好处着眼，从最坏处准备，喜不忘忧、未雨绸缪、防患未然。

十是严谨细致、对症下药的精准思考力。天下大事，必作于细。习近平总书记强调："要强化精准思维，坚持'致广大而尽精微'，做到谋划时统揽大局、操作中细致精当，以绣花功夫把工作做扎实、做到位。"大处着眼，小处着手。领导干部要学会从小处做起，从点滴抓起，精准聚焦事关群众切身利益的每一件小事，不断积小胜为大胜。要学会看菜吃饭、量体裁衣，出台政策举措因地制宜，避免"大水漫灌"，克服"大概""凑合""差不多"等简单应付、大而化之的思想。要充分考虑差异化情况，具体问题具体分析，坚持分类施策，增强政策针对性，精准补短板、破难点、抓重点，各个击破，整体提升，推动工作精准落地。要发扬滴水穿石的韧劲，拿出"钉钉子"精神，一张蓝图绘到底，久久为功、善作善成。

十、定力修炼永无止境

"定力"多用来指能够控制自己的欲望和行为、专心致志于某一件事的能力。其本质是人的意志控制力和行为坚持力,表现出来的是一种坚强的意志和执着的信念,体现出一种超凡的境界和睿智。一个人有定力,就能不随物流、不为境转,经得起挫折,耐得住寂寞,坐得住冷板凳,就能静亦定、动亦定,最终有所成就;一个政党、国家、民族有定力,才能历经磨难而初心不改,始终沿着自己的方向、道路向前走,屹立全球。定力不是与生俱来的,也不会凭空产生,更不会自然增强。当今世界正面临百年未有之大变局,领导干部只有定向、定心、定身,坚持不懈修炼自我定力,才能心有所畏、言有所戒、行有所止,成长为一名忠诚干净担当的高素质干部。

一要增强战略定力,牢牢把握大局大势。战略定力是在错综复杂的形势下为实现战略意图和战略目标所具有的自信、意志和毅力。保持战略定力是我们党在发展历程中不断坚定信念、夺取胜利的宝贵经验,是我们国家在重大变局中保持清醒、抓住机遇的必然选择。习近平总书记指出:"战略问题是一个政党、一个国家的根本性问题。战略上判断得准确,战略上谋划得科学,战略上赢得主动,党和人民事业就大有希望。"面对风险与挑战,能不能始终保持坚如磐石的战略定力,是检验领导干部政治品格、能力素质的试金石。领导干部要坚定战略自信,毫不动摇坚持和发展中国特色社会主义;要保持战略清醒,集中精力做好自己的事;要把握战略主动,赢得发展先机;要锤炼战略耐力,始终坚持稳中求进工作总基调。这是实现社会主义现代化战略目标、实现中华民族伟大复兴中国梦的重要基础。

二要增强政治定力,坚决认清大是大非。政治定力是坚定政治信仰和政治立场、坚守政治追求和保持政治方向的能力。习近平总书记指出,检验一名干部理想信念是否坚定,主要看其在重大政治考验面前有没有政治定力,是否能树立牢固的宗旨意识,是否能对工作极端负责,是否能做到吃苦在前、享受在后,是否能在急难险重任务面前勇挑重担,是否能经得起权力、金钱、美色的诱惑。政治定力是领导干部的首要政治素质,承载着领导干部理想信念、党性修养、责任担当等方面的内容,是领导干部对党忠诚的"定盘星"。领导干部修炼政治定力,必须坚持正确政治方向,一以贯之地坚持和发展中国特色社会主义、坚持推进党的建设新的伟大工程,不断提升政治鉴别力、政治免疫力、防范化解重大政治风险的能力。

三要增强纪律定力,把纪律规矩挺在前面。习近平总书记强调,党面临的形势越复杂、肩负的任务越艰巨,就越要加强纪律建设,越要维护党的团结统一,确保全党统一意志、统一行动、步调一致前进。增强纪律定力,就是强化纪律意识和底线意识,自觉遵守纪律、敬畏纪律,在任何时候任何情况下,都不触碰法纪红线,不逾越雷池半步,使明警线、守底线、划红线成为严格自律的必备素质和自觉要求。增强纪律定力是实现全党思想和意志的统一,保证全党步调一致、政令畅通,使党的战斗力得到最好发挥的基本政治要求。能否保持纪律定力,是对领导干部党性的重要考验,也是对领导干部忠诚度的重要检验。加强纪律性,革命无不胜。领导干部必须时刻绷紧纪律这根弦,把政治纪律政治规矩挺在前面,自觉学习党章党规党纪,严守政治纪律、组织纪律、廉洁纪律、群众纪律、工作纪律、生活纪律,把纪律转化为自律。

四要增强道德定力,夯实为官从政之基。道德定力是坚守道德标准、履行道德义务、彰显道德品行,扫清思想障碍、抵御不正之风的能力和毅力,是领导干部重要的软实力。一个道德品行低劣的领导干部,是不可能做到政治上坚定、思想上先进、行动上自觉的。党章规定,"党按照德才兼备、以德为先的原则选拔干部"。领导干部只有始终保持道德定力,才能表现出超脱于权力之外的影响力,不威而严、不令而行的人格魅力,宽宏大度、虚怀若谷的胸襟和言行一致、表里如一的诚信,才能上为党分忧、下为民解难。德不配位,必有灾殃。领导干部要不患位之不尊,而患德之不崇,时时处处严格要求自己、检视自己、修正自己,引领全社会培育出正确的道德判断和是非观念,推动形成人人讲道德、尊道德、守道德的良好氛围。要静以修身,俭以养德,自觉树立和践行社会主义核心价值观,积极养成良好的职业道德、社会公德、家庭美德和个人品德,坚持立党为公,执政为民,自重、自省、自警、自励。

五要增强抵腐定力,带头弘扬清风正气。增强抵腐定力,就是要涵养面对诱惑不为所动,始终坚持原则、守住底线,公道正派、无私无畏,旗帜鲜明与腐败现象作斗争的浩然正气。腐败是国之大敌、党之大敌、民之大敌。坚决惩治和有效预防腐败,关系人心向背和党的生死存亡。一个人即使本事再大,能力再强,如果遇"惑"便心猿意马,逢"猎"便丢盔弃甲,那迟早要出事。只有管住小节,抵住诱惑,常思贪欲之害,常怀廉洁之心,才能消除腐败危险,清白做人,公正为官。增强抵腐定力,自觉筑牢不想腐、不愿腐的思想防线,是领导干部必须修炼的终身课题。要提高自身"免疫力",时常"修剪"欲望枝丫、公正用权、依法用权、为民用权、廉洁用权,炼就"金刚不坏之身",自觉加强家庭、家风、家教建设,管好"枕边人"、自家人、身边人,做到"门无杂宾",不被"围猎"。

十一、以永不放弃的信念修炼党性的"三道关"

党性是一个政党固有的本性及其在党员个体身上表现出来的具体特性,是党员的政治人格。中国共产党的党性是党在长期革命、建设和改革中形成的根本宗旨、理想信念、组织原则、工作作风、优良传统等的集中体现,在不同历史时期、不同工作岗位有不同的表现形式。习近平总书记指出:"党性是党员、干部立身、立业、立言、立德的基石。"没有党性的人,不会是一个真正的共产党员;党性不强或者党性不纯的人,不可能成为一名合格的共产党员。党性不是与生俱来的,也不会随着党龄、工龄的增长和职务的升迁而自然提高,需要长期的学习和修炼才能养成。高素质的领导干部必须有坚强的党性,必须以坚定不移、永不放弃的信念作为支撑和保障,持之以恒修炼好党性思想关、能力关、作风关。

一是必须坚守初心,常抓不懈,着力筑牢"思想关"。思想建设是党的基础性建设。我们党之所以能够历经艰难困苦而不断发展壮大,很重要的一个原因就是始终重视思想建党、理论强党。早在新民民主主义革命时期,毛泽东同志就提出"着重从思想上建党"的原则,强调党员不仅要在组织上入党，而且要在思想上入党，用无产阶级思想改造各种非无产阶级思想，从而创造性地解决了在中国工人阶级人数很少，而农民和其他小资产阶级占人口绝大多数的国家里如何保持党的先进性的问题。习近平总书记指出："对党员、干部来说，思想上的滑坡是最严重的病变，'总开关'没拧紧，不能正确处理公私关系，缺乏正确的是非观、义利观、权力观、事业观，各种出轨越界、跑冒滴漏就在所难免了。"思想的锤炼是一个永无止境的过程，思想认识问题一时解决了，不等于永远解决了，就像房间需要经常打扫一样，思想上的灰尘也要经常打扫，始终保持政治上的坚定性和思想道德上的纯洁性，把准把稳正确的人生航向，堂堂正正为人，踏踏实实做事。要自觉学习好掌握好运用好马克思主义"真经"，始终做到在党言党、在党忧党、在党为党，自觉做共产主义远大理想和中国特色社会主义共同理想的坚定信仰者和忠实实践者。

二是必须与时俱进，持之以恒，不断夯实"能力关"。习近平总书记指出，新时代领导干部"既要政治过硬，也要本领高强"。政治过硬与本领高强紧密相连，政治过硬是灵魂、是方向，本领高强是基础、是保证。政治再过硬，如果没有真本领做支撑，就会变成空头政治，成为花架子。能力素质是领导干部的立身之本、从业之基，能力素质过硬才能更好地讲党性、践行党性。当前，我们党领导人民进行伟大社会革命，涵盖领域的广泛性、触及利益格局调整的深刻性、涉及矛盾问题的尖锐性、突破体制机制障碍的艰巨性、进行伟大斗争形势的复杂性，都是前所未有的，特别是勇敢面对"四种危险"、经受住"四大考验"，都要求领导干部必须本领过硬、有"几把刷子"。但能力绝非天生，也无法一劳永逸、一蹴而就，只有在与时俱进、持之以恒的知识更新、实践锻炼、总结反思中才能练成。领导干部要深刻认识新时代新形势新任务新要求，时刻保持"本领恐慌"感，努力增强"八种本领"，使自己的能力素质跟上时代节拍，团结带领广大人民群众创造无愧于党和人民、无愧于新时代的业绩。

三是必须驰而不息，久久为功，持续把好"作风关"。作风是指在思想、工作和生活等方面表现出来的比较稳定的态度或行为风格，包括思想作风、领导作风、工作作风、生活作风、学风、文风、家风等多个方面。习近平总书记指出："作风问题本质上是党性问题。"党性决定作风，作风彰显党性。作风就像一面镜子，清晰地映照着党员干部的党性修养和政治本色。执政党的作风，关系党的形象，关系人心向背。党风好，则政治生态清明，赢得民心；党风不好，则风污气浊，人心涣散。只有从党性高度抓作风，在思想上返璞归真，在党性上固本培元，才能激发起行动上自我纠错、踏实奋进的自觉，才能确保干部行稳致远、成就辉煌事业。作风就是战斗力，就是形象、旗帜。领导干部必须坚持作风建设永远在路上，坚持"三严三实"，严守中央八项规定精神，坚决反"四风"，力戒形式主义、官僚主义，"不等、不靠、不要"，发扬"钉钉子"精神，发挥"头雁效应"，以优良作风带动构建良好家风，促进形成良好的党风政风社风民风。

十二、干部的"五项修炼"须臾不可间断

习近平总书记围绕培养选拔党和人民需要的好干部，创造性地提出了"信念坚定、为民服务、勤政务实、敢于担当、清正廉洁"五项"好干部标准"。这"五项标准"着眼于新的历史条件和时代背景，具有很强的针对性、指导性，赋予了好干部新的时代内涵，是新时代干部的实践准则和奋斗方向。百姓谁不爱好官？做一名好干部，既是组织的要求、人民的期盼，也是每个为官从政者应有的追求。每一名领导干部都应认真对照"五项标准"，自觉约束自己，努力提升自己，坚持知行合一，躬身笃行，切实把好干部标准见诸行动，真正把好干部形象树立起来。当然，做一时、一任的好官容易，做一生的好官则很难，倘若自降标准、任意发展或是放纵懈怠，曾经的好官就有可能成为政治麻木、办事糊涂的昏官，饱食终日、无所用心的懒官，推诿扯皮、不思进取的庸官，以权谋私、蜕化变质的贪官。必须时刻对标对表，持续进行"五项修炼"，努力成长为新时代党和人民需要的好干部。

一要筑牢"信念坚定"的根基，自觉做中国特色社会主义的坚定信仰者和忠实实践者。对马克思主义的信仰，对社会主义和共产主义的信念，

是共产党人的政治灵魂,是共产党人经受住任何考验的精神支柱。理想信念就是共产党人精神上的"钙",没有理想信念,理想信念不坚定,精神上就会"缺钙",就会得"软骨病",就会导致思想防线失守、价值观念错位、精神家园荒芜,导致政治上变质、经济上贪婪、道德上堕落、生活上腐化,背离共产党人的初心和使命。理想信念不会随着党龄的积累而自然增强,也不会随着职务的升迁而自然增强,必须终身努力,在长久的实践中锤炼和养成。革命理想高于天。领导干部要学好用好马克思主义科学理论,特别是用习近平新时代中国特色社会主义思想武装头脑,做到理论上清醒、政治上坚定,永葆共产党人对党忠诚的政治本色。要始终坚定共产主义远大理想和中国特色社会主义共同理想,坚持党的基本理论、基本路线、基本方略不动摇,矢志不渝为中国特色社会主义事业而奋斗。要把实践作为检验理想信念是否坚定的最生动课堂,自觉把理想信念化为行动力量,把理想信念落实到具体工作中,真正做到真学真懂真信真用。

二要恪守"为民服务"的宗旨,自觉树立正确的人民观、政绩观。习近平总书记指出,人心向背关系党的生死存亡。密切联系群众,保持与人民群众的血肉联系,是中国共产党立于不败之地的根基。世界上很少有哪个政党,能像中国共产党这样,把"全心全意为人民服务"庄严地写进党章,把"以人民为中心"的发展思想贯穿于治国理政的各个环节。人民是我们党执政的最大底气,失去了人民的拥护和支持,党的事业就无从谈起。建党百余年来,我们党为什么可以得到广大人民的坚定拥护,为什么能够战胜一切困难、无往而不胜,靠的就是始终把人民放在心中最高位置,把人民置于价值序列的首位。领导干部一定要坚持以人民为中心的发展思想,树立正确的权力观、政绩观,心中装着老百姓,对群众利益想得多、看得重,对个人名利想得透、看得淡,把群众呼声、群众需求作为干事创业的第一信号,把群众满意作为工作的根本目标,把全心全意为人民服务的宗旨落实到每项工作中,解决好人民最急最忧最盼的问题,真正做到知民情、解民忧、纾民怨、暖民心。

三要秉持"勤政务实"作风,真正把全部心思和精力用在干事创业上。

勤政，就是要坚持恪尽职守，勤于政事，立党为公、执政为民；务实，就是要坚持实事求是，量力而行，重实际、办实事、求实效。勤政务实是对领导干部执政能力的基本要求，是党的实事求是思想路线和中华民族传统美德在干部作风上的真实体现。世界上只有干出来的精彩，没有编出来的辉煌，更没有坐享其成的好事。如果工作不能落实，事业发展不好，民生得不到改善，话说得再漂亮，也只是徒有"唱功"。领导干部在其位就要谋其政，必须坚持以勤为先，集全部心思于工作，倾一切才智于事业，勤勤恳恳、任劳任怨，坚决克服"平平安安占位子，忙忙碌碌装样子，疲疲沓沓混日子，年年都是老样子"的慵懒散习气，真正做到在岗一分钟、战斗六十秒。必须坚持"实干兴邦"，大兴求真务实之风，摸清实情，真抓实干，树立正确的政绩观和事业观，办实事不图虚名，求实效不做虚功，多做打基础利长远的工作。必须去伪存真，力戒形式主义、官僚主义，加强调查研究，身体力行，以上率下，大兴勤政务实的干事之风，以实干促发展、以实绩论英雄。

四要弘扬"敢于担当"的精神，努力创造出经得起人民检验与信任的新业绩、新成果。是否具有担当精神，是否能够忠诚履职、尽心尽责、勇于担责，是检验领导干部先进性和纯洁性的重要方面。敢于担当是共产党人的政治品格，也是我们党对领导干部的一贯要求。搞改革、谋发展，比认识更重要的是决心，比方法更关键的是担当。只要各级领导干部心系使命、扛起责任，就没有过不去的坎。做人一世，为官一任，要有肝胆，要有担当精神。不能只想当官不想干事，只想揽权不想担责，只想出彩不想出力。只要是为了党的事业、人民的利益，该做的事顶着压力也要干，该负的责冒着风险也要担，拿出"明知山有虎，偏向虎山行"的劲头，积极寻找克服困难的具体对策，豁得出来、顶得上去，真正成为带领人民群众战风险、渡难关的主心骨。沧海横流方显英雄本色。领导干部要提升想担当的政治自觉，平常时候看得出来、关键时刻站得出来、危急关头豁得出去。要锻造能担当的素质本领，加强理论学习，强化实践历练，在摸爬滚打中增长才干，在层层历练中积累经验，练就"几把刷子"，增强"八种本领"，使自己的能力素质跟上时代节拍、与岗位职责相匹配。

五要守住"清正廉洁"的底线,清白为官、干净做事、老实做人。为政清廉才能取信于民,秉公用权才能赢得人心。党中央要求领导干部"清正廉洁作表率",就是要自觉同特权思想和特权现象作斗争,坚决预防和反对腐败,清清白白为官、干干净净做事、老老实实做人。清廉是福,贪欲是祸。当官就不要想发财,想发财就不要当官。物必先腐而后虫生。身正方能带人,廉洁方能聚人。领导干部要经常扪心自问,自检自省、自我约束,保持清醒头脑,从身边构筑起预防和抵制特权的"防护网",避免一失足成千古恨。要自觉接受组织和群众监督、自觉接受班子成员监督、自觉接受同事监督,及早发现问题,及时纠正错误。要保持敬畏之心,敬畏权力,立身不忘做人之本、为政不移公仆之心、用权不谋一己之私;敬畏法纪,牢记自己是党的干部,时常对照党章党规党纪检视自己、扫去灰尘,保持拒腐蚀、永不沾的政治本色;敬畏人民,牢记权力是人民赋予的,只能用来为民办事,不能用来为己谋私,做一个堂堂正正的人。

第四节 ｜ 自我修炼十六法

领导干部要把不断自我修炼作为终身课题，才能炼出高境界、硬本事、真水平。修炼是什么？本义是指一个人修身、炼性，即心理更加积极向上，身体更加强壮健康。领导干部的修炼是什么？是指领导干部不断自我净化、自我完善、自我革新、自我提高的过程，就是不断改造自己的主观世界，不断锤炼自己忠诚、干净、担当的政治品格，不断提高自己的能力素质。习近平总书记在全国组织工作会议上的讲话中指出，干部的党性修养、思想觉悟、道德水平不会随着党龄的积累而自然提高，也不会随着职务的升迁而自然提高，而需要终生努力。成为好干部，就要不断改造主观世界、加强党性修养、加强品格陶冶。要时刻用党章、用共产党员标准要求自己，要有"与人不求备，检身若不及"的精神，时刻自重自省自警自励，努力做到"心不动于微利之诱，目不眩于五色之惑"，老老实实做人，踏踏实实干事，清清白白为官。在新形势下，错综复杂的国际形势和艰巨繁重的改革发展任务对领导干部的能力素质提出了新的更高要求。领导干部要更好地履行领导职责、推动经济社会高质量发展，特别需要不断加强自我修炼、提升自身素质。

为官先修德，官德修炼重在明大德、守公德、严私德。国无德不兴，人无德不立。习近平总书记强调，政德是整个社会道德建设的风向标。立政德，就要明大德、守公德、严私德。德以配位，方能致远。领导干部要坚持以德为先，把加强官德修炼作为为官从政之要。古训告诫我们，"厚德载物""德不配位，必有灾殃"。德国哲学家康德曾说："这个世界上有两样东西能引起人内心深深的震动，一个是我们头顶上灿烂的星空，一个是我们心中崇高的道德准则。"做官先做人，为官先修德。对领导干部来说，"有德有才是上品，有德无才是中品，无德无才是庸品，无德有才是毒品"。领导干部加强官德修炼，就要明大德，铸牢理想信念、锤炼坚强党性；守公德，全心全意为人民服务，立党为公、执政为民；严私德，陶冶道德情操，坦坦荡荡、光明磊落。

权力只能显赫一时，人格魅力可以穿越时空。人格魅力也是领导力。魅力像淡雅的香水，它不是突然扑面而来的浓香，而是一点一滴地沁人心脾。人格魅力，产生感召力、凝聚力和影响力。邓小平曾说："共产党人干事业，一靠真理的力量，二靠人格的力量。"领导干部作为领导者，人格魅力的大小直接反映领导能力和水平，关系领导工作的成效。领导干部的人格魅力不是靠一时的权威、一事的表现，而是靠一如既往让大家心悦诚服的做人的品格、做事的风格、做官的标格，靠始终如一的坚持真理、自我修炼、向上向善。领导干部要少一些戾气、霸气和官气，多一些地气、民气和正气，以人格魅力赢得同事和群众发自内心的服气。

没有为民情怀的干部不是好干部，为官一任必须造福一方。老百姓是衣食父母，心无百姓莫为官。人民对美好生活的向往，是我们矢志不渝的奋斗目标。作为执政党，党员干部与人民群众的关系就是公仆与主人的关系。离开了人民，我们将一无所有、一事无成；背离了人民的利益，我们这些公仆就会被历史所淘汰。邓小平也曾说："什么叫领导？领导就是服务。"作为党的干部，我们就是为人民服务的，就是为老百姓办事的，就是让老百姓过上好日子的。没有为民情怀的干部不是好干部，没有为民境界的干部就不能行稳致远，要把为民情怀、为民境界养成一种自觉，而不是装点门面。"领导干部要想真正在群众心目中留下一点'影'、留下一点'声'，就要精心谋事、潜心干事、努力为人民多作贡献"。领导永远靠政绩说话，为人民谋幸福就是干部的最大政绩。如果在领导的位置上却没干活，没有为国家作贡献，没有为老百姓作贡献，没有为地方发展作贡献，那就是失职。人生不过百年，当领导的时间就更短了，更要"一草一木当晓百姓利益，一言一行勿忘党的宗旨"，努力用自己的辛苦指数换取群众的幸福指数。

凡大气者，皆有大境界、大格局、大情怀，如此才能挑大梁、干大事、成大业。欲成"大器"，必修"大气"。领导干部修炼大气，必须培育"我将无我"的高境界、"胸怀天下"的大格局、"忧国忧民"的大情怀。必须自觉把"小我"归入"大我"，"小局"归入"大局"，"自我"归于"无我"，必须海纳百川、豁达洒脱，能容人容言容事，正确对待一时的成败得失。"不谋万世者，不足谋一时；不谋全局者，不足谋一域。"我们要以开阔的视野、广阔的胸襟去看待问题，才能站得更高，走得更远。毛泽东说过："没有全局在胸，是不会真的投下一着好棋子的。"领导干部在想问题作决策时，要有大境界、大格局和大情怀，自觉从党和国家大局出发想问题、办事情、抓落实，不拘泥于眼前的"半亩方塘""蝇头小利"，跳出"围城"本身、立于"围城"之上，把本地区本部门的工作放在全局中去谋划、去推进，努力做到既为一域争光，又为全局添彩，不断从胜利走向新的胜利。

人无私欲，自然会刚；人无邪念，自然会正。林则徐在广东禁烟时曾写过一副对联，其下联是："壁立千仞，无欲则刚"。人们也常说，"万恶皆由'私'字起，千好都从'公'字来"。无私者无畏，无欲者身正，一个领导干部如果没有私心和杂念，心之所想都是党和国家事业发展，目之所及都是民生疾苦，那就会不为私欲所惑、不为私情所困、不为私利所动，也就能做到在关键时刻敢于亮剑、在是非面前坚守立场、在困难面前毫不退缩。作为领导干部，要把欲望关进自律的笼子，抛弃一切私心杂念，真正做到"清风两袖朝天去，免得闾阎话短长"。

不畏难，方能克难；不怕事，方能成事。"历史的道路，不全是坦平的，有时走到艰难险阻的境界，这是全靠雄健的精神才能够冲过去的。"革命先驱李大钊的警世格言犹然在耳。遇到困难矛盾畏畏缩缩甚至绕着走，是解决不了问题的，而且矛盾只会越积越多，最后积重难返。前进征程上，越是困难如山、挑战艰巨，越考验我们迎难而上的勇气、不畏险阻的气魄。作为领导干部，要充分发扬遇事不怕事、遇难不怕难的精神，拿出"越是艰险越向前"的决心和勇气，勇于战胜前进路上的一切艰难险阻。

身先才能率人，律己才能服人。以身作则、身先士卒，是历来朴素有效的领导哲学，也是中国共产党人的优良传统。明朝文学家陈继儒在《小窗幽记》中写道："律己足以服人，量宽足以得人，身先足以率人。"领导干部是"领头雁""带头羊"，其言行直接影响一个单位、一个地方的干事风气和政治生态，职位越高权力越大，示范引领的作用和影响就越强。"人不率则不从，身不先则不信。"领导者以身作则、率先垂范，就能以上率下、不令而行；反之，则可能出现说话没人听、干事没人跟的尴尬局面。为人做事，要求群众和下属做的，自己要先做好，要台上台下一个样，莫做"两面人"。有的领导干部"公开一套背后一套"，以至于"台上说人，台下人说"，这样造成的负面效应更大。领导干部树立良好作风和威信的关键是要从自身做起，冲在前、干在先，"领"字当头、"担"字为要，以身作则、率先垂范，一级做给一级看、一级带着一级干，以自己的身端影正为身边人作出身先士卒的示范效应，不断提升公信力、凝聚向心力。

识人育人用人不仅是基本能力，更是一份重要责任。"治天下惟以用人为本""用人之要，莫先于识人"。毛泽东曾反复强调，"政治路线确定之后，干部就是决定的因素"，他还提到"领导者的责任，归结起来，主要地是出主意、用干部两件事"。习近平总书记更是深刻指出，培养选拔年轻干部，事关党的事业薪火相传，事关国家长治久安。能不能知事识人、辨才识德，能不能精心育苗、悉心培养，能不能知人善任、科学用人，不仅检验领导干部的能力水平，更事关党和人民事业兴衰成败。领导干部必须敢为伯乐、乐为伯乐、善为伯乐，不断提高识人育人用人的能力水平，切实担负好为党选贤任能的重要职责。

既能"兼听"又要"能容"，拥有兼容并包的蓄力。兼听则明，偏听则暗。历史上，唐太宗兼听、善听创"贞观之治"流芳百世，楚霸王不纳逆言尝"别姬之悲"警诫世人。做人做事，既要能做到"兼听"，更要有容言容人容物的胸怀。无论是逆耳忠言，还是持平之论，都是原汁原味的真话，往往能对科学决策提供重要依据。如果不善于充分听取各方意见，就容易偏信一面之词；而如果听了各方意见，却没有包容心胸，往往比不听还坏。领导干部要容得下批评之声，听得进逆耳之言，始终保持海纳百川的胸怀，充分集聚各方智慧,减少工作盲目性。

慎"好"慎独慎微,具有心如止水的定力。明朝文学家方孝孺说:"人之持身立事,常成于慎,而败于纵。"谨慎能捕千秋蝉,小心驶得万年船。能不能严格管理自己爱好,使之陶冶身心而不被人利用;能不能在人前人后、台上台下一个样,"日三省吾身"而不随波逐流;能不能一点一滴、一言一行不放松,最讲认真而不得过且过,反映一个人自律的程度,决定人生的高度。而做到这一切,关键在于要有"看庭前花开花落,望天上云卷云舒"的境界,要有心如止水、静若安澜的定力,始终做到"心不动于微利之诱,目不眩于五色之惑"。

奖以励先进,惩以策后进,拥有赏罚分明的腕力。严管厚爱结合、激励约束并重,不断激发干部干事创业的活力,是我们党干部管理的一贯方针。只有让吃苦者有甜头、懒惰者吃苦头,优秀者上得去、平庸者下得来,才能让先进者鼓足干劲,让后进者看到差距,释放出最大的激励效果。古人有云:"功必赏,过必罚。"做领导工作,要善于区分功过是非,做到赏罚分明,让干与不干不一样,干多干少不一样,干好干坏不一样,真正用奖惩的指挥棒激励人、鞭策人、凝聚起干事创业的强大合力。

内心世界,既能柔情似水也要阳刚不阿。"凡为将者,当以刚柔相济,不可徒恃其勇。"对于领兵打仗,刚中有柔、刚柔并济是一种很好的克敌之法。一个地方、单位,人员众多、性格迥异,一味地宽厚仁慈,就会难以约束,形不成战斗力;如果对人太过严苛,就会毫无生气,让人战战兢兢,就没有亲和力。过刚易折,过柔则靡。刚柔并济才可以更好地驾驭工作局面。领导干部要准确把握刚与柔的辩证关系,刚而不露、不直、不愎,柔而不弱、不娇、不软,既要形成一定的压力,又要使下属不过于紧张。

生命的质量需要阅读来锻炼,人生的境界需要阅读来提升。中华民族自古以来讲究读书修身。治心养性、提升境界,一个直接、有效的方法就是读书。"我爱好挺多,最大的爱好是读书,读书已成为我的一种生活方式。"习近平总书记对读书的热爱与痴迷,贯穿了他的人生轨迹。莎士比亚说,"书籍是全世界的营养品"。高尔基说,"读书,这个我们习以为常的过程,实际上是人的心灵和上下古今一切民族的伟大智慧相结合的过程"。阅读是最容易让人的灵魂走向高远的路径,也是获取知识最便捷最有效的方式。一个人不读书,只能感知眼前的那点事,做人往往就浑浑噩噩;一旦读了一些书,思想就会有新变化,做人也透亮了一些;等书读到一定量的时候,人的气质就会转变,境界和格局也大不同于以前,人生的"高峰期"自然就会不期而至。领导干部要牢记阅读不止、知识日长、精神永进,既要读有字之书,也要读无字之书。

自律是解决人生问题最主要的工具,也是消除人生痛苦最重要的方法。"自觉自律是人向上向善的内在动力",一切优秀的背后往往是苦行僧般的自律。习近平总书记多次强调领导干部要"严格自律",自律其身、自律其位、自律其权、自律其行。《国语》有云:"从善如登,从恶如崩。"自律的人,追求美好的过程,即使道路是曲折的,而内心是充实的、前途是光明的,一切问题或艰难终将在自律的过程中被破解,我们也终将在自律的过程中收获理想、价值和快乐。可以说,正是艰苦的自律,成就了人的优秀;也正是自律的艰苦,使优秀更具夺目的光芒。领导干部一定要把自律形成习惯,养成自觉。

玩物丧志,贪欲败身;欲望过多就会相应地缺少智慧与灵性。天下大福,莫大于无贪欲;天下大祸,莫大于欲无底。领导干部也是普通人,也有自己正当合理的欲望。但是如果沉溺于外界享乐,成为欲望的奴隶,就会败坏道德、危害健康、损害事业,内心也难有空间去容纳人生的智慧。人至官位要缚心,"千贪万贪,都是思想先贪"。事实上,领导干部最大的诱惑是自己,最难战胜的敌人也是自己,一定要经常给自己醒醒脑、提提神、敲敲钟,多为群众想、少为自己谋,自觉祛除私心杂念,坚决遏制欲望升腾。

守住亲情关,管好身边人,做到爱家有度、治家有方。堡垒最容易从内部攻破,能不能过好亲情关,特别是家属子女关,对每个领导干部来说都是很现实的考验。习近平总书记指出,要守住亲情关,严格家教家风,既要自己以身作则,又要对亲属子女看得紧一点、管得勤一点。家庭是领导干部工作生活、成长进步的"大后方",既要讲亲情,更要明大义,领导干部须做到爱家有度、治家有方，管好自己不出事，管好家人不添乱。首先要廉洁修身、清白传家，让廉洁守家成为领导干部的"护身符"、子女成长的"助推器"、家人平安的"保护伞"。一人不廉，全家不圆，正己才能正亲。牢记平安就是对家人最好的回报，良好家风才是留给子女的最大遗产。欲当清官，先理好家事。良好家风是抵御腐败的重要防线。领导干部要善于治家，严肃家规，管好"枕边人""膝下人""身边人"，既看好"前厅"，更管好"后院"，从身边构筑抵御贪腐的防护网，让家人成为"廉内助"、当好廉洁"守门员"。"爱之不以道，适所以害之也。"领导干部对家属子女要爱之有度、教之有方。算清"政治账""经济账""名誉账""亲情账"，划清公与私分界线，吃透严与爱辩证法，不为一己私利和儿女情长所羁绊，不让原则在亲情面前变通、不让底线在亲情面前失守，过好家庭关、亲情关。同时，铭记生活清简是领导干部应追求和保持的境界，自觉远离奢侈欲的诱惑，教育子女摒弃"衙内"思想，克服优越感、纨绔气，力戒大手大脚、浪费挥霍，让自己和家人真正成为引领社会风尚、弘扬社会正气的好榜样和导向标。

第五节 ｜ 当干部永远不能丧失自我革命精神

党的十八大以来，习近平总书记站在新时代党和国家事业发展全局的高度，多次强调党要勇于自我革命。在省部级主要领导干部学习贯彻十八届六中全会精神专题研讨班开班式上，习近平总书记全面阐述了党保持自我革命精神的重要性，强调要兴党强党，就必须以勇于自我革命精神打造和锤炼自己。在十九届中央纪委三次全会上，习近平总书记强调在进行社会革命的同时不断进行自我革命，是我们党区别于其他政党最显著的标志，也是我们党不断从胜利走向新的胜利的关键所在。在"不忘初心、牢记使命"主题教育工作会议上，习近平总书记强调党员干部要以刀刃向内的自我革命精神，认真检视反思，把问题找实、把根源挖深，切实把问题解决好。在中央政治局第十五次集体学习时，习近平总书记强调越是长期执政，越不能忘记党的初心使命，越不能丧失自我革命精神。这些重要论述，充分肯定了党的十八大以来全面从严治党取得的新的重大成果，深刻总结了党进行自我革命、永葆先进性和纯洁性的宝贵经验，具有鲜明深刻的政治性、思想性、理论性和指导性，为我们站在新时代扎实推进全面从严治党、继往开来推动党领导的新的社会革命提供了重要遵循。我们一定要领会精神实质，把握核心要义，不忘初心、牢记使命，不断进行自我净化、自我完善、自我革新、自我提高，在新时代把党的自我革命精神发扬光大。

一、准确把握自我革命精神的科学内涵

弄清自我革命精神的科学内涵，可以从社会革命、自我革命、自我革命精神几个层面来深化认识。

第一，正确理解社会革命。"革命"一词有广义和狭义之分，从广义上讲，是指推动事物发生根本变革，引起事物从旧质变为新质的飞跃；从狭义上讲，主要是指社会革命和政治革命。马克思和恩格斯在《德意志意识形态》中指出，革命从它最全面的意义来说，是从一个时代向另一个时代的剧变性的跃进。马克思主义认为，共产党人要进行的社会革命，就是打破旧世界，创造新社会。具体地说，社会革命以生产力和生产关系的矛盾运动为基础，不仅仅是一种破除旧的政治上层建筑的社会运动，更是一种新的社会建设运动。从这个意义上说，中国共产党成立近百年来始终不断地领导着从革命到建设、再到改革的一系列社会革命，中国特色社会主义是伟大社会革命的产物。

第二，正确理解自我革命。所谓"自我革命"，就是自我变革与创新的破立过程。简而言之，就是主体在自身内扬弃落后的、错误的因素，形成符合新的发展规律的进步因素的变革过程。党的自我革命的实质是党的自我扬弃和辩证否定，既是一种实践行动，也蕴含着丰富的精神内涵。社会革命和自我革命是紧密联系、有机统一的。我们党历来注重运用唯物辩证法作为剖析事物包括自身的基本方法，强调直面矛盾、分析矛盾、解决矛盾，这种清醒、透彻的认识及实践蕴含的批判和革命精神，赋予了我们党极大的主观能动性、高度的政治自觉性、坚实的革命彻底性。这是一个成熟大党保持自身先进性纯洁性、永葆旺盛生命力的重要途径和根本保障，也是党成功推进社会革命的根本原因。

第三，正确理解自我革命精神。"自我革命精神"是中国共产党人在长期革命、建设和改革实践中形成的以自我反思、自我超越、自我完善等变革意识为基本内核的精神品格，主要包括直面矛盾、刀刃向内的政治勇气，坚持真理、修正错误的崇高追求，勇于探索、开拓进取的责任担当等，体现了中国共产党人的信仰信念、精神品格、优良传统。我们党一路走来，风雨兼程、砥砺奋进，自我革命精神已经熔铸在中国共产党人的血脉里，成为我们党精神基因的重要组成部分，构成了党发展壮大的鲜明底色。一部中国共产党推进社会革命的历史，就是一部不断进行自我革命的奋斗史。

伟大的党培育伟大的精神，伟大的精神滋养伟大的党。只要我们始终不忘党的性质宗旨，勇于直面自身存在的问题，以刮骨疗毒的决心和意志消除一切损害党的先进性和纯洁性的因素，就能够探索形成党长期执政条件下实现自我净化、自我完善、自我革新、自我提高的有效途径。

二、深刻认识党永葆自我革命精神的极端重要性

勇于自我革命是我们党战胜一切艰难险阻的动力源泉。中国特色社会主义进入新时代，世情国情党情发生深刻变化，党面临的"四大考验""四种危险"更加严峻，统筹推进伟大斗争、伟大工程、伟大事业、伟大梦想的历史使命更加光荣而艰巨。在新的征程上，我们党要始终走在时代前列、得到人民衷心拥护、经得起各种风浪考验，就必须永远保持自我革命的精神，把党的自我革命推向深入。

第一，永葆自我革命精神，是进行伟大斗争的必然要求。知己者明，自胜者强。自我革命，意味着勇于坚持真理，随时修正错误；意味着不断提升自我，确保肌体的健康与活力。作为一个拥有9000多万名党员的世界第一大党，没有什么外力能够打倒我们，能打倒我们的只有我们自己。习近平总书记强调："中国共产党的伟大不在于不犯错误，而在于从不讳疾忌医，敢于直面问题，勇于自我革命，具有极强的自我修复能力。"历史证明，我们党不断净化发展，始终走在时代前列，保持强盛不衰的根本原因在于具有自我革命的非凡的政治勇气。靠着这种伟大的自我革命精神，党在长期领导革命、建设和改革的过程中，战胜了一个又一个难以想象的困难，取得了一个又一个伟大胜利，"打铁必须自身硬"。进行具有许多新的历史特点的伟大斗争，我们面临的任务越繁重，风险考验越大，越要发扬自我革命精神，坚持不懈同自身存在的顽瘴痼疾作斗争，确保党始终成为中国人民和中华民族的主心骨，厚植党执政的政治基础。

第二，永葆自我革命精神，是建设伟大工程的必然要求。党的建设新的伟大工程是引领伟大斗争和伟大事业、实现伟大梦想的根本保证。党的十八大以来，我们党在革命性锻造中更加坚强，焕发出新的强大生机活

力。全面从严治党永远在路上，中国共产党的自我革命不是一个历史阶段的运动，它没有终点，贯穿于中国共产党的历史、现在和未来。必须清醒地看到，党内存在的思想不纯、政治不纯、组织不纯、作风不纯等突出问题尚未得到根本解决，在长期执政条件下，各种弱化党的先进性、损害党的纯洁性的因素仍然存在，各种违背初心和使命、动摇党的根基的危险仍然存在。只有一以贯之推进党的建设新的伟大工程，一刻不停歇地推动全面从严治党向纵深发展，把党的伟大自我革命进行到底，不断纯洁党的思想、纯洁党的组织、纯洁党的作风、纯洁党的肌体，不断增强政治领导力、思想引领力、群众组织力、社会号召力，才能把党建设成为始终走在时代前列、人民衷心拥护、经得起各种风浪考验、朝气蓬勃的马克思主义执政党。

第三，永葆自我革命精神，是推进伟大事业的必然要求。中国特色社会主义进入新时代，这是我国发展新的历史方位，也是我们奋进的新的历史坐标。新时代坚持和发展中国特色社会主义是一场广泛、深刻的社会革命，涵盖领域的广泛性、触及利益格局调整的深刻性、涉及矛盾和问题的尖锐性、突破体制机制障碍的艰巨性和复杂性都是前所未有的。新的长征路上，还有许多"雪山""草地"需要跨越，还有许多"娄山关""腊子口"需要征服。党的肌体是否健康，关系中国特色社会主义事业的成败。我们党要卓有成效地领导这一伟大社会革命，就必须以勇于自我革命的精神锤炼自己，不断提高党的长期执政能力和领导水平，从而带领人民成功应对重大挑战、抵御重大风险、克服重大阻力、解决重大矛盾，不断谱写新时代坚持和发展中国特色社会主义新篇章。

第四，永葆自我革命精神，是实现伟大梦想的必然要求。中国共产党人的初心和使命，就是为中国人民谋幸福，为中华民族谋复兴。我们党自成立之日起就把全心全意为人民服务作为根本宗旨，勇于直面各种风险挑战，勇于直面自身存在的问题。习近平总书记强调，做到不忘初心、牢记使命，并不是一件容易的事情，必须有强烈的自我革命精神。"守初心、担使命，找差距、抓落实"的总要求，正是坚持以刀刃向内、谋求自我革新的具体表达和鲜明表现。党要更好肩负起实现中华民族伟大复兴的历史使命,就必须始终保持自我革命的定力,勇于变革、勇于创新,永不僵化、永不停滞,在新时代展现新气象新作为,在新的"赶考"中交出更加优异答卷。

三、领导干部要以勇于自我革命的精神打造和锤炼自己

新时代进行党的自我革命,关键在党的各级领导干部。领导干部必须把不忘初心、牢记使命作为终身课题,带头深入学习贯彻习近平新时代中国特色社会主义思想,带头深刻领悟"两个确立"的决定性意义,增强"四个意识"、坚定"四个自信"、做到"两个维护",常怀忧党之心、为党之责、强党之志,以义无反顾、动真碰硬的政治自觉、思想自觉和行动自觉将自我革命引向深入。

第一,要敢于自我批评。马克思说过,无产阶级革命与其他任何革命不同的地方,就在于它"经常自己批判自己"。习近平总书记指出:"对批评和自我批评这个武器,我们要大胆使用、经常使用、用够用好,使之成为一种习惯、一种自觉、一种责任,使这个武器越用越灵、越用越有效果。"自我批评并不等于自我贬损,勇于自我批评的党员干部,必能博得人民群众的掌声。领导干部要保持清醒头脑,勇于直面矛盾,增强斗争精神,加强党性锻炼和政治历练,不掩饰缺点,不回避问题,不文过饰非,带头把批评和自我批评武器多用常用、用够用好。要坚决反对个人主义、分散主义、自由主义、本位主义、好人主义,敢于同一切弱化党的领导、动摇党的执政基础、违反党的政治纪律和政治规矩的行为作斗争。

第二,要敢于修正错误。自我革命本身就是对着问题去的,关键是要有正视问题的自觉和刀刃向内的勇气。问题总是客观存在的,有问题甚至是有错误并不可怕,怕就怕对问题熟视无睹、视而不见,结果造成小问题变成大问题,"小管涌"变成"大塌方"。"善治病者,必医其受病之处;善救弊者,必塞其起弊之源。"领导干部要常于自省内省,对照党章党规、先贤典型等,以"君子检身,常若有过"的态度检视自己,打扫政治灰

尘，增强政治免疫力，切实做到知耻而后勇、知止而后定。要带头坚持真理、修正错误，真刀真枪解决问题，真正做到以上率下。对于那些影响党的先进性纯洁性的问题，对于那些人民群众反映强烈的突出问题，要下定"向顽瘴痼疾开刀"的决心，过滤杂质、清除毒素、割除毒瘤，不断完善自己。

第三，要敢于自我超越。自我革命是始终保持前进状态的催化剂和动力源。自我革命的过程，就是实现自我扬弃、自我超越的过程。保持和发扬自我革命精神，要敢于和善于突破自我设限，敢于和善于否定自己，时刻保持谦虚谨慎、戒骄戒躁、永不满足的心态，保持内在的创造性张力。要坚持不懈地用习近平新时代中国特色社会主义思想武装头脑，在学懂弄通做实上下功夫，不断加深对辩证唯物主义和历史唯物主义世界观和方法论的学习、领悟、运用，不断改造主观世界、加强党性修养，积累理论厚度、延伸思考深度、拓展实践宽度，坚持使命引领和问题导向相统一，在革故鼎新、守正出新中实现自我超越。

第四，要敢于自我牺牲。自我革命的最高境界是"为党和人民牺牲一切"，就是从"小我"走向"大我"并最终走向"无我"的过程。只有保持无私无畏的革命情怀，才能保持自我牺牲的崇高境界。要时刻铭记公仆身份，面对挑战，敢于"站出来"；面对困难，敢于"冲上去"；面对风险，敢于"豁出去"，心甘情愿地消耗自己，吃苦耐劳、甘于奉献，知重负重、攻坚克难，忠诚而踏实地为党和人民的事业奉献自己的力量。

第五，贵在久久为功。辩证唯物主义认为，事物发展是量变开始的，没有达到一定程度量的积累，就不能实现质的飞跃。自我革命是痛苦的、艰难的，也是最需要勇气、最难能可贵的。自我革命只有进行时，没有完成时。革命者的伟大不在于不犯错误，而在于从不讳疾忌医，坚持自我革命永不松懈。发扬自我革命精神，就要把自我革命当作一种生活方式，在坚持中形成习惯，多积尺寸之功，从实处细处着手，持续用力，起而行之、即知即改，以钉钉子精神一锤接着一锤敲，坚定不移地把自我革命长期坚持下去，不断提升政治境界、思想境界、道德境界，不断增强政治担当、历史担当、责任担当，不断完善自我、提高自我。

共产党永远是革命者，永远是革命的领导者，永远不能丧失自我革命精神。在新时代新征程，领导干部要保持革命理想、保持革命斗志，不忘初心、砥砺奋进，以蓬勃朝气、昂扬锐气、浩然正气涵养自我革命的勇气，将自我革命进行到底，永葆共产党人政治本色。

第六节 | 新时代的好干部是怎样造就的

"为政之要,莫先乎人;成事之要,关键在人。"办好中国的事情关键在党、关键在人、关键在各级领导干部。党的十八大以来,习近平总书记立足"两个大局",围绕培养选拔党和人民需要的好干部,鲜明提出了好干部"20字标准",为怎样造就好干部指明了正确方向、提供了根本遵循。新时代的好干部不会自然生成,一要靠自身努力,二要靠组织培养。从干部自身层面来讲,个人努力是内因、是关键,必须切实增强勤学、实干、自律的思想自觉和行动自觉;从组织层面来讲,组织培养是外因、是保障,必须加强教育、持续激励、严格监督管理。因此,如何造就新时代的好干部,既要靠学出来、干出来、自律出来,也要靠教出来、夸出来、监督出来。

一、好干部是学出来的

1.学习力是核心竞争力。习近平总书记强调,"好学才能上进"。知识改变命运,学习改变人生。学习力就是把知识资源转化为知识资本的能力,是一个人最核心的能力,是一个人一切能力之源。学习是投资最少回报最多的行为,人与人的差别主要在于后天的学习。事有所成,必是学有所成;学有所成,必是读有所得。领导干部要勤于学习、善于学习、乐于学习,不断增强学习的动力、提高学习的能力、增强学习的毅力。

2.学习大于教育。教育的本质是教会如何去学习和思考。"教"是外因、是条件,"学"才是内因、是根本。成长为一名好干部,离不开外部的教育培养,但更主要的还是靠自身的学习积累。善学者尽其理。领导干部要养成在研究状态下学习、工作的习惯,熟练掌握马克思主义的世界观和方法论，不断增强学习的主动性自觉性，边学边思，边学边悟，既知其然，更知其所以然。

3. 不管多大的官，不读书就是一介俗夫。书籍是造就灵魂的工具。腹有诗书气自华，唯读书可以改变气质。学者非必为仕，而仕者必为学。读书要有一定的量，合理规划，重在坚持。领导干部应把读书学习作为第一爱好、第一习惯、第一行为，以学增智、以学修身、以学增才，实现自我超越、脱俗免俗。

4. 要有书卷气，不要有书生气。书卷气是渊博学识的自然流露，书生气是"读死书、死读书、读书死"的表现。人有书卷气，气质美如兰。领导干部要"活"读书，读书"活"，既读有字之书，也读无字之书，把学习与思考、理论与实践、认识与行动有机结合、融会贯通，做到知行合一、学以致用。

5. 博学可以使人明辨世事。知识就是力量，知识改变世界。人是学而知之，而非生而知之。"博学"能使人不断拓展自己的知识边界，"明辨"是非、接近真相、明了本质。读书越多，看世界的角度越高。领导干部要养成博览群书的习惯，坚持读原著、学原文，既勤于广泛涉猎、博采众家，又善于去粗取精、去伪存真，进而站在巨人的肩膀上，创造性地提出新观点、新认识，形成新思路、新办法。

6. 创造性源于不设限的学习。学习的过程就是不断解放思想、不断继承创新创造的过程。读书越多，看世界的角度就会越高越远。学习无止境，才能创新无止境。越学习，越会感到自己无知，越感到无知就越要学习。没有了学习的源头活水，也就没有了创新创造的不竭动力。领导干部唯有不断学习，才能日有所进，不断拓展知识的半径。

7. 学习的根本目的是建立并完善属于自己的知识体系。习近平总书记强调，"各级党政干部不管在哪个岗位，都必须具备基本的知识体系"。知识体系是人的思维方式、思想观点来源的基础，也是领导力提升的基础和前提。学习是构建知识体系最有效的途径。领导干部一定要学好马克思主义理论、综合知识、专业知识；学工科的要多学社会科学，学文科的也要多学理工科知识；既要读有字之书，也要读无字之书，不断建立和完善自己的知识体系。

8. 学习没有太迟之说。少而好学，如日出之阳；壮而好学，如日中之光；老而好学，如秉烛之明。学习应是终身的，"本领恐慌"要如影随形，什么时候开始学习也不晚。领导干部学习要从现在就开始，舍得花时间、花精力，只要心还在跳，就要坚定不移把学习进行到底，活到老、学到老、改造到老。

9. 读史寻正路，历史是最好的教科书。历史是过去的现实，现实是未来的历史。历史之中有大势，历史之中有大道，历史之中有未来。习近平总书记强调："历史是最好的教科书，也是最好的清醒剂。"不知过去，无以图将来。领导干部要多读一点历史，从中汲取更多智慧和精神营养，增强开拓前进的勇气和力量。

10. 干什么学什么，缺什么补什么。习近平总书记强调，"干部要结合工作需要学习，做到干什么学什么、缺什么补什么"。干了，就干好，干好必先学；缺了，就要补，补齐唯有学。领导干部要有针对性地学习掌握做好领导工作、履行岗位职责所必备的各种知识，尤其是马克思主义理论这一"看家本领"，努力使自己真正成为行家里手、内行领导。

11. 只有学习科学，才能掌握科学。学习科学就是要认识规律、把握规律，这是做好各项工作的重要前提。科学精神是科学的灵魂。领导干部如果缺乏科学精神和科学知识，"想当然""拍脑袋""拍胸脯"作决策，不仅事情难有好成效，还会贻误党和人民事业发展。领导干部要深化对共产党执政规律、社会主义建设规律、人类社会发展规律的认识，善于用科学的思维方式观察分析事物、解决问题，做到科学决策、科学指挥，不断增强工作的预见性、主动性和创造性。

12. 书必当择而读。常言道："近朱者赤，近墨者黑。"人有好坏之分，书也有好坏之分，一本好书如良友，可以影响一个人的一生；一本劣书如损友，可以摧毁一个人的前程。择书如择友，应当慎重选择，不能"饥不择食""来者不拒"。领导干部要多读书、读好书，读得巧、读得实、读得深，懂得取舍，怀着批判创新精神去学习，不让有害信息填充我们的头脑。

13. 上山问樵，下水问渔。没有调查就没有发言权，更没有决策权。谦虚好学，能者为师。求学问、做事情要善于向内行或知情人求教，拿出"放下架子、甘当小学生"的精神，时刻保持谦虚的心态，向他人学习、向领导学习、向下级学、向同级学，做到问政于民、问需于民、问计于民，才能不断提高谋划推动工作的能力水平。

14. 学而不思则罔，深思善悟则明。古语云："为学之道，必本于思。思则得之，不思则不得也。""学"与"思"是相互依存、相互促进、相辅相成的辩证统一关系。学习的广度决定思考的深度，思考的深度决定谋事的高度。业精于勤，行成于思。领导干部要苦学、勤问、善思，养成独立思考、深度思考、辩证思考、系统思考、精准思考的习惯，学思结合、深思善悟。

15. 学问就是苦学和勤问的概括。书山有路勤为径，学海无涯苦作舟；不学不成，不问不知，非学无以致疑，非问无以广识。埋头苦学和谦虚勤问是学习的不二法门。形势多变，万象更新，以前知道的不代表现在不过时，以前掌握的不代表现在还能用。领导干部要舍得下苦功夫，带着问题学，带着疑问学，刻苦学、持久学，养成边读书边思考的习惯。

16. 好记性不如烂笔头。最淡的墨水也胜于最强的记忆。记忆有"保鲜期"，记得再牢也难免会遗忘。记笔记的过程就是一个知识内化的过程，也是一个和遗忘作斗争进而将知识理解消化的过程。领导干部要通过记笔记不断将感性认识上升为理性认识，将知识内化，为我所用。

17. 处处留心皆学问。培根曾说："书并不以用处告人，用书之智不在于书中，而在于外，全凭观察得之。"何处无学问，只怕有心人。只要留心观察、谦虚好学，就能够从一些细小的地方、周围的人群中获取知识。领导干部要练就"眼观六路、耳听八方"的本领，心如明镜、洞若观火，强弱项、补短板，不断自我完善、自我提高。

18. 学而不用等于没学，学习的目的全在于运用。学而不用则废，用而不学则滞。读书是为了解决问题，离开运用毫无意义。学习只有和实践相结合，才能体现出价值。领导干部要坚持在干中学、学中干，做到学习工作化、工作学习化、学以致用、用以促学、学用相长。

19. 没有终点，只有起点；没有毕业，只有毕生。当今世界是一个知识爆炸、人才济济的时代，终身学习不仅是知识社会的一种生存方式，更是领导干部从政的重要理念。骄则自盈。拒绝了学习，也就拒绝了进步。高尔基曾经说过："如果不想在世界上虚度一生，那就要学习一辈子。"吾生有涯，而学无涯。领导干部必须永不自满、永不懈怠，坚持学习、追求进步。

二、好干部是干出来的

1. 为政之道，贵在实干。凡事兴于实，败于虚。空谈误国，实干兴邦。社会主义是干出来的，幸福是奋斗出来的。说一千道一万，不如实际干一干。领导干部要涵养实干的态度、葆有实干的姿态，说实话、鼓实劲、做实事、求实效，以实干立身，以实干创造实绩。

2. "不干，半点马克思主义都没有。"实践性是马克思主义哲学最重要的特点和理论品质，只有实践、实干，才能坚持和践行马克思主义。社会主义是干出来的，幸福是奋斗出来的。这主义那主义，不落实就没主义。坐而论道，不如起而行之。领导干部要涵养实干的态度、葆有实干的姿态，干就干最好、争就争一流。

3. 当干部一定要有政绩。"为官一任，造福一方"是中国古代传承已久的为官之道。中国封建社会就对知县职能职责作出明确规定：保一方平安、发展公益事业、教化民众、发展生产、赈灾救济、考核官员。现代社会的领导干部，更要在其位、谋其政、履其职、担其责、成其事。没有政绩的干部不是好干部，但也不应弄虚作假、好大喜功，要树立正确政绩观。职务越高，责任越大。领导干部在有限的从政生涯内要真正干出一番经得起实践、历史和人民检验的政绩。

4. 等不是办法，干才有希望。幸福不会从天而降，实干才能梦想成真。一个行动胜过一打纲领，行动是成功的一半。从来就没有什么救世主，等待机会不如创造机会。领导干部必须时刻保持"等不起"的紧迫感、"慢不得"的危机感、"坐不住"的责任感，定了的事就要现在就干、马上就办，撸起袖子加油干。

5. 干实事见实效才是真功夫。香花不一定好看，会说不一定能干。说了不等于做了，做了不等于成了。习近平同志任正定县委书记时就提出："衡量一个干部的好与差,就是看他能不能办实事,能不能打开局面。"实践实干实效最重要。干成一番事业,最需要精益求精的执行者。领导干部要大兴真抓实干之风,勤勉敬业、不兴"伪事",既要结果更要效果,既要效率更要效益,力求结果与效果、效率与效益相得益彰。

6.唯有"埋头",才能"出头"。"埋头"犹如起跳前的深蹲,"出头"则似功到自然成的飞跃。根深才能叶茂,成功讲究水到渠成,功夫到家了,"出头"就自然而然、顺理成章。要想人前显贵,必先人后受罪。领导干部要坐得住冷板凳,吃得苦中苦,学会积累和等待,既"埋头"干活又抬头看路。

7.宰相起于州部,猛将发于卒伍。凡成大事者,大多都是从最基本、最基础一步步摔打起来的。干部的成长都是有规律可循的,没有人生来就是宰相、将军,不当几次"热锅上的蚂蚁",不接几回"烫手的山芋",那永远是温室的花朵,成不了大事。习近平总书记指出:"越是条件艰苦、困难大、矛盾多的地方,越能锤炼人。"领导干部要深入基层一线墩苗淬火,经风雨、见世面、壮筋骨、长才干。

8.干事是干部的天职,担当是干部的使命。干部干部,干字当头、先干一步。为官避事平生耻,有多大担当才能干多大事业。真担当要有真本事。当了领导干部,要把工作当事业,把事业当追求,既要想干愿干积极干,又要能干会干善于干,要敢担当能担当善担当,拎着乌纱帽为民干事,不捂着乌纱帽为己当官。

9.做正确的事比正确地做事更重要。做正确的事是方向问题,正确地做事是方法问题。方向明才不会背道而驰,方法对才不会事与愿违。只有做正确的事,才可能把事做正确。领导干部要校准航向再出发,用正确的方法做正确的事。

10.想干的人找方法,不想干的人找借口。没有走不到顶的山,只有找不到路的人。想干,到处是机会;不想干,到处是困难。想干和不想干,检验的是干部的政治品质。想法决定做法,任何借口都是推卸责任。领导干部要多做可行性研究,只为解决问题找办法,不为避事推责找借口,拿出逢山开路、遇水架桥的恒心毅力,极端负责地做好工作。

11. 只争朝夕，不负韶华。人生苦短，难过百年。人一生能工作的时间只有几十年，担任领导干部的时间则更短。风华正茂日，正当奋斗时。担任领导干部，要在岗一分钟、战斗六十秒，把有限的生命投入无限的为人民服务中去，做一个负重前行的人、披星戴月的人、鞠躬尽瘁的人。

12. 功成不必在我，建功必定有我。习近平总书记强调，"干事创业一定要树立正确政绩观"。干事创业如接力赛跑，自己要跑好，还得接好棒传好棒。领导干部要出尽"建功"之力、不求"功成"之誉，既做显功、也做潜功，多做打基础利长远之事。

13. 干一行爱一行，专一行精一行。领导工作是一门科学，需要敬业精神和专业精神。进入新时代，各项工作专业化专门化精细化程度越来越高，领导干部只有发扬工匠精神，始终做到既干之、则爱之，既当好领导又当好专家，才能卓有成效地开展工作，决不能大而化之。

14. 没有执行力，一切等于零。落实之要，重在执行。千招万招，不执行都是虚招。执行是最有力的宣言，执行力也是领导力，执行得漂亮方显真本事。领导干部要坚持高起点谋划，高标准推进，高质量落实，强化执行观念、提升执行能力，真正做到召之即来、来之能干、干之能成。

15. 长计划短安排，当日事当日毕。没有人会计划去失败，但失败总追随没计划的人。事前无计划，做事一团麻、万事成蹉跎。安排越具体，行动越有效。领导干部既要善于做好长远计划，又要注重制定具体的短安排，日事日毕、日清日高。

16. 既要挂帅又要出征，既要表态也要表率。挂帅不出征、表态不表率就是官僚主义。邓小平同志曾说，"领导干部不做出好样子，就带不出部队的好风气，就出不了战斗力"。示范是最好的领导，行动是无声的命令。领导干部要多用"身影"带动人、少用"声音"指挥人，多说"跟我上"、少说"给我上"。

17. 责任有大小，责任心无大小。职务有高低，担的责任也有大小之分，但责任心无大小之别。习近平总书记指出，"尽多大责任才会有多大成就"。责任心胜于能力。领导干部对待工作必须始终极端负责，重要的事情要抓在手上，做到守土有责、守土负责、守土尽责，不能玩心太重，不能当"甩手掌柜"。

18. 贪图省力的船夫，目标永远是下游。逆水行舟用力撑，一篙松劲退千寻。今天省下多少力，明天就会吃多少苦。坚持了就是神话，放弃了就是笑话。全力以赴才能不被辜负，迎难而上才会蒸蒸日上，坚持到底才是唯一的出路。领导干部干事创业，必须用尽全力、一刻不松，久久为功、争创一流。

19. 总结反思是前进的阶梯。毛泽东同志曾说："我是靠总结经验吃饭的。"进步来自总结，智慧源于反思，好干部是总结反思出来的。大总结大收获，小总结小收获，不总结没收获。领导干部要善于在总结反思中拓展认识、提升自我，永不贰过。

20. 没有最好只有更好，勇于追求卓越。不追求高线就守不住底线，小进即满终不满、小富即安终不安。一旦自认为做到了最好，那就是懈怠停滞的开始。领导干部要精益求精、追求更好、止于至善，不安于小成、不留恋过往，让卓越成为一种习惯。

21. 实干者吃香，有为者有位。一分耕耘一分收获，历史不会辜负实干者、有为者。成功没有捷径，付出才能杰出。路要一步一步走，事要一件一件干。领导干部要把干事留给自己、把升迁交给组织，做一名潜心静气、积极作为的实干家。

三、好干部是自律出来的

1. 自觉自律是向上向善的永久动力。从善如登，从恶如崩。人之初，性本善，向上向善是本性，是每个人都应具备的人生态度和价值取向。但是，向上向善一阵子容易、一辈子难。领导干部唯有坚持自律、严格自律、自觉自律，才能获得向上向善的持续内在动力。

2. 优秀的背后往往是苦行僧般的自律。任何人的优秀都是在自律中苦出来、熬出来的。平庸者多自弃，优秀者多自律。有多自律，就有多优秀。领导干部保持优秀的状态、坚持优秀的追求，就要常怀律己之心，常修为政之德，始终对党忠诚，一心为民。

3. 清正廉洁是最根本的能力。清正廉洁不仅是一种品德，更是一种能力。为官从政，能干事干成事不出事，才是真本事，只有始终清正廉洁，才能至廉而威、至公而信、至严而范。领导干部无论职务高低，都必须自身正、自身净、自身硬，永葆清正廉洁本色。

4. 决定自己上限的，不是智商，而是自律。自律的程度，决定人生的高度。一个人即使天赋再高，没有后天的努力，也不可能做出卓越的成就。自律胜于他律，自律者最自由，自律不分职务高低。勤能补拙是良训。领导干部要坚持不懈自律，用好一切时间、精力、能力来不断充实提高自己，敢于超越自我。

5. 炼就金刚身，不怕百毒侵。苍蝇不叮无缝的蛋，打铁必须自身硬。习近平总书记强调，全体共产党员要"坚守崇高信仰，炼就金刚不坏之身"。"打铁"的人必须是"铁打"的人。领导干部必须坚定理想信念，常思贪欲之害，常戒非分之想，提高自身"免疫力"，用内心的"阳光"杀死贪欲的"病毒"。

6. 律人先律己，言行才硬气。唯无瑕者可以戮人，唯自净者可以净人。治人者必先自治，责人者必先自责，成人者必先自成。其身正，不令而行；其身不正，虽令不从。领导干部必须严以修身、严以用权、严以律己，树立良好形象，修己以安人，正己以率下。

7. 自律之道在于防患于未然。与其后悔于已然，不如防患于未然。凡事意识不到危险就是最大的危险，只有善于从坏处准备，才能争取最好的结果。领导干部自律，必须常敲思想警钟，筑牢廉洁防线，防患于未然。

8. 心存侥幸必有不幸。侥幸是不幸的开始。墨菲定律告诉我们，任何一个事件，只要具有大于零的概率，就不能够假设它不会发生。人心不足蛇吞象，贪心必被贪心误。每次雪崩都始于一片雪花的运动。侥幸得了一时，侥幸不了一世。领导干部面对诱惑，必须算好政治账、经济账、感情账，始终敬畏组织、敬畏人民、敬畏戒律，坚决杜绝侥幸心理，谨小慎微，防微杜渐。

9. 守住法律底线，树立道德高线，不踩纪律红线。凡事有"界线"。法律底线、道德高线、纪律红线是领导干部立身之本、干事之需、从政之基。领导干部要守住法律底线，努力追求道德高线，坚决不踩纪律红线。

10. 特权思想是廉洁自律最大的敌人。一念贪心起，百万障门开。特权思想一抬头，廉洁自律必失守。习近平总书记强调，特权是一种危害极大的腐蚀剂，必须"坚决反对特权思想和特权现象"。领导干部要坚持正确的权力观，公器不能私用，自觉摒弃特权思想。

11. 贪婪是自己给自己开具的走向腐败的"通行证"。贪婪是恶魔，可使美好化为丑恶；贪婪是炸弹，可将辉煌夷为废墟。贪婪尽头是毁灭，戒贪守廉方致远。不要贪图无所不有，否则将一无所有。"油水"越"厚"的地方越容易滑倒。为官从政贪恋"油水"，免不了要"栽跟头"。领导干部必须给贪婪戴上"手铐"，任何时候、任何情况都做到手不"乱伸"、脚不"乱跑"。

12. 勇于自我革命，敢于刀刃向内。勇于刀刃向内、自我革命是我们党最鲜明的品格。习近平总书记指出，"中国共产党的伟大不在于不犯错误，而在于从不讳疾忌医，敢于直面问题，勇于自我革命"。领导干部必须保持自我革命精神，不断自我净化、自我完善、自我革新、自我提高。

13. 家廉连政风，家风系国运。家是最小国，国是千万家。领导干部的家风，不仅关系自己的家庭，而且关系党风政风。领导干部必须把家风建设摆在重要位置，切实管好"枕边人"、教好"膝下人"、带好"身边人"。

14. 让自律成为一种习惯。积千累万，不如养个好习惯。自律成习惯，习惯成自然。自律成为好习惯是人生的助推器，能使人终身受益。自律的养成并非一日之功，自律没有完成时。领导干部必须养成从严自律的习惯，持续用力、久久为功，让自律成为一种行动自觉，做到自律一辈子，而不是一阵子。

15. 不要人夸颜色好，只留清气满乾坤。"廉者，政之本也。"清正廉洁，是融入中国共产党人血脉之中的不变本色，也是中国共产党人代代传承的红色基因。历史和现实都表明，始终保持清正廉洁的政治本色既是我们党战无不胜、攻无不克的制胜法宝，也是共产党人在不忘初心、牢记使命的生动实践中不能动摇的基本遵循。"世情宜淡，立志贵刚。"领导干部必须在清正廉洁上做出表率，不忘初心、牢记使命，永不变色，永远做人民公仆、时代先锋、民族脊梁。

四、好干部是教出来的

1.育才造士，为国之本。习近平总书记指出："教育是国之大计，党之大计。"十年树木，百年树人。只有久久为功育人才，党和人民的事业才能薪火相传，中华民族伟大复兴才会后继有人。致天下之治者在人才，成天下之才者在教化。领导干部必须用好教育培训这个"传家宝"，为推动党和国家的事业发展培育源源不断的干部人才。

2.人无天习，教则移风。不勤学无以为智，不勤教无以为仁。千教万教教人求真，千学万学学做真人。好干部不会自然而然地产生，必须经过严格的教育。培养一个干部是很不容易的，尤其需要抓好干部教育这一环。

3.领导者就是培训者。领导干部不仅是业务工作的领导者，也是干部队伍的教育培训者。抓班子带队伍是领导干部的重要职责。培养部下就等于"提拔"自己。言教者讼，言传不如身教，示范最有力。领导干部必须以身作则、率先垂范，树立旗帜、凝聚力量、引领风尚，以模范行为感召人、教育人、激励人。

4.培养要赶前不赶后。习近平总书记指出，刚参加工作的干部就像小树苗一样，需要精心浇灌、修剪枝叶，基础打扎实了才能茁壮成长。育人如育苗，农时不可违，节令不等人。要慧眼发现"新苗子"，精心培养"好苗子"，为干部队伍提供充足的源头活水。

5.教人须从短处补。善治病者，必医其受病之处；善救弊者，必塞其起弊之原。教无定式，贵在得法。一只木桶能盛多少水，取决于最短的那一块。教育培养干部，就要针对知识空白、经验盲区、能力弱项，精准开展专题培训。

6.教育者先受教育，教育者多受教育。师者，人之模范也。人一能之，己百之；人十能之，己千之。育人即育己，育人先育己。给别人一瓢水，自己先有一桶水。强将手下无弱兵。领导干部只有先受教育、多受教育，智勇双全，能征善战，才能产生不令而行的示范效应。

7. 理论教育和党性教育是干部教育的根本。达必识其途，至必由其道。马克思主义是共产党人的"真经"，党性教育是共产党人的"心学"。领导干部必须突出重心，学好根本，旗帜鲜明反映党的主张、体现党的意志、落实党的要求，让党的理论教育和党性教育真正入脑入心。

8. 种树培其根，种德培其心。求木之长者，必固其根本；欲流之远者，必浚其泉源。木心不正，则脉理皆邪。心正则身正，身正则行端，行端则身清，"成长"比"成功"更重要。领导干部必须筑牢信仰之基、补足精神之钙、把稳思想之舵。

9. 既要教世界观，又要教方法论。世界观、方法论是管方向、管根本、管长远的。习近平总书记指出，辩证唯物主义是中国共产党人的世界观和方法论。授人以鱼，不如授人以渔。干部教育培养要变"输血式"为"造血式"、变"灌输式"为"启发式"，既讲清楚"是什么""为什么"，又教会"怎么办"，推动领导干部不断掌握马克思主义立场、观点、方法，使各项工作更好体现时代性、把握规律性、富于创造性。

10. 基层是最好的学校。人在事上练，刀在石上磨。实践是最好的课堂，基层是难得的人生经历，不要好高骛远。在战争中学会打仗，在游泳中学会游泳。领导干部必须学会沉淀自己、在基层摔打自己，主动到干事最前沿、发展第一线摸爬滚打，扛得了重活、打得了硬仗、经得住磨难，做向下扎根、向上生长的参天大树，不做浮在水面上的浮萍。

11. 干部教，教干部。老兵传帮带，新兵成长快。干部的问题，干部最有发言权。干部教干部的过程，是一个"双赢"的过程。领导干部上讲台，面对面传、手把手帮、心贴心带，在互教互学、互帮互助中，能更好实现教学相长、学学相长。

12. 干部教育必须姓"马"姓"党"。习近平总书记指出，"党校因党而立，党校姓党是天经地义的要求"。干部教育因党而生、为党而兴，政治性始终是第一属性。必须旗帜鲜明反映党的主张、体现党的意志、落实党的要求。

13. 解决问题的干部教育才是最好的干部教育。习近平总书记指出,"要把研究和解决重大现实问题作为学习的根本出发点"。干部教育要坚持问题导向,因岗施教、因需施教、因材施教,干什么就教什么、需什么就讲什么、缺什么就补什么。

14. 教不严,师之惰。教者,效也,上为之,下效之。严师才能出高徒。教风正才能学风正。干部教育培训要把准一个"严"字,做到从严教育、从严管理、从严监督、从严考核。搞好干部教育必须坚持从严治校、从严治教、从严治学。

五、好干部是夸出来的

1. 赞美是人内心的渴望。被认同、被赞美是人内心深处的希冀,每个人都渴望得到别人的关注、认同和赞美,干部也一样。一句恰当的赞美,能影响人的一生。赞美别人也是在成就自己。领导干部要多看别人长处,学会为他人喝彩,称赞他人的每个进步,即使十分微小。

2. 水激石则鸣,人激志则宏。水不激不扬,人不激不奋。人的成功是内因和外因共同作用的结果。持续不断地自我鼓励与外部激励,可以充分激发人的潜能,为持续奋斗提供强大的动力支撑。赞美是一种持久有效的激励,而且是零成本的激励,能够有效调动激励各方面的积极性。

3. 做事的信心源于有效的夸奖。适时的赞美、适度的夸奖、适宜的表扬是增强信心、激励担当有效的强化剂。夸奖无效,信心动摇。领导干部要不吝赞美之词,既要乐于夸奖人,更要善于夸奖人,夸在点子上,多为信心注入夸奖的催化剂。

4. 赏识导致成功,抱怨导致失败。赏者必当其功,不可以恩进;罚者必当其罪,不可以幸免。赏识产生激励,抱怨换来敌视。得到的欣赏太稀缺,天才也会枯萎。数人十过,不如奖人一长。多一份赏识,就多一份希望。领导干部必须学会赏识,尊重个性、容纳棱角,对待下属要多一些欣赏,少一些苛责,不苛求人,不抱怨事,从而形成共识、变成共为。

5. 鼓励加赞美，庸才变天才。金无足赤，人无完人。卡耐基曾说："当我们想改变别人的时候，为什么不用赞美代替责备呢？"鼓励加赞美是潜能的倍增器。领导干部要学会赞美和激励的领导艺术。

6. 善于赞美是一种睿智。真诚赞美比自己优秀的人是一种境界，客观赞美与自己比肩的人是一种胸怀，用心赞美不及自己的人是一种美德。学会欣赏人，才能用好人。领导干部要掌握好真心赞美、乐于赞美、善于赞美这一智慧，多角度欣赏、全方位识别干部，多看潜质潜能，美人之美，美美与共。

7. 不吝嘉勉部属的功劳。抓班子带队伍既要严管，更要及时嘉奖勉励。论功行赏，天经地义。这不仅是对立功者个人的褒奖，更是在树立一种良好导向。领导干部要练就一双识人的慧眼，用欣赏的眼光寻找下属的"闪光点"，赏罚分明，严管和厚爱相结合、激励与约束并重，营造干事创业的良好氛围。

8. 选好人用好人，是最有效最直接的激励。任用是最好的信任、最好的激励。正确的用人导向会产生"磁石效应"，激发见贤思齐、人心思进的正能量。用一贤人则群贤毕至。领导干部要做到选贤任能、用当其时、人尽其才。

9. 摆脱偏见，使称赞公平公正。古人云："理官莫如平，临财莫如廉。"偏见是人们脱离客观事实而建立起来的对人和事的消极认识。偏见源于无知，只会使人对问题的看法"失真""失实"。领导干部要慎用第一印象，不戴有色眼镜看人，自觉运用唯物辩证法，让称赞摆脱偏见。

10. 赞美不是奉承，表扬还需适度。赞美是真诚的，奉承是功利的。赞美犹如煲汤，掌握好火候是关键。领导干部要善于把握好赞美的频度、高度、热度，多些实事求是、有理有据的"赞"，杜绝溜须拍马、投其所好的"捧"。

11. 表扬要公开。曾国藩曾说："扬善于公庭，而归过于私室。"公开表扬是最好的肯定，可以释放表扬的正效应，树立榜样和标杆，营造见贤思齐、比学赶超的氛围。领导干部要多在公开场合表扬先进，树立一个典型，倡导一种精神，宣扬一种价值。

12. 表扬要及时，过时的表扬是无效的。表扬有时效，才有实效。有研究表明，值得表扬的行为、事情发生的时间和受到表扬的时间间隔越短，所起到的激励效果就越明显。领导干部一旦发现下属的行为出色、表现突出，就要及时表扬。

13. 金奖银奖不如老百姓的夸奖。时代是出卷人，我们是答卷人，人民是阅卷人。政声人去后，功过群众评。居官当思有去日。领导干部要把群众满意不满意、高兴不高兴、答应不答应作为工作的出发点和落脚点，以实实在在的政绩赢得"生前身后名"。

14. 学会表扬自己，但不能自矜自夸。表扬自己是一种自信。但自我表扬过了头，就容易变成自矜自夸，甚至自大自负。骄傲自满必翻车。领导干部要始终把自我表扬建立在实事求是的基础上，切不可跨线越度。

六、好干部是监督出来的

1. 要自律，也要他律。习近平总书记指出："法是他律，德是自律，需要二者并用。"自律是内因、是根本，他律是外因、是保障。自律和他律要有机结合起来。领导干部一定要时刻怀自律之心，遵他律之规，做到习惯自律、乐于他律。

2. 治国必先治吏，治吏务必从严。吏治清，国运兴。习近平总书记强调："党要管党，首先是管好干部；从严治党，关键是从严治吏。"治不严则无获，治吏要严字当头。培养造就好干部必须真管真严、敢管敢严、一严到底。

3. 加强纪律性，革命无不胜。党的纪律是党的生命线，是事业有成的保证。习近平总书记指出，"党要管党、从严治党，靠什么管，凭什么治？就要靠严明纪律"，"严明党的纪律，首要的就是严明政治纪律"。领导干部必须始终把政治纪律和政治规矩挺在前面，时刻绷紧纪律这根弦，自觉加强纪律性。

4. 权力是最大的腐蚀剂。绝对的权力导致绝对的腐败。习近平总书记指出，"权力不论大小，只要不受制约和监督，都可能被滥用"。权力具有支配性、腐蚀性。有权不能任性，善自修者能保其荣。领导干部必须自觉把权力关进"笼子"里,始终规范用权、依法用权,自觉做到法定授权必须为,法无授权不可为。

5. 纪严于法,纪在法前。国有国法,党有党纪。凡"破国法"者,无不从"破党纪"开始。纪在法前,才能管住大多数;纪严于法,才能管好大多数。领导干部必须深刻认识党纪比国法严,自觉把党纪挺在国法前。

6. 面子再大,大不过党性原则;感情再铁,铁不过规章制度;门子再硬,硬不过纪律规矩。国事无私,政道去邪,法不容情。领导干部必须不为人情所困、不为利益所惑,坚决做践行党章党规党纪的"明白人""带头人""铁面人"。

7. 政治监督是最根本的监督。政治监督是首位监督。只有政治监督有力,其他党内监督才能充分发挥作用。加强干部政治监督,必须始终把"两个维护"作为首要任务,把坚持和加强党的全面领导作为根本目的,把"关键少数"作为重点对象。

8. 只有无能的管理,没有无用的人才。垃圾是被放错地方的资源。为政之要,莫先于用人。管理干部的关键在于用好干部。领导干部必须认真落实好干部标准,坚持正确的选人用人导向,做到人事相宜、人岗相适、尽人之才。

9. 监督就是保护,严管就是厚爱。监督与保护、严管与厚爱是辩证统一的。监督的紫丁香凋谢,作恶的罂粟花盛开。多一层监督,就多一层保护。严是爱、松是害,不管不问要变坏。监督管理的初衷与关心爱护干部一样,都是为了干部成长成才。领导干部既要自觉接受组织严管监督,也要由衷感恩组织关爱;既要注重严格管理,也要宽厚待人,做到宽严相济、恩威并施。

10. 信任离不开监督,监督增进信任。信任是最大的关怀,但信任不能代替监督。信任是激励,监督是爱护,二者犹如一枚硬币的两面,有机统一,不可分割,缺一不可。领导干部必须不辜负组织信任、不排斥组织监督。

11. 放权不等于放任,放手不等于撒手。善于放权、敢于放手是管理水平和领导艺术的体现。但是,放权不等于放任自流,放手不等于撒手不管。

决策一经作出，纪律就当随行。领导干部必须尽好应尽之责，做到总揽不包揽、领唱不独唱，靠纪律推动决策执行，绝不当"甩手掌柜""二传手"。

12. 阳光是最好的防腐剂。阳光所照之处，黑暗无所遁形。习近平总书记强调，"要加强对权力运行的制约和监督，让人民监督权力，让权力在阳光下运行"。为官清廉，贵在平时。领导干部只有将权力"晒在阳光"下，才能防止权力被滥用，避免腐败发生。

13. 动员百遍，不如问责一次。问责是激励干部担当作为的有效方式。习近平总书记强调，"有权必有责、有责要担当、失责必追究"。问责一个，警醒一片。领导干部要善于用好"问责"这一手段，杜绝"情有可原""下不为例"。

14. 管思想，管工作，管作风，管纪律。树不"修"不成材，人不"修"不成才。干部管理监督"无盲区"，思想、工作、作风、纪律共同构成了干部管理监督的完整链条。领导干部自觉置身其中，接受全方位管理监督，才能茁壮成长。

15. 管好关键人，管到关键处，管住关键事，管在关键时。纲举才能目张，管理监督重在抓关键。抓住了关键，往往就能牵一发而动全身。打鼓要打中心处，管要管在点子上。越是关键人关键处关键事关键时，领导干部越要带头自觉接受管理监督。

16. 禁微则易，救末者难。临崖勒马收缰晚，船到江心补漏迟。祸患常积于忽微。善治者治于未病。如果讳疾忌医，就可能小病拖成大病，由病在表皮发展到病入膏肓。领导干部要有"婆婆嘴"，常念监督经，注重加强"源头防范"，把"脸"红在平时，把"汗"出在日常，避免小问题变成大问题。

17. 没有量化就没有管理。量化代表着精准，量化就是为了精准。习近平总书记强调，工作"贵在精准，重在精准，成败之举在于精准"。干部管理监督是具体的实在的，必须科学量化、精准施策，杜绝大而化之。

18. 少数人靠觉悟，多数人靠制度。制度是干部管理监督的根本保证。列宁曾说："把希望寄托于优秀的品质上，这在政治上是不严肃的。"人不以制度则废。制度的生命力在于执行。领导干部只有严格遵守制度、执行制度，才能管住自己，管好全局。

19. 善除害者察其本，善理疾者绝其源。执本而末自从，绝源而流自断。万化根源总在心。一个人出现这样那样的问题，说到底是思想根源上的问题。理想信念是"总开关"，纪律规矩是"安全阀"。标本兼治，重在固本培元。领导干部必须着力从思想上正本清源、立根固本。

20. 习惯在监督中工作，乐于在监督下成长。习惯被监督是修养，乐于被监督是境界，习惯并乐于接受监督反映的是底气，体现的是担当，传递的是自信，彰显的是胸襟。领导的本质是管理自己，影响别人。领导干部只有经常接受提醒和监督，常听、常警、常新，才能健康成长，必须习惯在监督下开展工作，乐于在监督中成长成熟。

21. 长管长严，警钟长鸣。世间事，做于细，成于严。严管才是真管，长管才是真严。管理监督干部，既要敢管敢严、真管真严，更要常抓不懈、长管长严。领导干部接受严管，只有久久为功、永不懈怠，才能一严到底、百炼成钢。

22. 把不忘初心、牢记使命作为领导干部的终身课题。践行初心无穷期，担当使命无止境。初心不会自然保质保鲜，使命更须时刻牢记。领导干部必须把不忘初心、牢记使命作为终身课题常抓不懈，经常回望初心、砥砺初心，激励使命、担当使命。

第七节 | 干部积蓄正能量的十二条法则

正能量,可以理解为一切给予人希望、促使人积极向上、让工作生活变得圆满的动力和情感。领导干部是党的执政骨干,是团结带领广大党员群众实现新时代宏伟目标的"关键少数",是引领群众追求美好幸福生活的"头雁"。只有自己拥有正能量,才能发生"裂变效应",引领党风、政风、民风进一步向好。

一、立政德,就要明大德、守公德、严私德。"为政以德,譬如北辰,居其所而众星共之。"政德关乎政治生态,关乎发展状态。良好的品德更是共产党人尤其是党员干部的立身之本、从政之源。要明大德,旗帜鲜明讲政治。旗帜鲜明讲政治是共产党人最鲜明的品格。领导干部讲政治,就是要深刻领悟"两个确立"的决定性意义,增强"四个意识"、坚定"四个自信"、做到"两个维护",确保党的路线方针政策和党中央决策部署不折不扣得到贯彻落实,在大是大非面前旗帜鲜明,在各种诱惑面前立场坚定,在风浪考验面前无所畏惧,做到对党绝对忠诚。这是领导干部最大的德。要守公德,坚守执政为民。公德之公,在于坚持人民至上,坚守人民立场,真正干出有利于党和人民事业的政绩。领导干部守公德,必须把人民放在心中最高位置,坚持全心全意为人民服务的根本宗旨,恪守立党为公、执政为民理念,多谋民生之利、多解民生之忧,把老百姓的冷暖放在心头,与群众共画同心圆、共谋发展路,不断满足人民对美好生活的向往。要严私德,坚持严以修身。领导干部要坚持从小事小节上加强修养,在一点一滴中完善自己,强化自我约束,管好自己的生活圈、交往圈、娱乐圈,始终不放纵、不越轨、不逾矩,做一个知敬畏、明是非、守规矩的人。要坚持法治、反对人治,做到心中高悬法纪明镜、手中紧握法纪戒尺,知晓为官做事尺度,用高尚的德行服务人民,用崇高的道德修养赢得民心。

二、底线不能踩,红线不能碰。底线是一种临界值,是最低界限;红线就是警戒线、生命线。不管是底线,还是红线,都不可踩,更不可越。人不以规矩则废,党不以规矩则乱。领导干部不踩底线、不碰红线,讲规矩守纪律,不仅是对其党性的重要考验,也是对其对党忠诚度的重要检验。自律是最大的自由。自律的人才能主宰自己的人生。一些干部出了问题,根本原因都是自律出现滑坡,最后锒铛入狱,失去了自由。自律胜过他律,一个自己都管不住自己的人,再严密的法规也管不住他。自己不打倒自己,谁也打不倒你。加强自律的关键是在私底下、无人时、细微处也做到慎独。领导干部必须严以修身、严以用权、严以律己,自觉把好思想"总开关",树牢忠诚干净担当的良好形象。侥幸是不幸的开始。"手莫伸,伸手必被捉。"诱惑随处都有,风险无处不在,很多干部出问题往往就是因为一念之差。领导干部千万不要以"一点小事无所谓"为自己找借口,以"一次不要紧"为自己开脱。要时刻保持如履薄冰、如临深渊的警觉,自重、自省、自警、自励,不任性用权,顶得住诱惑,不慕虚荣、不谋私利、一尘不染、一身正气;严格教育、管理、监督家属和身边工作人员,防止"后院起火"。

三、心态决定状态,态度成就高度。良好的心态是积极状态的催化剂。物随心转,境由心造。心态阳光,就会积极进取,创造性就会大幅提高,遇到困难更容易找到解决办法;反之,就会放大工作生活中的困难,平庸无为,故步自封。领导干部要涵养良好的心态,遇到困难积极想办法去解决,学会适应环境,善于接受现实,不沽名钓誉,不互相攀比,宠辱不惊,用信仰筑牢思想根基,用格局摆正自身位置,用感恩保持前进动力,用乐观守护身心健康。正确的态度是成就事业的垫脚石。自古以来,我国知识分子就有"为天地立心,为生民立命,为往圣继绝学,为万世开太平"的志向和传统。朱熹在福建漳州任知府时写过一副对联:地位清高,日月每从肩上过;门庭开豁,江山常在掌中看。意思是做官要心胸开阔,志存高远。领导干部应当志向远大,以事业为重,拥有为党尽职、为民造福的大情怀、大格局、大眼界、大气度。怨天尤人是懦弱的表现，积极进取才是正确的态度。要在自我消耗中积累，在默默奉献中等待，锁定目标，脚踏实地，久久为功，方得始终。

四、不妨常为自己鼓掌。一位成功人士说："别在乎别人对你的评价，否则，这会成为你的包袱，我从不害怕自己得不到别人的喝彩，因为我会记得随时为自己鼓掌。"要学会自我欣赏，但不能孤芳自赏。欣赏自己便是发现自己、更全面地了解自己和看待自己。美国一位心理学家说过："不会赞美自己的成功，就激发不起向上的愿望。"领导干部如果能做到欣赏自己，就会乐观、自信地面对工作和生活，浑身上下也便洋溢着激情。但欣赏自己的同时也要正确看待差距和不足，绝不能自我感觉良好，认为自己有多了不起。要学会自我激励，但不能自我陶醉。美国心理学家威廉·詹姆斯研究发现，一个没有受过激励的人，仅能发挥其能力的百分之二三十，而当他受到激励时，其能力可以发挥至百分之八九十。领导干部的工作中往往荆棘丛生、沼泽满地，磕磕碰碰、跌跌撞撞在所难免，忧愁、悲伤、紧张、焦虑、痛苦、恐惧等负面情绪经常会接踵而来。一旦负面情绪占据了主导地位，领导干部整个人就会变得阴晦而绝望。而战胜消极情绪的关键就在于能够激励自己。要学会自我调适，但不能妄自菲薄。正确看待自身差距是应该的，但现实中一些领导干部容易自怨自艾，面对困难和挫折灰心丧气、踌躇不前。倘若总是觉得自己不行，总是在想方设法证明自己的失败，这样的干部何来自强、自信、自爱、自省呢？卓越是煎熬出来的，不妨常为自己鼓掌，用掌声激励自己：坚持，就有希望；努力，就会成功。

五、不怕输的人才会赢。惧怕失败、患得患失是人生最常见的一种心理隐患，是人生的精神枷锁。害怕失败就会不战而败，一直怕输，就会背上沉重的心理包袱。领导干部既要有平常心，也要有英雄气。要做一个内心强大的人。所谓内心强大，并非可以压倒一切、战胜一切，而是有坦然接受失败的勇气和宠辱不惊的心态。美国的小乔治·史密斯·巴顿有一句名言：看一个人的成功，并不是看他在巅峰的时候，而是看他从巅峰跌入低谷时的反弹力。如果因为失败而一蹶不振，那么，其就彻底丧失了东山再起的机会，正所谓"有志者，事竟成，破釜沉舟，百二秦关终属楚；苦心人，天不负，卧薪尝胆，三千越甲可吞吴"。同时，应保持良好的心态，淡泊名利，以一颗平常心对待成败得失。要有"亮剑"精神。面对困难和失败，只有两种选择，一是勇往直前，始终保持百折不挠的斗志和锐气；二是遇到矛盾绕着走，看到困难被吓倒，患得患失，犹豫畏难。如果因惧怕失败，连碰都不敢碰，事事怕担失败的风险，那就什么事也干不成。狭路相逢勇者胜，百舸争流奋楫者先。不惧失败，勇于亮剑，逢山开路，遇河架桥，才能勇立时代潮头，成就一番事业。

六、苦中要思进，乐中应思省。逆境只是增大了人们向理想、目标前进的难度，而没有剥夺为理想目标奋斗的权利和实现理想目标的可能性；顺境常常会让人骄傲自满、安于现状、不思进取，逐渐放松对自己的要求。因此，身处逆境要愈挫愈勇。山再高，往上攀，总能登顶；路再长，走下去，定能到达。在逆境中前行，犹如逆水行舟，不进则退，只有付出更大的努力和更多的艰辛，才可能成功。当事业陷入低谷、工作遇到困难的时候，要不气馁、不言败，以争创一流的志气、奋力开拓的锐气，奋力进取，应对挑战，赢得挑战；还要有"逢险就化"的坚定性，找出自己的不足和差距，逐步改进提升，切不可被几次困难险阻挫志，一蹶不振或转换心思走歪路。身处顺境要头脑清醒。得意忘形、狂妄自大往往是栽跟头的前兆。越是顺风顺水的时候，越要警惕乐极生悲、乐不思蜀，越要见微知著、居安思危，越要时刻保持头脑清醒，既看到成绩和机遇，也及时洞察形势发展变化带来的风险，把工作中各种可能的情况想全想透，把各项措施制订得周详完善，积极主动，未雨绸缪，下好先手棋，打好主动仗。

七、吃苦才能吃香，有为才能有位。事业任重道远，责任重于泰山。干部走上领导岗位，是组织的信任、人民的需要，而不是一种待遇或享受。任劳任怨是一种难能可贵的品质。任怨比任劳更难做到。领导干部要把任劳任怨作为一种难能可贵的品质来培养，吃得了苦中之苦，承受得了重中之重，在奉献牺牲中收获充实、体会快乐。世界上没有坐享其成的好事，一分耕耘一分收获。没有哪个岗位是用来坐等提拔的，哪个干部埋头苦干，哪个干部投机钻营，哪个干部碌碌无为，组织上看得清清楚楚，都会公正对待。实干实绩是对组织最好的汇报。当前，各级领导班子刚刚换完届，新班子理当有新气象、新作为。领导干部一定要树立正确的政绩观和"功成不必在我"的境界，稳住心神、扑下身子，踏踏实实为老百姓做好打基础、利长远的事，用实绩向组织汇报、向群众交代。领导干部既不能"吃着碗里的，看着锅里的"，屁股还没坐热就想挪位子，事没干几件就伸手要"帽子"，也不能急于求成、急躁冒进，更不能搞竭泽而渔、焚林而猎的事。

八、不畏其难，不厌其烦。为官避事平生耻，干事是干部的职责所在。不畏其难，就是要敢于动真碰硬，向问题开刀。"天下事有难易乎？为之，则难者亦易矣；不为，则易者亦难矣。"要以问题为导向，不断发现问题、研究问题、解决问题，破除乱象，补齐短板。要遵循规律、讲究方法，找准工作的切入点、结合点、着力点，以强烈的责任担当来克服前进道路上的重重困难，完成好组织和人民交给的各项任务。不厌其烦，就是要人在事上磨、万事严中求。历事才能练心。领导干部既要干好手头的工作，又要加强上下左右的协调，还要处理好干部群众反映的大事小情，每天和烦琐、繁杂、烦冗打交道，有时"多点冒烟，处处起火""千头万绪理还乱"，唯有静下心、沉住气，锤炼耐心和韧性，全面提升心理承受力、综合协调力、局势把控力，才能不为琐事所烦、不为情绪所扰。

九、比成功更宝贵的是追求本身。任何成功的喜悦和荣耀都只是暂时的，而追求成功的过程充满艰险、异常辛苦。追求成功的过程远比成功的结果更重要。幸福是奋斗出来的，走在奋斗路上的人最幸福。少一点一鸣惊人，多一点默默无闻。渴望成功没有错，但刻意追求成功就会心态失衡。一门心思地想搞出点动静来，追求所谓"轰动效应"，热衷于"做大做强"，无意于"做精做细"，别说不能取得什么成绩，即使有，也只会是"形象工程""面子工程"。要沉心静气、去浮就实、苦练真功。少一点急功近利，多一点等待积累。饭要一口一口地吃，事要一件一件地做，任何人的成功都是一个从量变到质变的过程，要学会等待和积累。机遇总是偏爱那些有准备的人。要从小处做起、从实事干起，积微成著，厚积薄发，把每一件小事都做好、做成功，才能实现质的飞跃。

十、学习的目的全在运用。干部是干出来的，也是学出来的，好学才能上进。书不读，只是一堆废纸；读不悟，只是浪费光阴。未来社会唯一可持续的竞争优势就是学习能力，要把学习力作为核心竞争力。要把学习当作一种神圣职责、一种精神境界、一种终身追求，当作自觉的、经常性的、不可间断的任务，做到好学乐学、手不释卷，把"要我学"变为"我要学"，把"学一阵"变为"学一生"。要勤于学习，还要善于学习。学以明志、学以立德、学以增智。要通过学习适应新时代、践行新理念、迎接新挑战、打开新局面，做到学习工作化、工作学习化。"为学之实，固在践履。"离开了运用，学习毫无意义，到头来只是个书橱、书柜、书虫而已。要立足正在从事的工作，着眼于解决问题、推动实践来学习，做到"干什么学什么"，在学中干、在干中学，两手抓、两促进。要坚持学而思、学而信、学而用、学而行，融会贯通，举一反三，把学习成果体现到素质能力的提高上，体现到主观世界的改造上，在实践中检验学习的成效。

十一、没有执行力，一切都等于零。一分部署，九分落实。抓落实既要敢抓真抓，也要会抓善抓。领会要准。抓落实贵在精准，成败之举也在于精准。要准确领会上级精神、领导意图，这是抓好工作的指挥棒、指南针，是方向和方位。如果在这一点上做不好、跑偏了，甚至脱轨了，工作就很难达到预期效果，甚至会越干越错、误事坏事，消耗时间和精力。这就是老百姓说的"做事不由东，累死也无功"。跟进要快。习近平同志在福州工作期间，曾倡导践行"马上就办"的工作理念，要求党员干部办实事、讲效率、抓落实。对待上级的决策部署，要说了就算、定了就干，不等靠要、不庸懒懒滑，坚决克服拖延症，坚决反对把缓事拖成急事，把简单事搞成复杂事。对急难险重的工作，超前思考、提前介入，尽可能快半拍，不能总当作坊里的石磨，推一推，动一动。成效要实。抓落实与求实效是紧紧连在一起的，如果是做无用功，也就等于白抓。抓落实不能只看过程不看结果，也不能只看结果不看效果。要坚持出实招、办实事、求实效，力戒官僚主义、形式主义，以实心行实政，以实政求实效。

十二、只要思想不滑坡，办法总比困难多。"世上无难事，只怕有心人。"任何事物的发展都是螺旋式上升和波浪式前进的，在发展过程中免不了遇到各种各样的问题矛盾，但事物终究是曲折前进的，只要"思想不滑坡"，任何困难都不会把我们逼进死胡同。要有一股积极向上的"精气神"。干部有了"精气神"，工作就会在状态，始终保持昂扬向上的斗志和锲而不舍的恒心；没有"精气神"，就会整天浑浑噩噩，遇到困难和挫折不主动思考甚至自暴自弃。这样的干部，不可能做好工作，更别谈推动发展了。领导干部要保持适度的紧张感，增强危机感、责任感、使命感，始终保持内在动力和激情，推动工作稳步向前。要善于发现问题、研究问题、解决问题。实践证明，谁能更好发现问题、把握问题并且解决问题，谁就能赢得发展的先机和主动权。发现问题，关键是要克服惯性思维，学会用全面的、发展的、联系的眼光看待工作。研究问题的前提是正确认识问题，把研究作为分析问题的一种习惯，把握矛盾问题的本质和规律，提出解决问题的办法和措施。解决问题是工作的最终目的，所有的办法和措施都要紧紧围绕解决问题这个目标来展开，不达目的不罢休。

第八节 | 应有的领导智慧

智慧是由智力系统、方法技能系统、思想观念系统、审美评价系统等构成的。如果说智力是"形而下谓之器",那智慧就是"形而上谓之道"。有智慧的人站得高、看得远,能够把握规律、顺应趋势,作出正确的决策。对领导干部来说,拥有智慧才能始终做正确的事、正确地做事,才能实施有效的领导。越是形势严峻复杂,越需要运用领导智慧来廓清迷雾、把准方向、应对挑战、争取胜利。

一、修心以立根,树立积极的世界观、人生观、价值观

党的十八大以来,习近平总书记围绕"人心""初心""修炼共产党人的'心学'"等重大课题作出系列重要论述,引领广大党员干部从"心"出发提升境界格局、端正价值立场。对领导干部而言,唯有正心才能正念、唯有正念才能正行,才能做正确的事、正确地做事,同时把事情做正确。

为政就要讲公平、正义、正气。"政者,正也。"为政者就要带头走正道。"治国先治吏","官风正则民风淳",为政者坚守正道,社会才有正气,民族才会生生不息,国家才会兴旺发达。为政者不走正道走邪道,正气不彰,处处乌烟瘴气,只会误政害民。"大道之行,天下为公。"习近平总书记强调,"领导干部要坚守正道、弘扬正气"。山因脊而雄,屋因梁而固。必须心怀正念、摒弃私心,以"正"修身、持"正"从事,为人民掌好权、执好政。讲公平,处事公正不偏袒,"一碗水端平";讲正义,为人正直、行事正当,公道正派、秉公用权;讲正气,光明正大、遵规守纪、激浊扬清,始终保持共产党人的政治本色。

敢于善于走别人没有走过的路。明代思想家王夫之曾说"新故相推,日生不滞",新事物代替旧事物是自然规律、是大势所趋。因循守旧,走别人走过的老路,就会跟不上时代,必然被淘汰。只有敢于走别人没有走过的路,才能收获别样的风景。走自己创新实践的路,是事业发展永葆生机的源泉。照搬照抄能应一时之急,但不能建一世之功。发展道路并没有固定模式,适合自己的才是最好的。进入新时代,面对主要矛盾的转化和"两个大局",走好自己的路,要认清"国之大者"、看清"路况",一切从实际出发,紧密结合自身实际思考谋划发展之路;要打好"路基",解放思想、开拓进取,革故鼎新、敢为人先,打破思维定式和路径依赖;要借鉴"路旁",观他山之石,创自身特色;要看清"路标",始终沿着中国特色社会主义道路前进。

进退有度,"宠辱偕忘"。凡事皆有"度"。"度"是矛盾的统一体,是事物质和量的统一,是利与害的分界线。守"度"是大智慧。一项工作,做不到位会贻误发展,做过了"度"则事与愿违。领导干部想问题、作决策、办事情需要清楚哪些事能做、哪些事不能做,把握好分寸,审时度势,如此才能游刃有余。有"度"就有成绩、有荣光、能长久,无"度"就惹是非、出事故、会受辱。能否正确对待荣辱,考验着领导干部的党性觉悟和胸襟气度。过分计较个人的荣辱,只会让自己心理失衡、言行失范、党性缺失,甚至可能断送政治前程。邓小平同志强调,一个优秀的领导干部应该有宽广的政治胸襟。要有平常心,淡然坦然,豁达大度,宠辱不惊;同时也要有进取心,把党和人民事业的进步当成自己的进步追求,努力学习工作。

顺势而为,趁势而上。"明者因时而变,知者随事而制。"顺势而为是领导智慧的重要体现。辩证唯物主义告诉我们,客观决定主观,必须按客观规律办事,实事求是,发挥主观能动性,才能正确认识和能动地改造客观世界。领导干部干事业作决策一定要尊重客观规律,自觉顺应形势和情况的变化。个人在规律和形势面前是渺小的,抵挡不住、反抗不了。领导干部一定要认清大局大势,不可螳臂当车、钻牛角尖、逆势而为,而是要多一些理性思考,顺应时势,创造发展机会。在发展机遇面前,要乘势而上,主动作为,巩固向上向好的态势。

既要仰望天空，也要脚踏实地。苏轼诗云："不识庐山真面目，只缘身在此山中。"只有身在万物中，才能"春江水暖鸭先知"，近距离感受到事物的发展变化、发现存在的问题，做到心中有数，让工作更接地气、更符合实际、顺应民心。但很多时候，仅仅身在事中，容易"乱花渐欲迷人眼"，陷入事务主义是看不到事情的本质、洞察不了其规律的，只有跳出事情本身，心在万物之上，以全局视野看问题，从不同角度思考谋划，将感性认识上升到理性认识，才能透过现象看到本质、减少盲目性、克服局限性，取得实实在在的成效。领导干部既要仰望星空，心在万物上，跳出事物本身，高出两三个层次看问题、作决策，切实增强工作的预见性、方向性、针对性和主动性脚踏实地，身在万物中，深入一线；又要脚踏实地、埋头苦干，求真务实、务求实效。

二、修德以立身，摆稳为官做人的方向盘、定盘星、压舱石

"国无德不兴，人无德不立。"习近平总书记始终高度重视党员干部修身立德，经常教育各级党员干部"做人做事第一位的是崇德修身"。领导干部没有好的德行修养，就会人品不端、德行不修、官品不正，必然贻误发展、祸害一方，所以必须常修为政之德，塑造健康的精神品格，作好示范表率。

信心满怀建功立业。自信是人发自内心对自己实力的肯定与相信。真正的自信不是自负，而是有能力、有底气、有信心的自我表现和心理优势。自信是人生的精神脊梁。无论面对什么境遇，做什么事情，自信的人从不瞻前顾后，不过于在意外界的杂音噪音，说话办事简单干脆、刚毅果断，勇往直前、攻坚克难。自信是成功的基石。无论做什么事自信的人都会信心满满、意气风发，能够激发出强大心理动力，从而变不可能为可能，化困境为机遇，创造意想不到的成绩。领导干部要善于激发"内力"，不妄自尊大、不妄自菲薄；要提升"实力"，加强学习实践，增长智慧、提高本事，不断增强干事创业的本领，从根本上增强心理资本。

地位不能大于贡献，职位不能大于能力。《论语》有云："陈力就列，不能者止。"作出多大的贡献，就得到多高的地位；拥有多大的能力，就在相

应的职位上施展才干。如果声名显赫、位高权重,却没有作出相应的贡献、没有与之相匹配的能力,对自己、对家庭、对事业、对人民都会带来风险。有的干部,过于在乎自己的官帽、计较自己的待遇、琢磨自己的排名,却很少反思自己作了多大贡献、拥有多大能力,是否配得上现在这个职位或想要追求的职位,其实这就是不自知。即使勉强走上了自己所追求的职位,而德才不配其位,自己会干得很吃力、也会被下属看不起,更重要的是贻误事业发展。领导干部的地位和职位源于付出和实干,牺牲多、奉献大,得到的褒奖就多,地位自然就高;靠得住、有本事、能干事、干成事、不出事,职位自然就高。必须牢记宗旨、甘于奉献,全心全意为人民服务;努力练就过硬本领,在急难险重任务面前勇挑重担、作出贡献。

把功夫下在提升实力上,凭实力拼出名声。名声是"面子"、实力是"里子"。名声是了解一个人的开端,好名声确能给人带来好印象。然而,好名声不是靠喊出来的,而是凭实力拼出来的。超过实力的名声就像昙花一现,注定无法持久。当名声的提升速度很快时,切不可沾沾自喜,而要反思为什么会提升这么快?更要反思自己的实力是否配得上、实力的提升速度是否超过了名声的提升速度?永不自满、永不停歇,这样才会获得持久的发展、走向更大的成功。有的人靠作秀、取宠、讨巧,博取廉价的名声,但盛名之下其实难副,有名无实最终一定会"崩塌"。徒有其名,名声大于实力是危险的。《了凡四训》有云:世之享盛名而实不副者,多有奇祸。领导干部干事创业为的是国家富强、民族复兴、人民幸福,名声并非追求的目标。当名声日盛时,更应谦虚谨慎、戒骄戒躁,把功夫下在提升自身实力上,不断学习总结反思。

低调不张扬,才能踏踏实实走得远。饱满的穗子总是低着头,空瘪的稗子才总是高昂着头。低调是一种品格、一种智慧。越是低调做人者,往往越能成就大事;越是功成名就者,往往越是低调做人的典范。木秀于林,风必摧之。恃才傲物容易成为被攻击的对象,一个优秀的人,受到的关注更多,羡慕嫉妒和挑刺找碴的人也会更多,如果不低调,会承受更多的压力,可能还来不及长成参天大树就夭折了。领导干部想要行稳致远,有所作为,必须学会身居要职而不显摆、有真本事而不狂傲、取得成绩而不炫耀、作出贡献而不张扬、审时度势、藏锋敛迹、多思慎言、保持定力，低调谦虚地走好每一步。

解决矛盾最高明的方法，就是换位思考。很多时候我们感到矛盾重重、无法解决，并不是事物本身有多复杂，而是只站在自己的立场上看问题，各执己见、互不退让造成的。心理学有个"同理心"的概念，它的基本意思是一个人要真正了解别人，就要学会站在别人的角度看问题。换位思考是人社会化的一个重要环节。站在不同立场上看待问题，从不同角度研究问题，往往会收到意想不到的效果。美国学者亚历山大德拉和奥康纳提出过一个领导者的"白金法则"："别人希望你怎么对待他，你就怎么对待他。"领导干部越是身居高位，越要跳出以自我为中心的窠臼，用好换位思考的"金钥匙"，推己及人、将心比心，善于从不同立场看问题，多站在别人角度思考分析，才能够快捷地找到解决问题的关键处和"死疙瘩"，做起工作来才能够得心应手。

把握当下，不负韶华。《论语》有言，"往者不可谏，来者犹可追"。对一个人来说，昔日不再重现，未来皆有可能，最好的时候就是现在，最好的地方就在脚下。时间对每个人来说都是公平的，倘若不从现在做起，不从现在倾尽全力去奋斗，美好的未来终究是黄粱一梦，竹篮打水一场空。要立足于此时此地此情此景思考问题，把握好现在的时间、现在的人、现在的事，宵衣旰食、分秒必争，活在当下、把握现在，用今天的汗水浇灌明天绚丽的花朵。当然，活在当下、把握现在不等于只低头拉车、不抬头看路。要做好长远打算，把眼光放远、把视野拉宽，校准人生航向，才能走得更稳更远。

三、修能以立业，锤炼干事创业的宽肩膀、铁肩膀、硬手腕

担当干事是干部的职责和本分。习近平总书记指出，干部干部，干是当头的，既要想干愿干积极干，又要能干会干善于干。这就要求各级干部要提高解决实际问题能力，增强想干事能干事干成事的本领。

有格局才能"干得好"，大格局才有"大手笔"。格局是指所思所想所

行中表现出的站位高低、眼光长短、视野宽窄、胸怀大小。心有多大,舞台就有多大。格局大小决定事业的高度、人生的厚度,唯有大格局才能有大手笔,才能成就大事业。作为领导干部,若格局大,则胸怀天下、心系民生,立大志、做大事,就能自觉把工作放到大局中去思考、定位和摆布,做人忠诚坦荡、干事激情满怀,必将有"大手笔";若格局小,则心中只有"一亩三分地"、自己的"五斗米",连做到"干得好"都很难。领导干部要有"胸怀天下""我将无我"的大格局,正确处理好整体与局部、眼前与长远、个人与集体的关系,把"小我"归入"大我","小局"归入"大局",培养海纳百川的大胸襟、气吞山河的大气势,干出造福一方、利在千秋的大作为。

团结出凝聚力、出战斗力、出生产力。"众人拾柴火焰高","同心山成玉,协力土变金"。一个人的努力是加法、一个团队的努力是乘法,通过团结协作、优势互补就能实现 1+1>2 的效果。团结出凝聚力、出战斗力、出生产力,最大的力量来自团队合作,最大的本事就是团结干事。单枪匹马很难干成一番事业。习近平同志在浙江工作时指出:"一个好的领导班子,要善于团结协作。""力量不在胳膊上,而在团结上。"刘邦、张良、萧何、韩信团结协作才有了大汉天下,廉颇、蔺相如"将相和"才有了赵国的祥和稳定,创造了坚强的集体,也让各自青史留名。团结是一种工作方法,更是一种品行操守、一种胸怀胸襟。做学问强调的是求新求异,当领导则要注意团结协作。领导干部要讲团结,带头发扬团结协作精神,相互搭台、相互补台,带领部属步调一致推进各项工作;要会团结,团结不是无原则的一团和气,而是要大事讲原则、小事讲风格、遇事多通气,善于推功揽过;要团结好,时时换位思考、将心比心,容人容言容事,把团结的效果体现在干事创业的成果上。

懂得授权,授予下属充分的自主权。懂得授权是一种领导能力,也是一种领导艺术,它能让领导者"分身有术",有更多的精力去做职责范围之内的事,还能激发下属干事创业的激情。相反,领导者事无巨细"大权独揽",不仅自己累而无功,还会滋生下属的惰性。授权需要信任,信任是最好的激励,放心放手放胆地将权力分配给下属,支持其规范使用,充分发挥下级的主动性与创造性。授权需要宽容，对下级出现的一些小问题不能矫枉过正、上纲上线，对革新性、首创性的事，艰苦性、风险性的工作，允许"出错"，宽容失败。授权不等于放任，也需要监督，要强化过程管理，注重方向引导，及时纠偏。既大胆放权，又不做"甩手掌柜"，真正做到收放自如。

遇大事要静，遇难事要变，遇烂事要离，遇顺事要敛。生活永远都是现场直播，谁也不知道下一秒会发生什么，遇事的第一反应，体现了人生的智慧。大事如泰山压顶，让人不知所措、慌中出错；难事是对能力素质的考验，经常让人无从下手；烂事缠身，当断不断反受其乱，让人深陷泥潭、徒耗精力；顺事易滋生骄傲自满，让人麻痹大意、放松警惕、马失前蹄。不同的事要以不同心态应对才会取得事半功倍的效果。遇大事时，须保持头脑清醒，克服急躁之气，三思而后行，精准施策，稳妥处置，切不可自乱阵脚；遇难事时，要思变求变，此路不通另寻他路，他路不通就自创新路，学会变通，少些拘泥；遇烂事时，要及时抽身，腾出更多的时间和精力干正事；遇顺事时，心不能空，应居安思危、警觉提防，不张扬、不炫耀，以谦自持，学会收敛，赢得口碑，成就自己。

第九节 | 慧眼识才"三要"

识别人才、考核才能,是治理国家的根本。古人早就提出:为治以知人为先。即治理国家以了解、识别人才为最重要的事情。可以说,非知人不能善其任,非善任不能谓知之。这富有哲理的良言告诉世人,不了解人就不能很好地使用人。没有很好地使用人就是因为没有了解人。所以,得人之道,在于识人。而识人之前,重在观人。观人重在言与行,识人重在德与能,不细观则不能明识,不明识则不能善用。只有知人才能善任,因为对一个人了解得越深刻,使用起来就越得当。古今中外的有识之士对识人的重要性都看得非常清楚,他们产生了极为相近的一种共识:国家兴亡,在于是否得人、用人。"得其人则存,失其人则亡。"何世无才,患在不识。

可以说,识别人才是人才工作的首要环节。人才存在于人民群众之中,但未必有显著的标识,关键在于发现。现实生活中,为什么"千里马"常有而"伯乐"不常有?有体制、机制方面的原因,也有观念、眼光方面的问题。如果高高在上、官僚主义,不愿深入实际、深入群众,不去调查研究;如果抱着论资排辈、求全责备、迁就照顾等观念不放,重学历轻能力、重资历轻实绩,那就发现不了人才。人才构成具有复杂性、多样性,识人不可求全,求全则无可用之人。我们的事业需要大量的、各方面的人才。要更多地识别人才,就必须坚持解放思想、实事求是、与时俱进,摸清特点规律,坚持用全面的、历史的、发展的观点识别人才,以新观念、新视角来认识人才、对待人才和选拔人才。

一、慧眼识才,要坚持全面的观点

"金无足赤,人无完人"是正常现象,也是一条客观规律。正如列宁所指出的："人们的缺点多半是同人们的优点相联系的。"而且"只要稍微一夸大，就印证了一个真理：从伟大到可笑只有一步之差"。而鲁迅则说得更加形象："孔雀开屏的时候是很美的，但是，它同时也把最丑的地方——屁股露了出来。"有些人才何尝不是这样呢？人不可能没有短处，长处与短处往往相伴而生，这就要求我们在识才选才时，要辩证地对待一个人存在的不足与问题，要善于按照工作职责的要求，透过现象抓住人才的主流和实质，"不以一眚掩大德"，讲台阶而不唯台阶，论资历而不唯资历，要善于把握好主要标准与次要要求之间的区别，分清"短处"是偶尔的还是经常的，是经验能力问题还是人生态度问题，是工作作风问题还是理想信念问题，"有大略者不问其短，有厚德者不非小疵"，切不能以短掩长、以偏概全，因不切实际地追求所谓"完人"而造成人才资源的浪费。

用全面的观点识人察人，要坚持"德才兼备"标准，紧扣人才构成的基本要素识别人才。新时代，党的事业需要的是德、识、才、学、体五个方面全面发展的人才。因此，应当用全面的观点着重考察个人的学识水平是否全面、综合能力是否突出、工作实绩是否明显。要深入实践中去识别人才，对被考察对象从多方面、多层次、多渠道进行调查了解，并经历一个由点到面、由浅入深，由现象到本质、由感性到理性的实践认识、再实践再认识的辩证发展过程，才能对人才作出实事求是的科学评价。要坚持德才兼备原则，把品德、知识、能力和业绩作为衡量人才的主要标准，不唯学历，不唯职称，不唯资历，不唯身份，不拘一格识人才选人才。

二、慧眼识才，要坚持历史的观点

人才总是生活在一定的历史条件中的。每个人身上或多或少都会打上时代的印记，在阶级社会中还有阶级的烙印。要知人，就必须对人才生活的社会环境、社会关系和工作表现，作出全面的、历史的分析。这样才可能避免只见树木、不见森林；避免割断历史、以偏概全，才有助于克服求全责备的形而上学的用人观念，才有可能对人才作出全面、客观公正的评价。

要重视了解识别对象的历史。毛泽东同志曾说："必须善于识别干部，不但要看干部的一时一事，而且要看干部的全部历史和全部工作，这是识别干部的主要方法。"因此，识人察人既要看现实表现，又要查历史情况；既要考察其现实业绩和发展潜力，又要研究其成长轨迹，从根本上把握干部的本质和主流。

全面准确地了解其个人历史是客观分析其历史的前提与基础，也是对党的事业负责，对干部和群众负责的本质要求。深入、准确地了解其历史，必须要有刨根问底的精神，坚持实事求是，坚持走群众路线，做到深、细、透。考察干部历史时，要进一步改进考察方式，完善考察机制。要变平面考察为立体考察，既要听取被考察对象的上级、平级、下级对他的评价，又要考察干部生活圈、社交圈的情况。要变静态考察为动态考察，如采取实地考察法、跟踪考察法、暗访考察法等，通过与有关知情人促膝交谈，让其在轻松活跃的气氛里说出心里话，把考察对象的真实情况反映出来。同时，要注重建立干部考察数据库，把干部任职考察、换届考察、届中调整考察等信息记录在案，以便全方位、多角度了解和掌握干部的历史，为考察对象现实表现提供详细可靠的历史材料。

面对收集到的历史材料、信息，必须经过一番去伪存真、去粗取精、由表及里、由此及彼的提炼和处理，才能做出客观公正的评价和结论。要准确认定其过去的成绩，联系特定的背景和社会环境，不夸大、不缩小。要正确看待其过去工作中的失误，把因缺乏工作经验造成的失误与因工作态度、思想、作风造成的失误区分开来，要结合当时的特定历史条件准确地分析干部的错误，客观地看待干部的成绩与不足，做出实事求是的评价，切不可人云亦云、主观臆断，切实克服一叶障目、求全责备等不良倾向。

三、慧眼识才，要坚持发展的观点

用发展的观点看问题，在发展中看人，这是辩证唯物主义的基本原理。任何事物都是处在普遍联系和发展变化中的，人们的德、才也会随着客观条件的不同而发生变化。认识事物不能有绝对化的观点，不能有一成不变的观点。了解一个人的过去，不等于了解一个人的今天。人们的缺点往往是优点的继续，失败往往是成功之母，只有辩证地看人，在发展变化中看人，才能做到知人。当然，事物的发展变化是有个过程的，在考察干部、人才时，不仅要做实事求是的具体分析，而且要有由量到质的基本估计。

有两句古语蕴含着非常深刻的辩证法思想。一句是：士别三日，当刮目相看。也就是说，看人切忌把人看死。人同任何事物一样，都是处在发展变化中的。随着时间的推移、环境的变化、个人的努力、组织的帮助，优缺点都会发生变化。用静止的观点看干部，"一俊遮百丑，一过抹千功"，老停留在过去的印象上，就不可能正确识别干部。另一句是：路遥知马力，日久见人心。对人的真正了解是需要一个过程的，所谓"试玉要烧三日满，辨材须待七年期"。有人一时犯了错误，可能带有偶然性，有人一段时间表现好，可能恰恰是投机心理在作怪。上进心强的干部，不论在什么时间、什么岗位上，都能始终如一地严格要求自己，任劳任怨，从不向组织上讲任何"价钱"，日久愈见其品德之可贵。

"小荷才露尖尖角"，自然会有些弱项与不足，但这不是本质问题，而是尚未发育完善。人的才能也是如此，并非与生俱来，而是通过后天培养锻炼一点一点形成的，这是由人才成长的客观规律所决定的，只能稳抓稳打，不能揠苗助长，只能循序渐进，不能一蹴而就。因此，正确的态度应该是克服只重眼前、急功近利的做法，多看一个人的基本素质与基本能力，通过把握其过去和现在的发展轨迹，去前瞻和审视未来发展，不片面地看某一方面，不孤立地看某一现象，不静止地看某一时期，抱着对人才负责、对事业负责的态度，为"准人才"提供广阔的发展空间和充分的锻炼机会。

做好人才识别工作，除了要坚持全面的、历史的、发展的观点之外，选人用人者还应当具有海纳百川的宽阔胸襟和深邃高远的战略眼光，以举贤荐能为己任；要加强学习提高自身素质，能够透过纷繁复杂的现象，把握人才的本质和主流；要走群众路线，靠群众识别人才。这样才能掌握人才工作的主动权，成为新时代的"伯乐"。

第十节 | 领导成事要有备、有方

从某种意义上说,任何一位事业有成的人,不是成功于他成功的时候,而是成功于他距成功很久以前的许多时间、许多事件,成功于他平时所做的充分准备与积累,成功于他的方法对路。领导工作、领导干部也不例外。

一、充分准备是成事之基

《中庸》曰:"凡事豫则立,不豫则废。言前定则不跲,事前定则不困,行前定则不疚,道前定则不穷。"其意是说:凡事做好充分准备则成功,不做好准备就肯定要失败;说话提前有计划就不会有磕绊,做事提前有决定就不会受困,行动提前有安排就不会错乱,道路选定以前有目标就不会穷途末路。

孔子说:"工欲善其事,必先利其器。"领导干部在作决策时,如果不预先有所准备,很难成功,尤其是作重大决策,如果没有充分的准备,那就非常危险。可以这么说,没有计划和准备,就是正在计划和准备失败。你是否也正在计划失败呢?当然,没有人愿意计划失败,但是,你可能经常犯这样的错误——没有准备。

成功的人都善于规划自己的人生,他们知道自己要达成哪些目标,并且拟订一个详细计划,把所有要做的事都列下来,按照先后顺序排列,依照先后顺序来做。

俾斯麦是德国近代史上杰出的政治家和外交家,被称为"铁血宰相"。他做事情,经常会做很长时间的准备,甚至在几年前就有所考虑。他在估计到事件的价值及变化情况后,便小心谨慎地做多方面的设计,思考多种可能出现的情况，再规划适当的路线，在计划制订以后就选择适当的时机全力以赴地去做。这让他取得了巨大成功。

机遇偏爱那些有所准备的人。人生需要把握机遇，所以当机遇来临时，必须多去尝试。但是，若没有充分的心理准备和条件准备，即使再好的机遇也会溜掉。机遇一旦失去，便难以找回。

有些人一味地把自己的不如意归结为"运气不好"，但这只是在给自己找借口。如果你在失败者的队伍中询问他们失败的原因，大多数人会说，他们失败的原因是没有机遇，没有人帮助，没有人提携。他们还会说，优秀的人太多了，高级别的职位已被别人占据，已被别人捷足先登，所以他们毫无机遇了。

能够成功的人绝不会如此推脱。他们默默工作，从不怨天尤人；他们稳扎稳打，从不指望别人的帮助；他们充分准备，从不充满幻想。他们依靠的是自己。

有些人在等待着机遇，以至于成为一种习惯，这是件很可怕的事。工作的热情与精力，就在等待中逐渐消磨了。那些不肯工作而只会胡思乱想的人是根本看不到机遇的，只有那些勤恳工作、奋发向上的人才有看见机遇的可能。

无论当多大的干部、管理多大的团队，一个领导如果做事没有充分准备，临时抱佛脚，那么不是草率从事，就是侥幸从事，最后的结局多是不妙的。

二、方向正确后，方法便为王

准备充分还要方法对路。工作方法的好坏是反映领导干部领导水平和领导艺术水平高低的一个重要标志。没有好的工作方法，一切美好的理想和宏伟蓝图都只能是虚无缥缈的海市蜃楼。因此，领导干部要努力改进工作方法。

正确的领导方法，能够赢得人民群众的认同、支持和拥护，增强党在群众中的凝聚力、向心力、感召力，顺利完成各项任务；而错误的领导方法，可能造成失误、激化矛盾、增大风险,给事业带来损害。

我们党历来重视领导方法,包括思想方法和工作方法问题,总是不断地强调要围绕党的中心工作改进领导方法。毛泽东同志强调要"注意工作方法"。他说:"一切工作,如果仅仅提出任务而不注意实行时候的工作方法,不反对官僚主义的工作方法而采取实际的具体的工作方法,不抛弃命令主义的工作方法而采取耐心说服的工作方法,那末,什么任务也是不能实现的。""当着革命的形势已经改变的时候,革命的策略,革命的领导方式,也必须跟着改变。"

现在,一些领导干部的工作方法存在种种问题,这应引起我们的足够重视。一是形式化。有的领导者不考虑实际内容和效果的需要,在形式上好大喜"花",一味追求大场面、大规模、大投入,标新立异,其结果是把有用的形式推向了反面。二是单一化。上级部署什么工作,搞什么活动,下边就照本宣科,缺乏创造性。三是雷同化。一些领导干部热衷于照抄照搬外地的经验和做法。四是程式化。对工作不看内容不管对象,全是开会传达,以会议贯彻会议,缺乏具体有效的落实措施,只当"收发员"和"传声筒"。五是表面化。不是从如何做好工作的角度想问题,而是为应付上级的检查而做表面文章,博得虚假的荣誉。六是两极化。思维方法和工作方法上的片面性和绝对化其实是非此即彼的思维模式,这种走极端的习惯做法是影响工作落实的一个突出障碍。譬如,一强调工作要活跃,就滥发文件乱开会,搞大轰大嗡;一提倡工作要扎实,就连必要的会议也不开,该发的文件也不发。这种忽左忽右、非左即右的极端化做法,必然使下级左右为难、无所适从。

工作内容、现实生活是丰富多彩的,工作方法也应是灵活多样的。各级领导干部要多学一些唯物辩证法,要因人、因事、因时、因地而异,具体问题具体分析,创造性地开展工作。下面介绍几种在领导工作中常用的工作方法,以供借鉴。一是"弹钢琴"的工作方法。在工作中,既要突出重点,又要兼顾全面,分清轻重缓急,讲究文武之道。要抓重点、抓大事,同时调动各方面有利因素,弹奏出一曲美妙的工作乐曲。在日常工作中,听汇报、审文件、出席会议、处理问题、接待客人等都要妥善协调安排，以及时有效地完成各项任务。二是以点带面的工作方法。以点带面的方法实际上是一种典型引路的方法，即将工作中出现的亮点和有代表性的方法、经验推广开来，让大家学习，从而把全部的工作带动起来，完成工作目标和任务。三是抓两头带中间的工作方法。即充分发扬好的一面，同时揭示差的一面，通过好的方面的经验和不足方面的教训，正反对比，得出好的工作方法，最终将工作整体推进，实现工作全面进步。四是调查研究的工作方法。领导干部在作决策和贯彻决策的时候，都要按照实事求是的思想路线，深入实际、深入生活，进行广泛的调查研究，搞清楚事情的过程和脉络、现状和问题、经验和教训。毛泽东同志曾经说过，没有调查，没有发言权。坚持调查研究，就是坚持领导方法的唯物主义。五是统筹兼顾的工作方法。在以科学发展观统领经济社会发展的时候，在坚持全面协调可持续发展的时候，必须做到把握全局、统筹兼顾，防止片面性。要全面地看问题，防止片面性；要辩证地看问题，以联系的而不是孤立的观点看待发展；要历史地看问题，以长远的眼光谋划发展，把经济社会的发展看作一个前后相关的过程，不以牺牲后代人的利益为代价，保证一代接一代地永续发展。六是综合协调的工作方法。现代领导干部的一项重要工作就是综合协调处理各方面的关系，包括工作关系、人际关系等。要全面处理好这些关系，既要把握灵活性，更要把握原则性，坚持实事求是的根本准则，做到把握实情不乱套、坚持原则不违规、灵活变通不违纪、办事成事不走邪、脚踏实地不上当，真正把关系协调到位，把工作落实到位。

准备充分与方法对路是领导干部顺利实现领导目标、推动各项事业向前发展的重要手段和工具。作为领导干部，一定要精心谋划，准备充分；同时讲究艺术，方法对路。只有这样，才能不辱使命，为事业发展作出应有的贡献。

第十一节 | 领导者自身理当和谐发展

"通则不痛，痛则不通"说的是人自身和谐的问题。同理，作为一名现代领导者，也必须具备七个方面的要素，即信念、知识、经验、眼界、胸怀、能力、作风。这就好比人体七窍，只有七窍皆通，人的身体才能健康；只有七个方面的要素俱全，才能构建自身的和谐，实现和谐发展，成为一名合格的、优秀的乃至卓越的领导者；也只有造就了一大批高素质的干部队伍，我们党的事业才能真正兴旺发达。

一、坚定的信念

理想是人生的目标，信念则是对人生目标的崇奉程度。一个人的人生目标能不能恒久和达成，取决于对目标的追求是否执着，即是否具有坚定的信念。信念如灯，它能给一时还在黑暗中摸索的人们带来希望和光明，也能给在困难中前进的人们以勇气和力量。共产党人以马克思主义的科学理论为依据，基于对人类社会发展规律的正确认识，把实现共产主义作为自己的奋斗目标，确立了为共产主义奋斗终身的信念。新时代，领导者必须志存高远，用习近平新时代中国特色社会主义思想武装头脑，树立正确的世界观、人生观、价值观，树立坚定的共产主义信念。新时代，领导者必须树立崇高的理想信念，坚定对共产主义的信仰，坚定对中国特色社会主义的信念，必须坚定对中华民族伟大复兴的信心，从而以强大的精神动力认真履行自己的职责，为党、为人民辛勤工作。

二、渊博的知识

知识是人们在学习和实践中获得的认识、信息和经验的总和。从无知到有知识,知识由少到多、由浅入深、由片面到全面的不断运动,是人类思维发展的基本过程。当今世界,一个民族的文化素质和知识水平的高低,已经成为衡量一个国家综合国力的重要指标。

毋庸置疑,知识是人们修身立业之本,是人们生活和工作的工具与条件。的确,一个人掌握的知识越多,对客观规律的认识就会越深刻,工作就越具有探索性和创造性。作为一位现代领导者,倘若知识贫乏,那么,他对内则不能修身正心,难以树立正确的世界观、人生观、价值观;对外则不能审时度势、分清主次,往往会造成决策失误,给党和人民的事业带来不可估量的损失。

现代领导者常常要面临复杂的宏观和微观形势,这要求其必须具有广博的知识,不仅要懂得一些自然科学的知识,还要具备相当丰富的社会科学的知识。要具备渊博的知识,并非一朝一夕之事,而需锲而不舍之功。知识日新月异,学习就必须持之以恒。领导者必须善于利用有限的时间,学会抓住中心、突破重点,获得相对丰富的知识;同时,还要善于将学到的知识加以运用,这样才能把知识转化为能力,真正为我所用,而不至于成为"纸上谈兵"的书呆子。

三、丰富的经验

经验是指从实践中得来的知识或技能,是人们在实践中对客观事物的感性认识和体验,可操作性强,是工作中最用得着的东西。"老马识途"这个成语,就是比喻富有经验的人熟悉情况,容易将工作做好。领导者经验丰富,面对许多曾经经历过、接触过的困难和问题,就会成竹在胸,临危不乱,镇定自若,不至于张皇失措。

经验可以分为直接经验和间接经验。间接经验是指来源于书本上的和他人的东西。对于它们,既要学会思考,又要结合自己的工作实际,去粗取精,去伪存真，既不全盘加以接受，又不一概予以排斥。直接经验则需要自己不断地实践，不断加以总结和积累，它包括对正反两个方面的经验加以总结。总结经验是实现主观与客观、理论与实践相结合的关键环节。客观实际总是不断发展变化的，新情况、新问题层出不穷，只有高度重视并善于总结经验，才能揭示客观事物的规律性，使经验上升为理论，进而做到按客观规律办事。重视和善于总结经验，是我们党的优良传统。在实际工作中，领导者要注意克服两种不良倾向：一是不重视实践，不善于总结和运用经验，从而导致工作效率低下；二是凡事凭经验，唯经验是从，犯经验主义的错误，也就是太相信自己过去的成功经验，并把它当成放之四海而皆准的"真理"，结果陷入了误区。

四、开阔的眼界

眼界是指所见事物的范围、见识的广度。理查德·米尔豪斯·尼克松在《领袖们》一书中写道："领袖人物一定能够看到凡人所看不到的眼前利害以外的事情。他们需要站在高山之巅极目远眺的眼力。"眼界开阔不开阔，直接反映一个人的见识和素养，直接反映一名领导者的水平和境界。

眼界开阔的人观落叶而知秋、窥一斑而见全豹，眼界狭窄的人坐井观天、夜郎自大；眼界开阔的人磊落坦荡、志存高远、豪情万丈，眼界狭窄的人斤斤计较、蝇营狗苟、鼠目寸光。领导者一定要有战略眼光和大局意识，把握大局、顾全大局，才能够驾驭全局。眼界高远的领导者不会为个人私利争高下，不会为眼前利益论短长，而是着眼未来，掌握全局，运筹于帷幄之中，决胜于千里之外，有"采菊东篱下，悠然见南山"的潇洒，有"山临绝顶我为峰"的倜傥。

那么，如何才能使人眼界开阔呢？一是多读书，二是善观察，三是勤思考。读书能使人开阔眼界。许多没有了解的知识，从书中可以尽情汲取；许多难以解决的问题，从书中可以找到答案。读书使人耳聪，读书使人目明，读书使人自信，读书使人成功。观察是解决问题的钥匙，观察问题的能力是领导者领导水平的重要体现。在创新发展的大潮中，领导者需要不断校正观察视角，形成正确的看法。要从政治上观察问题，把握复杂局势，保持政治敏锐性，在大是大非面前立场坚定、旗帜鲜明。要从全局角度观察问题，把立足点定高一点，把视野放宽一些，自觉摆脱名利思想，走出个人和单位的"小圈子"，始终坚持以党和人民的利益为中心。要从细微处观察问题，善于捕捉细节，当新的问题刚刚出现苗头和倾向时，就能准确地预见到发展结果，做到早发现、早认识、早解决。思考是实施科学决策的"桥梁"。作为领导者，在复杂的形势面前，只有深入思考，才能科学判断形势，把握主流和本质；只有深入思考，清理工作思路，找准切入点，才能提出解决问题的真知灼见。

五、博大的胸怀

胸怀与思想、气量有关，是人们对待世间万物的气量和风度。胸怀是否宽阔，是一个人的人生志向和抱负能否实现的关键环节，是一名领导者人品和官德的重要体现。

博大宽广的胸怀，并不是天生就有的。它是知识、智慧、人格、品德、情操相结合的产物，它需要陶冶、磨砺、滋润和追求，它是一种生活给予和回报生活的良性循环。

古人常以"宰相肚里能撑船"来比喻做官者的博大胸怀。作为领导者，胸怀是一种宠辱不惊、笑看庭前花开花落的倜傥和洒脱，是一种猝然临之而不惊、无故加之而不怒的智慧和定力。胸怀博大的领导者，视名利淡如水，遇挫折不灰心，逢得意不轻浮，急难处仍从容，对待事物"不以物喜，不以己悲"，对待名利"得之淡然，失之泰然"，待人处世"退一步海阔天空"。胸怀博大的领导者，能够容人、容事、容言，公道正派、珍惜团结，具备顾全大局的风范，具有正确对待职务的良好心态。不管职务高低、大小，进退去留，都把干事业看得重于个人官位，无论什么时候都能保持一颗积极向上的心态，处在高位时不沾沾自喜，处在低位时不心灰意冷。

六、高超的能力

能力是指人们认识世界、改造世界的实际才干和本领。领导工作得失成败涉及诸多因素,但领导能力是关键因素之一。没有高超的能力,美好的理想、良好的愿望终归只能是海市蜃楼般的幻影。

我们党一直将领导者的能力建设摆在十分重要的位置,并逐渐形成了"能者上,庸者下"的用人机制,一大批"能干事、肯干事、干成事"的领导者已经充实到我们的各级领导班子。领导者要不断加强自己的思想修养,丰富自己的知识,树立正确的执政理念,并勇于实践。正确的执政理念只有付诸实践才有意义,最终体现出能力的价值。历史上许多杰出人物之所以表现出惊人的才能、创造出伟大的成就,无不是应社会历史的要求积极参加变革实践的结果。

七、优良的作风

作风是指人的工作态度、生活品行等方面的一贯表现。中华民族是一个重视修养的民族,"先做人,后做官""欲正人,先正己""政者,正也"历来就是中国人的基本政治信条。"金奖银奖,不如老百姓的夸奖;金杯银杯,不如老百姓的口碑",充分说明新时代领导者必须树立优良的作风。

中国共产党自建党之日起,就重视作风建设。70多年的社会主义革命和建设的实践也表明,党风问题,尤其是领导者的作风问题,是事关党的生死存亡的大问题。我们党在革命、建设和改革的各个历史时期,形成了许多优良的作风,比如,艰苦奋斗的作风、公道正派的作风、理论联系实际的作风、密切联系群众的作风、批评和自我批评的作风、谦虚谨慎的作风、深入实际调查研究的作风。具体来说,领导者应该做到勤政为本、廉洁立身,从实际中取得发言权和领导权,重实际、说实话、办实事、求实效,坚决反对形式主义、官僚主义和弄虚作假,追求高尚人格,树立公仆形象。

第十二节 | 如何实现可持续发展

所谓领导干部的可持续发展,并不是指领导干部职务持续升迁,而主要是指领导干部能够始终拥有正确的世界观、人生观和价值观,能够长久保持稳健的态势,能够紧跟时代和社会发展步伐,长期保持共产党人的蓬勃朝气、昂扬锐气、浩然正气,矢志不渝地为人民群众掌好权、用好权,并且能够成为学习型领导干部,领导能力不断增强,进而在群众中保持较高的认可度和公信力,从而不断实现自己的人生价值。可持续发展的领导干部,没有自私自利的观念,没有因循守旧的习气,没有马失前蹄的危险,没有本领缺失的恐慌,真正走得稳、走得好。

领导干部的可持续发展是内因和外因综合作用的结果。所谓外因,就是指良好的外部环境,它是领导干部实现可持续发展的基本保障。这种外部环境由三个方面组成。一是科学的选拔制度。人才的选拔,尤其是优秀领导干部的选拔,必须通过合理的制度来保障。二是健康的用人机制。组织上公平的竞争环境,为干部的健康成长注入了强大的驱动力。三是有效的干部监督制约机制。组织上建立一套有效的监督制约机制,可以帮助领导干部及时纠正自己错误的观念、错误的行为。这既是对人民群众负责,也是对领导干部最好的保护。只培养不使用是对人才的最大浪费,只使用不培养是急功近利的短视表现,只使用不监督是对人才最大的不负责任。只有把培养、使用和监督有机结合起来,营造一种以人为本、公平竞争、整体和谐的外部环境,才有利于领导干部实现可持续发展。领导干部可持续发展的内因,主要是指他们自身的素质和能力。从自身的素质和条件而言,一个可持续发展的领导干部,应当是一个有理想、讲道德、勤学习、善总结、敢创新的优秀领导干部。

一、树立远大理想是领导干部实现可持续发展的根本动力。理想有多大,人生之路就有多远。领导干部成长的根本动力源自远大的理想。远大理想激励着他们始终对党忠诚,为国家和人民无私奉献自己的一切。领导干部必须树立为人民服务的远大理想,把个人的追求融入党和人民的事业中,为民族和人民的根本利益而不懈奋斗;把"为官一任,造福一方"作为自己永远的追求,把锐意进取、不断奉献作为人生最快乐的事情,从而不断实现自己的人生价值,不断赢得组织、领导和群众的认可,最终实现可持续发展。那些把当官做老爷作为自己的人生理想、把实现自己的野心作为不懈追求的领导干部,一心研究官场"潜规则",只做表面文章,欺上瞒下,最终导致政绩工程、形象工程、形式主义、官僚主义的出现,这样的领导干部不可能实现可持续发展。

二、加强自身修养是领导干部实现可持续发展的前提条件。一个缺乏自身修养的人,必然失去做人的基石;一个缺乏自身修养的领导干部,必然失去可持续发展的基础。德才兼备,以德为先。先修身才能齐家治国平天下。领导干部加强自身修养,首先,要加强道德修养。某世界500强企业有这样一个用人理念:有德有才大胆使用,有德无才培养使用,无德有才监控使用,无德无才坚决不用。德是才的灵魂,水平再高的人没有良好的道德修养也只能算是"小人"。领导干部中的"小人"是不太可能持续发展的。其次,要提升自律能力。自律最能体现一个人的素质。自律意识强的领导干部,能够模范遵守党纪国法,实行自我监督;自律能力强的领导干部,不管地位有多高、手中的权力有多大,都能时刻保持清醒的头脑,时刻清楚自己的角色和身份,时刻清楚自己肩负的责任和使命。再次,要不断开阔胸襟。心胸狭窄的领导干部,无法接受下属、同事甚至上级的长处,无法忘记恩恩怨怨,只会琢磨人、不会琢磨事,其结果是既耽误了工作,也影响了自己的发展。心胸宽广的领导干部,必然能淡泊名利,坦然面对荣辱得失,在困难和挫折面前不唉声叹气,不怨天尤人,始终能相信组织、相信群众、相信自己,永不放弃。

三、刻苦学习是领导干部实现可持续发展的阶梯。提高自身的德与才，提高自身的素质与能力，必须不断地学习和思考。一些干部走上领导岗位之前，还是比较注重学习的；走上领导岗位之后，学习的积极性和主动性反而降低了。个中原因自然很多，比如，工作忙了、应酬多了，这些的确在一定程度上影响了他们的学习，但主要的还是一些干部做了领导之后，认为自己什么都懂了，什么都比别人强，不需要学习了，从而有意无意地放松了学习，或者一味强调工作繁忙无时间学习，并且热衷于迎来送往、拉关系、跑门子，没有把心思放在学习上。学海无涯，领导工作本身是一门高深的学问，领导干部不仅需要学习，而且需要加倍努力学习。所以，领导干部一定要好读书，始终保持旺盛的求知欲，把工作以外的剩余时间和精力都放在学习上；要读好书，多读马克思主义及其中国化时代化的最新成果，以及其他社会科学和自然科学方面的读物，不断丰富自己的头脑和思想，逐步改善自己的知识结构；要善读书，养成边学习边思考的习惯，做到融会贯通，把学到的知识与自身的实际结合起来，并逐步转化为指导工作的能力。要防止和克服浅尝辄止、片面主义，以及理论脱离实际的倾向。为什么一些领导干部在领导实践过程中，创新性的工作少、亮点少？原因就是深入思考少。优秀的领导干部一定是学习型领导干部。领导干部要实现可持续发展，就应当自觉养成在学习状态下工作、在研究状态下工作的习惯。

四、善于创新是领导干部实现可持续发展的重要依托。没有创新就没有突破，不能与时俱进就只能被淘汰。工作上缺乏创新精神、总是追求四平八稳的领导干部很难实现可持续发展。领导干部必须培养敢为人先、奋力进取的创新精神。要以强烈的革命事业心、政治责任感、历史使命感和时代紧迫感，以敢于超过前人、永不满足现状的拼搏精神，以敢闯、敢试、敢冒风险的大无畏勇气，战胜前进中的一切困难。要善于培养自己的创新思维。不同的思维方式，决定着不同的行为过程和工作水平，也决定着不同的工作效果。如果思维方式上做不到破旧立新，创新就是一句空话。领导干部要用马克思主义的认识论指导、创新思维方式，努力做到变封闭思维为开放思维，变保守思维为开拓思维，变滞后思维为超前思维，变静态思维为动态思维，变单向思维为多向思维，大胆开拓新思路，寻找新视角，提出新创见。要主动到实践中去寻找创新的灵感。领导干部必须深入基层、深入群众，不断从实践和群众中汲取营养，把人民群众好的想法、好的做法加以收集并提炼，不断上升为理论成果和制度成果，以更好地指导实践。整天呆坐在办公室里凭空想象，对创新来讲毫无意义。那些不愿意到基层去、不愿意到人民群众火热生活中去的领导干部，永远无法了解最基本的情况，所谓创新必将成为无源之水、无本之木，最终将无果而终。

五、善待机遇是领导干部实现可持续发展的必要功课。有人说，机遇可遇不可求。这是弱者对人生的叹息。有一些领导干部看到别人进步，就认为那是别人的命运好、机遇好，从来不去反省自己是否有别人那样的能力和本领，是否有别人那样的勤劳和刻苦，是否有别人那样的努力和进取。事实上，对每个人来说，多一分本领就多一分机遇，多一分责任心就多一分机遇，多一分成绩就多一分机遇。有的人做事是为了做官，一事当前，先掂量这件事情能否增加自己的政绩，能否给自己带来升官发财的机会。有这种想法和这种行为的人，很少有真正的机遇。相反，那些一心只为民办事的领导干部，他们的机遇往往不期而至。领导干部要善于在努力拼搏中创造机遇，善于在真抓实干中赢得机遇，使自己在机遇中成长，在成长中成事，在成事中成才。机遇对每个人都是公平的，机遇只给有准备的人。机遇抓早了不行，抓晚了也不行，要抓得恰到好处。

六、创造良好的环境是领导干部实现可持续发展的重要因素。领导干部实现可持续发展，主观努力是第一位的。可是，有些领导干部喜欢把自己取得的成绩和进步完全看成是自己努力的结果，完全认为是顺理成章的事情，他们忘记了同志们的支持，忘记了领导的培养，忘记了组织提供的良好平台。实际上，任何一个领导干部个人的力量都是有限的，没有单位领导的培养和信任，没有群众的支持和拥护，是不可能健康成长的。创造良好的环境是领导干部实现可持续发展的重要因素。要着眼全局、立足岗位，努力做好自己的本职工作。要重视团结，重视协调，重视形成合力。团结是大本事,求稳、求和是行之有效的方法。要善于处理与上级、下级和同级的关系。对待上级,要不折不扣地落实上级的部署和要求,关键时刻要敢于说真话;对待下级,要树立共同进步的观念,引导下级把精力和注意力放在工作上,放在事业上;对待同级,要坦诚相处,与人为善,赢得同级的尊重和认可。

七、保持身心健康是领导干部实现可持续发展的基础。没有健康就意味着没有一切。面对工作上的巨大压力,领导干部如果没有健康的身心,必将难以胜任自己的工作,实现可持续发展也就失去了基础。因此,领导干部首先要有健康的心理。要明确自己的价值期许,不断地反思自己的过失,及时调整自己的心态,树立合理的人生目标,始终做到不骄不躁,始终对工作充满激情、对同志充满友爱、对自己充满信心。其次,要有强健的体魄。身体素质是最基本的素质,是其他素质赖以存在和发展的基础,是做好领导工作的本钱和开拓创新的载体。领导岗位是一个工作量繁重的岗位,领导职业是一个高难度的职业,要做好领导工作,必须拥有健康的身体、充沛的精力。总之,领导干部要注重工作生活的规律性,注意加强锻炼,使精神和身体处于最佳状态,切实做到身体健康、心理平和、情绪愉悦,从而为实现可持续发展打下坚实的基础。

第十三节 | 领导干部必须卓有成效地开展工作

事业兴衰,关键在党,关键在人,关键在干部。领导是权力与责任的统一体。在其位、谋其政,履其职、尽本分,担其责、成其事,是对领导干部的基本要求。党章对各级领导干部提出明确要求,党的干部是党的事业的骨干,是人民的公仆,必须卓有成效地开展工作,讲实话,办实事,求实效,反对形式主义。责任重于泰山,使命高于一切。中国特色社会主义进入新时代,各级领导干部只有卓有成效地开展工作,才能全面推进强国建设、民族复兴伟业。

一、领导干部责任重大使命光荣

马克思曾说,作为确定的人,现实的人,你就有规定,就有使命,就有任务。习近平总书记在第十二届全国人民代表大会第一次会议上说:"我深知,担任国家主席这一崇高职务,使命光荣、责任重大。我将忠实履行宪法赋予的职责,忠于祖国,忠于人民,恪尽职守,夙夜在公,为民服务,为国尽力,自觉接受人民监督,决不辜负各位代表和全国各族人民的信任和重托。"对领导干部来说,领导就是服务,干部就是表率,岗位就是责任,事业就是使命,而且岗位越重、职位越高,责任就越大,要求也就越高,只有始终坚持高标准严要求,卓有成效地开展工作,才能不辜负党和人民的重托。

领导干部是特殊职业、特殊岗位,责任重于泰山。领导干部的职业不同于其他职业,领导干部的岗位也不同于其他岗位,是党和人民赋予的行使公权力的特殊职业,是通过行使公权力为党分忧、为国尽责、为民奉献的特殊岗位，这个职业、岗位直接关系到党的基本理论、基本路线、基本方略的贯彻落实，直接关系到人民群众对美好生活向往的实现。领导干部的职业和岗位不是一种待遇、一种享受、一种炫耀，而是一种责任。责任意味着付出、意味着奉献、意味着担当。选择了当领导干部，就是选择了吃苦在前、选择了大公无私、选择了勇于承担，必须以更高标准更严要求约束自己，卓有成效地履职尽责。习近平总书记强调："干部就要有担当，有多大担当才能干多大事业，尽多大责任才会有多大成就。不能只想当官不想干事，只想揽权不想担责，只想出彩不想出力。"领导干部手中的权力是人民赋予的，只能用来为民服务，不能用来以权谋私。作为领导干部，必须把职务当奉献，把岗位当责任，做到大公无私、公私分明、先公后私、公而忘私，严以用权、谨慎用权、干净用权。

领导干部是"关键少数"、执政骨干，使命艰巨如磐。"士不可以不弘毅，任重而道远。"领导干部作为"关键少数"，身处"关键位置"，就要有"关键作为"。领导干部是我们党的执政骨干，是党的事业的决策者、组织者、推动者和落实者，必须守初心担使命，全身心投入党和人民的事业，在本职岗位上卓有成效地开展工作。当前，就是要心无旁骛地贯彻落实好党中央和省委决策部署，全身心地自觉投入全面推进强国建设、民族复兴伟业中，创造出经得起实践、人民、历史检验的实绩。

领导干部是先锋、是模范，理当率先垂范。领导领导，既要"领"又要"导"；干部干部，就是要先干一步。领导干部的先锋模范作用是党的先进性和战斗力的集中体现。火车跑得快，全靠车头带。党章明确规定党员要带动群众为经济发展和社会进步艰苦奋斗，在生产、工作、学习和社会生活中起先锋模范作用。要吃苦在前，享受在后，克己奉公，多做贡献。各级领导干部要当好旗帜和标杆，干在实处，走在前列；各级领导机关和领导干部，尤其是中央机关和中央国家机关、高级领导干部要强化带头意识，时时处处严要求、做表率。自身硬气才有公信力，以身作则才有感召力。当前，我们正处于以中国式现代化全面推进强国建设、民族复兴伟业的关键时期，实现中国式现代化的艰巨性和复杂性前所未有。行动是无声的号令，身教是最好的榜样。作为领导干部，肩上的担子重、责任大，对社会的影响更加突出，尤其需要发挥先锋模范作用。不仅要领好航、带好路，还要带好头、作好表率，要求他人做的自己首先做到，要求他人不做的自己首先坚决不做。领导干部要不断提高执政能力和领导水平，做到"政治过硬，本领高强"，以优良党风凝聚党心民心、带动政风民风，更好地团结和带领干部群众做出卓有成效的工作业绩，推动党和人民事业的发展。

二、领导干部能够做到卓有成效

风华正茂日，正当干事时。中国特色社会主义进入新时代，每个人都享有人生出彩的机会，都享有梦想成真的机会，都享有同祖国和时代一起成长与进步的机会。新时代为实现每个人的梦想提供了广阔的空间，领导干部只要坚定信心、追求卓越、敢于胜利，就必将大有可为、大有作为、卓有成效。我们要增强自信，相信自己能够做到卓有成效。

有党的坚强领导。中国特色社会主义最本质的特征是中国共产党领导，中国特色社会主义制度的最大优势是中国共产党领导。百余年来，在党的坚强领导下，各级领导干部以党的旗帜为旗帜、以党的方向为方向、以党的意志为意志，带领广大干部群众取得了举世瞩目的辉煌成就。特别是党的十八大以来，在以习近平同志为核心的党中央坚强领导下，各级领导干部以上率下、发挥"头雁"作用，用卓有成效的工作带领广大干部群众团结一致、艰苦奋斗，推动我们党解决了许多长期想解决而没有解决的难题，办成了许多过去想办而没有办成的大事，推动党和国家事业取得历史性成就、发生历史性变革，充分彰显了社会主义制度的优越性。领导干部始终对党忠诚，坚决维护党的领导，在党言党、在党爱党、在党护党、在党为党，自觉在思想上政治上行动上同以习近平同志为核心的党中央保持高度一致，从事的事业就有了根本保证，前进的道路上就有了主心骨，就能战胜一切困难和风险，创造出更加卓有成效的工作成绩。

有组织的严管厚爱。干部成长，一靠个人努力，二靠组织培养。担当尽责的好干部是组织精心培养选拔出来的，也是组织真诚关爱成长起来的，更是组织严格管理监督出来的。领导干部都是党的干部、党组织的一员，组织是最大的靠山，干任何工作都离不开组织的关心、培养、爱护和支持。有人测算过，培养一名优秀的飞行员要花费与其体重等量的黄金，而组织培养一名干部特别是领导干部倾注的物力人力精力更大，很不容易。我们干部从参加工作的第一天起，就接受着组织的培养、锻炼和挑选，在组织给予的平台和舞台上，不断地摸爬滚打，经风雨、见世面、壮筋骨、长才干。有思想困顿，组织给予释疑解惑；有生活困难，组织给予排忧解难；有工作难题，组织给予支持帮助。严管也是厚爱。严管是激励的基础、保障，激励是严管的出发点、落脚点，两者相辅相成、辩证统一。组织按照严管和厚爱结合、激励和约束并重的要求，旗帜鲜明为敢于担当者担当、为敢于负责者负责，以实际行动保护担当者、宽容失误者、支持干事者，激励领导干部心怀感恩，想干事敢干事；确保领导干部心有戒惧，干成事不出事。领导干部只要自觉做到思想上认同组织、政治上依靠组织、工作上服从组织、感情上信赖组织，就必定能取得卓有成效的工作业绩。

有人民群众的拥护和支持。"群之所为事无不成，众之所举业无不胜。"人民群众拥护和支持是我们干事创业最可靠的力量源泉。我们党自诞生那天起，就代表着最广大人民群众的根本利益。正因为如此，才能赢得人民群众的衷心拥护与大力支持，也才能取得革命、建设和改革事业的不断胜利。在我们前进的道路上有许多困难和问题，究竟从哪里入手去解决问题，依靠什么去战胜困难？从不同的角度可以谈出不同的思路和方法来。但根本的一条，就是要发动群众，依靠群众。这就要求我们的各级领导干部要深入实际，深入群众，坚持从群众中来到群众中去。不懂得或不坚持这样做，没有这样一套基本功，就不是一个称职的领导干部。领导干部只要始终坚守以人民为中心的发展思想，始终坚持人民主体地位，始终尊重人民的首创精神，时刻铭记党的根本宗旨，把人民放在心中最高的位置，把为人民服务作为工作职责，把为群众奉献视为终身追求，把思想感情真正融入群众的血脉里，老老实实地做人民的公仆，就必定能够得到群众拥护，从群众的实践中汲取营养、获得真知，从群众中获得源源不断的力量支持，从而增长领导才干、积累实践经验、加快政治成熟,更加卓有成效地开展工作。

有领导干部自身的努力奋斗。习近平总书记指出,干部干部,干是当头的,既要想干愿干积极干,又要能干会干善于干,其中积极性又是首要的。领导干部不仅要想干事、肯干事、敢干事,还要会干事、能干事、干成事,特别是对事业要始终保持奋发进取的精神状态,不仅仅是上级推着干、群众推着干,首先是自己要始终充满激情、充满干劲,这样去干事业,才能更加主动、更加自觉。崇尚奋斗、积极进取是领导干部鲜明的政治品格。我们党之所以能够团结带领全国各族人民取得革命、建设、改革的伟大胜利,正是因为无数干部凭着勇于奋斗、不懈进取的精神,攻克了一个又一个看似不可攻克的难关,创造了一个又一个彪炳史册的人间奇迹。新时代是奋斗者的时代,幸福都是奋斗出来的,新时代的领导干部更应具有奋斗精神。因为我们肩负着实现中国梦的使命,因为我们拥有一颗为民服务的初心,奋斗就是领导干部前进的步伐。新时代的领导干部只要一直保持昂扬向上的精气神,永不懈怠、永不自满,锐意进取、奋勇拼搏,撸起袖子加油干,苦干实干拼命干,增强执政本领,自觉把"奋斗精神"落实到本职岗位上,落实到改造主观世界和客观世界上,就一定能够书写时代伟业,创造美好生活。

三、领导干部如何做到卓有成效

领导干部担任的是国家公职,掌握的是国之公器,角色的重要性决定了其必须履职尽责,而干事就是最真实、最具体的体现。要卓有成效开展工作,必须掌握科学的"方法",把心思集中在想干事上,把责任体现在敢干事上,把才气展现在会干事上,把目标落实到干成事上。

一是要拥有正确的世界观和科学的方法论。世界观是人对世界的总体看法和根本观点;方法论是关于方法的理论,指导人们用什么样的方式、方法来观察事物和处理问题。一个人的世界观决定其人生观,人生观决定其政治观,有什么样的政治观,就有什么样的价值观。方法论是方法的方法,是管总的。概括地说,世界观主要解决"是什么"的问题,方法论主要解决

"怎么办"的问题。世界观与方法论是辩证统一的。马克思主义既是科学的世界观，又是科学的方法论，是科学的世界观和方法论的统一。马克思主义是做好一切工作的"看家本领"。有什么样的世界观和方法论，就有什么样的思维方式和行为尺度。世界观、方法论是"总开关"，管根本、管长远，决定人们的思维、态度和价值、行为。马克思主义是"望远镜"，帮助人们看得更远，使人们从长远战略全局的高度看问题；马克思主义又是"显微镜"，帮助人们看得更深，使人们透过现象看本质。当前，世情国情党情正发生深刻变化，作为领导干部，要坚持读马克思主义经典、悟马克思主义原理，不断提高马克思主义理论修养，用辩证唯物主义和历史唯物主义的世界观和方法论分析判断形势，在错综复杂的环境中始终保持清醒头脑和坚定信念，从容应对各种风险和挑战，掌握工作主动权，实现工作卓有成效，始终站在时代前列。习近平总书记强调，"领导干部无论从事什么工作，最紧要的是掌握科学的世界观和方法论，把思想方法搞对头，这能增强工作的全面性、系统性、战略性和创造性，也能不断开创工作新局面"。作为领导干部，要坚持用当代的马克思主义、21世纪的马克思主义——习近平新时代中国特色社会主义思想武装头脑，不断深刻领悟"两个确立"的决定性意义，增强"四个意识"、坚定"四个自信"、做到"两个维护"。要坚持科学思维，不断增强运用战略思维、创新思维、辩证思维、底线思维和法治思维看待问题、分析问题、解决问题的能力和水平。要熟练掌握运用唯物辩证的方法，重点掌握"一分为二法""解剖麻雀法""弹钢琴法""牵牛鼻子法"等，不断提高干事创业的本领。

二是既要有理想，又要接地气。理想指引人生方向，信念决定事业成败。习近平总书记指出："没有远大理想，不是合格的共产党员；离开现实工作而空谈远大理想，也不是合格的共产党员。"领导干部一定要有理想，在为社会多做事多作贡献中体现自己的价值，为党争光，做人民的公仆。领导干部光有理想还不行，有理想有追求仅仅只是第一步，要想做出卓有成效的工作业绩，成就一番事业，必须接地气，一切从实际出发，遵循规律说话办事，讲话要接地气，作报告要接地气，写文章要接地气，做事情也要接地气，将远大理想转化为切实行动,用理想之光照亮奋斗之路,用实干之力开创卓越未来。心中有追求,行动有力量。革命理想高于天。对马克思主义的信仰,对社会主义和共产主义的信念,是共产党人的政治灵魂,是共产党人经受住任何考验的精神支柱。领导干部有了这样的理想信念,就有了立身之本,站位就高了,眼界就宽了,心胸就开阔了,就能更自觉地为党和人民的事业努力工作,真正做到"生命不息,奋斗不止"。一个人有了崇高理想,不一定就能做成惊天动地的大事,但是没有理想、没有追求,必定碌碌无为、一事无成。领导干部作为党和人民事业的主心骨,必须把坚定理想信念作为永不结业的必修课,永远保持对远大理想和奋斗目标的清醒认知和执着追求;必须志存高远、奋斗不息,树立为民服务的志向、为国奉献的志向、为党添彩的志向,在奋斗中实现人生价值;必须强化标准意识,向着一流目标,高标准严要求担好党和人民赋予的每一项职责。既要务虚,又要务实。一个行动胜过一打纲领。理想信念是具体的、实在的,不是脱离实际的空想,更不是幻想和妄想。如果我们干工作,只谈理想、只讲目标,而忽视了实干,最终只能"纸上谈兵""虚谈废务";如果过分强调"埋头拉车",忽视"抬头看路",就会陷入事务主义的泥潭。习近平同志在地方工作时指出,各级领导干部既要重务实,又要善务虚,把务实和务虚有机结合起来,就实论虚,以虚率实,才能做好各项工作,不辜负组织的信任和人民的期望。多接地气才能更有底气。领导干部做到卓有成效,既要有理想,又要有行动,把务虚和务实结合起来,把"顶天"和"立地"结合起来。要有未雨绸缪、运筹帷幄的功夫,加强系统研究,深入基层倾听民声、汇聚民意、集中民智,把问题析透、方向把准、思路搞清、目标定实。要有马上办、不过夜的执行力,雷厉风行、狠抓落实,做任何事都不推诿、不扯皮、不拖延。要有久久为功、善作善成的韧劲,以钉钉子精神干好每一件工作,一抓到底,不达目标不松劲。

三是要立足当下,始终按职能职责做事。梁启超曾经说过:"人生于天地之间,各有责任。知责任者,大丈夫之始也;行责任者,大丈夫之终也。"立足当下,履职尽责,是每一名领导干部的为政本分。做事不由东,累死也无功。如果把职能职责摆放一边，该干的没干、没干好，荒了自己的"责任田"，甚至干了不该干的事，别的"田"耕得再好，也是劳而无功。领导干部要立足此时此地的人生，立足现在正在干的事情，立足现在跟你共事、同你生活的人，按职能职责做事。该干什么就干什么。凡事有方寸，事事有规矩。按方寸、规矩办事，一个重要方面就是按职能职责办事。一个岗位有一个岗位的职能，一个职位有一个职位的职责。当领导干部，无论在什么岗位、担任什么职务，不错位、不越位、不缺位，不违规、不违纪、不违法，不多事、不误事、不坏事，这是基本要求，也是职责本分。要知责明责尽责，不仅要搞清楚当下职能职责的性质、规律、特点、要求是什么，还要搞清楚目标、具体任务、时限，更要清楚该干什么、不该干什么，能做什么、不能做什么，不能稀里糊涂，不能"以其昏昏，使人昭昭"。法定职责必须为，要认领认账。领导干部要着眼于当下，始终保持强烈的责任感，按角色办事，准确定位自己，明白职权界限，以真抓的实劲、敢抓的狠劲、善抓的巧劲、常抓的韧劲，做到守土有责、守土负责、守土尽责、守土有效。千万不可"磨洋工""混日子"，说一套做一套，更不得放弃、不得推诿、不得转嫁他人。干什么就干好什么，干了不等于干好了。领导干部既要有激情、有韧劲，更要办事管用。"办事管用"不仅要在数量上完成，还要保证质量、讲究效果。领导干部不仅要履职尽责，还要干出彩、干出色、干出成效。要严肃严格严谨地对待每一项工作，切不可松松垮垮、麻痹大意、草率行事，不能放过任何一个疑点，不能忽视任何一个细节，确保每一个问题都解决好，每一项任务都完成好。要精准精细精心对待每一件事情，力求做到极致、做成精品，杜绝"差不多""过得去"，追求最完美，切不可大而化之、"大呼隆"、一刀切。要把"严细实"贯穿工作的全过程，求真务实，真抓实干，坚定信心不动摇、咬定目标不放松、落实责任不松劲、转变作风不懈怠，力戒形式主义、官僚主义，不玩"数字游戏"，不搞"形象工程"。

四是要学到老、改造到老。周恩来同志一直以"活到老、学到老、改造到老"为座右铭，在45岁时还自订了《我的修养要则》，一生都在不断学习提高和自我改造中前行，为我们树立了光辉的榜样。领导干部只有坚持把

"学到老,改造到老"作为终身的追求和毕生的课题,使之成为无须提醒的思想自觉和行动自觉,才能不断完善自我、升华自我,为卓有成效开展工作打牢根基。学习是终身的追求。学习是文明传承之途、人生成长之梯、政党巩固之基、国家兴盛之要。我们党依靠学习创造了历史,更要依靠学习走向未来。与今天党和国家事业发展的要求相比,我们的本领有适应的一面,也有不适应的一面,如果不抓紧增强本领,久而久之,就难以胜任全面建设社会主义现代化国家的繁重任务。学者非必为仕,而仕者必为学。领导干部必须把学习作为一种生活态度、一种工作责任、一种精神追求,养成多读书、读好书的习惯,让书香浸润心灵,做到勤学善思、学有所获,不断提高自身素质和为人民服务的能力水平。必须抓住学习重点,拓宽学习领域,不断补精神之钙、固思想之元、培为政之本。必须发扬理论联系实际的学风,带着问题学,既向书本学、又向实践学,既向人民群众学、又向专家学者学,在干中学、学中干,学以致用、用以促学、学用相长。改造是毕生的课题。一个人的成长是一辈子的成长,是思想的成长、心智的成长,要不断地改造。如果学习是吸收,那么改造就是消化,就是触动思想、触及灵魂的自我革命。改造意味着自觉摒弃错误认识,以更高的水平从事新的实践活动。有些领导干部曾做出了卓有成效的成绩,但随着职务的升迁,认为"自己改造完成了,不需要改造了",放松了对自己的要求,最终不仅没有担负好党和人民赋予的职责使命,还走向了贪腐的深渊。时代在进步,社会在发展,领导干部只有坚持不懈地"改造",一直"改造"到老,才能跟上时代的步伐,才能确保自己沿着正确的方向前进。要拿出自我革命的勇气、激发自我革命的精神,敢于坚持真理、修正错误,敢于直面问题、刀刃向内,在革故鼎新、守正创新中实现自身跨越。要善于自我反思,学会"见贤思齐焉,见不贤而自省也",在不断地总结反思中查找不足,不断地"改造"自我、完善自我。要用好批评和自我批评这一有力武器,大胆使用、经常使用,勇于接受同志的批评和指正,敢于检视自身存在的问题。

五是要永葆共产党人的政治本色。本色,意即本来的样子。共产党人的政治本色,就是作为一名共产党人的本真本源。习近平总书记强调,要

"永葆政治本色"。这既是对百余年来党的建设实践经验的科学总结,又是对全体共产党人提出的谆谆告诫。对党的领导干部而言,有什么样的政治本色,就会有什么样的行事风格、工作状态,从而也就会有什么样的工作成效。政治本色是共产党人的鲜明底色。共产党人的政治本色,源于党的性质、宗旨和奋斗目标,诠释着马克思主义政党的价值追求,彰显着共产党人的品格风范,是衡量一名共产党人是否变质、是否褪色、是否贬值的试金石。正如金子的本色决定了它的价值,政治本色是共产党人政治生命的基因,是党生生不息、发展壮大的本源,是党的事业枝繁叶茂的根系。一代代中国共产党人前赴后继,不屈不挠,在危难中披荆斩棘、奋勇抗争,在和平年代居安思危、发愤图强,使我们党在血与火的洗礼、苦与难的考验中,带领中华民族迎来了从站起来、富起来到强起来的伟大飞跃,靠的就是百炼成钢、历久弥新的政治本色。进入新时代,面对新的历史条件和新的考验,面对党和人民的信任和重托,领导干部只有始终不渝地保持共产党人的政治本色,才能在时代浪潮中创造更加辉煌的业绩。领导干部卓有成效必须永葆政治本色。永葆政治本色,既是严肃的政治问题,也是现实的实践问题。要坚定信念铸本色,坚持用党的创新理论武装头脑,加强党性锻炼,不断深刻领悟"两个确立"的决定性意义,增强"四个意识"、坚定"四个自信"、做到"两个维护",保持对党绝对忠诚,把旗帜鲜明讲政治落实到工作中。要自觉弘扬忠诚老实、公道正派、实事求是、清正廉洁等价值观。要敢于担当显本色,在关键时刻、危急关头能冲得出去、扛得起来,对工作任劳任怨、尽心竭力、善始善终、善作善成。要扎根人民彰显本色,把人民放在心中最高位置,倾听人民呼声、虚心接受人民监督,在全心全意为人民服务中增强工作本领、拓展工作视野、丰富工作经验、提升工作成效。要清正廉洁守本色,明大德、守公德、严私德,廉洁自律、廉洁用权、廉洁齐家,自觉同特权思想和特权现象作斗争,拒腐蚀、永不沾,清白为官、干净做事、老实做人。

第十四节 | 领导干部成就事业应规避的十种情形

领导工作是一门科学,从事领导工作有其特定的能力素质和基本要求。当官一定要做好人,但好人不一定都能成为好官,有些人并不适合当领导干部,如果勉为其难,不仅自己疲于应付,也影响工作的推进和事业的发展。领导岗位不是休息场所,更不是荣耀享受,而是沉甸甸的责任和"昼无为、夜难眠"的担当,需要付出艰辛的努力。每位领导干部都应当认真严肃地想想自己想干什么,能干什么,不能干什么。结合日常工作中的观察思考,笔者总结出领导干部应规避的十种情形,以供大家对照反思。

一、不忠诚、不担当

领导干部的忠诚,是忠诚于党、忠诚于国家、忠诚于人民;领导干部的担当,是政治担当、历史担当、责任担当。如果总是三心二意、心思不纯,往往就会阳奉阴违、做"两面人",关键时刻经不起考验,还会危害党和人民的事业。对党忠诚不是抽象的而是具体的,必须体现在对党和人民事业的担当作为上,不担当就是不忠诚,就是没有政德。不忠诚的干部是靠不住的。"人之忠也,犹鱼之有渊。鱼失水则死,人失忠则凶。"领导干部如果不忠诚,位置越高,危险就越大;本事越大,危害就越深。从这个角度来看,忠诚要比能力更重要。领导干部要强化党的意识和组织观念,自觉做到思想上认同组织、政治上依靠组织、工作上服从组织、感情上信赖组织,坚定不移地听党话、跟党走,坚持走中国特色社会主义道路。有多大担当才能干多大事业。岗位就是责任,职务也是责任。要增强担当的自觉,只要是为了党的事业、人民的利益,该做的事顶着压力也要干,该担的责冒着风险也要担，不是敷衍地、虚假地喊口号，而是真心地、实实在在地做事情。要提升担当的本领，真担当要有真本事，才能解决问题、推动工作，如果空有一腔担当的热血，却没有干事创业的"十八般武艺"，不仅成不了事，反而会坏事。必须重视学习，强化实践，主动到基层去"墩苗""淬火"，在干事创业中练就"几把刷子"，增强本领，使自己的能力素质跟上时代节拍、与岗位职责相匹配。

二、投机取巧

投机取巧的人往往长袖善舞、八面玲珑，极会"看人下菜碟"，做事不怕群众不满意，就怕领导不注意，习惯把心思和精力放在如何吸引领导眼球上，行事圆滑世故。如果这类干部吃香，老老实实干事的干部就会寒心，整个干部队伍的风气就会恶化。"天下之至拙，能胜天下之至巧"，只有脚踏实地，一步一个脚印才能取得实实在在的成绩。一分耕耘一分收获。天上不会掉馅饼，不劳而获是永远不可能的。要坚守自己的本分，把视线从领导注意、媒体关注转移到群众满意上来，以肯干提升境界、以敢干展示气魄、以实干赢得尊重，靠真本事立身，靠干实事吃饭，脚踏实地，在不张扬中干成大事，不去追求那些无谓的"华名"，以肯干提升境界、以敢干展示气魄、以实干赢得尊重。老实人不会吃大亏。老实做人、做老实人，是共产党员先进性的内在要求，是领导干部官德的外在表现，也是我们党的一贯主张。要做埋头苦干、踏实工作、不事张扬的老实人，做不找关系、不走路子、不跑门子的规矩人，始终坚守自己的本分，始终不忘为人民谋幸福的初心、为民族谋复兴的使命，坐得住冷板凳，保持住工作激情。

三、拉帮结派

拉帮结派的人热衷于团团伙伙、拉拉扯扯，是"圈子文化""码头文化""山头主义"的外在表现，是无组织、无纪律、无规矩的行为。拉帮结派之风背离党的宗旨，削弱党组织的战斗力，是污染政治生态的重要祸源，是破坏党的团结统一的非组织行为。习近平总书记强调，党内绝不允许搞团团伙伙、结党营私、拉帮结派,搞了就是违反政治纪律。组织是最大的靠山。"抱大腿""接天线"的人,最终"大腿"可能会被砍掉,"天线"可能会失灵。组织才是核心,组织才是基础,组织才是土壤。离开组织这个靠山,个人进步就是无源之水、无本之木。要忠于组织,感恩组织,时刻牢记"一切服从组织,一切依靠人民",相信组织、依靠组织、服从组织、敬畏组织。以个人利益为目的的结团是"乌合之众"。以利相交,利尽则散;以势相交,势败则倾。那些以利益为核心,以权力为纽带,以谋利为逻辑的团结,表面上和和气气,其实各自心怀鬼胎,必然长久不了。领导干部要树立正确的权力观、利益观,要以德为要、以信为基,多交有德之人、有义之人,不找靠山、不傍大款、不攀权势,使"朋友圈"清清朗朗。

四、言过其实

孔子说:"古者言之不出,耻躬之不逮也。"他认为,说到做不到是莫大的耻辱,做人就应该言而有信,不能轻诺寡信;就应该言行一致,不能言过其实;就应该埋头苦干,不能夸夸其谈。现实中,一些人喜欢夸大其词、信口开河,对讲大话、放空炮乐此不疲,遇事急表态、背后很无奈,当"言语上的巨人、行动上的矮子"。古语讲得好,言过其实,不可大用。如果把夸夸其谈、不踏实做事的人放在了重要岗位,就会严重破坏社会诚信,损害党的公信力、失去民心。有一说一,有二说二。诚实无破绽。领导干部要实事求是,带头讲真话、道实情,坚决反对和抵制弄虚作假,对工作成绩不夸大、不溢美,对存在的问题不回避、不掩饰,更不能说违反党的纪律特别是政治纪律的话、没有根据的话、违反实事求是原则的话、兑现不了的话、伤害人民群众感情的话、低级趣味的话。言必信,行必果。人无信不立,业无信不兴。言行一致,表里如一,是领导干部立身、立业、为官之本。领导干部必须光明磊落、襟怀坦白,诚实可靠、恪守信义,说到就要做到,承诺了就要兑现,做到既向上级负责,又对群众有信,既敢于"喊嗓子",更注重"甩膀子",带头说实话、干实事、求实效。

五、不切实际

领导工作是具体的,既要准确领会上级的决策部署,又要立足本地本单位的实际,做好"结合"文章,一切从实际出发。不驰于空想,不骛于虚声。坚持说实话、鼓实劲,出实招、求实效,一件事情接着一件事情办、一年接着一年干,脚踏实地地把既定的行动纲领、战略目标、工作蓝图变为现实,切不可好高骛远、这山望着那山高。对任期内能完成的工作,要踏踏实实干好,不留遗憾;对任期内不能完成的工作,要有"功成不必在我"的胸襟和"功成必定有我"的担当,扎扎实实为下一任打好基础、做好铺垫。既要尽力而为,又要量力而行。要坚定必胜的信心,以舍我其谁的担当比学赶超、奋勇争先,撸起袖子加油干,以过五关斩六将的气势用尽一切力量、倾尽一切才智,全力以赴达成目标,凡事尽最大的努力、争取最好的结果。同时,又要立足本地区、本部门资源禀赋、基础条件、发展阶段等实际情况,不过高估量、不急于求成,量体裁衣,实事求是,自觉按客观规律办事。

六、没有原则

没有规矩,不成方圆。原则是做人做事的底线。一个人要是没有原则,就会当所谓"老好人""开明绅士",就会明哲保身,搞"爱惜羽毛"那一套;就会见风使舵、精于世故,甚至故意"耍滑头";就会墙头草、两边倒,搞"无原则的一团和气"。领导干部必须既敢于坚持原则,又善于坚持原则。坚持原则可能得罪坏人,不坚持原则必定得罪好人。虽然有的干部生性耿直,说话不会拐弯抹角,敢于揭露问题,得罪了一些人,但这才应是正常的党内关系。可以说,太讲原则非但不是干部的缺点,反而是一种难能可贵的品质,这样的干部多多益善。坚持原则就要有点英雄气概,不怕得罪人,在原则问题上该坚持的必须坚持,该反对的必须反对,该得罪的就理直气壮得罪,自觉按原则、按规矩办事。原则就是最大的规则,讲感情更要讲原则。没有人情冷冰冰,没有原则乱哄哄。领导干部坚持原则也不是要"存天理,灭人欲",只要不违背原则,正常的人际关系对每一个领导干部都是必不可少的。要厚道做人，合情合理做事，对己清正、对人公正，对内严格、对外平等，做到原则性、灵活性相统一。当个人感情同党性原则、私人关系同人民利益相抵触时，要牢记"不好选择时，坚持原则就是最好的选择、唯一的选择"，始终在人情与原则的天平上站稳立场、守住原则。

七、主次不分

解决问题如果不分主次、平均用力，就会眉毛胡子一把抓，抓不住重点，找不到关键，结果只会是忙中出乱、忙而无果，甚至本末倒置，造成失误。领导干部在任何工作中，都既要讲"两点论"又要讲"重点论"，打鼓打到重心处、用力用在节骨眼上。要始终牵住"牛鼻子"。人的精力是有限的，不可能一个人包打天下，领导干部也一样。要抓最紧急最重要的事来做，审大小而图之、酌缓急而布之，抓大放小、抓人放事、抓机放权，既善于解决浮在表面的问题，又要透过现象看本质，选择一些重点领域和关键环节作为突破口，以点带面推动大问题的解决。要善于"弹钢琴"。树立全局视野、长远眼光和系统思维，统筹兼顾、综合平衡，突出重点、带动全局，因时因地因人因事区别对待，合理安排人财物，科学掌握工作节奏，集中力量解决关键问题，进而抓出示范效应、抓出带动作用，推动事业发展，决不能顾此失彼、捉襟见肘、按下葫芦浮起瓢。

八、身心不健康

身心健康，就是拥有健康的体魄和积极乐观、健康向上的心态。毛泽东同志在青年时就说过："文明其精神，野蛮其体魄。"一个人如果整天疾病缠身，怎么能够安心工作？领导干部身心健康不仅关系自身和家庭，更直接关系工作质量和办事效率。身体是革命的本钱。领导干部肩负的任务十分繁重，工作量相当大，超负荷运转是常有的事，负责任的干部、重要岗位的干部是没有八小时内外之分的，身体不好根本吃不消。要爱惜自己，保持良好的生活习惯，加强体育锻炼，增强体质体能，不断提高身体素质。要保持平和心态，有清醒的自我认知和自我定位，不能听了几句表扬就妄自尊大、自以为是，也不能挨了几句批评就妄自菲薄、自我否定；要学会心理调适，得意淡然、失意坦然，凡事既要尽最大的努力，又要平静地接受结果；要正确面对工作、生活、人际关系等多方面的压力，避免造成心理失衡和精神压抑；要力戒名利上的攀比之心，摒弃私心杂念，根除"红眼病"和"妒忌症"，克服阴暗心理，以平常心做好平常事。

九、只把工作当饭碗

岗位的价值在于做事，人生的意义在于奉献。你把工作当饭碗，它就仅仅是一个糊口的营生；把工作当事业，它就是一个舞台，可以让人实现自己的人生价值。现实中，有一些领导干部对自己的要求很低，只把工作当作饭碗，完全为了工作而工作，上班仅仅是为了"稻粱谋"，忘记了人民公仆的使命与责任，工作不在状态、没有激情。只求无过，不求有功，是没有格局、没有境界的表现。岗位就是责任，责任重于泰山。无论在什么岗位、担任什么职务，都应把工作当事业来对待，作为一种责任来鞭策，守土有责、守土负责、守土尽责，始终保持热情、充满感情、怀有激情，变"要我干"为"我要干"，让工作成为自己割舍不下的一份牵挂，以强烈的责任感履行好自己的工作职责。有追求就不会平庸，有目标就不会孤独。目标是前行的方向，有了目标干事创业才更有动力，才会增强精益求精、成就卓越的行动自觉。为官一任，造福一方。要保持永不懈怠的精神状态和一往无前的奋斗姿态，在工作岗位上肯钻研、立标杆、当旗帜，努力做事，努力做成事，努力做成大事，积极主动、任劳任怨、无私奉献，把政绩镌刻在人民群众心中，创造出无愧于时代和人民的业绩。

十、不能自律

自律是自我管理、自我约束的能力。一个人的素质高低主要体现在自觉与自律上。一个干部要是缺乏自律能力，就会政治上变质、经济上贪婪、道德上堕落、生活上腐化，最终走上不归路，给党和人民的事业带来难以挽回的损失。堡垒往往是从内部攻破的，一个干部出问题，肯定是其自身先出了问题,让形形色色的"病菌"有了可乘之机。领导干部必须加强自我修养,做到自觉自律,不断追求高线,守住底线。侥幸是不幸的开始。"若要人不知,除非己莫为。"心存侥幸必有不幸,要加强自律,始终保持廉政没有特殊、风险没有例外的警觉性,坚持从小节、小事、"小意思"严起,培养健康高尚的精神追求和生活情趣,纯洁内外交往关系,时刻自重、自省、自警、自励,勿以恶小而为之。自己不打倒自己,谁也打不倒你。要坚持原则,按纪律规矩办事,筑牢自己的思想防线,始终心存敬畏、手握戒尺,严守工作、生活各方面的纪律,常思贪欲之害,从拒绝一条烟、一顿饭的"小意思"做起,坚守住底线和小节,防微杜渐,时刻保持清正廉洁的本色。

第十五节 ｜ 领导干部需要坚守的十七个"不"

有所坚守，才会有所成就。坚守，既可以是守住正面的、积极的人格和精神，比如，良知、原则和荣誉，也可以是守住底线，不逾法律红线、不碰法律底线，做到有所为有所不为。习近平总书记指出，领导干部既要有想干事、真干事的自觉，又要有会干事、干成事的本领。领导干部掌握的是公权力，只能用来为党分忧、为国干事、为民谋利，要时刻牢记有权必有责、用权受监督、违法必追究，习惯在监督和约束下工作，做到心有所畏、言有所戒、行有所止，确保权力始终运行在正确的轨道上。鉴于此，笔者认为领导干部需要坚守以下十七个"不"。

一、不贪钱财

君子爱财，取之有道。习近平总书记多次指出："当官发财两条道，当官就不要发财，发财就不要当官。"当官者如果奉行"千里做官只为财"的人生信条，关注个人利益、渴求金钱财富，忘记了为民宗旨，忘记了信仰初心，就会追逐私利不能自拔，并最终走向歧路、误入歪道。纵观一些腐败案件，往往是政治问题和经济问题相互交织，大搞权钱交易、利益输送，物欲与权欲形成恶性循环。廉洁是从政底线。要筑牢"不贪为宝"的思想防线。相传春秋时期，宋国有人得了一块美玉，大家都认为是宝物，于是送给当时的贤臣子罕，子罕却说："你把美玉当作宝，我把不贪婪当作宝，如果把玉给了我，那我们俩都丧失了宝物，不如各人保有自己的宝物吧。"这种以"不贪为宝"的境界值得领导干部修炼并恪守。要树牢正确的义利观，拧紧思想的阀门，提高自律的标准，始终做到理想信念不动摇、精神支柱不倾斜，在钱财诱惑面前保持定力，不戚戚于贫贱，不汲汲于富贵，牢记"莫伸手，伸手必被捉"。要构建"亲""清"政商关系。官有官德，商有商道，构建"亲""清"政商关系，就是既要保持官商正常的联系和交往，为企业发展提供必要的服务，又要制定负面清单、划出红线，使官商各安其道并行不悖，共同推动经济发展，确保官商关系"近"而不"黏"，有交集但无交换，有交往但无交易。特别是面对一些不法商人的"围猎"时，要心明眼亮，经得住诱惑，守得住防线，练就反"围猎"的真功夫。

二、不图虚名

虚名就是名气虽然很大很响亮，但缺少与之匹配的实力，仅仅是一种华丽的包装，没有真才实学，终究会被揭穿。人过留名，雁过留声。一个人想要收获好的评价、留下好的名声，本无可厚非，但一味地求名、刻意地去求名，则必然会弄虚作假、锱铢必较，陷入名缰利锁。古今中外，从未有人靠虚名流芳千古，反倒是留下许多徒有其表、浪得虚名的笑话。然而，追求虚名的人依然不鲜见。一些领导干部沽名钓誉、追名逐利，热衷给自己贴上这个"博士"、那个"专家"的标签，在阿谀奉承中迷失；有的长期霸占单位评先评优指标，年年是"优秀"，次次是"冠军"；有的热衷于参与社会上各类评选，甚至不惜动用公款去买得头衔。诸如此类，不仅造成人力、物力和财力的浪费，而且还搞坏了风气、损害了领导干部的形象，必须坚决杜绝。淡泊虚名才能内心清净。贪名与贪权、贪财、贪色一样，都是腐败行为。不图虚名专注实干是一种人生境界，领导干部作为人民公仆，更应培养淡泊名利、实事求是的人品和职业道德，以豁达的精神和超然的态度对待名利，坦然面对个人进退得失，不计较、不攀比，专注事业、严于律己，把更多的心思用在地方经济社会发展上，用在全心全意为人民群众服务上，不求名反而得名。金杯银杯不如百姓口碑。真正的口碑，是靠实绩赢得的，是群众发自内心的夸奖。要践行全心全意为人民服务的根本宗旨，始终把人民放在心中最高位置，把群众安危冷暖放在心上，想方设法造福百姓，甩开膀子干事创业，创造出一番经得起群众、实践和历史检验的政绩，而不是做给上级看，更不能出于自己的私利。

三、不自作孽

作孽通常用来指作乱、作恶。俗话说，天作孽犹可违，自作孽不可活。一个人如果总是无端地自己作恶、作乱，那结果必然是搬起石头砸自己的脚，作茧自缚、自作自受，即使短时间内可以逃脱，甚至获利，但长久来看是一定会受到惩罚、自取灭亡的。正所谓，不是不报，时候未到；时候一到，一切全报。贪财者见钱手痒，必将被金钱所杀；好色者遇色心动，必将在美色中迷失；恋权者一门心思往上爬，必将被权力所反噬。不管外在的诱惑、压力有多大，只要不忘初心、牢记使命，永葆赤子之心，就能历经风雨傲然挺立，做到"自己不打倒自己，谁也打不倒你"。要正心修身。心正，一切都正。要常怀执政为民的公心、洁身自好的清心、待人以诚的真心，始终保持淡泊名利、慎微自律的心态，始终保持克己奉公、兢兢业业的状态，思想纯正、光明磊落，不断强化理论修养、思想修养、党性修养，明大德、守公德、严私德，注重自我约束、自我控制，紧绷纪律红线，坚守法律底线，慎独慎微慎初，在守纪律、讲规矩上作表率，不结孽缘，不欠孽债。要远离阴谋和暴力。想以阴谋获利的，必然会在阴沟里翻船；以暴力伤害他人的，必然受到法律的惩处。领导干部就应该堂堂正正做人，清清白白做官，规规矩矩干事，努力做一个好人、好党员、好干部，让党放心，让群众满意，决不能搞阴谋诡计、使用暴力，这是死路一条。

四、不回避矛盾

矛盾无处不在，矛盾无时不有。事业发展就是在不断解决旧矛盾、不断出现新矛盾、再不断解决矛盾的螺旋式上升的过程中实现的。进入高质量发展的蓄势攻坚期，面临的问题更加复杂，发现矛盾、正视矛盾、研究矛盾、解决矛盾更是领导工作的常态。矛盾本身并不可怕，可怕的是遇到问题绕道走、碰到矛盾就缩手。如果对矛盾"视而不见"，不敢也不想碰，势必就会把小事拖大、大事拖炸，甚至发生质的突变，最终造成无法弥补的损失。

"当官避事平生耻。"敢于直面矛盾,善于化解矛盾是领导干部应有的品格、应尽的责任。要有直面矛盾的勇气。我们常说,困难像弹簧,你强它就弱,你弱它就强,其实矛盾也一样。狭路相逢勇者胜。要坚决克服畏首畏尾的消极心态,以敢抓敢管、奋发有为为荣,以不求有功、但求无过为耻,不怕担风险、不怕得罪人、不怕遭非议,遇到问题不回避,遇到困难不躲避,遇到风险不逃避,越是艰难越向前。要有解决矛盾的方法。面对矛盾和问题,不仅要有积极态度和良好状态,也需要讲究策略与方法,谋求工作实效的最大化。要认真分析矛盾产生的原因、程度、性质等,善于从苗头性倾向中找准"症结"和"关键",有的放矢地提出解决问题的办法,该碰硬就碰硬,该大刀阔斧就大刀阔斧,优先解决主要矛盾和矛盾的主要方面,真正做到"一把钥匙开一把锁",力求达到事半功倍的效果。

五、不推卸责任

责任是信念之基,担当是力量之源。职务就是责任,岗位就是责任。习近平总书记强调,干部有多大担当才能干多大事业,尽多大责任才会有多大成就。不能只想当官不想干事,只想揽权不想担责,只想出彩不想出力。现实中,一些领导干部热衷搞责任"图章化",满足于工作已经布置下去了,责任目标已经分解了,至于能不能落实,或者采取什么方式完成一概不问,他人的"责任状"变成了自己的"免责单","履责"最后变成"推责",结果是层层卸责、层层不负责。一个没有责任感的人,自然担不起社会责任,更当不好领导干部。要有敢于负责的担当情怀。无论在何岗、居何职,只要工作着,就要保持一种神圣的责任感、使命感和庄严感,自觉做到知责、履责、尽责,面对问题不懈怠、不搪塞,面对困难不胆怯、不后退,以"我不上谁上"的豪气,敢于负责、敢担重任。要有善于负责的能力素质。要加强各方面知识积累,不断提高驾驭工作的能力,凡事做到学明白、想明白、说明白、做明白,不断改进工作方式方法,把处理疑难杂症问题作为提升自身工作能力的"磨刀石",努力成为行家里手。要有乐于负责的优良作风。热爱本职工作,甘愿为民办事,乐于无私奉献,只为工作尽职找方法,不为工作失职找借口，始终保持昂扬向上、不甘落后的工作作风，集全部心思于工作，倾一切才智于事业，做到人在岗上、身在事上、心在责上。

六、不做表面文章

表面文章比喻浮夸或不切实际，搞花架子吸引眼球、博取关注，是典型的思想不纯、作风不实的表现。形式主义害死人。邓小平同志曾说，追求表面文章，不讲实际效果、实际效率、实际速度、实际质量、实际成本的形式主义必须制止。当前，一些干部作风华而不实，"不怕群众不满意，就怕领导不在意，还怕媒体不注意"，想方设法打造领导"可视范围内"的形象工程；有的不重实效重包装，把精力放在"材料美化"上，搞"材料出政绩"；有的调研走过场、搞形式，调研现场成了"秀场"；有的认为说了就是做了，动了就等于成了。凡此种种，都是打着为人民服务的旗号给人民群众添堵，是官僚主义、形式主义作祟，背离了实事求是的思想路线和求真务实的工作作风，败坏党风政风，党中央对此明令禁止，群众对此深恶痛绝，必须坚决遏制。要脚踏实地干出过硬业绩。没有过硬业绩的干部不是好干部。要以新发展理念为指引，大兴调查研究之风，增强看问题的眼力、谋事情的脑力、察民情的听力、走基层的脚力，凭实立身、以实为尺，向实处用力、用实事说话，树立功成不必在我的思想，多做打基础利长远的事，做到"潜绩""显绩"都要有，把汗水挥洒在大地上，把政绩镌刻在群众心中。要以上率下涵养求真务实的生态。"上有所好，下必甚焉。"如果领导带头做表面文章，那么弄虚作假的虚风歪风就很难刹住。领导干部要自觉做表率，大兴求真之风，重用务实之人，以好的作风选作风好的人，形成实干导向，让热衷搞表面文章、急于走捷径的干部没有市场，让"形象工程""政绩工程"等花架子变成过街老鼠，人人喊打。

七、不拉拉扯扯

拉拉扯扯一般引申指官场上拉扯私欲关系，结党营私、拉帮结派等非组织行为，其所谋者无非官位、所争者无非私利，是封建社会官场"朋党"

文化的遗毒。如果任由这种现象发展，就有可能演变为"小圈子""山头主义"，必将严重破坏党纪党规，污染党内政治生态，对党的团结统一产生极坏影响。党的十八大以来查处的一些腐败案件，经常是"一查一串，一端一窝""拔出萝卜带出泥"，塌方式的腐败令人发指，其中很重要的一个原因就源于此。君子之交淡如水，为政之道清似茶。习近平总书记强调，"倡导清清爽爽的同志关系，规规矩矩的上下级关系"。领导干部手握权力，是特殊群体，尤其需要建立健康清正的人际关系。组织才是最大的靠山。靠山山会倒，靠人人会跑，只有组织才是领导干部最大的靠山。离开组织这个靠山，个人进步就是无源之水、无本之木。要强化党的意识，忠诚组织、依靠组织、敬畏组织、感恩组织，始终明白自己是组织的一员，而不是谁的家丁、门客，更不能将个人进步寄希望于对某些领导的"效忠"上，不可谢"私恩"。织了关系网就是自投罗网。以利相交者，利尽则散；以势相交者，势去则倾。我们都是来自五湖四海的，是为了共同的革命目标才走到一起，"团结"不是"结团"，同志之间要亲近，利益交往要疏远，不做不正当社会关系的编织者，不把本来正常的亲朋好友、上下级等关系变成攀附利用、充斥庸俗味的名利场，否则只能是一起垮台。要积极同有害政治文化作斗争。带头铲山头、拆码头、破圈子，身体力行、以身作则，大力倡导和弘扬社会主义核心价值观，坚持公道对待干部，公平评价干部，公正使用干部，自觉用先进政治文化战胜有害政治文化，固本培元、激浊扬清，不断培厚良好政治生态的土壤。

八、不做"两面人"

"两面人"通俗讲就是表里不一，当面一套、背后一套，台上一套、台下一套，说一套、做一套。腐败分子大都是"两面人"，他们有的台上高谈马克思，台下迷信风水师；有的对人讲纪律，对己搞变通；有的嘴上勇于担当，心里怯懦避让；有的对上吹暖风，对下耍威风；有的会上讲任人唯贤，会下搞用人唯亲；有的人前修身齐家，人后全家腐化等等。这类人往往没有信仰、没有立场、没有原则、没有底线，不仅难以被发现，一旦被揭露，还容易引起舆论哗然,让人们产生"信任危机"。领导干部必须从自身出发,从思想上和行动上防止变成"两面人"。要始终保持忠于党、忠于祖国、忠于人民的政治自觉。"两面人"的实质就是对党不忠。不做"两面人",首先就要在思想上保持对党、对祖国、对人民的绝对忠诚,不断深刻领悟"两个确立"的决定性意义,增强"四个意识"、坚定"四个自信"、做到"两个维护",自觉用习近平新时代中国特色社会主义思想武装自己、审视自己、改造自己、提高自己,把绝对忠诚贯穿于修身创业全过程,做到平常时候看得出来、关键时刻站得出来、危急关头豁得出来,矢志不渝为党工作。要始终保持做老实人、说老实话、干老实事的政治品质。"两面人"最典型的特征是阳奉阴违、欺上瞒下、弄虚作假。不做"两面人"就要老老实实做人、踏踏实实做事,襟怀坦荡、光明磊落,重实际、干实事、求实效,不喊哗众取宠的口号、不提脱离实际的要求、不干贻害后代的蠢事,始终做到人前人后一个样、台上台下一个样,言行一致、表里如一。

九、不任性妄为

任性妄为就是由着自己的性情来,随心所欲、毫无约束,恣意放纵、胡乱做事。过去,"任性"常指孩子被过分骄纵而执拗使性、无所顾忌,但现在"任性"一词有了更广义的解释,一些成年人也开始"放飞"自我,任性妄为,特别是一些领导干部,"用权任性",把工作地点当作个人领地,行为做事无法无天,想干什么就干什么,有的将权力作为享受的温床,挥霍浪费,骄奢淫逸;有的"近水楼台先得月",搞权力寻租,以权谋私;有的"一人得道鸡犬升天",利用职务之便为亲属占取资源、攫取暴利;有的妄自尊大,以言代法、以权压法。这些情况表面上看起来是自我膨胀、目中无人,实质上还是权力观出了问题。有权不可任性,领导干部的身份和职责决定了其不能任性妄为。官有所畏,业有所成。权力是把"双刃剑"。要正确认识手中的权力、敬畏手中的权力,始终保持如临深渊、如履薄冰的谨慎,面对权力不忘乎所以,面对诱惑不迷失自我,随时提醒自己"级别再高,也高不过人民;权力再大,也大不过组织",始终把人民放在心中最高位置，摒弃"官本位"思想，让权力回归公器本质，任何时候都不搞特权、不任性用权，更不肆意妄为。谨言慎行，守住小节。领导干部代表的是党和政府的形象，无论是立言、立行，还是立德、立身，都要始终把纪律和规矩挺在前面，始终按法律、纪律和规矩办事，管住"小事"，守住"小节"。信任不能代替监督。不受监督的权力，容易导致滥用、产生腐败。要自觉接受组织、社会和群众的监督，以他律促进自律，让权力在阳光下运行，始终做到身有所正不歪斜、言有所规不妄语、行有所止不越界。

十、不怨天尤人

怨天尤人就是遇到挫折或出了问题时，一味地抱怨客观条件不利，责怪他人不配合，从不在自己身上找原因。工作中，有的干部能够"任劳"，加班加点习以为常，但难以"任怨"，受点批评和委屈就闹情绪发牢骚；有的干部"除了自己，提拔重用谁都不满意"，整天埋怨组织亏待了自己；有的干部心浮气躁，嫌职位低、待遇差，却忘记审视自己是否德配其位。殊不知，抱怨是一种危害极大的负能量，还会像流行病一样传染，严重影响领导干部的判断力和工作效率。"任劳诚可贵，任怨价更高"，真正的强者只会躬身自省，而从来都不怨天尤人。要常怀感恩之心。领导干部成长不易，这其中有自己的艰辛与努力，但更离不开组织的长期教育和培养。要感恩组织的培养，常怀敬畏之心；感恩人民群众的拥护，常念为民之情；感恩领导、同事的支持和家庭成员的奉献，常思知足之乐。要"吾日三省吾身"。"君子博学而日参省乎己，则知明而行无过矣。"只有正确对待自己，客观辩证地看待自己，"以责人之心责己，以恕己之心恕人"，用挑剔的眼光对待自己，用宽广的胸怀对待得失，才能不断鞭策自己成长进步。要有阳光心态。路虽远，行则将至；事虽艰，做则必成。凡事没有一帆风顺、一蹴而就的，要善于从失败中看到成功，从黑暗中看到光明，从挫折中吸取教训，不等不靠、不推不要，从眼前的问题改起，从身边的事情干起，一步一个脚印干好本职工作，脚踏实地、真抓实干，积小胜为大胜，在等待积累中成就梦想。

十一、不患得患失

患得患失就是没有的时候担心得不到，得到了又担心失去，形容对个人得失看得太重，是一种缺乏定力、内心失衡的表现。患得患失的人往往因为一叶障目而心态失衡、行动偏离，前怕狼后怕虎，最终错失良机，即使能成之事也注定会失败。有的干部出现患得患失的情形，根本原因还是私欲在作祟，患功名前程、名利盈亏，导致在艰巨任务和困难条件下，打起了退堂鼓。每一个领导干部都应该遇事多权衡利弊，以平衡的心态对待得失，以豁达的胸怀看待名利，以奉献的精神服务社会。自知者英，自胜者明。要正确看待得失。忘怀得失未必"失"，患得患失未必"得"。得失观念影响着人的内在信仰和道德良知，只有得失观正确，世界观、人生观、价值观才不会跑偏。能否在得失面前保持静心定气，反映了干部的思想素质，更是组织衡量考验干部品格和境界的"试金石"。要正确看待名利得失，懂得选择取舍，不被得失所困、不为得失所扰，静心聚气，从容淡定，提升境界格局，做一个有智慧、有气魄、有胸襟的领导干部。要坚定践行宗旨。心底无私天地宽。要永葆共产党人的赤诚本色，树立"计利当计天下利，求名当求万世名"的理念，拓宽眼界视野，跳出名、利、欲的诱惑，善于观大势、谋大事，有敏锐性，在趋势和机遇来临之际敢于担当、主动担当，把岗位当作奉献平台，不断锤炼干事创业能力水平，多干经得起群众和历史检验的实事好事，而不是整天惦记着位置、研究着关系、攀比着别人，心猿意马、庸人自扰、自乱阵脚。

十二、不后院起火

后院起火，指的是内部闹矛盾、发生纠纷，现多用来比喻领导干部没有管好家属或身边的人而出事。领导干部手握权力，其"后院"往往就成为别有用心的人拉拢的主要对象，通过"糖衣炮弹"不断腐蚀，最终使得"后院"沦为贪腐利益输送链上的一环。欲治国者，必先齐家。好家风连着好作风，领导干部不仅要严正自己的作风，更要管好自己的"后院"，千万不能让亲情绑架权力，绝不容忍自己的"后院"靠山吃山、靠水吃水。如果管不好家人，或者处理不好家庭关系，家庭矛盾不断激化，"后院"就会起火，甚至可能"火烧连营"。要管好"枕边人"。妻贤夫祸少。要铭记"一人不廉，全家不圆"的道理，听得进"枕边和风"，扛得住"枕边歪风"，思想不放松、耳根不发软，时刻注意纠正配偶之失，教育引导配偶当好"贤内助"和"廉内助"，不当"储钱罐"和官帽"批发部"。要管好"膝下人"。溺爱子女，容易滋长子女骄横习气，使之成为"纨绔子弟"。要坚持"言行要留好样与儿孙"，严格管教自己的子女，多留留神，防微杜渐，准确掌握他们的思想动态，关注其社交圈子，教育他们绝不能搞特殊化，绝不能打着自己的旗号收受好处、乱说话、乱办事，帮助他们系好"人生第一粒扣子"，而不要"护犊子"。要管好"身边人"。管不好身边人，容易使这些人员成为狐假虎威的"二号首长"。要主动交流沟通，及时、准确掌握思想动态，对苗头性问题，要及时制止、严肃批评，大事管得住、小事不马虎，不该让他们办的事情坚决不让其办、不该让他们知道的事情坚决不让其知道，绝不能让他们"拉大旗作虎皮"，绝不纵容他们以权谋私。与此同时，要关心家人，努力尽到应尽之责任，重视亲情，保持和谐。

十三、不教一日空过

齐白石坚持每天至少画一幅画，即使"昨日大风雨，心绪不宁"，也要"今朝制此补充之，不教一日闲过也"，表示非常珍惜时间，常用来教育和鞭策人们要珍惜当下，不要浪费光阴，不让一天在空闲中度过。节约时间就是珍惜生命、热爱生活。"逝者如斯夫，不舍昼夜。"人生不过百年、总共三万多天，领导干部在岗位任职的时间就更短，如果浑浑噩噩、庸庸碌碌、无所作为，就是在虚度光阴、浪费生命，就是不负责、不担当、不忠诚。时间就是生命。"最是人间留不住，朱颜辞镜花辞树。"勤恳一日和虚度一日，差别最终会呈现出来。要懂得时间的宝贵，把时间用在读书学习、谋划推动工作、服务群众上来，不把时间用在不该做、不能做、不可做的事情上。要活在当下，立足于此时此地的人生思考问题，不为昨天懊悔、不为明天忧心，做好正在做的事，在岗一分钟、奋斗六十秒，尽心尽力干实事，让有限时间发生最大效益，绝不虚度光阴、蹉跎岁月。善做时间的主人。时间是个常数，但又总是充满变数。管理时间其实就是管理自己，要增强时间管理意识，科学制订工作计划，设定工作目标，分清轻重缓急，抓住关键节点，合理分配学习、工作和休息时间，善于利用零碎的时间，精密地掌控时间，通过排出"时间表"和"任务图"，有效把控工作节奏，提高时间的利用率，达到"谁对时间越吝啬，时间对谁越慷慨"的良好效果。

十四、不缺位不越位

缺位就是该干的工作没有干，越位正好相反，就是把不该干的工作干了。现实中，缺位越位的情况很常见，有的人工作留下真空地段，不管不问，甚至尸位素餐；有的人越权逾矩，"狗拿耗子多管闲事"，手伸得太长，种了别人地、荒了自家田。缺位越位的根子，在于自我定位不准、职责职能不清、边界意识不强，往往导致工作无序、失误频出。杜绝缺位越位，就要向履职尽责、工作到位看齐。要按职能职责做事。"做事不由东，累死也无功。"职能职责是我们做事的前提和方向，方向不对、努力白费，南辕北辙、事与愿违。岗位就是责任、职务就是责任，处在什么岗位就要履行什么职责。要熟悉自己工作岗位的职能职责，明白工作的边界范围，做到在其位、谋其政、负其责、尽其力。要担当尽责干好分内工作。有职必有责，有责必担当。要增强先忧后乐的思想情怀、迎难而上的责任意识、有勇有谋的能力素质，积极主动承担党和人民赋予的各项任务。尤其是面对急难险重的任务，要善于解决别人解决不了的问题，在大是大非面前敢于亮剑，在矛盾问题面前迎难而上，在危机困难关头挺身而出。要有"一日无为，三日难安"的境界，以饱满的精神状态做好分内工作。要团结协作、主动补台。互相补台，好戏连台；互相拆台，一起垮台。主动补台补出的是高境界和良好作风。若是"各人自扫门前雪，不管他人瓦上霜"，站在城楼看风景，结果必然是"城门失火，殃及池鱼"。要分工不分家，既提高个人单兵作战能力，也提高团队的整体作战能力，超越个体认知和个体力量的局限，"各炒一盘菜、共办一桌席",创造出色香味俱全、组织认可、群众满意的业绩。

十五、不当甩手掌柜

甩手掌柜常指那些光指挥别人、自己什么事也不干,或是只挂名、不负责、不做事的人。现实中,这样的领导干部并不少见,他们有的习惯于"遥控指挥",只动嘴不动手;有的委任"钦差大臣",全权处理大事要务,对自己分管的工作拎不清;有的依靠甚至依赖下属,"事事扭头问",把职责、义务抛之脑后,把工作岗位当成休息场所。凡此种种都与不敢担当、不愿担当、不会担当有直接关系,长此以往,必将导致干部队伍人心涣散、丧失战斗力。掌权更要担责。权力就是责任,有责更要担当。领导干部要主动担起抓落实的责任,敢闯敢试、敢作敢为、敢做敢当,对待本职工作不推不滑、不躲不避,对待全局工作总揽不包揽、领唱不独唱,善于统筹协调,学会"弹钢琴"。要以责任为前提,以能力为依托,以实干为支撑,以实效为目的,铁肩担重任、妙手破难题,在恪尽职守中展现新气象新作为。放手但不撒手。既要放手让干部充分发挥主观能动性、大胆工作,又要把重要的事情牢牢抓在自己手中,遇到困难不回避、不躲闪,收放自如、张弛有度。放手授权后要注意过程把控、全程参与、深度介入、严格监督,确保既抓出工作成绩又培育锻炼干部。既当指挥员,又当战斗员。领导干部既要出谋划策、指挥全局,又要以上率下、真抓实干,既要挂帅、又要出征,多喊"跟我上",而不是"给我上"。凡事冲锋在前、做出样子,一级做给一级看,一级带着一级干,勤抓落实、敢抓落实、善抓落实,以自身行动凝聚起干事创业的强大正能量。

十六、不玩物丧志

玩物丧志就是沉溺于喜好的事物、丧失了积极进取的斗志。历史上,因玩物丧志而败事亡国的教训很多,梁武帝崇尚佛教而失位,卫懿好鹤而亡国,夫差沉溺酒色而丧邦。现实中,有的领导干部耽于玩乐、不务正业、意志衰退、迷失自我,最终纸醉金迷,变得污浊不堪。好船者溺,好骑者坠，君子各以所好为祸。领导干部追求声色犬马，享乐主义严重，究其根本，还是理想信念动摇、缺乏定力韧劲。立身要重名节，领导干部必须加强自我约束，时时处处警醒自己切勿"人为物累，心为形役"。没有信仰就没有追求。心中有信仰，脚下有力量。不忘初心，方得始终。信仰的成色如何、行动力如何，决定一个干部能走多远、能干多大事。要坚定信仰，不沉溺于极致奢华、流连于纸醉金迷、迷失于灯红酒绿、钟情于庸俗低俗媚俗的事物，为了人民的利益矢志不渝去奋斗，当好新时代的奋进者、搏击者。没有节制就没有斗志。个人有喜好很正常。但手握公权的领导干部，对个人喜好一定要保持清醒的认识，既要不事张扬、谨防他人投其所好，又要注重节制，把握好喜好的度，"喜"而不"玩"，"爱"而不"溺"，注意把自己的兴趣爱好与个人修养、工作事业联系起来，做到玩物养志，不因喜好耽误主责主业，努力把喜好转化为一心为民、克己奉公的赤子情怀。

十七、不心浮气躁

古人云："心浮则气必躁，气躁则神难凝。"心急吃不了热豆腐，饭要一口一口地吃，事要一桩一桩地做。当前，社会正处于实现中华民族伟大复兴的关键时期，社会上出现了一些浮躁风气，一些领导干部受此影响，也得了"浮躁病"，有的对工作专注度不够，好高骛远、这山望着那山高，不能静下心来解决问题；有的对工作耐心不够，总想走捷径，希望立竿见影、"毕其功于一役"；有的两年不挪动，就要去活动，三年不提拔，就得要说法。"欲修其身者，先正其心。"早在新中国成立前夕，毛泽东同志就告诫全党，"务必使同志们继续地保持谦虚、谨慎、不骄、不躁的作风"。领导干部心浮气躁，是思想不正、党性不纯的表现，只有防止和克服浮躁心态，才能把心思和精力放到踏踏实实干事创业上。要提升精神境界。有境界自成高格，无境界流于低俗。要怀着一颗"得意淡然、失意坦然"的心，凡事尽最大的努力，又能平静地接受结果，乐于接受困难，主动迎接挑战，多些埋头苦干，少些追名逐利，让自己成为一盏明灯，带给群众希望、信心和力量。要涵养格局气度。心中常怀大局，正确把握大势，注重涵养大气，在能力上要有危机感，在名利上要有满足感，在鲜花和掌声中看到自己的不足，不鼠目寸光、不急功近利，找准自己的坐标，静心淡定地履职尽责。要保持强大定力。有了定力，才能静下心、沉住气、干成事。不管世事如何变化，都要坚守做人的操守和从政的道德，真正做到"内安于心，外安于目"，耐得住寂寞，守得住清贫，静悄悄做大事，不张扬中做大事，坚韧不拔攻难关，不折腾、不反复、不冒进，久久为功、绵绵用力，多干打基础、利长远的好事实事。

第十六节 ｜ 领导方法负面清单二十项

领导方法是领导者从事领导活动所运用的方式和手段。方向确定以后，方法便为王。一定意义上说，能不能实施正确有效的领导，取决于领导者有没有科学的领导方法。当下，一些领导干部"老办法不管用、新办法不会用、硬办法不敢用、软办法不顶用"，说到底还是没有掌握正确的领导方法。如果从负面清单去了解问题所在，就可以少走弯路、减少失误，正确的方法自然会应运而生。新时代对领导方法提出了更高要求。结合多年实践和思考，就领导方法容易出现的偏向和误区列出20项负面清单，我们要有则改之，无则加勉。

一、只想当官不想干事，只想揽权不想担责，只想出彩不想出力

在其位、谋其政、担其责，是对领导干部的基本要求。现实中，一些领导干部把当官当作一种享受和炫耀，见了好处就上，遇到困难就让，追求权力多多益善，承担责任越少越好。这样的人是没有资格当领导干部的，不能委以重任。为官就得正"官念"。应当把权力视为一种负担，当官是受罪的，没有那么好当的，无官才一身轻。党和人民把我们放在领导岗位上，就是对我们的信任，是给了我们为党分忧、为国效力、为民尽责的机会。要对党的事业绝对忠诚，以干事为荣，以避事为耻，尽到一个人民公仆的本分。为官就得有担当。有职必有责，有责必担当，有多大担当才能干多大事业。要积极主动承担党和人民赋予的各项任务，尤其是急难险重的任务，善于解决别人解决不了的问题，在大是大非面前敢于亮剑，在矛盾问题面前迎难而上，在危机困难关头挺身而出。为官就得有作为。有的领导干部只想吃

香喝辣而不想吃苦受累。殊不知,天下没有坐享其成的事。要想收获、出彩,就必须付出耕耘的汗水,心甘情愿地消耗自己。要有"一日无为、三日难安"的境界,自觉走在前、做表率,苦干实干、主动作为,创造出一番经得起人民、历史和实践检验的成绩,不负组织重托、人民期望。

二、我的地盘我做主

这是一种封建官僚思想,就是"针插不进、水泼不进",搞"独立王国";封官许愿、任人唯亲,专横跋扈,践踏民主集中制,大搞家长制,个人说了算,树立所谓"绝对权威",成了"一霸手"。这是不讲政治、不守规矩的表现,对党风政风社会风气危害极大,对政治生态破坏极大,必须坚决杜绝。要自觉摆正位置,不能把职权范围当作私人领地。铁打的衙门流水的官。必须清醒地认识到自己的岗位是组织安排的,权为民所赋,权为民所用,掌握的是公器,手中的权力姓公不姓私,做到公器与私利,楚河汉界,泾渭分明。坚决反对分散主义、本位主义、山头主义、地方保护主义。要敬畏组织、敬畏权力,不能把岗位当作炫耀的资本,自我膨胀、自我陶醉。要把纪律和规矩挺在前面,不能"一手遮天"。要始终把讲政治摆在首位,牢固树立"四个意识",自觉做到"四个服从",坚决维护党中央权威和集中统一领导。要严格执行党章和各项纪律规矩,不折不扣落实好上级的决策部署,不搞选择性执行、变通性操作,确保令行禁止、政令畅通。要充分发扬民主,不搞"一言堂"。领导干部特别是一把手要带头执行好民主集中制,严格严肃领导班子议事规则和决策程序,广泛听取意见、集思广益,达成共识、形成共为,推动工作落地见效。要把团结作为一条政治纪律要求,作为一种政治境界、思想境界来追求,形成心齐、气顺、风正、劲足的生动局面。

三、只要结果,不要过程

过程是事物发展所经过的程序、阶段,经历一定的过程,才会有一定的结果。"只要结果,不要过程",好像很有魄力,其实不然,反映出一些领导干部急于求成，工作不深不细，是典型的官僚主义作风和"甩手掌柜"的做法，往往促使下属为了完成任务、交差应付而弄虚作假、欺上瞒下，造假数字、搞政绩工程。过程和结果一样重要，没有过程哪有结果，过程管控好了，结果自然不会差到哪里去。要合理安排，把握节奏。尊重客观实际，实事求是地给下属安排任务、下达指标，既给下属压担子，又使其充分发挥工作积极性、创造性。同时，重要工作要牢牢抓在手上，加强过程管控，深度介入，掌握好节奏、步骤和力度，对各项工作开展情况做到心中有数。要严格标准，及时纠偏。方向正确才会有好的结果，注重过程必须注重纠偏。既要注重纠正偏向，避免大方向上的南辕北辙；又要注重纠正偏差，善于发现并关注下属在工作过程中出现的错误问题，主动做一些细致、具体的工作，出点子、教方法，及时修正完善，切实提高工作质量。要总结反思，不断进步。善于总结反思者，总是能够将认识升华、发展，最终指导实践、取得成效。要在过程中边实践、边总结，既要总结正面经验，增强信心、鼓舞斗志；又要吸取反面教训，举一反三、亡羊补牢。

四、只许州官放火，不许百姓点灯

这是一种封建余毒，比喻一些领导干部自己无法无天、肆意妄为，对待下属和群众却求全责备、锱铢必较，这是典型的"用马列主义手电筒照别人、用自由主义的电筒"照自己，从深层次折射出一些领导干部身上的"官本位"思想、特权思想。政者，正也。领导干部必须以身作则、率先垂范，严以用权。要把人民放在心中最高位置。坚持以人民为中心的发展思想，在全心全意为人民服务中提高政治站位、提高工作能力，在服务人民中不断完善自己，做到严以用权、为民用权，利民之事、丝发必兴，厉民之事、毫末必去。要把自己摆进去。坚决反对特权思想、特权现象，牢固树立法律面前人人平等、制度面前没有特权、规章约束没有例外的意识，要求别人做的自己先做到，要求别人不做的自己坚决不做，使正人先正己的意识深深根植于思想和行动之中。要把权力关进制度的笼子。以敬畏之心对待手中的权力，秉公用权、依法用权、廉洁用权，做到"法无授权不可为"。

主动接受监督、自觉接受监督、乐于接受监督，养成在"放大镜""聚光灯"下行使权力的习惯，让权力在阳光下运行。

五、多栽花，少栽刺

花柔和、芳香，闻着神清气爽；刺坚硬、锐利，一不小心会伤人伤己，所以大家都喜欢栽花，不喜欢栽刺。但在领导工作中，如果一味讨巧卖乖、回避矛盾，搞无原则的一团和气，就变成了典型的明哲保身和精致的利己主义者。2012年3月，习近平同志在中央党校春季学期开学典礼中的讲话中指出："好人主义盛行，有问题不指出，有过错不批评，这种庸俗作风盛行之处，往往就是党组织和领导上政治软弱、作风涣散的地方，就是党员、干部中出问题多的地方。"所以领导干部要多听"刺"言、少听"花"语，当"栽刺"时须"栽刺"，不能搞爱惜自己的羽毛那一套。要敢于讲真话。跟理不跟人、从道不从上，一是一、二是二，丁是丁、卯是卯，是非曲直、好坏对错，分得清清楚楚，不当"老好人"、不搞"好人主义"。"好人主义"绝不是什么好主义。当然，讲真话也要讲究策略、场合、时机，尽量化消极因素为积极因素。要敢于坚持原则。长期掩盖矛盾而不正视矛盾，只能造成矛盾激化。要讲党性不讲私情、讲真理不讲面子、敢于亮剑不怕得罪人，毫不犹豫地站稳党性立场，坚定不移维护人民利益。要让上下级之间、同志之间的关系回归正常、理性和本真，团结而不"结团"，同志而不"同伙"。要敢于进行积极健康的思想斗争。发扬斗争精神，区分斗争性质，提高斗争本领，进行伟大斗争。要坚持真理、修正错误，严肃党内政治生活，具有不怕得罪人的英雄气概，敢于批评与自我批评，旗帜鲜明地抵制和反对关系学、厚黑学、官场术、潜规则等庸俗腐朽的政治文化，不断培厚良好政治生态的土壤。

六、见人说人话，见鬼说鬼话

这话常常用于形容见风使舵、阳奉阴违。现实中，那些被查出的腐败分子都是台上一套，台下一套；说一套，做一套；人前是人，人后是鬼；搞口是心非、阳奉阴违的"伪忠诚"。党章明确规定："反对阳奉阴违的两面派行为和一切阴谋诡计。""两面人"弄虚作假，欺上瞒下，自以为天衣无缝，殊不知天网恢恢，疏而不漏，"假脸"终有一天会被撕破。领导干部一定要对党忠诚老实，说老实话、办老实事、做老实人。要光明磊落，坦坦荡荡。为人处世只有襟怀坦荡，才能团结同志、凝聚人心。无论对上级、对下属、对群众都要推心置腹，以诚待人、以情动人、以心交人，不分高低贵贱，不分亲疏远近。要坚决杜绝"七个有之"，做到"五个必须"，在守纪律、讲规矩上作表率，自觉做政治上的明白人、老实人。要表里如一，言行一致。以事实为依据，如实地反映客观情况，既不能藏着掖着、报喜不报忧，也不能歪曲事实、掩盖真相、弄虚作假，在该发表意见的时候，大胆表达自己的观点，决不违心地见风使舵、言不由衷，更不能搞"会上不说，会下乱说。"要善于甄别"两面人"。坚持全方位、多角度、立体式地考察干部，注重干部的一贯表现，全面、历史、辩证地看干部，从蛛丝马迹中让"伪忠诚者"现原形、难存活，把那些口是心非、阳奉阴违的"两面人"甄别出来、调整出去。

七、通不通三分钟，再不通龙卷风

做任何事情都要循序渐进，一步一步来，不能急于求成，否则欲速则不达。有的干部工作方式简单、态度粗暴，没有耐心和恒心，用压服代替说服，动不动就大发雷霆、大动肝火。这是典型的通不通三分钟、再不通龙卷风，心浮气躁的表现，是作风不正、党性修养不够的反映。要不厌其烦，不畏其难。安排部署工作，面对下属的不理解、不明白，要认真指导，将心比心，切不可轻易动怒发火，能够容言容人容事，以冷静和韧性从容应对一切。面对突发事件，要与群众面对面交流沟通，安抚他们的情绪，耐心细致地做思想工作，对合理的要求给予明确答复，对不合理的部分做好法律、政策的宣传解释。要春风化雨，润物无声。站在能有效解决问题的角度上去出主意、想办法、作决策，用心用情、尽职尽责地做好工作，把对上负责与对下负责有机统一起来，对存在的问题要及时分析研判，注重在实践中学习和揣摩，善于总结和积累经验。要动之以情，晓之以理。求同存异，允许有不同意见，对于工作中不妨碍大同的个性，不能采取限制或者打压的办法。面对认识模糊，矛盾分歧较大的问题，要引导大家明是非、辨真伪，学会换位思考，解开思想疙瘩，做到心平气和、心齐气顺。

八、坐着小车转一转，隔着玻璃看一看，看完以后吃顿饭

密切联系群众是党的优良传统，也是对领导干部的基本要求。然而，现实中有的领导干部到基层调研，满足于走一走、看一看，与群众握个手、照张相；有的两手空空一身轻，不带纸来不带笔；有的人到心不到，浮光掠影、蜻蜓点水、走马观花。这些典型的形式主义做法，既体察不到基层真实情况，更不可能为群众解决实际困难，伤害群众感情，损害自身形象。要"身入"，更要"心入"。经常深入基层一线去"接地气""摸活鱼"，经常到群众中了解掌握"沾泥土""带露珠""冒热气"的鲜活情况，放下架子，扑下身子，拜人民为师、向人民学习，问需于民、问计于民，真正和广大群众打成一片、融为一体。要"调查"，更要"研究"。带着问题下基层，既摸清综合情况、又了解典型案例，既了解成绩经验、又发现问题不足。坚持从群众中来、到群众中去，在深入了解情况的基础上进行去粗取精、去伪存真，由此及彼、由表及里的研究分析，使制定的政策措施更有针对性、操作性。要解难题，更要聚人心。不仅要深入基层"接地气"，更要服务基层"聚人心"。要及时解决涉及群众切身利益的重大问题，真心实意地纾民困、排民忧、解民难，在为民服务中赢民心、树形象。

九、新官上任三把火

一些干部走上领导岗位后，上任伊始情况不明胆子大，总想着烧"三把火"来立威、来体现自己的本事。有的便是几番猛火之后就失去了耐力和定力，搞得虎头蛇尾、半途而废。然而，这"火"该烧什么、该怎么烧，都应该事先想清楚、弄明白。其实，隔行如隔山，任何一项领导工作都不简单。因此，初来乍到，要少烧"三把火"，多浇"三盆水"，一盆洗头，

头脑清醒有定力；一盆洗手，手不乱拿清正廉洁；一盆洗脚，迈开脚步深入基层。根据领导工作的基本原理，新官上任首先是要控制局面、确保平稳运行，再来考虑出新出彩的问题。立足长远，循序渐进。不能只做一些显山露水、"贴金露脸"的事，更要关注那些工作难度大、事关长远和老百姓根本利益的大事难事实事。要延续过去合理的、可行的、科学的决策，立足当前，着眼长远，甘做铺垫工作，甘抓未成之事。静水深流，方成大业。必须学会低调做人、高调做事、平实为官，深刻而不肤浅、内敛而不浮华、昂扬而不张扬，始终保持着创业的姿态，始终维持着炽热的情怀，始终坚持无私的理想，在不张扬中成就一番大事业。持续用力，久久为功。"事辍者无功，耕怠者无获。"正确的方针政策要取得实效，重在坚持、贵在坚持、难在坚持。要不忘初心、牢记使命，持续保持热情和干劲，过了一山再登一峰、跨过一沟再越一壑，朝着既定的目标持续用力、久久为功。

十、"说了"就是"做了"，"动了"就是"成了"

日常生活中，我们都知道说和做是两码事，行动了不代表就完成了，关键还是要看结果、看成效。但有的领导干部自欺欺人，发个文、开个会，就等于工作已经开展了、任务已经完成了。有的只说不做，行动在嘴上、落实在纸上，讲得头头是道、做得轻轻飘飘；有的雷声大、雨点小，表决心惊天动地，看成效毛毛细雨；有的工作措施才制定，就开始总结宣传经验。领导干部一定要走"实干兴邦"的大道，不走投机取巧的邪路，做到谋事实、创业实、做人实。一个行动胜过一打纲领。说一千道一万，不如实际干一干。喊破嗓子，不如做出样子。要真抓实干，出实策、鼓足劲、办实事，不图虚名、不务虚功，每一项工作都要想深想细想透，每一个环节都要把控到位，每一个成效都要看得见摸得着。落实是对上级最好的汇报。干工作最容易的是做样子，最费力的是抓落实。凡是对组织和群众作出的承诺，必须无条件地、尽全力地去履行。要强化结果思维、效果导向，做事不只是满足于做了，而是要追求做成、做好。工作完成后要及时反馈。没有督查就没有落实。任务布置了并不意味着就万事大吉，关键是要强化跟踪问效、督查落实。一件工作不仅要交任务，还要注意解决相关问题并且定期跟踪监测，检查完成情况，确保各项任务落实到位、做出成效。

十一、新官不理旧账

新官理旧账，才是正确的政绩观。新上任的领导干部，不仅要接过权力，也要接下问题，以不怕难、不怕乱的态度去迎接任务、解决问题。一些领导干部怀有"新官不理旧账"的心态，有的对前任工作思路、各项规划一味否定"兜底翻"，另起炉灶搞一套；有的认为遗留问题多为"烫手的山芋"，历史旧账都是烂账、糊涂账，与己无关，不愿收拾烂摊子。不认旧账，就是不担当不作为。新官要主动认领这些"旧账"，正常的账要清，失误的账要纠，不完善的账要补，尤其是涉及群众利益的账要分文不差地还。要有继承"旧账"的担当。"接位"更要"接力"，无条件接受单位、组织的债权债务，及时进行清算审计，不怕拖累和麻烦，更不能因前任提拔为上级领导，就不敢较真碰硬。要有"一张蓝图绘到底"的境界和担当，考虑经济发展和政策落实的连续性，继承过去的好思路、好经验、好做法，不能盲目"否定"、任意"洗牌"。要有偿还"老账"的方法。要处理好"陈年老账"，光有担当精神是不够的，还需要不断增强自身的能力素质，丰富自身的经验阅历，把老账圆满了结。要把问题当作一个"好东西"，用历史的眼光和发展的思维审视、总结问题，把准症结，正确处理"旧账"背后盘根错节的利益关系和矛盾交织的复杂局面，在循环往复中推动工作。要有不欠"新账"的作为。解决了"老账"，并不意味着就不会欠下"新账"。要提升决策部署的合理性和科学性，避免患上政绩"狂躁症"，盲目增加群众负担，透支发展后劲。要当敢于认账的领导，还账不赖账，交账不欠账，才能让人民群众真正对你"买账"。

十二、种了别人的地，荒了自家的田

一般来讲，田地中间都有界石，哪块是你的，哪块是我的，一清二楚，农民只会在自己的田地里耕种劳作，而不会放着自己的地不管，去帮别人种田。如果不小心弄错了,还会被人笑话,成为笑谈。现实中,一些领导干部主业意识模糊、主责边界不清。其后果,必然导致职责错位、越位、缺位,最终影响全局工作的推进和效果。"在其位,谋其政",领导干部首先要明白自己的主要职责所在,按职能职责做事,做好分内之事。要厘清职责边界。无论从事哪项工作,身处哪个岗位,首要的是搞清楚工作任务是什么,职责边界在哪里。要制定职责清单,明确哪些事情是自己必须做的,哪些责任是必须要承担的。要自觉按职能职责做事。要坚持"谁家的孩子谁抱走",聚焦中心任务,突出主责主业,善于从繁杂的"副业"中解脱出来,把主要精力转移到主要工作任务上来,把不该管的事交还给主责部门,把该管的切实管住、管好、管到位,而不是扔下自己该干的事不干,去凑那些不该凑的热闹。既要为一域争光,又要为全局添彩。干好本职工作,不是"事不关己,高高挂起",更不是搞个人主义、本位主义。要把围绕中心、服务大局作为思考谋划一切工作的根本出发点和落脚点,在大局中找准定位,既按职履责,又按章履事;既种好自留地、管好责任田,又唱好"群英会"、打好"合力牌"。

十三、脚踩西瓜皮,滑到哪里算哪里

做事要有计划性、前瞻性,不能凭感觉做事,见子打子。"凡事预则立,不预则废。"领导干部从事的是党和人民的事业,需要科学周密的谋划,制定长期、中期、短期目标,下好先手棋、打好主动仗,不让一日空过,不能没有目标、计划。目标明确,才能行稳致远。干事业、抓工作,只有精准聚焦、靶向瞄准,才能朝着正确的方向不断前进。卓越是远大目标和切实行动的融合。要立足当前、直面问题,着眼未来、登高望远,做到"身在事之中、心在事之上"。心中有数,才能手里有招。无论做什么事,都要预先知道事情的可能发展前景,预先看到可能遇到的困难,预先防止可能发生的最坏情况,为争取最好结果而做好各方面准备。要加强统筹谋划,强化总体设计,分清轻重缓急,对实现目标作出周密、详细的安排部署。对可能出现的突发情况,要举重若轻、果断决策,以简单对复杂、快刀斩乱

麻。一锤接着一锤敲，才能把钉子钉好。行百里者半九十。当领导干部就要紧盯大事要事打攻坚战，紧盯急事难事打歼灭战，紧盯薄弱环节打持久战，积小胜为大胜，脚踏实地、勤勤恳恳，切实履行好自己的岗位职责。

十四、头痛医头，脚痛医脚

这句话本意是指只医治疼痛的部位，不追究病根，比喻处理问题不从全局考虑，不究其根本。这种手法只是蹩足郎中的招数，找准病灶、对症下药，才是祛病良方。做好领导工作，必须强化系统思维，对事情进行系统思考和整体谋划，注意各要素之间的关联性、耦合性，坚持系统思考、科学统筹，防止就事论事、单兵突进、零敲碎打。发现问题要"望闻问切"。要强化问题导向、过程导向、目标导向和效果导向，多运用"求解性思维"，开展深入的调查研究，努力找到解决问题的钥匙。要善于透过现象看本质，撇开枝节抓根本，从繁杂问题中把握事物的规律性，从苗头问题中发现事物的倾向性，从偶然问题中揭示事物的必然性。剖析问题要"深挖病灶"。要瞄着问题去，追着问题走，坚持具体问题具体分析，善于进行交换比较反复，善于把握工作的时度效。要盯住根本问题、关键环节，标本兼治，做到有的放矢，一把钥匙开一把锁。解决问题要"辨证施治"。"不谋全局者，不能谋一域；不谋万世者，不足谋一时。"系统优于个体，领导干部必须增强整体意识，善于运用系统思维解决问题、推动工作。要注意分寸、掌握火候，不断调适、优化和再平衡，防止畸重畸轻、单兵突进、顾此失彼。

十五、东一榔头西一棒子

这句话一般用来指代一些干部抓工作没有主见，分不清主次、理不清头绪、拎不清轻重。"打一枪换一个地方"，结果往往一事无成，竹篮打水一场空。唯有思路清，方可方向明。一个干部理论上不成熟，其他方面也不可能成熟。领导干部要知大局，明大势，因势而谋，因势而动，因势而进。纲举才能目张。要提高理论水平，切实做到理论与实际相结合。只讲理论而不联系实践或只讲实践而不联系理论，都是理论与实践相脱节的表现，都应当防止和反对。要九九归一，紧盯影响工作进展的主要问题或问题的主要方面，注重对全局性、关键性问题的动态把握，分层次、有节奏地推进，既善于解决浮在表面的问题，又注意解决深层次问题。一般与个别相结合。领导工作千头万绪，要分得清大小，有所侧重。既做好一般的工作，更做好个别研究、个别解决，增加工作的深度和针对性、差异性。当局部利益和整体利益相冲突时，要以整体利益为重；当紧急的事和一般的事冲突时，要先做紧急的事。谋事布局一盘棋。要多谋善断，从整体上把握事物的联系，统揽全局、统御各方，统筹衔接好各项任务，优化资源配置，确保各要素无缝对接，增强工作的系统性、整体性、协调性。

十六、捡到篮子里的都是菜

货比三家知好赖，人比三事知长短。有比较才能有鉴别，有鉴别才能有发展。有的干部在招商引资过程中来者不拒，最终污染环境、浪费资源；有的不重规划，什么项目都上，导致同质同构现象严重，特色不突出、竞争优势不凸显；有的抓到什么学什么，别人学什么就学什么，最终什么都学不好、学不精。这些问题，反映出一些领导干部抓工作、谋发展不会运用比较思维方法，不能把握事物之间的异同点，缺乏鉴别力，没有选择性。有目标，才会有方向。规划是全面长远的发展计划，是未来行动指南，具有长远性、全局性、战略性和方向性等特点。规划的延展是计划，决定了目标和行动方案。一个优秀的领导干部必然按章法做事，紧盯目标去行动，而不是无头苍蝇四处乱撞。有比较，才会有选择。比较的前提是拥有众多的选项。发现并不断壮大自身的优势，增强自身的吸引力，就能牢牢掌握选择的主动权，做到"有所为有所不为"。同时，优选更需要独到的眼光，要加强学习，培育世界眼光、发展眼光，才能在众多的选项中作出更好抉择。有标准，才会有质量。要以一流标准、赶超气魄，对标先进、争先进位，绝不忽视任何一个细节、绝不放过任何一个疑点，下得真功夫、下得苦功夫、下得严功夫，力求把工作做到精致、细致、极致，做成样板，就算"脱掉一层皮"，也要坚持到底，不断提高推进工作的质量。

十七、眉毛胡子一把抓

领导工作如果平均用力、眉毛胡子一把抓,只见树木、不见森林,往往会抓不住重点、找不到关键。得其大者可以兼其小,时时处处"拎得清"最重要。要时刻关注最重要、最根本的事,坚持两点论和重点论的统一,看问题、办事情既要全面把握,又要善于分清主次、抓住重点、明白缓急,切忌平均用力,撒"胡椒面"。要把好"方向盘"。提高政治站位,胸怀大局、把握大势,顺应民心所向,善于从全局和长远观察、思考和处理问题,在重大决策上发挥关键作用,严防政治观倾斜、群众观偏离、权力观扭曲、政绩观走样。要牵住"牛鼻子"。善于分清主次,既讲两点论,又讲重点论,找准切入点,既抓重要领域、重要任务、重要试点,又抓关键主体、关键环节、关键节点,防止拍脑袋决策、拍胸脯表态、拍屁股走人。要学会"弹钢琴"。增强工作的系统性,既突出重点,又统筹谋划,防止畸轻畸重、顾此失彼。通过"点面"结合、"上下"结合,把"千条线"拧成一股"绳",有效避免"长短腿""缺漏项"的问题。

十八、照葫芦画瓢

这种做法是一种僵化、教条和落后的思维定式,是典型的经验主义、本本主义。当下,有的领导干部,喜欢按部就班、东施效颦、照本宣科,满足于当"收发员""传令兵",只会照抄照搬;有的不注重吸收借鉴,不会结合实际提出具体措施;有的"歪嘴和尚念歪经",闹出了不少画虎不成反类犬的笑话。只有坚持实事求是,不因袭、不照搬,结合实际,创造性地开展工作,才能既摹好"葫芦",又画好"瓢"。吃透上情,了解下情。既要"接天线",吃透"上情",真正把上级的精神和要求学深学透,全面准确地把握这些大政方针的根本要义,高屋建瓴地开展工作;又要"接地气",把握好"下情",实现上情与下情的融合,为做好工作打下基础,不搞上下一般粗,真正做好"结合"这篇大文章。不唯书、不唯上,只唯实。要从人民的根本利益和客观实际出发贯彻执行上级的指示和决策，善于运用马克思主义的立场、观点和方法，认真研究和解决实际问题，反对机械地照搬照抄，反对盲目地照着书本上的条文去做。因地制宜，大胆创新。改革开放之初，邓小平同志提出"不争论，大胆地试、大胆地闯""摸着石头过河"等著名论断，开辟了中国特色社会主义道路。要敢于突破自我、大胆开拓创新，走出符合自身实际、具有自身特色的发展路子。

十九、竭泽而渔，杀鸡取卵

这种做法是只注重眼前利益、不作长远打算的表现，损害了可持续发展的基础，与新发展理念相悖。时下，有的干部热衷搞不切实际的"大手笔"，让地方负债累累；有的无限透支资源，造成资源枯竭；有的以牺牲环境为代价换取所谓发展。领导干部必须牢固树立和自觉践行新发展理念，坚持走可持续发展之路，不断增强推动高质量跨越式发展和建设现代化经济体系的本领。要多做打基础、利长远的事。有"功成不必在我"的精神境界和"功成必定有我"的历史担当，既注重为当前发展创造"显绩"，更注重为长远发展创造"潜绩"，多成"不败祖宗业、更为子孙谋"的好事，杜绝"一个人的政绩、几代人的包袱"的败笔。既要尽力而为，又要量力而行。工作要全力以赴、不遗余力，勇于涉险滩、破坚冰、攻堡垒、拔城池，脚踏实地把既定的行动纲领、战略目标、工作蓝图变为现实。同时，又立足本地区实际情况，学会"瞻前顾后"，不过度透支、不过高估量、不急于求成，量体裁衣，按客观规律办事。要把人民满意当作最大的褒奖。始终把人民放在心中的最高位置，把人民对美好生活的向往作为奋斗目标，抓住人民群众最关心最直接最现实的利益问题，多谋民生之利，多解民生之忧，创造出真正无愧于时代、无愧于人民、无愧于历史的业绩。

二十、只会靠山吃山，靠水吃水

这是农耕时代的发展模式。进入新时代，只会"靠山吃山，靠水吃水"，已经成为思路狭窄的代名词，是缺乏战略眼光、内生动力不足、本领不强的表现。领导干部担负着推动高质量跨越式发展的重任，必须客观分析自身优势和不足，拓宽思路、提高站位、扬长避短，充分发挥比较优势、后发优势，找准符合自身实际的发展路子。观念一新天地宽。要加强对新发展理念的学习，打破条条框框的束缚，跳出自身看自身，防止坐井观天、一叶障目。要拓展思路、大胆尝试，学会"借船出海""借鸡生蛋"，敢于"无中生有"、创造优势，走出一条人无我有、人有我优、人优我特的发展之路。善于把资源优势转变为发展优势。要立足资源禀赋，发挥特色、强化优势，把资源优势变为产业优势、经济优势。要善于调动各方面积极因素为我所用，实现人尽其才、物尽其用。既敢于"出招"，又善于"应招"。要攻坚克难，坚定不移推进改革，打通关节、疏通堵点，使改革精准对接发展所需、基层所盼、民心所向。要强化底线思维，增强忧患意识，积极主动、未雨绸缪，见微知著、防微杜渐，牢牢把握工作主动权，确保改革发展始终在安全稳定环境下推进。

后 记

　　领导干部是党的执政骨干,是中国特色社会主义事业的中流砥柱,是国家治国理政的政治精英,肩负着实现中华民族伟大复兴的历史重任,承担着党和人民赋予的职责使命。年轻干部是党和国家事业兴旺发达的希望。在实现第二个百年奋斗目标的新征程上,培养一批有理想、有信念、有担当、有能力的年轻干部,是我们党实现事业后继有人的必然选择。

　　干部成长是有规律的,一般要经历素质磨砺期、成熟发展期、优势发挥期。正确看待和把握年轻干部成长的规律,关乎党的事业薪火相传和国家长治久安。干部在成长的不同阶段,其思维、心态、性情、能力、素养各不相同,培养使用也应因时而异。干部的成长,一靠组织培养,二靠自身努力。而自身努力的过程其实就是自己不断修炼的过程。毫无疑问,干部成长问题,是一个理论问题,更是一个实践问题。

　　无论是组织培养,还是自身努力,都有一个路径和举措的问题。基于这种认识,笔者围绕这一主题,从方法论的角度进行论述。所谓方法论,是关于人们认识世界、改造世界方法的理论。方法论是关于方法的方法。如果说世界观主要解决世界"是什么"的问题,那么方法论主要解决"怎么办"的问题。干部成长方法论,就是以干部成长规律和途径为对象,提出一系列具体的原则、方法和技巧。为此,全书分上下两篇:干部成长规律与路径;好干部是不断修炼出来的。共有33个专题。

毋庸置疑，干部成长是个永恒的大课题，干部成长的方法论同样需要不断探索和总结提炼。本书只是抛砖引玉。由于自己的水平有限，书中还难免存在一些不妥之处，敬请读者批评指正。

最后，非常感谢人民日报出版社的帮助和支持。

晓　山

2024 年 10 月